中國近三百年學術史

梁啓超著

中華書局印行

中國近三百年學術史

目次

中國近三百年學術史

一　反動與先驅

這部講義。是要說明清朝一代學術變遷之大勢及其在文化上所貢獻的分量和價值。為什麼題目不叫做清代學術呢。因為晚明的二十多年。已經開清學的先河。民國的十來年。也可以算清學的結束和蛻化。把最近三百年認做學術史上一個時代的單位。似還適當。所以定名為近三百年學術史。

今年是公曆一九二三年。上溯三百年前之一六二三年。為明天啓三年。這部講義。就從那時候講起。若稍為概括一點。也可以說是十七八九三個世紀的中國學術史。

我三年前曾做過一部清代學術概論。那部書的範圍和這部講義差不多。但材料和組織。很有些不同。希望諸君預備一部當參考。

這個時代的學術主潮是。

厭倦主觀的冥想而傾向於客觀的考察。

無論何方面之學術。都有這樣趨勢。可惜客觀考察。多半仍限於紙片上事物。所以他的效用尚未能盡量發揮。

此外還有一個支流是。

排斥理論提倡實踐。

這個支流。屢起屢伏。始終未能狠占勢力。總而言之。這三百年學術界所指向的路。我認爲是不錯的——是對於從前狠有特色而且有進步的。只可惜全部精神未能貫澈。以後憑藉這點成績。擴充蛻變。再開出一個更切實更偉大的時代。這是我們的責任。也是我這回演講的微意。

凡研究一個時代思潮。必須把前頭的時代略爲認淸。纔能知道那來龍去脈。本講義所講的時代。是從他前頭的時代反動出來。前頭的時代。可以把宋元明三朝總括爲一個單位——公歷一〇〇〇至一六〇〇——那個時代有一種新學術系統出現。名曰「道學」。那六百年間。便是「道學」自發生成長以至衰落的全時期。那時代的道學思潮。又爲什麼能產生能成立呢（一）因爲再前一個時代。便是六朝隋唐。物質上文化發達得狠燦爛。建築文學美術音樂等等。都呈現歷史以來最活潑的狀況。後來這種文明爛熟的結果。養成社會種種惰氣。自唐天寶間兩京陷落。過去的物質文明。已交末運。跟着晚唐藩鎮和五代一百多年的紛亂。人心越發厭倦。所以入到宋朝。便喜歡回到內生活的追求。向嚴肅素朴一路走去（二）隋唐以來。印度佛教各派教理。盡量輸入。思想界已經攙入許多新成分。但始終儒自儒。佛自佛。採一種不相聞問的態度。到了中晚唐。兩派接觸的程度日漸加增。一方面有韓愈一流人。據儒排佛。一方面有梁肅李翺一流人。援佛入儒（注一）到了兩宋。當然會產出儒佛結婚的新學派。加以那時候的佛家各派都衰。禪宗獨盛。禪宗是打破佛家許多形式和理論。專用內觀工夫。越發與當時新建設之道學相接近。所以道學和禪宗。可以說是宋元明思想全部的代表。

（注一）梁肅與白居易交好。是天台宗一員護法健將。李翺是韓愈朋友。著有復性書。拿佛理解釋儒書。

道學派別。雖然不少。但有一共同之點。是想把儒家言建設在形而上學。——即玄學的基礎之上。原來儒家開宗的孔子不大喜歡說什麼「性與天道」。只是想從日用行爲極平實處陶養成理想的人格。但到了佛法輸入以後。一半由儒家的自衞。一半由時代人心的要求。總覺得把孔門學說找補些玄學的作料纔能滿足。於是從「七十子後學者所記」的禮記裏頭摟出大學中庸兩篇出來。再加上含有神祕性的易經作爲根據。來和印度思想對抗。「道學」最主要的精神。實在於此。所以在「道學」總旗幟底下。雖然有呂伯恭朱晦菴陳龍川各派。不專以談玄爲主。然而大勢所趨。總是傾向到明心見性一路。結果自然要像陸子靜王陽明的講法。纔能澈底的成一片段。所以到明的中葉。姚江（王陽明）學派。奄襲全國。和佛門的禪宗。混爲一家。這是距今三百五六十年前學術界的形勢。

在本講義所講的時代開始之時。王陽明去世已將近百年了。（陽明卒於嘉靖八年。當公歷一五二九年。）明朝以八股取士。一般士子。除了永樂皇帝欽定的性理大全外。幾乎一書不讀。學術界本身本來就像貧血症的人衰弱得可憐。陽明是一位豪傑之士。他的學術像打藥針一般。令人興奮。所以能做五百年道學結束。吐很大光芒。但晚年已經四方八面受人妒嫉排擠。不得志以死。陽明死後。他的門生。在朝者。如鄒東廓（守益）。歐陽南野（德）。在野者。如錢緒山（德洪）。王龍溪（畿）。羅近溪（汝芳）。王心齋（艮）。都有絕大氣魄。能把師門宗旨發揮光大。勢力籠蓋全國。然而反對的亦日益加增。反對派別。大略有三。其一。事功派。如張江陵（居正）。輩覺得他們都是書生迂闊。不切時務。其二。文學派。如王弇州（世貞）。輩覺得他們學問空疏。而且所講的太乾燥無味。其三。勢利派。毫無宗旨。惟利是趨依附魏忠賢一班太監專和正人君子作對對於講學先生自然疾之如讎這三派中除勢利派應該絕對排斥外事功文學兩派本來都各有好處但他們既已看不起道學派道學派也看不起他們由相輕變爲相攻結果這兩派爲勢利派利用隱然成爲三角同盟以對付道學派中間經過「議禮」「紅丸」「梃擊」「移宮」諸大案(注二)都是因宮廷中一種不相干的事實小題大做雙方意見鬧到不得開交到最後二三十年間道學派大本營前有「東林」後有「復社」都是用學術團體名義實行政黨式的活動他們對於惡勢力拚命奮鬬的精神固然十分可敬可佩但黨勢漸成以後依草附木的人日多也不免流品很雜總而言之明朝所謂「士大夫社會」以「八股先生」爲土臺所有羣衆運動無論什麼「清流濁流」都是八股先生最占勢力東林復社雖比較的多幾位正人君子然而打開窗戶說亮話其實不過王陽明這面大旗底下一羣八股先生和魏忠賢那面大旗底下一羣八股先生打架何況陽明這邊的末流也放縱得不成話如何心隱本名梁汝元李卓吾贄等輩簡直變成一個「花和尙」他們提倡的『酒色財氣不礙菩提路』把個人道德社會道德一切藩籬都衝破了如何能令敵派人心服這些話且不必多說總之晚明政治和社會所以潰爛到那種程度最大罪惡自然是在那一羣下流無恥的八股先生巴結太監魚肉人民我們一點不能爲他們饒恕卻是和他們反對的也不過一羣上流無用的八股先生添上幾句「致知格物」的口頭禪做幌子和別人鬧意見鬧過不休最高等的如顏習齋所謂『無事袖手談心性臨危一死報君王』至矣極矣當他們筆頭上口角上吵得烏煙瘴氣的時候張獻忠李自成已經把殺人刀磨得飛快準備著把千千萬萬人砍頭破肚滿洲人已經把許多降將收了過去準備著看風頭撿便宜貨入主中原結果幾十年門戶黨派之爭鬧到明朝亡了一齊拉倒這

便是前一期學術界最後的一幕悲劇.

(注二)欲知四大案簡單情節看趙翼的廿二史劄記最好.

明亡以後.學者痛定思痛.對於那羣閹黨.强盜.降將.以及下流無恥的八股先生.罪惡滔天.不值得和他算帳了.卻是對於這一羣上流無用的道學先生.到不能把他們的責任輕輕放過.李剛主說.

『……高者談性天.撰語錄.卑者疲精死神於舉業.不惟聖道之禮樂兵農不務.卽當世之刑名錢穀.亦懵然罔識.而搦管呻吟.自矜有學.……中國嚼筆吮毫之一日.卽外夷秣馬厲兵之一日.卒之盜賊蠭起.大命遂傾.而天乃以二帝三王相傳之天下授之塞外……』恕谷集書明劉戶部墓表後

又說

『宋後二氏學興.儒者浸淫其說.靜坐內視.論性談天.與夫子之言一一乖反.而至於扶危定傾大經大法.則拱手張目.授其柄於武人俗士.當明季世.朝廟無一可倚之臣.坐大司馬堂批點左傳.敵兵臨城.賦詩進講.覺建功立名.俱屬瑣屑.日夜喘息著書.曰此傳世業也.卒至天下魚爛河決.生民塗炭.嗚呼誰生厲階哉』恕谷集與方靈皋書

朱舜水說.

『明朝以時文取士.此物旣爲塵羹土飯.而講道學者又迂腐不近人情.……講正心誠意.大資非笑.於是分門標榜.遂成水火.而國家被其禍』舜水遺集答林春信問

顧亭林說.

「劉石亂華。本於清談之流禍人人知之。孰知今日之清談。有甚於前代者。昔之清談談老莊。今之清談談孔孟。未得其精而已遺其粗。未究其本而先辭其末。不習六藝之文不考百王之典不綜當代之務舉夫子論學論政之大端一切不問而曰一貫。曰無言。以明心見性之空言。代修己治人之實學。股肱惰而萬事荒爪牙亡而四國亂。神州蕩覆宗社丘墟。昔王衍妙善玄言自比子貢及為石勒所殺將死顧而言曰「吾曹雖不如古人。向若不祖尚浮虛戮力以匡天下。猶可不至今日」今之君子得不有媿乎其言」（日知錄卷七夫子之言性與天道條）

亭林既憤慨當時學風。以為明亡實由於此。推原禍始。自然責備到陽明他說。

「以一人而易天下其流風至於百有餘年之久者古有之矣王夷甫（衍）之清談。王介甫（安石）之新說。其在於今。則王伯安（守仁）之良知是也。孟子曰「天下之生久矣一治一亂」撥亂世反諸正。豈不在後賢乎。」（日知錄卷十八）

王船山亦以為王學末流之弊。從陽明本身出來。他說。

「姚江王氏陽儒陰釋誣聖之邪說。其究也。刑戮之民閹賊之黨皆爭附焉。而以充其「無善無惡圓融事理」之狂妄」（正蒙注序論）

費燕峯說。

「清談害實。始於魏晉。而固陋變中。盛於宋南北。（案費氏提倡「實」與「中」兩義故斥當時學派為害實變中）自漢至唐。異說亦時有。然士安學同中實尚存至宋而後齊逞意見專事口舌。……又不降心將人情物理平居處事點勘離合說者自說事者自事終為兩斷。一段好議論。美聽而已。……後儒所論惟深山獨處乃可行之城居郭聚有室有家必不能也．蓋自性命之說出．而先王之三物六行亡矣．……學者所當痛心．而喜高好僻之儒．反持之而不下．無論其未嘗得而空言也．果靜極矣．活潑潑地會矣．坐忘矣．心常在腔子裏矣．卽物之理無不窮．本心之大無不立．而良心無不致矣．亦止與達摩面壁天台止觀同一門庭．……何補於國．何益於家．何關於政事．何救於民生．……學術蠱壞．世道偏頗．而夷狄寇盜之禍．亦相挺而起．……』（費氏遺書弘道書卷中）

平心而論．陽明學派．在二千年學術史上．確有相當之價值．不能一筆抹殺．上文所引諸家批評．不免都有些過火之處．但末流積弊．既已如此．舉國人心對於他．既已由厭倦而變成憎惡．那麼這種學術．如何能久存．反動之起．當然是新時代一種迫切的要求了．

大反動的成功．自然在明亡清興以後．但晚明最末之二三十年．機兆已經大露．試把各方面趨勢一一指陳．

第一．王學自身的反動　最顯著的是劉蕺山（宗周）一派．（蕺山以崇禎十七年——一六四四年殉難）特標「證人」主義．以「愼獨」為入手．對於龍溪（王畿）近溪（羅汝芳）心齋（王艮）諸人所述的王學．痛加針砭．總算是舍空談而趨實踐．把王學中談玄的成分減了好些．但這種反動．當然只能認為舊時代的結局．不能認為新時代的開山．

第二．自然界探索的反動　晚明有兩位怪人．留下兩部怪書．其一為徐霞客．（名宏祖生萬歷十三年（一五八五）卒崇禎十三年（一六四〇）年五十六）是一位探險家．單身步行．把中國全國都游歷偏了．他所著的書名曰霞客游記．內中一半雖屬描寫風景．一半卻是專研究山川脈絡．於西南——雲貴蜀桂地理．攷證極為詳確．中國實際調查的地理書．當以此為第一部．（注三）其二為宋長庚．（名應星奉新人卒年無攷丁文江推定為卒於順治康熙間）是一位工業科學家．他所著有兩部書．一部是畫音歸正．據書名當是研究方音．可惜已佚．一部是天工開物．（商務印書館正在重印）用科學方法研究食物被服用器以及冶金制械丹青珠玉之原料工作繪圖貼說詳確明備。（注四）這兩部書不獨一洗明人不讀書的空談。而且比清人「專讀書的實談」還勝幾籌。眞算得反動初期最有價值的作品。本條所舉雖然不過一兩個人一兩部書不能認爲代表時代然而學者厭蹈空喜踏實的精神確已漸漸表現了。

（注三）潘稼堂（耒）徐霞客游記序云『霞客之游在中州者無大過人其奇絕者閩粵楚蜀滇黔百蠻荒徼之區皆往返再四其行不從官道……先審視山脈如何去來水道如何分合既得大勢然後支搜節討』又云『沿溯瀾滄金沙窮南北盤江之源實中土人創闢之事……向來山經地志之誤釐正無遺，……然未嘗有怪迂侈大之語欺人以所不知』

（注四）天工開物自序云『世有聰明博物者稠人推焉乃棗梨之花未賞而臆度楚萍釜鬵之範鮮經而侈談莒鼎畫工好圖鬼魅而惡犬馬即鄭僑晉華豈足爲烈哉』丁在君（文江）重印天工開物始末記云『三百年前言工業天產之書如此其詳且明者世界之中無與比倫』

第三。明末有一場大公案。爲中國學術史上應該大筆特書者。曰歐洲曆算學之輸入。先是馬丁路得既創新教羅馬舊教在歐洲大受打擊於是有所謂「耶穌會」者起想從舊教內部改革振作他的計劃是要傳教海外中國及美洲實爲其最主要之目的地於是利瑪竇龐迪我熊三拔龍華民鄧玉函陽瑪諾羅雅谷艾儒略湯若望等自萬曆末年至天啓崇禎間先後入中國。中國學者如徐文定（名光啓號元扈上海人崇禎六年—一六三三年卒今上海徐家匯即其故宅）李涼庵（名之藻仁和人）等都和他們來往對於各種學問有精深的研究先是所行「大統曆」循元郭守敬「授時曆」之舊錯謬很多萬曆末年朱世堉邢雲路先後上疏指出他的錯處請重爲釐正天啓崇禎兩朝十幾年間很拿這件事當一件大事辦經屢次辯爭的結果卒以徐文定李涼庵領其事而請利龐熊諸客卿共同參豫卒完成歷法改革之業。此外中外學者合譯或分撰的書籍。不下百數十種。最著名者。如利徐合譯之幾何原本。字字精金美玉。爲千古不朽之作。無庸我再爲贊歎了。其餘天學初函崇禎歷書中幾十部書。都是我國歷算學界很豐厚的遺產。又辨學一編。爲西洋論理學輸入之鼻祖。又徐文定之農政全書六十卷。熊三拔之泰西水法六卷。實農學界空前之箸作。我們只要肯把當時那班人的箸譯書目一翻。便可以想見他們對於新智識之傳播如何的努力。只要肯把那時候代表作品——如幾何原本之類擇一兩部細讀一過。便可以知道他們對於學問如何的忠實。要而言之。中國智識線和外國智識線相接觸。晉唐間的佛學爲第一次。明末的歷算學便是第二次。（中間元代時和阿拉伯文化有接觸但影響不大）在這種新環境之下。學界空氣。當然變換。後此清朝一代學者。對於歷算學都有興味。而且最喜歡談經世致用之學。大概受利徐諸人影響不小。（注五）

（注五）當時治利徐一派之學者。尙有周子愚。瞿式穀。虞淳熙。樊良樞。汪應熊。李天經。楊廷鈞。鄭洪猷。馮應京。王汝淳。周炳謨。王家植。瞿汝夔。曹于汴。鄭以偉。熊明遇。陳亮采。許胥臣。熊士旂等人。皆嘗爲箸譯各書作序跋者。又蓮池法師亦與利瑪竇往來有書札見辨學遺牘中。可想見當時此派聲氣之廣。

第四。藏書及刻書的風氣漸盛　明朝人不喜讀書。已成習慣。據費燕峯（密）所說。『十三經注疏除福建版外。沒有第二部』。（見弘道書卷上）固陋到這種程度。實令人吃驚。但是到萬歷末年以後。風氣漸變了。焦弱侯（名竑江寧人萬歷四十八—一六二〇年卒）的國史經籍志。在「目錄學」上就很有相當的價值。范堯卿（名欽鄞縣人）創立天一閣。實爲現在全國——或者還是全世界——最古最大的私人圖書館。（可惜這圖書館到民國以來已成了空殼子了）毛子晉（名晉常熟人）和他的兒子斧季（扆）他們家的汲古閣專收藏宋元刻善本。所刻津逮秘書和許多單行本古籍。直到今日還在中國讀書界有很大價值。這幾位都是明朝最後二三十年間人。（毛斧季是清朝人）他們這些事業。都可以說是當時講學的反動。（焦弱侯也是王學家健將但他卻好讀書）這點反動實在是給後來學者很有益的工具。（例如黃梨洲萬九沙全謝山都讀天一閣藏書汲古閣刻本書流布古籍最有功且大有益於校勘家）

第五。還有一件很可注意的現象。這種反動。不獨儒學方面爲然。即佛教徒方面也甚明顯。宋元明三朝。簡直可以說除了禪宗別無佛教。到晚明忽然出了三位大師。一蓮池。（名袾宏萬歷四三—一六一五年卒）二憨山。（名德清天啟三—一六二三年卒）三蕅益。（名智旭順治九—一六五五年卒）我們試把雲棲法彙。（蓮池著）夢遊集。（憨山著）靈峯宗論。（蕅益著）一讀。他們反禪宗的精神。到處都可以看得出來。他們提倡的是淨土宗。清朝一代的佛教。——直到楊仁山爲止。走的都是這條路。禪淨優劣。本來很難說——我也不願意說。但禪宗末流。參話頭。背公案。陳陳相因。自欺欺人。其實可厭。蓮池所倡淨宗。從極平實的地方。立定做極嚴肅的踐履工夫。比之耶教各宗。很有點「清教徒」的性質。這是修持方面的反動。不惟如此。他們既感覺掉弄機鋒之靠不住。自然回過頭來研究學理。於是憨山注楞伽楞嚴。蕅益注楞嚴起信。唯識。乃至把全藏通讀。著成閱藏知津一書。他們的著述價值如何。且不必論。總之一返禪宗束書不觀之習。回到隋唐人做佛學的途徑。是顯而易見了。（同時錢牧齋（謙益）著了一大部楞嚴蒙鈔也是受這個潮流的影響）

以上所舉五點。都是明朝煞尾二三十年間學術界所發生的新現象。雖然讀黃梨洲明儒學案。一點看不出這些消息。然而我們認爲關係極重大。後來清朝各方面的學術。都從此中孕育出來。我這部講義。所以必把這二三十年做個「楔子」。其理由在此。

「楔子」完了。下回便入正文。

二　清代學術變遷與政治的影響(上)

本講義目的要將清學各部分稍爲詳細解剖一番但部分解剖以前像應該先提絜大勢令學者得着全部大概的印象我現在爲省事起見將舊作清代學術概論頭一段鈔下來做個引線(原書一至六葉)

『今之恆言曰「時代思潮」此其語最妙於形容凡文化發展之國其國民於一時期中因環境之變遷與夫心理之感召不期而思想之進路同趨於一方嚮於是相與呼應洶湧如潮然始焉其勢甚微幾莫之覺寖假而漲——漲——漲而達於滿度過時焉則落以漸至於衰熄凡「思」非皆能成「潮」能成潮者則其思必有相當之價値而又適合於其時代之要求者也凡「時代」非皆有「思潮」有思潮之時代必文化昂進之時代也其在我國自秦以後確能成爲時代思潮者則漢之經學隋唐之佛學宋及明之理學清之考證學四者而已

『凡時代思潮無不由「繼續的羣衆運動」而成所謂運動者非必有意識有計畫有組織不能分爲誰主動誰被動其參加運動之人員每各不相謀各不相知其從事運動時所任之職役各各不同所採之手段亦互異於同一運動之下往往分無數小支派甚且相嫉視相排擊雖然其中必有一種或數種之共通觀念焉同根據之爲思想之出發點此種觀念之勢力初時本甚微弱愈運動則愈擴大久之則成爲一種權威此觀念者在其時代中儼然現宗教之色彩一部分人以宣傳捍衛爲己任常以極純潔之犧牲的精神赴之及其權威漸立則在社會上成爲一種公共之好尙忘其所以然而共以此爲嗜若此者今之譯語謂之「流行」古之成語則曰

「風氣」風氣者。一時的信仰也。人鮮敢嬰之。亦不樂嬰之。其性質幾比宗教矣。一思潮播爲風氣。則其成熟之時也。

「佛說一切流轉相。例分四期。曰生、住、異、滅。思潮之流轉也正然。例分四期。一。啓蒙期（生）二。全盛期（住）三。蛻分期（異）四衰落期（滅）無論何國何時代之思潮。其發展變遷多循斯軌。啓蒙期者。對於舊思潮初起反動之期也。舊思潮經全盛之後。如果之極熟而致爛。如血之凝固而成瘀。則反動不得不起。反動者。凡以求建設新思潮也。然建設必先之以破壞。故此期之重要人物。其精力皆用於破壞。而建設蓋有所未遑。所謂未遑者。非閣置之謂。其建設之主要精神。在此期間必已孕育。如史家所謂「開國規模」者然。雖然。其條理未確立。其研究方法正在間錯試驗中。棄取未定。故此期之箸作。恆駁而不純。但在殽亂粗糙之中。自有一種元氣淋漓之象。此啓蒙期之特色也。當佛說所謂「生」相。於是進爲全盛期。破壞事業已告終。舊思潮屏息慴伏。不復能抗顏行。更無須攻擊防衛以糜精力。而經前期醞釀培灌之結果。思想內容日以充實。研究方法亦日以精密。門戶堂奧次第建樹。繼長增高。「宗廟之美。百官之富」。粲然矣。一世才智之士。以此爲好尚。相與淬厲精進。闒宂者猶希聲附和。以不獲廁於其林爲恥。此全盛期之特色也。當佛說所謂「住」相。更進則入於蛻分期。境界國土。爲前期人士開闢殆盡。然學者之聰明才力。終不能無所用也。只得取局部問題。爲「窄而深」的研究。或取其研究方法。應用之於別方面。於是派中小派出焉。而其時之環境。必有以異乎前。晚出之派。進取氣較盛。易與環境順應。故往往以附庸蔚爲大國。則新衍之別派與舊傳之正統派成對峙之形勢。或且駸駸乎奪其席。此蛻化期之特色也。當佛說所謂「異」相。過此以往。則衰落期至焉。凡一學派當全盛之後。社會中希附末光者日衆。陳陳相因固已可厭其時此派中精要之義則先輩已濬發無餘承其流者不過捃摭末節以弄詭辯且支派分裂排軋隨之益自暴露其缺點環境既已變易社會需要別轉一方向而猶欲以全盛期之權威臨之則稍有志者必不樂受而豪傑之士欲剏新必先推舊遂以彼爲破壞之目標於是入於第二思潮之啓蒙期而此思潮遂告終焉此衰落期無可逃避之運命當佛說所謂「滅」相

『吾觀中外古今之所謂「思潮」者皆循此歷程以遞相流轉而有清二百餘年則其最切著之例證也』

我說的『環境之變遷與心理之感召』這兩項要常爲「一括搭」的研究內中環境一項包含範圍很廣而政治現象關係最大所以我先要把這一朝政治上幾個重要關目稍爲提挈而說明其影響於學術界者何如

一六四四年三月十九日以前是明崇禎十七年五月初十日之後便變成淸順治元年了本來一姓興亡在歷史上算不得什麼一回大事但這回卻和從前有點不同新朝是「非我族類」的滿洲而且來得太過突兀太過僥倖北京南京一年之中唾手而得抵抗力幾等於零這種激刺喚起國民極痛切的自覺而自覺的率先表現實在是學者社會魯王唐王在浙閩永歷帝在兩廣雲南實際上不過幾十位白面書生——如黃石齋道周錢忠介張蒼水煌言王完勛翊瞿文忠式耜陳文忠子壯張文烈家玉……諸賢在那裏發動主持他們多半是「無官守無言責」之人儘可以不管閒事不過想替本族保持一分人格內則隱忍遷就於悍將暴卒之間外則與「泰山壓卵」的新朝爲敵雖終歸失敗究竟已把殘局支撐十幾年成績也算可觀了就這一點論那時候的學者雖厭惡陽明學派我們卻應該從這裏頭認取陽明學派的價值因爲這些學者留下許多可歌可泣的事業令我們永遠景仰他們自身卻都是——也許他自己不認——從「陽明學派」這位母親的懷裏哺養

出來。

這些學者。雖生長在陽明學派空氣之下。因爲時勢突變。他們的思想也像蠶蛾一般。經蛻化而得一新生命。他們對於明朝之亡。認爲是學者社會的大恥辱大罪責。於是拋棄明心見性的空談。專講經世致用的實務。他們不是爲學問而做學問。是爲政治而做學問。他們許多人都是把半生涯送在悲慘困苦的政治活動中。所做學問。原想用來做新政治建設的準備。到政治完全絕望。不得已纔做學者生活。他們裏頭因政治活動而死去的人很多。賸下生存的也斷斷不肯和滿洲人合作。甯可把夢想的「經世致用之學」依舊託諸空言。但求改變學風以收將來的效果。黃梨洲顧亭林王船山朱舜水便是這時候代表人物。他們的學風。都在這種環境中間發生出來。

滿洲人的征服事業。初時像狠容易。越下去越感困難。順治朝十八個年頭。除閩粵桂滇之大部分始終奉明正朔外。其餘各地擾亂未嘗停息。就中文化中心之江浙等省。從淸師渡江後。不斷的反抗。鄭延平成功張蒼水煌言會師北伐時。(順治十六年)大江南北一個月間幾乎全部恢復。到永歷帝從緬甸人手上賣給吳三桂的時候。順治帝已死去七個月了。(其年正月)康熙帝即位那年。(即順治十八年)雲南蕩平。鄭氏也遁入臺灣。征服事業總算告一個結束。但不久又有三藩之亂。擾攘十年。方纔戡定。(康熙十二年至二十一年)所以滿洲人雖僅用四十日工夫便奠定北京。卻須用四十年工夫纔得有全中國。他們在這四十年裏頭。對於統治中國人方針。積了好些經驗。他們覺得用武力制服那降將悍卒。沒有多大困難。最難纏的是一班「念書人」——尤其是少數有學問的學者。因爲他們是民衆的指導人。統治前途暗礁。都在他們身上。滿洲政府用全副精神對付這問題。政策也因時因人而變。略舉大概

可分三期

第一期．順治元年至十年約十年間．利用政策．

第二期．順治十一二年至康熙十年約十七八年間．高壓政策．

第三期．康熙十一二年以後．懷柔政策．

第一期爲睿王多爾袞攝政時代．滿兵倉猝入關．一切要靠漢人爲虎作倀．所以一面極力招納降臣．一面運用明代傳來的愚民工具——八股科舉年年鬧什麼「開科取士」把那些熱中富貴的人先行絆住．第二期自多爾袞死去．順治帝親政（順治七年）政策漸變．那時除了福建兩廣雲南尚有問題外．其餘全國大部分都已在實力統治之下．那羣被「誘姦」過的下等「念書人」不大用得着了．於是扳起面孔．抓着機會便給他們點苦頭吃吃．其對於個人的操縱．如陳名夏陳之遴錢謙益龔鼎孳．那班「貳臣」．遭蹋得淋漓盡致．其對於全體的打擊．如順治十四年以後．連年所起的科場案．把成千成萬的八股先生嚇得人人打噤．那時滿廷最痛恨的是江浙人．因爲這地方是人文淵藪．輿論的發縱指示所在．「反滿洲」的精神到處橫溢．所以自「鎮江之役」（卽順治十六年鄭張北伐之役）以後．借「江南奏銷案」名目．大大示威．被牽累者一萬三千餘人．縉紳之家無一獲免．這是順治十八年的事．其時康熙帝已卽位．鰲拜一派執政．襲用順治末年政策．變本加厲．他們除遭蹋那等下等念書人外．對於眞正智識階級．還與許多文字獄．加以特別摧殘．最著名的如康熙二年湖州莊氏史案．一時名士如潘力田（檉章）吳赤溟（炎）等七十多人同時遭難．此外如孫夏峯於康熙三年被告對簿．顧亭林於康熙七年在濟南下獄．黃梨洲被懸購緝捕．前後四面．這類史料若子細搜集起來．還不知多少．這種政策．徒助長漢人反抗的氣燄、毫無效果。到第三期。值康熙帝親政後數年。三藩之亂纔起。康熙本人的性格本來是闊達大度一路。當著這變亂時代更不能不有戒心。於是一變高壓手段爲懷柔手段。他的懷柔政策分三着實施第一著。爲康熙十二年之薦舉山林隱逸。第二着爲康熙十七年之薦舉博學鴻儒。但這兩著總算失敗了。被買收的都是二三等人物。稍微好點的也不過新進後輩。那些負重望的大師一位也網羅不着。倒惹起許多惡感。第三着爲康熙十八年之開明史館。這一著卻有相當的成功。因爲許多學者。對於故國文獻十分愛戀。他們別的事不肯和滿洲人合作。這件事到底不是私衆之力所能辦到。只得勉强將就了。以上所講是滿洲入關後三四十年對漢政策變遷之大概。除第一期沒有多大關係外。第二期的高壓和第三期的懷柔。都對於當時學風狠有影響。

還有應該附帶論及者一事。即康熙帝自身對於學問之態度。他是一位極聰明而精力强滿的人。熱心向慕文化。有多方面的興味。他極信學科學。對於天文曆算有狠深的研究。能批評梅定九的算書。他把許多耶穌會的西洋人——南懷仁安多白進徐日昇張誠等放在南書房叫他們輪日進講。——講測量數學全體學物理學等等。他得他們的幫助製定康熙永年曆並著有數理精蘊曆象考成等書。又造成極有名的觀象臺。——他費三十年實測工夫——專用西洋人繪成一部皇輿全覽圖。這些都是在我們文化史上值得特筆大書的事實。他極喜歡美術。西洋畫家焦秉貞是他狠得意的內廷供奉。三王的畫也是他的嗜好品。他好講理學。崇拜程朱。他對於中國歷史也有相當的常識。資治通鑑終身不離手。他對中國文學也有相當的賞鑑能力。在專制政體之下。君主的好劣影響全國甚大。所以他當然成爲學術史上有關係的人。

把以上各種事實綜合起來。我們可以了解清代初期學術變遷的形勢及其來由了。從順治元年到康熙二十年約三四十年間完全是前明遺老支配學界他們所努力者對於王學實行革命（內中也有對於王學加以修正者）他們所要建設的新學派方面頗多而目的總在（經世致用）他們元氣極旺盛像用大刀闊斧打開局面但條理不免疏闊康熙二十年以後形勢漸漸變了遺老大師彫謝略盡後起之秀多半在新朝生長對於新朝的仇恨自然減輕先輩所講經世致用之學本來預備推倒滿洲後實見施行到這時候眼看滿洲不是一時推得倒的在當時政府之下實現他們理想的政治也是無望那麼這些經世學都成爲空談了況且談到經世不能不論到時政開口便觸忌諱經過屢次文字獄之後人人都有戒心一面社會日趨安甯人人都有安心求學的餘裕又有康熙帝這種「右文之主」極力提倡所以這個時候的學術界雖沒有前次之波瀾壯闊然而日趨於健實有條理其時學術重要潮流約有四支一閻百詩胡東樵一派之經學承顧黃之緒直接開後來乾嘉學派二梅定九王寅旭一派之曆算書承晚明利徐之緒作科學先鋒三陸桴亭陸稼書一派之程朱學在王學與漢學之間折衷過渡四顏習齋李剛主一派之實踐學完成前期對王學革命事業而進一步此則康熙一朝六十年間全學界之大概情形也

三　清代學術變遷與政治的影響（中）

講到這裏當然會發生兩個疑問第一那時候科學像有新興的機運爲什麼戛然中止第二那時候學派潮流狠多爲什麼後來只偏向考證學一路發展我現請先解答第一個問題

學術界最大的障礙物自然是八股八股和一切學問都不相容而科學爲尤甚清初襲用明朝的八股取士不

管他是否有意借此愚民，抑或誤認爲一種良制度，總之當時功名富貴皆出於此途，有誰肯拋棄這種捷徑而去學艱辛迂遠的科學呢？我們最可惜的是以當時康熙帝之熱心西方文物，爲何不開個學校造就些人材，就算他不是有心窒塞民智，也不能不算他失策，因爲這種專門學問，非專門教授不可。他既已好這些學問爲什麼不找些傳人呢？所以科舉制度，我認爲是科學不興的一個原因。

此外還有很重大的原因，是耶穌會內部的分裂。明末清初那一點點科學萌芽，都是從耶穌會教士手中稗販進來，前文已經說過，該會初期的教士傳教方法很巧妙，他們對於中國人心理研究得極深透，他們知道中國人不喜歡極端迷信的宗教，所以專把中國人所最感缺乏的科學智識來做引線，表面上像把傳教變成附屬事業，所有信教的人，仍許他們拜「中國的天」和祖宗，這種方法行之數十年，卓著成效。無奈在歐洲的羅馬教皇不懂情形，突然發出有名的「一七〇四年（康熙四十三年）教令」，該教令的內容，現在不必詳述，總而言之是說前此傳教方法之悖謬，勒令他們改變方針，最要的條件是禁拜祖宗。自該教令宣布後，從康熙帝起以至朝野人士都鼓譟憤怒，結果於康熙四十六年（一七〇七）把教皇派來的公使送到澳門監禁，傳教事業固然因此頓挫，並他們傳來那些學問，也被帶累了。

還有一件附帶原因，也是教會行動影響到學界。我們都知道康熙末年因各皇子爭立，鬧得烏煙瘴氣，這種宮闈私鬥，論理該不至影響到學問，殊不知專制政體之宮廷，一舉一動都有牽一髮動全身的力量，相傳當時耶穌會教徒黨於皇太子允礽，喇嘛寺僧黨於雍正帝允禎，雙方暗鬥，黑幕重重，後來雍正帝獲勝，耶穌會勢力遂一敗塗地。這種史料，現時雖未得有充分證據，然而口碑相傳，大致可信。雍正元年浙閩總督滿寶奏請除在欽天監供職之西洋人外其餘皆驅往澳門看管不許闌入內地得旨施行這件事是否於宮廷陰謀有關姑且不論總之康熙五六十年間所延攬的許多歐洲學者到雍正帝即位之第一年忽然驅除淨盡中國學界接近歐化的機會從此錯過一擱便擱了二百年了

其次要解答「為什麼古典考證學獨盛」之問題

明季道學反動學風自然要由蹈空而變為覈實——由主觀的推想而變為客觀的考察客觀的考察有兩條路一自然界現像方面二社會文獻方面以康熙間學界形勢論本來有趨重自然科學的可能性且當時實在也有點這種機兆然而到底不成功者其一如前文所講因為種種事故把科學媒介人失掉了其二則因中國學者根本習氣看輕了「藝成而下」的學問所以結果逼着專走文獻這條路但還有個問題文獻所包範圍很廣為什麼專向古典部分發展其他多付闕如呢問到這裏又須拿政治現象來說明

康熙帝是比較有自由思想的人他早年雖間興文字之獄大抵都是他未親政以前的事而且大半由奸民告訐官吏徼功未必出自朝廷授意他本身卻是闊達大度的人不獨政治上常采寬仁之義對於學問亦有宏納衆流氣象試讀他所著庭訓格言便可以窺見一斑了所以康熙朝學者沒有什麼顧忌對於各種問題可以自由研究到雍正乾隆兩朝卻不同了雍正帝是個極猜忌刻薄的人而又十分雄鷙他的地位本從陰謀攘奪而來不得不立威以自固屠殺兄弟誅戮大臣四處密派偵探鬧得人人戰慄不但待官吏如此其對於士大夫社會也極威嚇操縱之能事汪景祺（雍正二年）查嗣庭呂留良（俱雍正十四年）之獄都是雍正帝匠心獨運羅織出來尤當注意者雍正帝學問雖遠不及乃翁他卻最愛出鋒頭和別人爭辯他生平有兩部最得意的著作一部是揀魔辨異

錄。專和佛教禪宗底下的一位和尚名弘忍者辯論。（注一）一部是大義覺迷錄。專與呂晚村（留良）的門生曾靜辯論。（注二）以一位帝王而親著幾十萬字書和一位僧侶一位儒生打筆墨官司。在中外歷史上眞算得絕無僅有。從表面看。爲研求眞理而相辯論。雖帝王也該有這種自由。若僅讀他這兩部書。我們並不能說他態度不對。而且可以表相當的敬服。但子細搜求他的行逕。他著成揀魔辨異錄以後。跟着把弘忍的著述盡行焚燬。把弘忍的門徒勒令還俗或改宗。他著成大義覺迷錄以後。跟着把呂留良發棺戮屍全家殺盡。著作也都燬板。像這樣子。那裏算得討論學問。簡直是歐洲中世教皇的牌子。在這種主權者之下。學者的思想自由。是剝奪淨盡了。他在位僅十三年。影響原可以不至甚大。無奈他的兒子乾隆帝。也不是好惹的人。他學問又在乃祖乃父之下。卻偏要「附庸風雅。」恃強爭勝。他發布禁書令。自乾隆三十九年至四十七年繼續燒書二十四回。燒去的書一萬三千八百六十二部。直至乾隆五十三年。還有嚴諭。他一面說提倡文化。一面又鈔襲秦始皇的藍本。「所謂黃金時代」的乾隆六十年。思想界如何的不自由也可想而知了。

（注一）揀魔辨異錄　這部書是雍正十一年御製。當時臨濟宗門下有一名僧曰法藏。著五宗原。其徒曰弘忍。著五宗救。皆對於當時禪學有所批評。雍正帝著此書專闢之。書首冠以上諭有云『……朕今不加屏斥。魔法何時熄滅。著將藏內所有藏忍語錄並五宗原五宗救等書。盡行燬板。僧徒不許私自收藏。有違旨隱匿者。發覺以不敬律論。……法藏一支所有徒衆。著直省督撫詳細察明。盡削去支派。……果能於他方參學。得正知見。別嗣他宗。方許秉拂。……』這書有殿板存大內。外間向少見。民國四年。始由揚州藏經院刊行。平心而論。這書所駁藏忍之說。也許駁得不錯。但這種「以人王而兼教主」的態度。太咄咄逼人了。

（注二）大義覺迷錄迷這部書體裁甚奇。全部是親自審問曾靜的口供。冠以一篇極長的上諭當作序文。曾靜號蒲潭。湖南人。呂晚村私淑弟子。嘗上書岳鍾琪，力言夷夏之防，數雍正帝九大罪，勸其革命，被拿到京，帝親自審問他，和他反覆辨駁，內中最要者是辨夷夏問題，其次辨封建制度，還有關於雍正帝本身逼母弒兄屠弟等種種罪惡之辨護。據這部書說曾靜完全折服了，還著有歸仁說一篇附刻在後頭。雍正帝於是把曾靜赦免放歸田里。雖然如此，卻說曾靜學說出於呂留良，把留良戮屍滅族。後來乾隆帝到底把曾靜也殺了。這部書當時印刷許多，頒發各省府州縣學宮，令秀才們當作聖經讀。到乾隆朝將頒出的書都收回，板也燬了，列在禁書書目中。

凡當主權者喜歡干涉人民思想的時代，學者的聰明才力，只有全部用去註釋古典。歐洲羅馬教皇權力最盛時，就是這種現象。我國雍乾間也是一個例證。記得某家筆記說『內廷唱戲，無論何種劇本都會觸犯忌諱，只得專搬演些「封神」「西遊」之類，和現在社會情狀絲毫無關，不至鬧亂子』。雍乾學者專務注釋古典，也許是被這種環境所構成。至於他們忠實研究的結果，在文獻上有意外的收穫和貢獻，這是別問題，後文再講。

自康雍以來，皇帝都提倡宋學——程朱學派，但民間——以江浙為中心「反宋學」的氣勢日盛，標出漢學名目與之抵抗。到乾隆朝，漢學派殆占全勝。政府方面文化事有應該特筆大書的一件事，曰編纂四庫全書。四庫開館始自乾隆三十八年，至四十七年而告成，著錄書三千四百五十七部，七萬九千七十卷，存目書六千七百六十六部，九萬三千五百五十六卷。編成繕寫七本，頒貯各地：一，北京禁城之文淵閣本（今存）；二，西郊圓明園之文源閣本（咸豐間燬於英法聯軍）；三，奉天之文溯閣本（今移存北京）；四，熱河之文津閣本（今移存北京）；五，揚州之文匯閣本；六，鎮江之文宗閣本（並燬於洪楊之亂）；七，杭州之文瀾閣本（洪楊之亂半燬，現已補鈔存浙江圖書館）。原來搜集圖書製目錄，本屬歷朝承平時代之常事，但這回和前代卻有點不同的雍有他的特別意義和價值。著錄的書每種都替他作一篇提要。這種事業從前只有私人撰述——如晁公武郡齋讀書志，陳振孫直齋書錄解題……等，所有批評都不過私人意見。四庫提要這部書卻是以公的形式表現時代思潮．爲向來著述未曾有．當時四庫館中所網羅的學者三百多人．都是各門學問的專家．露骨的說．四庫館就是漢學家大本營．四庫提要就是漢學思想的結晶體．就這一點論．也可以說是康熙中葉以來漢宋之爭．到開四館而漢學派全占勝利．也可以說是朝廷所提倡的學風．被民間自然發展的學風壓倒．當朱筠（漢學家）初奏請開四庫館時．劉統勳（宋學家）極力反對．結果還是朱說實行．此中消息．研究學術史者不可輕輕放過也．

漢學家所樂道的是「乾嘉諸老」．因爲乾隆嘉慶兩朝．漢學思想正達於最高潮．學術界全部幾乎都被他占領．但漢學派中也可以分出兩個支派．一曰吳派．二曰皖派．吳派以惠定宇棟爲中心．以信古爲標幟．我們叫他做「純漢學」．皖派以戴東原震爲中心．以求是爲標幟．我們叫他做「考證學」．此外尚有揚州一派．領袖人物是焦里堂循汪容甫中．他們研究的範圍．比較的廣博．有浙東一派．領袖人物是全謝山祖望章實齋學誠．他們最大的貢獻在史學．以上所舉派別．不過從個人學風上以地域略事區分．其實各派共同之點甚多．許多著名學者．也不能說他們專屬那一派．總之乾嘉間學者．實自成一種學風．和近世科學的研究法極相近．我們可以給他一個特別名稱．叫做「科學的古典學派」．他們所做的工作方面很多．舉其重要者如下．

一　經書的箋釋　幾部經和傳記．逐句逐字爬梳．引申或改正舊解者不少．大部分是用筆記或專篇體裁．爲部分的細密研究．研究進步的結果．有人綜合起來作全書的釋例或新注新疏．差不多每部經傳都有了．

二　史料之蒐補鑑別　關於史籍之編著源流．各書中所記之異同眞僞．遺文佚事之闕失或散見者．都分部蒐集辨證內中補訂各史表志爲功尤多。

三 辨僞書 許多僞書或年代錯誤之書都用嚴正態度辨證大半成爲信讞。

四 輯佚書 許多亡佚掉的書都從幾部大類書或較古的著述裏頭搜輯出來。

五 校勘 難讀的古書都根據善本或釐審字句或推比章節還他本來面目。

六 文字訓詁 此學本經學附庸——因注釋經文而起但後來特別發展對於各個字意義的變遷及文法的應用在「小學」的名稱之下別成爲一種專門。

七 音韻 此學本「小學」附庸後來亦變成獨立對於古音方音聲母韻母等發明甚多。

八 算學 在科學中此學最爲發達經學大師差不多人人都帶著研究。

九 地理 有價值的著述不少但多屬於歷史沿革方面。

十 金石 此學極發達裏頭所屬門類不少近有移到古物學的方向

十一 方志之編纂 各省府州縣皆有創編或續訂之志書多成於學者之手。

十二 類書之編纂 官私各方面多努力於大類書之編纂體裁多與前代不同有價值的頗多。

十三 叢書之校刻 刻書之風大盛單行善本固多其最有文獻者尤在許多大部頭的叢書

以上所列十三項不過舉其大概分類並不精確且亦不能包舉無遺但乾嘉諸老的工作可以略窺一斑了至於他們的工作法及各項所已表見的成績如何下文再分別說明

乾嘉諸老中有三兩位——如戴東原焦里堂章實齋等都有他們自己的哲學超乎考證學以上但在當時不

甚爲學界所重視。這些內容。也待下文再講。

乾嘉間之考證學。幾乎獨占學界勢力。雖以素崇宋學之清室帝王。尙且從風而靡。其他更不必說了。所以稍爲時髦一點的闊官乃至富商大賈。都要「附庸風雅」。跟著這些大學者學幾句考證的內行話。這些學者得這種有力的外護。對於他們的工作進行。所得利便也不少。總而言之。乾嘉間考證學。可以說是清代三百年文化的結晶體。合全國人的力量所構成。凡在社會秩序安寧物力豐盛的時候。學問都從分析整理一路發展。乾嘉間考證學所以特別流行。也不外這種原則罷了。

四　清代學術變遷與政治的影響（下）

考證學直至今日還未曾破產。而且轉到別個方面。和各種社會科學會發生影響。雖然古典考證學。總以乾嘉兩朝爲全盛時期。以後便漸漸蛻變。而且大部分趨於衰落了。

蛻變趨衰落的原因。有一部分也可以從政治方面解答。前文講過。考證古典之學。半由「文網太密」所逼成。就這一點論。雍正十三年間最厲害。乾隆的前三四十年也還吃緊。以後便漸漸鬆動了。乾隆朝爲清運轉移的最大樞紐。這位十全老人席祖父之業。做了六十年太平天子。自謂「德邁三皇功過五帝」。其實到他晚年。弄得民窮財盡。已種下後來大亂之根。即就他的本身論。因年老倦勤的結果。委政和珅。權威也漸失墜了。不過憑藉太厚。所以及身還沒有露出破綻來。到嘉慶道光兩朝。乾隆帝種下的惡因。次第要食其報。川湖陝的教匪。甘新的回亂。浙閩的海寇。一波未平。一波又起。跟着便是鴉片戰爭。受國際上莫大的屈辱。在這種陰鬱不寧的狀態中度過嘉道兩朝四十五年.

那時候學術界情形怎麼樣呢.大部分學者依然繼續他們考證的工作.但「絕對不問政治」的態度已經稍變.如大經學家王懷祖念孫 抗疏劾和珅.大史學家洪稚存亮吉 應詔直言.以至譴戍.這種舉動在明朝學者只算家常茶飯.在清朝學者眞是麟角鳳毛了.但這種一兩個人的特別行動.還算與大體無關.欲知思潮之暗地推移.最要注意的是新興之常州學派.常州派有兩個源頭.一是經學.二是文學.後來漸合爲一.他們的經學是公羊家經說——用特別眼光去研究孔子的春秋.由莊方耕存與 劉申受逢祿 開派.他們的文學是陽湖派古文——從桐城派轉手而加以解放.由張皋聞惠言 李申耆兆洛 開派.兩派合一來產出一種新精神.就是想在乾嘉間考證學的基礎之上.建設順康間「經世致用」之學.代表這種精神的人是龔定庵自珍 和魏默深源 這兩個人的著述.給後來光緒初期思想界很大的影響.這種新精神爲什麼會發生呢.頭一件.考證古典的工作.大部分被前輩做完了.後起的人想開闢新田地.只好走別的路.第二件.當時政治現象令人感覺不安.一面政府箝制的威權也陵替了.所以思想漸漸解放.對於政治及社會的批評也漸漸起來了.但我們要知道這派學風.在嘉道間.不過一枝「別動隊」.學界的大勢力.仍在「考證學正統派」手中.這枝別動隊的成績.也幼稚得很.

咸豐同治二十多年間.算是清代最大的厄運.洪楊之亂.痛毒全國.跟着捻匪回匪苗匪.還有北方英法聯軍之難.到處風聲鶴唳.慘目傷心.政治上生計上所生的變動不用說了.學術上也受非常壞的影響.因爲文化中心在江皖浙.而江皖浙糜爛最甚.公私藏書.蕩然無存.未刻的著述稿本.散亡的更不少.許多耆宿學者.遭難彫落.

後輩在教育年齡也多半失學所謂「乾嘉諸老的風流文采」到這會祇成爲「望古遙集」的資料考證學本已在落潮的時代到這會更不絕如縷了

當洪楊亂事前後思想界引出三條新路其一宋學復興乾嘉以來漢學家門戶之見極深「宋學」二字幾爲大雅所不道而漢學家支離破碎實漸已惹起人心厭倦羅羅山澤南 曾滌生國藩 在道咸之交獨以宋學相砥礪其後卒以書生犯大難成功名他們共事的人多屬平時講學的門生或朋友自此以後學人輕蔑宋學的觀念一變換個方面說對於漢學的評價逐漸低落「反漢學」的思想常在醞釀中

其二 西學之講求 自雍正元年放逐耶穌會教士以後中國學界和外國學界斷絕來往已經一百多年了道光間鴉片戰役失敗逼着割讓香港五口通商咸豐間英法聯軍陷京師燒圓明園皇帝出走客死於外經這次痛苦雖以麻木自大的中國人也不能不受點激刺所以亂定之後經曾文正李文忠這班人提倡忽有「洋務」「西學」等名詞出現原來中國幾千年來所接觸者——除印度外——都是文化低下的民族因此覺得學問爲中國所獨有「西學」名目實自耶穌教會入來所創始其時所謂西學者除測算天文測繪地圖外最重要者便是製造大礮陽瑪諾畢方濟等之見重於明末南懷仁徐日昇等之見重於淸初大半爲此（註一）西學中絕雖有種種原因但太平時代用不着大礮最少亦應爲原因之一過去事實旣已如此那麼咸同間所謂講求西學之動機及其進行路綫自然也該爲這種心理所支配質而言之自從失香港燒圓明園之後感覺有發憤自强之必要而推求西之所以强最佩服的是他的「船堅礮利」上海的江南機器製造局福建的馬尾船政局就因這種目的設立又最足以代表當時所謂西學家之心理同時又因國際交涉種種麻煩覺得須

有些懂外國話的人纔能應付。於是在北京總理衙門附設同文館。在上海製造局附設廣方言館又挑選十歲以下的小孩子送去美國專學說話。第一期所謂西學大略如此。這種提倡西學法。不能在學界發生影響自無待言。但江南製造局成立之後很有幾位忠實的學者——如李壬叔善蘭 華若汀蘅芳 等輩在裏頭譯出幾十種科學書。此外國際法及其他政治書也有幾種。自此中國人纔知道西人還有藏在「船堅砲利」背後的學問。對於「西學的觀念」漸漸變了。雖然這是少數中之極少數一般士大夫對於這種「洋貨」依然極端的輕蔑排斥。當時最能了解西學的郭筠仙嵩燾 竟被所謂『清流輿論』者萬般排擠侘傺以死這類事實最足為時代心理寫照了。

（註一）明天啓二年派人往澳門召羅如望陽瑪諾入京專製炮以禦滿洲崇禎二年畢方濟上疏言改良鎗砲大蒙嘉賞清康熙十三年為討吳三桂命南懷仁等製神威砲三百二十門懷仁著有神威圖說一書進呈康熙帝大悅加懷仁工部侍郎銜康熙三十五年親征葛爾丹命懷仁白進安多等扈駕專管砲術這都是明末清初因鑄造兵器而引用西士的故事。

其三。排滿思想之引動。 洪秀全之亂雖終歸平定。但他們所打的是「驅逐胡人」這個旗號。與一部分人民心理相應所以有許多跅弛不羈的人服從他這種力量在當時還沒有什麼到後來光緒末年盛倡革命時。太平天國之「小說的」故事實為宣傳資料之一種。鼓舞人心的地方很多所以論史者也不能把這回亂事與一般流寇同視應該認識他在歷史上一種特殊價值了。還有幾句話要附帶一說洪秀全之失敗原因雖多。最重大的就是他拿那種「四不像的天主教」做招牌因為這是和國民心理最相反的他們那種殘忍的破壞手段本已給國民留下莫大惡感。加以宗教招牌。買怨益甚。中國人對於外來宗教向來采寬容態度。到同治光緒間教案層見疊出。雖由許多原因湊成。然而洪秀全的「天父天兄」。當亦爲原因之一。因厭惡西教而遷怒西學。也是思想界一種厄運了。

同治朝十三年間。爲恢復秩序耗盡精力。所以文化方面無什麼特色可說。光緒初年。一口氣喘過來了。各種學問。都漸有向榮氣象。清朝正統學派——即考證學。當然也繼續工作。但普通經學史學的考證。多已被前人做盡。因此他們要走偏鋒。爲局部的研究。其時最流行的有幾種學問。一。金石學。二。元史及西北地理學。三。諸子學。這都是從漢學家門庭孳衍出來。同時因曾文正提倡桐城古文。也有些宋學先生出來點綴點綴。當時所謂舊學的形勢。大略如此。

光緒初年。內部雖暫告安寧。外力的壓迫。却日緊一日。自六年中俄交涉改訂伊犂條約起。跟着十年中法開戰。失掉安南。十四年中英交涉强爭西藏。這些事件。已經給關心國事的人不少的刺激。其最甚者。二十年中日戰役。割去台灣及遼東半島。俄法德干涉還遼之後。轉而爲膠州旅順威海之分別租借。這幾場接二連三的大颶風。把空氣振盪得異常劇烈。於是思想界根本動搖起來。

中國爲什麼積弱到這樣田地呢。不如人的地方在那裏呢。政治上的恥辱應該什麼人負責任呢。怎麼樣纔能打開出一個新局面呢。這些問題。以半自覺的狀態日日向（那時候的新青年）腦子上旋轉。於是因政治的劇變釀成思想的劇變。又因思想的劇變。致釀成政治的劇變。前波後波展轉推盪至今日而未已。

凡大思想家所留下話。雖或在當時不發生效力。然而那話灌輸到國民的「下意識」裏頭。碰着機緣。便會復活。而且其力極猛。清初幾位大——實即殘明遺老——黃梨洲顧亭林朱舜水王船山……之流他們許多話在過去二百多年間大家熟視無覩到這時忽然像電氣一般把許多青年的心絃震得直跳他們所提倡的「經世致用之學」其具體的理論雖然許多不適用然而那種精神是「超漢學」「超宋學」的能令學者對於二百多年的漢宋門戶得一種解放大膽的獨求其是他們曾痛論八股科舉之汨沒人才到這時讀起來覺得句句親切有味引起一班人要和這件束縛思想錮蝕人心的惡制度拚命他們反抗滿洲的壯烈行動和言論到這時因爲在滿洲朝廷手上丟盡中國人的臉國人正在要推勘他的責任讀了先輩的書驀地把二百年麻木過去的民族意識覺醒轉來他們有些人曾對於君主專制暴威作大膽的批評到這時拿外國政體來比較一番覺得句句都饜心切理因此從事於推翻幾千年舊政體的猛烈運動總而言之最近三十年思想界之變遷雖波瀾一日比一日壯闊內容一日比一日複雜而最初的原動力我敢用一句話來包舉他是殘明遺獻思想之復活

那時候新思想的急先鋒是我親受業的先生康南海有爲他是從「常州派經學」出身而以「經世致用」爲標幟他雖然有很奇特很激烈的理想卻不大喜歡亂講他門下的人便狂熱不可壓制了我自己便是這裏頭小小一員走卒當時我在我主辦的上海時務報和長沙時務學堂裏頭猛烈宣傳驚動了一位老名士而做闊官的張香濤之洞糾率許多漢學宋學先生們著許多書和我們爭辯學術上新舊之鬭不久便牽連到政局康南海正在用「變法維新」的旗號得光緒帝的信用舊派的人把西太后擁出來演成「戊戌政變」一齣悲劇表面上所謂「新學家」完全失敗了

反動日演日劇仇恨新學之不已遷怒到外國人跟着鬧出義和團事件丟盡中國的醜而滿洲朝廷的權威也

同時掃地無餘，極恥辱的條約簽字了，出走的西太后也回到北京了，哈哈滑稽得可笑「變法維新」這面大旗，從義和團頭目手中重新豎起來了，一切掩耳盜鈴的舉動，且不必說他，惟內中有一件事不能不記載，八股科舉到底在這時候廢了，一千年來思想界之最大障礙物，總算打破。

清廷政治一日一日的混亂，威權一日一日的失墜，因亡命客及留學生陡增的結果，新思想運動的中心移到日本東京，而上海為之轉輸，其時主要潮流，約有數支。

第一，我自己和我的朋友，繼續我們從前的奮鬥，鼓吹政治革命，同時「無揀擇的」輸入外國學說，且力謀中國過去善良思想之復活。

第二，章太炎炳麟 他本是考證學出身，又是浙人，受浙東派黃梨洲全謝山等影響甚深，專提倡種族革命，同時也想把考證學引到新方向。

第三，嚴又陵復 他是歐洲留學生出身，本國文學亦優長，專翻譯英國功利主義派書籍，成一家之言。

第四，孫逸仙文 他雖不是個學者，但眼光極銳敏，提倡社會主義，以他為最先。

以上幾個人各人的性質不同，早年所受教育根柢不同，各自發展他自己個性，始終沒有什麼合作，要之清末思想界，不能不推他們為重鎮，好的壞的影響，他們都要平分功罪。

同時還有應注意的一件事，是范靜生源廉 所倡的「速成師範」「速成法政」，他是為新思想普及起見，要想不必學外國語言文字而得有相當的學識，於是在日本特開師範法政兩種速成班，最長者二年，最短者六個月畢業，當時趨者若鶩，前後人數以萬計，這些人多半年已長大，而且舊學略有根柢，所以畢業後最形活動，辛亥革命成功之速，這些人與有力焉。而近十來年教育界政治界的權力，實大半在這班人手裏，成績如何、不用我說了。

總而論之，清末三四十年間，清代特產之考證學，雖依然有相當的部分進步，而學界活力之中樞，已經移到「外來思想之吸受」。一時元氣雖極旺盛，然而有兩種大毛病，一是混雜，二是膚淺，直到現在還是一樣。這種狀態，或者為初解放時代所不能免，以後能否脫離這狀態而有所新建設，要看現代新青年的努力如何了。

以上所論，專從政治和學術相為影響的方面說，雖然有許多漏略地方，然而重要的關目也略見了。以後便要將各時期重要人物和他的學術成績分別說明。

近三百年學術史附表

明清之際耶穌會教士在中國者及其著述（以卒年先後為次）

原名	譯名	國籍	東來年	卒年	卒地	所著書
Xavier (Saint Francois-de xavier)	方濟名	西班牙	未詳	明嘉靖三十一（一五五二・三・二）	上川島	
Sande (Eduard da)	孟三德	葡萄牙	明萬歷十三（一五八五）	明萬歷二十八（一六〇〇・六・二二）	澳門	崇禎曆書 長曆補注解惑 主制羣徵 主教緣起 遠鏡說 進呈書像 渾天儀說

Soerio (joao)	蘇如漢	葡萄牙	明萬歷二十三（一五九五）	明萬歷三十五（一六〇七·八）	澳門	聖教約言
Ricci(Matteo)	利瑪竇	意大利	明萬歷十一（一五八三）	明萬歷三十八（一六一〇·五·二）	北京	天主實義　幾何原本　交友論　同文算指通篇　西國記法　句股義　二十五晉　·圖容較義　畸人十篇·徐光啓行略　辨學遺蹟　乾坤體義　經天該　奏疏　齋旨　測量法義　西字奇蹟　渾蓋通憲圖說　萬國輿圖
Pantoja (Diego de)	龐迪我	西班牙	明萬歷二十七（一五九九）	明萬曆四十六（一六一八·一·[illegible]）	澳門	耶穌苦難禱文　未來辯論　天主實義續篇　龐子遺詮　七克大全　天神魔魂說　人類原始　受難始末　辯揭　奏疏
Ursis(Sabatthinusde)	熊三拔	意大利	明萬曆三十四（一六〇六）	明泰昌元年（一六二〇·五·三）	澳門	泰西水法　表度說　簡平儀說
Rocha (Joao da)	羅如望	葡萄牙	明萬曆十六（一五九八）	明天啓三（一六二三·三·）	杭州	天主聖教啓蒙　天主聖像略說
Trigault (N colas)	金尼閣	法蘭西	明萬歷三十八（一六一〇）	明崇禎元年（一六二八·二·十四）	杭州	宗徒禱文　西儒耳目資　況義(Eableschoiseis d. Es-ope)意拾諭言（同上）推曆年瞻禮法
Terenz (Joan)	鄧玉函	日耳曼	明天啓元年（一六二一）	明崇禎三（一六三〇·）	北京	遠西器奇圖說錄　人身說概　測天約說　黃赤距度表　正球升度表　大測　諸器圖說

Rudomina (Andre)	盧安德	利查尼	明天啓六（一六二六）	明崇禎五（一六三三·九·五）	福州	
Fraes (Joas)	伏若望	葡萄牙	明天啓四（一六二四）	明崇禎十一（一六三八·七·二）	杭州	五傷經禮規程 善終助功 苦難禱文
Vagnoni (Alfonso)	高一志 王豐肅	意大利	明萬曆三十五（一六〇五）	明崇禎十三（一六四〇·四·一九）	漳州	則聖十篇 齊家西學 天主 聖教聖人行實 達道紀言 四末論 修身西學 譬學 勵學古言 教要解略 寰宇 始末 聖母行實 神鬼眞紀 十慰 童幼教育 空際格 致 西學治平 斐錄彙答 驗正道論推
Cattaneo (Lazane)	郭居靜	瑞士	明萬曆二十五（一五九七）	明崇禎十三（一六四〇·）	杭州	性靈詣主
Figueredo(Rodericde)	費樂德	西班牙	明天啓二年（一六二二）	明崇禎一五（一六四二·一〇·九）	開封	念經總牘 聖教源流念經勸
Tudeschini (Augustin)	杜奧定	日奴	明萬歷二十六（一五九八）	明崇禎十六（一六四三·）	福州	渡海苦蹟記 杜奧定先生東 來渡海苦跡
Monteiro(Joao)	孟儒望	葡萄牙	明崇禎十年（一六三七）	淸順治五年（一六四八·）	印度	天學略義 天學辨敬錄 炤 迷鏡
						彌撒祭義 天主降生言行紀 略 出像經解 耶穌言行紀 略 性靈篇 景教碑頌 聖 體禱文 坤輿圖說 十五端圖 像 熙朝崇正集 楊淇園行 略 張彌克遺蹟 萬物眞源 滌罪正規 三山論學紀

Aleni (Giulio)	艾儒略	意大利	明萬歷四十一（一六一三）	清順治六年（一六四九•八•三）	福州	聖體要理 聖教歌聖教四字 教文 悔罪要旨 幾何要法 口鐸日鈔 五十言餘 西 方答問 西學凡職方外紀 性學觕述 天主降生引義 大西利西泰子傳 大西利西 泰先生行跡 艾先生行述 思及先生行蹟 泰西思及艾 先生行述 西海艾先生行略 泰西思及先生語錄
Ferreira (Gaspar)	費奇規	葡萄牙	明萬歷三十二（一六〇四）	清順治六年（一六四九•）		振心諸經 周年主保聖人單 玫瑰經十五編
Sambiaso (Francesco)	畢方濟	意大利	明萬曆四十二（一六一四）	清順治六年（一六四九•）	廣東	畫答 睡畫二答 靈言蠡勺 奏摺皇帝御製詩
Furtado (Francisco)	傅汎濟	葡萄牙	明天啓元年（一六二一）	清順治十年（一六五三•二一）	澳門	名理探 寰有詮
Longobardi (Nicolao)	龍華民	意大利	明萬曆二十五（一五九七）	清順治十一（一六五四•九•一）	北京	死說 念珠規程 靈魂道體 聖教日課 聖若撒法始末 地震解 念救事宜 聖人 禱文
Semedo (Alvaro)	魯德照	葡萄牙	明萬曆四十一（一六一三）	清順治十五（一六五八•五•六）	澳門	字考
Diaz (Emmanuel jeune)	陽瑪諾	葡萄牙	明萬曆三十八（一六一〇）	清順治十六（一六五九•三•四）	杭州	聖若瑟行實 天問略 十誡 眞詮 聖經直解 天學舉要 唐景教碑頌正詮 代疑論 袖珍日課 經世全書 經世 全書句解 避罪指南 天神 禱文

Cunha(Simonda)	瞿西滿	葡萄牙	明崇禎二年（一六二九）	淸順治十七（一六六〇·九）	澳門	經要直指
Ferran(Andre)	郎安德	葡萄牙	淸順治十五（一六五八）	淸順治十八（一六六一·）	福州	
Martini(Martino)	衞匡國	匈牙利	明崇禎十六（一六四三）	淸順治十八（一六六一·）	杭州	眞主靈性理證　逑反篇
Greslon(Gerommode)	賈宜陸	意大利	明崇禎十年（一六三七）	淸康熙元年（一六六二·九·四）	漳州	提正編　辨惑論
Costa(Ignacioda)	郭納爵	葡萄牙	明崇禎七年（一六三四）	淸康熙五年（一六六六·）	廣東	原染虧益　身後編　老人妙處　敎要
Schall von Bell(Johannesadam)	湯若望	日耳曼	明天啓二年（一六二二）	淸康熙五年（一六六六·）又康熙八年（一六六九·八·一五·？）	北京	眞福訓詮　古今交日考　西 洋測日曆　星圖　交食曆指 交食表　恆星曆測　恆星 表　共譯各圖　八線表　恆 星出沒　學曆小辨　測食略 測天略說　大測　奏疏 新曆曉惑　新法曆引　曆法 西傳　新法表異　動論　壽 文
Ruggieri(Michaele)	羅明堅	意大利	明萬曆九年（一五八一）	淸康熙六年（一六六七·五·二）		天主聖敎實錄
Santa maria(Antonio de)	利	西班牙	明崇禎六年（一六三三）	淸康熙八年（一六六九·五·一三）	廣東	正學鏐石
Brancati(Franceaco)	潘國光	意大利	明崇禎十年（一六三七）	淸康熙十年（一六七一·四·二五）	上海	十誡勸論　聖蹟規儀　聖教 四規　聖安德助宗徒瞻礼 天階　瞻禮口鐸　天神規課 天神會課

Rougemont(Francois de)	盧日滿	荷蘭	清順治十六（一六五九）	清康熙十五（一六七六•二•四）	漳州	要理六端　天主聖教要理　問世編
Gouvea(Antonio de)	何大化	葡萄牙	明崇禎九年（一六三六）	清康熙十六（一六七七•二•一四）	福州	蒙引要覽
Magalahens(Gabriel de)	安文思	葡萄牙	明崇禎十三（一六四〇）	清康熙十六（一六七七•五•六）	北京	復活論
Lobelli (Giovaniandrea)	陸安德		清順治十六（一六五九）	清康熙二十二（一六八三•）	澳門	聖教略說　眞福直指　善生福終正路　聖教問答　聖教攝言　聖教要理　默想大全　默想規矩　萬民四末圖
Buglio(Luigi)	利類思	意大利	明崇禎十年（一六三七）	清康熙二十三（一六八四•一〇•七）	北京	天主正教約徵　主教要旨　超性學要　獅子說　司鐸要典　性靈說　不得己辨　御覽西方要紀　聖母小日課　己亡者日課經　聖教簡要　善終瘞塋禮典　彌撒經典　日課概要　聖事禮典　安先生行述　天主聖體　三位一體　萬物原始　天神　形物之造　靈魂　首人受造　昭祀經典　進呈鷹論　聖事禮典
Verbiest (Ferdinand)	南懷仁	比利時	清順治十六（一六五九）	清康熙二十七（一六八八•一•二九）	北京	妄推吉凶辯　熙定朝案　驗氣圖說　坤輿圖說　告解原義　善惡報略說　教要序論　不得已辯　儀象志　儀象圖　康熙永年曆法　測驗紀略　坤輿全圖　簡平規總星圖　赤道南北星圖　妄占辯　預推紀驗　形性理推　光

						向異驗理推　理辨之引矜 目司圖總理　理推各國說御 覽簡平新儀式用法　進呈窮 理學
Motel (Jacques)	穆迪我	荷蘭	清順治十四（一六五七）	清康熙三十一（一六九二•六•二）	武昌	聖洗規儀　同
Couplet(Philippe)	柏應理	比利時	清順治十六（一六五九）	清康熙三十二（一六九三•五•一六）	臥亞	天主聖教永瞻禮單　天主聖 教百問答　四末眞論　聖坡 而日亞行實　聖若瑟禱文 周歲聖人行略
San Poscual(Augustinde)	利安定	西班牙	清康熙九年（一六七〇）	清康熙三十四（一六九五•）	未詳	永福天衢　天成人要集
Intorcetta(Prospero)	殷鐸澤	意大利	清順治十六（一六五九）	清康熙三十五（一六九六•一〇•三）	杭州	耶穌會例　西文四書直解 泰　殷覺斯先生行述
Greslon(Adrien)	聶仲遷	法蘭西	清康熙十四（一六七五）	清康熙三十六（一六九七•三）	贛州	古聖行實
Brollo(Basillio)	葉宗賢		清康熙二十三（一六八四）	清康熙四十三（一七〇四•七•一六）	西安	宗元直指
Pinuela(Pedoro)		墨西哥	清康熙十五（一六七六）	清康熙四十三（一七〇四七•三〇）	漳州	初會問答　永暫定衡　大赦 解略　默想神功　哀矜煉靈 略說
Pereyra(Thomsz)	徐日昇	西班牙	清康熙十二（一六七三）	清康熙四十七（一七〇八•二•二四）	北京	南先生行述　律呂正義續篇
Castner(Gaspar)	龐嘉賓	日耳曼	清康熙十八（一六七九）	清康熙四十八（一七〇九•二•九）	北京	

San juan Bautista(manuelde)	利安寧	西班牙	淸康熙二十四年（一六八五）	淸康熙四十九年（一七一〇・三・一〇）	北京	破迷集　聖文都辣聖母日課
Chavagunc(Emeric de)	沙守眞		淸康熙三十九年（一七〇〇）	淸康熙五十六年（一七一七・九・一四）	饒州	眞道自證
Noel(Francois)	衞方濟	比利時	淸康熙二十六年（一六八七）	淸雍正七年（一七二九・九・七）	Lille	人罪至重
Bouvet(jaochin)	白晉	法國	淸康熙二十六年（一六八七）	淸雍正八年（一七三〇・）	北京	天學本義　古今敬天鑒
Tellez(Manoel)	德瑪諾	葡萄牙	淸康熙四十三年（一七〇四）	淸雍正十一年（一七三三・）	饒州	顯相十五端玫瑰經
Rho (Giacomo)	羅雅各	意大利	明天啓四年（一六二四）	淸乾隆三年（一七三八・九・一七）	澳門	聖若瑟傳　楊淇園行蹟　天主經解　天主聖敎啓蒙　齋克　哀矜行詮　求說　聖記百言　聖母經解　周歲警言　測量全義　比例規解　五緯表　五緯曆指　月離曆指　月離表　日躔曆指　日躔表　黃赤正球　籌算　曆引　日躔考　晝夜刻分
Premare(Josephmarie de)	馬若瑟	葡萄牙	淸康熙三十七年（一六九八）	淸乾隆三年（一七三八・九・一七）	澳門	聖若瑟傳　楊淇園行蹟
Parrenin(Dominque)	巴多明	法蘭西	淸康熙二十八年（一六八九）	淸乾隆六年（一七四一・九・二）	北京	濟美篇　德行譜
Dentrecblles(Francoiszavier)	殷弘緒	法蘭西	淸康熙三十七年（一六九八）	淸乾隆六年（一七四一・）		主經體味　逆耳忠言　莫居凶惡勸　訓慰神編

Mendez(Martino)	孟由義	葡萄牙	清康熙二十三（一六八四）	淸乾隆八年（一七四三・一・）	澳門	
Hinderer(RoMain)	德瑪諾	法蘭西	清康熙四十六（一七〇七）	清乾隆九年（一七四四・八・四）	南京	與彌撒功程
Kogler(Ignace)	戴進賢	日耳曼	清康熙五十五（一七一六）	清乾隆十一（一七四六・三・二九）	北京	儀象考成
Mailla(Joseph Marie Annede Moyria de)	馮秉正	法蘭西	清康熙四十二（一七〇三）	清乾隆十三（一七四八・六・二八）	北京	明來集說　聖心規程　聖體仁愛經規條　聖經廣益　盛世芻蕘　聖年廣益　避靜彙鈔
Varo(Francisco)	萬濟谷		清順治十一（一六五四）	未詳	未詳	聖教明證
Benvente(Alvare)	白	西班牙	清康熙十九（一六八〇）	未詳	未詳	要經略解
Ortiz(Hortis)	白多瑪	西班牙	清康熙三十四（一六九五）	未詳	未詳	聖教功要　四絡略意
Silva(Antoniode)	林安多	葡萄牙	清康熙三十四（一六九五）	未詳	未詳	崇修精蘊
Duarte(Jean)	聶若望	葡萄牙	清康熙三十九（一七〇〇）	未詳	未詳	八天避靜神書

五　陽明學派之餘波及其脩正——

——黃梨洲附孫夏峰，李二曲，餘姚王學家，李穆堂。

凡一個有價値的學派，已經成立，而且風行，斷無驟然消滅之理，但到了末流，流弊當然相緣而生，繼起的人，往往對於該學派內容有所修正，給他一種新生命，然後可以維持於不敝。王學在萬歷天啓間，幾已與禪宗打成一片。東林領袖顧涇陽（憲成）高景逸（攀龍）提倡格物，以救空談之弊，算是第一次修正。劉蕺山（宗周）晚出，提倡愼獨，以救放縱之弊，算是第二次修正。明淸嬗代之際，王門下惟蕺山一派獨盛，學風已漸趨健實。淸初講學大師，中州有孫夏峯，關中有李二曲，東南則黃梨洲，三人皆聚集生徒，開堂講道，其形式與中晚明學者無別，所講之學，大端皆宗陽明，而各有所修正。三先生在當時學界各占一部分勢力，而梨洲影響於後來者尤大。梨洲爲淸代浙東學派之開創者，其派復衍爲二：一爲史學，二卽王學，而稍晚起者有江右之李穆堂，則王學最後一健將也。今本講以梨洲爲中堅，先以夏峯二曲，而浙東諸儒及穆堂附焉。淸代陽明學之流風餘韻，略具於是矣。

孫夏峯名奇逢，字啓泰，號鍾元，直隸容城人，生明萬歷十二年，卒淸康熙十四年（一五八四——一六七五）年九十二。他在淸初諸儒中最爲老輩，當順治元年，已經六十三歲了。他在明季以節俠聞。天啓間魏閹竊柄，荼毒正人，左光斗魏大中周順昌被誣下獄時，一般人多懼禍引避，夏峯與其友鹿伯順（善繼）傾身營救，義聲動天下。此外替個人急難主持公道，替地方任事開發公益，所做的事很不少。崇禎九年，淸師入關，大掠畿輔，列城俱陷，他以一諸生督率昆弟親戚，調和官紳，固守容城，淸兵攻之不下而去。其後流寇徧地，人無安枕，他率領子弟門人入易州五公山避亂，遠近聞風來依者甚衆。他立很簡單的規條，互相約束，一面修飭武備，抵抗寇難，一面從容講學，養成很健全的風俗，在中國歷史上三國時代田子春以後，夏峯算是第二個人了。鼎革以後，他依舊家居講學，未幾，淸廷將畿輔各地圈占，賞給旗員作采地，他的田園廬墓都被占去，舉家避地南下，河南輝縣之百泉山——卽夏峯。亦名蘇門山。爲宋時邵康節所曾居。他因仰慕昔賢。暫流寓在那裏。後來有一位馬光裕。把自己的田分送給他。他便在夏峰躬耕終老。所以學者稱爲夏峰先生。他在明清兩代被薦舉十數次。屢蒙詔書特徵。他始終不出。他八十一歲的時候（康熙三年）曾有人以文字獄相誣陷。他聞信從容說道『天下事只論有媿無媿。不論有禍無禍。』卽日投呈當局請對簿。後亦無事。他的祖父從陽明高弟鄒東廓（守益）受學。他的摯友鹿伯順又專服膺陽明。所以他的學問自然是得力於陽明者最深。但他並無異同門戶之見。對於程朱陸王各道其長而不諱其短。門人有問晦翁陽明得失者。他說。

『門宗分裂（按此四字疑有誤）使人知反而求諸事物之際。晦翁之功也。然晦翁沒而天下之實病不可不洩。詞章繁興。使人知反而求諸心性之中。陽明之功也。然陽明沒而天下之虛病不可不補。』（夏峯語錄）

又說。

『諸儒學問皆有深造自得之處。故其生平各能了當一件大事。雖其間異同紛紜。辨論未已。我輩只宜平心探討。各取其長。不必代他人爭是非求勝負也。

一有爭是非求勝負之心。卻於前人不相干。便是己私。便是浮氣。此病關係殊不小。』（同上）

他對於朱王兩派之態度大略如此。他並不是模稜調停。他確見得爭辯之無謂。這是他獨到之處。但他到底是王學出身。他很相信陽明所謂「朱子晚年定論」所以他不覺得有大異同可爭。

他不像晚明人空談心性。他是很切實辦事的人。觀前文所述他生平行事。可見大概了。他很注重文獻。著有理學宗傳二十六卷。記述宋明學術流派。又有畿輔人物考。中州人物考。兩大案錄。甲申大難錄。孫文正公年譜。蘇門紀事等書皆有價値之史料.

他因爲年壽長.資格老.人格又高尙.性情又誠摯.學問又平實.所以同時人沒有不景仰他.門生弟子偏天下.遺老如申鳧盂涵光劉五公餘佑……達官如湯孔伯斌魏環極象樞魏石生裔介……皆及門受業.乃至鄉農販豎.他都不吝教誨.許多人見他一面.聽他幾句話.便奮志向上做人.要之夏峯是一位有肝膽有氣骨有才略的人.晚年加以學養.越發形成他的人格之尊嚴.所以感化力極大.屹然成爲北學重鎭.

李二曲名顒.字中孚.陝西盩厔人.生明天啓六年.卒清康熙四十四年(一六二七——一七〇五)年七十九.他是僻遠省分絕無師承的一位窮學者.他父親當兵.死於流寇之難.他幼年窮得沒有飯吃.有人勸他母親把他送到縣裏當衙役.他母親不肯.一定要令他讀書.幾次送他上蒙館.因爲沒有錢納脩金.各塾師都不收他.後來好容易認識字.便借書來讀.自動的把學問磨練出來.他學成之後.曾一度到東南無錫江陰靖江武進宜興各處的學者.相爭請他講演.在陝境內富平華陰都是他常常設講之地.康熙初年.陝撫薦他「山林隱逸」.特詔徵他.力辭纔免.其後又徵「博學鴻儒」.地方官强迫起行.他絕粒六日.最後拔刀自刎.纔肯饒他.他覺得爲虛名所累.從此把門反鎖.除顧亭林來訪.偶一開門外.連子弟也不見面.康熙帝西巡.傳旨地方官必要召見他.他歎道.這回眞要逼死我了.以廢疾堅辭.幸而免.他並不是矯情鳴高.但不肯在淸朝做官.是他生平的志氣.他四十歲以前.嘗著經世蠡測.時務急策.十三經糾繆.廿一史糾繆等書.晚年以爲這是口耳之學.無當於身心.不復以示人.專以返躬實踐悔過自新爲主.所著四書反身錄.極切實.有益脩養.他教學者入手方法.說要『先觀象山慈湖陽明白沙之書.以洞斯道大原』.但對於晚明王學家之專好談玄.卻認爲不對.他說.

『先覺倡道，皆隨時補救。如人患病不同，投藥亦異。晦庵之後，墮於支離葛藤，故陽明出而救之以致良知，令人當下有得。及其久也，易至於談本體而略工夫。……今日吾人通病，在於昧義命，鮮羞惡，苟有大君子志切拯救，惟宜力扶廉恥……』（二曲集卷十二南行述）

觀此，他的講學精神大路可見了。他絕對不作性命理氣等等哲理談，一力從切身處逼拶，所以他的感化力入人甚深。他自己拔自疏微，所以他的學風，帶有平民的色彩。著有觀感錄一篇，所述皆晚明眞儒起自賤業者，內鹽丁、樵夫、吏胥、窰匠、商賈、農夫、賣油傭、戍卒、網巾匠各一人。（見二曲集卷二十二）

總而論之，夏峰、二曲，都是極結實的王學家，他們倔強堅苦的人格，正孔子所謂「北方之强」。他們的創造力雖不及梨洲、亭林，卻給當時學風以一種嚴肅的鞭辟。說他們是王學後勁，可以當之無愧。

現在要講淸代王學唯一之大師黃梨洲了。

梨洲名宗羲，字太沖，浙江餘姚人。生明萬曆三十八年，卒淸康熙十六年（一六一〇——一六九五）年八十五。他是王陽明的同里後學。他的父親忠端公（尊素）是東林名士，爲魏閹所害。他少年便倜儻有奇氣，常袖長錐，思復父仇。年十九，伏闕上書訟父寃。崇禎初元，魏閹伏誅，他聲譽漸高，隱然爲東林子弟領袖。然而他從此折節厲學，從劉蕺山遊，所得日益深粹。崇禎十七年，北京陷賊，福王立於南京，閹黨阮大鋮柄政，驟興黨獄，名捕蕺山及許多正人，他也在其列。他避難亡命日本，經長崎達江戶。（全謝山謂梨洲常偕馮躋仲乞師日本，誤也。他到日本在躋仲前四年。）明年，福王走南京覆，他和錢忠介（肅樂）起義兵，守浙江，拒淸師，號世忠營。失敗後，遁入四明山寨，把餘兵交給王完勛（翊），自己跟著魯王在舟山，和張蒼水（煌言）、馮躋仲（京第）等力圖匡復，仍常潛行往來內地，有所布置。淸廷極畏忌他。他晚年自述說道。『自北兵南下。懸書購余者二。名捕者一。守圍城者一。以謀反告訐者三。絕氣沙墠者一晝夜。其他連染邏哨所及無歲無之。可謂瀕於十死者矣。』（南雷餘集怪說）讀此可以知道他奔走國難所經歷的艱苦何如了。明統既絕。他纔絕意國事。奉母鄉居。從事著述。其後設「證人講會」於浙東。從遊者日衆。「證人」者以蕺山所著書名其會也。康熙十七年。詔徵博學鴻儒。許多人要薦他。他的門生陳錫嘏說。『是將使先生爲疊山九靈之殺身也。』乃止。未幾開明史館。清廷必欲羅致他。下詔督撫以禮敦聘。他力辭不往。乃由督撫就他家中將他的著述關於史事者鈔送館中。又聘他的兒子百家他的門生萬斯同入館備顧問。他晚年在他父親墓傍自營生壙。中置石牀。不用棺槨。子弟疑之。他作葬制或問一篇。援趙邠卿陳希夷例。戒身後無得違命。他所以如此者。據全謝山說是『身遭國變。期於速朽。』但或者是他關於人生問題一種特別見解也未可知。總之我們佩服梨洲。不僅在他的學問。而實在他的人格。學者若要稍爲詳細的知道。請讀全謝山的梨洲先生神道碑銘。（鮚埼亭集卷十一）

梨洲的父親被逮入獄時。告訴他一句話。『學者最要緊是通知史事。可讀獻徵錄。』所以梨洲自少時卽致力史學。他家裏藏書本甚多。同鄉鈕氏世學樓。祁氏澹生堂。范氏天一閣的書。都到處借鈔借讀。所以他記誦極博。各門學問都有所探索。他少年便從劉蕺山受學。終身奉爲依歸。所以清初王學。不能不認他爲嫡派。全謝山總論梨洲學術曰。

『公謂。「明人講學。襲語錄之糟粕。不以六經爲根柢。束書而從事於遊談。」故受業者必先窮經。經術所以經世。方不爲迂儒之學。故兼令讀書史。又謂。「讀書不多。無以證斯理之變化。多而不求於心。則爲俗學。」故凡受公之教者。不墜講學之流弊。公以濂洛之統。綜合諸家。橫渠之禮教。康節之數學。東萊之文獻。艮齋止齋之經濟．水心之文章．莫不旁推交通．自來儒林所未有也．』

陳悔廬汝咸說．

『梨洲黃子之敎人．頗泛濫諸家．然其意在乎博學詳說以集其成．而其歸究於蕺山愼獨之旨．乍聽之似駁．而實未嘗不醇．』（全謝山大理陳公神道碑銘）

這兩段話對於梨洲學風說得最爲明白．謝山雖極其崇拜梨洲．然亦不阿其所好．他說

『先生之不免餘議者則有二．其一．則黨人之習氣未盡．蓋少年卽入社會門戶之見深入而不可猝去．其二．則文人之習氣未盡．以正誼明道之餘技．猶留連於枝葉．』（結埼亭集答問學術帖子）

這段話把梨洲的短處也說得公平．總之梨洲純是一位過渡人物．他有淸代學者的精神．卻不脫明代學者的面目．

梨洲之學．自然是以陽明爲根柢．但他對於陽明所謂「致良知」有一種新解釋．他說．

『陽明說「致良知於事事物物」．致字卽是行字．以救空空窮理．在「知」上討個分曉之非．乃後之學者．測度想像．求見本體．只在知識上立家儅以爲良知．則陽明何不仍窮理格物之訓．而必欲自爲一說耶．』（明儒學案卷十姚江學案）

像他這樣解釋致良知——說致字卽是行字．很有點像近世實驗哲學的學風．你想認識路．只要往前行過．便自了然．關著門冥想路程．總是枉用工夫．所以他對於本體的測度想像．都認爲無益．梨洲的見解如此．所以他一生無日不做事．無日不讀書．獨於靜坐參悟一類工夫．絕不提倡．他這種解釋．是否適合陽明本意．另爲一問

題總之和王門所傳有點不同了所以我說梨洲不是王學的革命家也不是王學的承繼人他是王學的修正者

梨洲有一部怪書名曰明夷待訪錄（注二）這部書是他的政治理想從今日青年眼光看去雖像平平無奇但三百年前——盧騷民約論出世前之數十年有這等議論不能不算人類文化之一高貴產品其開卷第一篇原君從社會起原說起先論君主之職務次說道

『……後之爲人君者不然以爲天下利害之權皆出於我我以天下之利盡歸於己天下之害盡歸於人亦無不可使天下之人不敢自私不敢自利以我之大私爲天下之大公始而慚焉久而安焉視天下爲莫大之產業傳諸子孫受享無窮……此無他古者以天下爲主君爲客凡君之所畢世而經營者爲天下也今也以君爲主天下爲客凡天下之無地而得安寧者爲君也是以其未得之也屠毒天下之肝腦離散天下之子女以博我一人之產業曾不慘然曰我固爲子孫創業也其既得之也敲剝天下之骨髓離散天下之子女以奉我一人之淫樂視爲當然曰此我產業之花息也然則爲天下之大害者君而已矣……而小儒規規焉以君臣之義無所逃於天地之間至桀紂之暴猶以爲湯武不當誅之……豈天下之大於兆民萬姓之中獨私其一人一姓乎……』

其原法篇云

『……後之人主既得天下唯恐其祚命之不長也子孫之不能保有也思患於未然以爲之法然則其所謂法者一家之法而非天下之法也……法愈密而天下之亂卽生於法之中所謂非法之法也……夫非法之

法。前王不勝其利欲之私以創之後王或不勝其利欲之私以壞之。壞之者固足以害天下其創之者亦未始非害天下者也。……論者謂有治人無治法吾以謂有治法而後有治人。……』

其學校篇說。

『……必使治天下之具皆出於學校而後設學校之意始備。……天子之所是未必是。天子之所非未必非天子亦遂不敢自爲非是而公其非是於學校。……』

像這類話的確含有民主主義的精神。——雖然很幼稚——對於三千年專制政治思想爲極大膽的反抗。在三十年前——我們當學生時代實爲刺激青年最有力之興奮劑。我自己的政治運動可以說是受這部書的影響最早而最深。此外書中各篇——如田制兵制財計等。雖多半對當時立論。但亦有許多警拔之說。如主張還都南京。主張變通推廣『衞所屯田』之法使民能耕而皆有田可耕。主張廢止金銀貨幣。此類議論雖在今日或將來依然有相當的價值。

(注一)梨洲極自負他的明夷待訪錄。顧亭林亦極重之。亭林與梨洲書云。『讀待訪錄知百王之敝可以復振。』其折服可謂至矣。今本篇目如下。

原君　原臣　原法　置相　學校　取士上　取士下　建都　方鎮　田制一　田制二　兵制一　兵制二　兵制三　財計一　財計二　凡二十篇

惟據全謝山跋云。『原本不止於此。以多嫌諱不盡出。』然則書尚非足本。狠可惜。

此書乾隆間入禁書類。光緒間我們一班朋友曾私印許多送人作爲宣傳民主主義的工具。

章太炎不喜歡梨洲，說這部書是向滿洲上條陳，這是看錯了。待訪錄成於康熙元二年，當時遺老以順治方殂，光復有日，梨洲正欲爲代淸而興者說法耳。他送萬季野北行詩，戒其勿上河汾太平之策，豈有自己想向淸廷討生活之理。

梨洲學問影響後來最大者，在他的史學。現行的明史，大半是萬季野稿本，而季野之史學，實傳自梨洲。梨洲替季野作歷代史表序，其末段云：

『嗟乎，元之亡也，危素趨報恩寺，將入井中，僧大梓云：「國史非公莫知，公死，是死國之史也。」素是以不死。後修元史，不聞素有一辭之贊。及明之亡，朝之任史事者衆矣，顧獨藉一草野之萬季野以留之，不亦可慨也夫。』（南雷文約卷四）

前明遺獻，大率皆惓惓於國史。梨洲這段話，足見其感慨之深。他雖不應明史館之聘，然而館員都是他的後學，每有疑難問題，都咨詢他取決。曆志則求他審正後纔算定稿，地理志則大半採用他所著今水經原文，其餘史料經他鑑別的甚多。（全作神道碑銘縷舉多條）他關於史學的著述，有重修宋史，未成書；有明史案二百四十卷，已佚；有行朝錄八種——一隆武紀年，二贛州失事記，三紹武爭立紀，四魯紀年，五舟山興廢，六日本乞師紀，七四明山寨紀，八永歷紀年。其餘如賜姓本末（記鄭成功事）、海外慟哭記、思舊錄等，今尚存，都是南明極重要史料。而其在學術上千古不磨的功績，尤在兩部學案。

中國有完善的學術史，自梨洲之著學案始。明儒學案六十二卷，梨洲一手著成。宋元學案，則梨洲發凡起例，僅成十七卷而卒，經他的兒子耒史（名百家）及全謝山兩次補續而成。所以欲知梨洲面目，當從明儒學案求之。

著學術史有四個必要的條件：第一，敍一個時代的學術，須把那時代重要各學派全數網羅，不可以愛憎爲去取．第二．敘某家學說．須將其特點提挈出來．令讀者有很明晰的觀念．第三．要忠實傳寫各家眞相．勿以主觀上下其手．第四．要把各人的時代和他一生經歷大概敘述．看出那人的全人格．梨洲的明儒學案．總算具備這四個條件．那書卷首有「發凡」八條．說．

『此編所列．有一偏之見．有相反之論．學者於其不同處．正宜着眼理會．……以水濟水．豈是學問．』

他這書以陽明學派爲中堅．因爲當時時代精神焦點所在．應該如此．但他對於陽明以外各學派．各還他相當位置．並不抹殺．正合第一條件．他又說．

『大凡學有宗旨．是其人之得力處．亦是學者之入門處．……講學而無宗旨．卽有嘉言．是無頭緒之亂絲也．學者而不能得其人之宗旨．卽讀其書．亦猶張騫初至大夏．不能得月氏要領．……每見鈔先儒語錄者．薈撮數條．不知去取之意．謂何．其人一生精神未嘗透露．如何見其學術．』

我們讀明儒學案．每讀完一案．便覺這個人的面目活現紙上．梨洲自己說．『皆從各人全集纂要鉤元．』可見他用功甚苦．但我們所尤佩服者．在他有眼光．能纂鉤得出．這是合第二個條件．梨洲之前．有位周海門曾著聖學宗傳一書．他的範圍形式．都和明儒學案差不多．梨洲批評他道．『是海門一人之宗旨．非各家之宗旨．』梨洲這部書．雖有許多地方自下批評．但他僅在批評裏頭表示梨洲自己意見．至於正文的敘述．卻極忠實．從不肯拿別人的話作自己注腳．這是合第三個條件．他在每案之前．各做一篇極翔實的小傳．把這個人的時代經歷師友淵源．詳細說明．令讀者能把這個人的人格捉摸到手．這是合第四個條件．所以明儒學案這部書．我認爲是極有價值的創作．將來做哲學史科學史文學史的人．對於他的組織．雖有許多應改良之處．對於他的方

法和精神是永遠應採用的.(注二)

(注二)唐鑑著國朝學案小說.嘗議梨洲.謂其以陳(白沙)王(陽明)與薛(敬軒)胡(敬齋)平列.爲不識道統.可謂偏陋已極.無論道統之說.我們根本不能承認.試思明代學術.舍陳王外更有何物.梨洲尊陳王而不廢薛胡.還算公道.豈有專取薛胡而棄陳王之理.

此外梨洲之重要著作.如易學象數論六卷.力辯河洛方位圖說之非.爲後來胡朏明渭易圖明辨的先導.如授書隨筆一卷.則閻百詩若璩問尚書而作此告之.實百詩古文尚書疏證的先導.這兩部書都於清代經學極有關係.他又最喜曆算之學.著有授時曆故.大統曆推法.授時曆假如.西曆回回曆假如.句股圖說.開方命算.割圜八綫解.測圜要義等書.皆在梅定九文鼎以前.多所發明.其遺文則有南雷文定凡五集.晚年又自刪定爲南雷文約四卷.又嘗輯明代三百年之文爲明文海四百八十二卷.又續輯宋文鑑元文鈔.皆未成.

他的兄弟宗炎字晦木.倜儻權奇過梨洲.嘗以奔走國事爲清吏所捕.梨洲集壯士以計篡取之.著有憂患學易一書.考證太極圖出自道士陳搏.其書今佚.梨洲子耒史能傳家學.續輯學案.又從梅定九學算.有著書.

梨洲弟子最著者萬充宗斯大萬季野斯同兄弟.別見次講.

陽明.戢山.梨洲皆浙東人.所以王學入到清代.各處都漸漸衰息.惟浙東的流風餘韻.還傳衍得很長.陽明同縣(餘姚)人著籍弟子最顯者曰徐曰仁愛錢緒山德洪.明清之交.名其學者則梨洲與沈求如國模.求如親受業緒山.年輩在梨洲上.國變時已八十餘歲了.他的學風和梨洲不同.全然屬於周海門汝登一派.幾與禪宗無異.梨洲少年時.曾極力和他抗辯.餘姚之姚江書院.實求如所創.求如弟子最著者曰韓遺韓孔當 邵魯公曾可

相繼主講姚江書院。而梨洲則倡證人學會。故康熙初年浙東王學略成沈黃兩派對峙的形勢。魯公之孫邵念魯（廷采）受業韓孔當又從梨洲學算。念魯繼主姚江講座最久兩派始歸於一。時清聖祖提倡程朱學。孫承澤熊錫履輩揣摩風氣專以詆毀陽明爲事。念魯常侃侃與抗不稍懾。著有陽明王子傳蕺山劉子傳王門弟子傳劉門弟子傳宋遺民所知錄明遺民所知錄姚江書院志略東南紀事（記南明閩浙事）西南紀事（記南明滇桂事）思復堂文集等書。蓋陽明同里後輩能昌其學者以念魯爲殿。其兼擅史學則梨洲之教也。念魯族孫二雲（晉涵）爲乾嘉間小學名家亦邃於史而鄞縣全謝山（祖望）與二雲最交親同爲浙學後勁下方更專篇論之。

陽明雖浙人而在贛服官講學最久。故當時門下以江右爲最盛。其後中絕殆將百年了。及康熙末而有臨川李穆堂（紱）出（乾隆十五年卒年七十八）。穆堂並未嘗以講學自居。然其氣象俊偉純從王學得來。他歷仕康雍乾三朝。內而卿貳外而督撫皆經屢任。他辦事極風烈而又條理縝密。但賦性伉直常觸忤權貴。所以一生風波極多。暮年卒以錮廢終。而其氣不稍挫。全謝山所作臨川李公神道碑銘說。

『公以博聞强識之學。朝章國故如肉貫弗。抵掌而談如決潰隄而東注。不學之徒已望風不敢前席。而公揚休山立左顧右盼千人皆廢。未嘗肯少接以溫言。故不特同事者惡之。即班行者亦多畏之。嘗有中州一巨公自負能昌明朱子之學。一日謂公曰「陸氏之學非不岸然。特返之吾心兀兀多未安者。以是知其於聖人之道未合也」公曰「君方總督倉場而進羨餘不知於心安否是在陸門五尺童子且唾之矣。」其人失色而去終身不復與公接。……世方以閉眉合眼喔咿嚅唲伺察廟堂意旨隨聲附和爲不傳之祕。則公之道宜其所往輒窮也。』（鮚埼亭集卷十七）

凡豪傑之士。往往反抗時代潮流。終身挫折而不悔。若一味揣摩風氣。隨人毀譽。還有什麼學問的獨立，明末王學全盛時。依附王學的人。我們很覺得可厭。清康雍間。王學爲衆矢之的。有毅然以王學自任者。我們卻不能不崇拜到極地。並非有意立異。實則個人品格要在這種地方纔看出來。清代「朱學者流」——所謂以名臣兼名儒者。從我們眼中看來。眞是一文不值。據我個人的批評。敢說清代理學家陸王學派還有人物。程朱學派絕無人物。（參看第九講程朱學派）李穆堂卻算是陸王派之最後一人了。他所著書有穆堂類稿五十卷。續稿五十卷。別稿五十卷。春秋一是二十卷。陸子學譜二十卷。陽明學錄若干卷。除類稿外今不傳。

邵念魯全謝山結浙中王學之局。李穆堂結江右王學之局。這個偉大學派。自此以後。便僅成爲歷史上名詞了。

我因爲講黃梨洲順帶著把王學講個結束。已經將時代躐講幾十年了。以後仍請讀者回轉眼光。再看明末清初別個學派。

六　清代經學之建設——

——顧亭林　閻百詩附胡朏明　萬充宗

清儒的學問。若在學術史上還有相當價值。那麼。經學就是他們惟一的生命。清儒的經學。和漢儒宋儒都根本不同。是否算得一種好學問。另爲一問題。他們這一派學問。也離不了進化原則。經一百多年纔漸漸完成。但講到「華路藍縷」之功。不能不推顧亭林爲第一。顧亭林說。「古今安得別有所謂理學者。經學卽理學也。自有舍經學以言理學者而邪說以起。』又說。『今日只當著書。不當講學。』他這兩段話。對於晚明學風。表出堂堂正正的革命態度。影響於此後二百年思想界者極大。所以論清學開山之祖。舍亭林沒有第二個人。

亭林初名絳。國變後改名炎武。字曰寧人。學者稱爲亭林先生。江蘇崑山人。生明萬歷四十一年。卒清康熙二十一年。年七十（一六一三——一六八二）他是一位世家子弟——江南有名的富戶。他承祖父命出繼堂叔爲子。他的母親王氏十六歲未婚守節。撫育他成人。他相貌醜怪。瞳子中白而邊黑。性情耿介。不諧於俗。惟與同里歸元恭莊爲友。時有歸奇顧怪之目。（注一）他少年便留心經世之學。最喜歡鈔書。徧覽二十一史。明代十三朝實錄。天下圖經。前輩文編說部。以至公移邸鈔之類。有關於民生利害者。分類錄出。旁推互證。著天下郡國利病書。未成而國難作。清師下江南。亭林糾合同志起義兵。守吳江。失敗後他的朋友死了好幾位。他幸而逃脫。他母親自從崑山城破之日起。絕粒二十七日而死。遺命不許他事滿洲。他本來是一位血性男子。受了母親這場最後熱烈激刺的教訓。越發把全生涯的方嚮決定了。（注二）他初時只把母親淺殯。立意要等北京恢復。崇禎帝奉安後。纔舉行葬禮。過了兩年。覺得這種希望很杳茫。勉强把母先葬。然而這一段隱痛。永久藏在他心坎中。終身不能忘卻。他後來棄家遠遊。到老不肯過一天安逸日子。就是爲此。他葬母之後。隆武帝（唐王）在福建。遙授他職方司主事。他本要奔赴行在。但因爲道路阻隔。去不成。他看定了東南的悍將惰卒。不足集事。且民氣柔脆。地利亦不宜於進取。於是決計北游。想通觀形勢。陰

（注一）歸元恭。明亡後屢次起義。晚年築土室於叢冢間。與妻偕隱。自署門聯云。『妻太聰明夫太怪。人何寥落鬼何多。』

（注二）亭林餘集裏頭有一篇王碩人行狀。讀之便可知亭林受他母親影響到怎麼程度。

結豪傑。以圖光復。曾五謁孝陵。明太祖陵在南京 六謁思陵。明懷宗陵在直隸昌平 其時他的家早已破了。但他善於理財。故一生羈旅。曾無困乏。每到一地。他爲有注意價値者。便在那裏墾田。墾好了。交給朋友或門生經理。他又往別處去。江北之淮安。山東之章邱。山西雁門之北。五臺之東。都有他墾田遺跡。（注三）可見他絕對的不是一位書獃子。他所提倡窮經致用之學。並非紙上空談。若論他生平志事。本來不是求田問舍的人。原有的家產。尙且棄而不顧。他到處經營這些事業。弄些錢做甚麼用處。我們試想一想他下半世的生涯。大半消磨在旅行中。他旅行。照例用兩匹馬換着騎。兩匹騾馱帶應用書籍。

（注三）相傳山西票號由亭林創辦。一切組織規則。皆其手定。後人率循之。遂成爲二百餘年金融中心。此事不見前賢所作傳。未知確否。

到一險要地方。便找些老兵退卒。問長問短。倘或和平日所聞不合。便就近到茶房裏打開書對勘。到晚年乃定居陝西之華陰。他說『秦人慕經學。重處士。持清議。實他邦所少。而華陰綰轂關河之口。雖足不出戶。而能見天下之人。聞天下之事。一旦有警。入山守險。不過十里之遙。若志在四方。則一出關門。亦有建瓴之勢。』可見他卽住居一地。亦非漫無意義。他雖南人。下半世卻全送在北方。到死也不肯回家。他本是性情極厚。守禮極嚴的君子。他父母墳墓。忍著幾十年不祭掃。夫人死了。也只臨風一哭。爲何舉動反常到如此田地。這個啞謎。只好讓天下萬世有心人胡猜罷了。他北游以前。曾有家中世僕。受里豪嗾使。告他「通海」。當時與魯王唐王通者謂之通海 他親自把那僕人抓住。投下海去。因此鬧一場大官司。幾乎送命。康熙三年。他在京。山東忽然鬧什麼文字獄。牽連到他。他立刻親到濟南對簿。入獄半年。這是他一生經過的險難。比起黃梨洲。也算平穩多了。康熙十七年。開博學鴻儒科。都中闊人。相爭要羅致他。他令他的門生宣言『刀繩具在。無速我死。』次年開明史館。總裁葉方藹又要特薦他他給葉信說道『七十老翁何所求正欠一死若必相逼則以身殉之矣』清廷諸人因此再不敢惹他他的外甥徐乾學徐元文少時由他撫養提拔後來他們做了闊官要迎養他南歸他無論如何都不肯他生平制行極嚴有一次徐乾學兄弟請他吃飯入坐不久便起還寓乾學等請終席張燈送歸他作色道『世間惟有淫奔納賄二者皆於夜行之豈有正人君子而夜行者乎』其方正類如此

我生平最敬慕亭林先生爲人想用一篇短傳傳寫他的面影自愧才力薄弱寫不出來但我深信他不但是經師而且是人師我以爲現代青年很應該用點工夫多參閱些資料以看出他的全人格有志於是者請讀全謝山鮚埼亭集亭林先生神道碑銘亭林文集中卷三與葉訒庵書答原一公肅兩甥書卷四與人書十餘篇又與潘次耕書亭林餘集王碩人行狀答潘次耕書等篇若更要詳細一點請讀張石洲的亭林先生年譜

亭林學術大綱略見於他所作與友人論學書（文集卷三）其文曰『……竊歎夫百餘年以來之學者往往言心言性而茫乎不得其解也命與仁孔子之所罕言也性與天道子貢之所未得聞也性命之理著之易傳未嘗數以語人其答問士也則曰「行己有恥」其爲學則曰「好古敏求」其與門弟子言舉堯舜相傳所謂危微精一之說一切不道而但曰「允執其中四海困窮天祿永終」嗚呼聖人之所以爲學者何其平易而可循也……今之君子則不然聚賓客門人之學者數十百人譬諸草木區以別矣而一皆與之言心言性舍多學而識以求一貫之方置四海之困窮不言而終日講危微精一是必其道之高於孔子而其門弟子之賢於子貢也我弗敢知也孟子一書言心言性亦諄諄矣乃至萬章公孫丑陳代陳臻周霄彭更之所問與孟子之所答者常在乎出處去就辭受取與之間以伊尹之元聖堯舜其君其民之聖德大功而其本乃在乎千駟一介

之不視不取。伯夷伊尹之不同於孔子也。而其同者則以行一不義殺一不辜而得天下不爲是故性也命也。孔子之所罕言。而今之君子之所恆言也。出處去就辭受取與之辨。孔子孟子之所恆言。而今之君子所罕言也……我弗敢知也。愚所謂聖人之道者如之何。曰「博學於文」。曰「行已有恥」。自一身以至於天下國家。皆學之事也。自子臣弟子以至於出入往來辭受取與之間皆有恥之事也。恥之於人大矣。不恥惡衣惡食。而恥匹夫匹婦之不被其澤。……嗚呼。士而不先言恥。則爲無本之人。非好古而多聞。則爲空虛之學。以無本之人而講空虛之學。吾見其日從事於聖而去之彌遠也。……』

亭林學術之最大特色。在反對向內的——主觀的學問。而提倡向外的——客觀的學問。他說。

自宋以後。一二賢智之徒。病漢人訓詁之學得其粗跡。務矯之以歸於內。而「達道」「達德」「九經」「三重」之事置之不論。此眞所謂「告子未嘗知義」者也。（日知錄卷七行吾敬故謂之內也條）

又說。

『孟子言。「學問之道無他求其放心而已矣」。然則但求放心。遂可不必學問乎。與孔子言「以思無益不如學也」者。何其不同耶。……孟子之意。蓋曰能求放心。然後可以學問。「使弈秋誨二人弈。其一人專心致志惟弈秋之爲聽。「一人雖聽之一心以爲有鴻鵠將至。……」此放心而不知求也。然但知求放心。而未嘗窮中罫之方悉雁行之勢。亦必不能從事於奕。』（同上求其放心條）

亭林著作中像這類的話很不少。以上所引。不過略舉爲例。要之清初大師。如夏峰梨洲二曲輩。純爲明學餘波。如船山舜水輩。雖有反明學的傾向。而未有所新建設。或所建設未能影響社會。亭林一面指斥純主觀的王學不足爲學問一面指點出客觀方面許多學問途徑來於是學界空氣一變二三百年間跟着他所帶的路走去亭林在淸代學術史所以有特殊地位者在此

亭林所標『行已有恥博學於文』兩語一是做人的方法一是做學問的方法做人爲什麼專標『行已有恥』呢因爲宋明以來學者動輒教人以明心見性超凡入聖及其末流許多人濫唱高調自欺欺人而行檢之間反蕩然無忌憚晚明政治混濁滿人入關從風而靡皆由於此亭林深痛之所以說

『古之疑衆者行僞而堅今之疑衆者行僞而脆』文集卷十四與人書

亭林以爲人格不立便講一切學問都成廢話怎樣纔能保持人格他以爲最忌的是圓滑最要的是方嚴他說

『讀屈子離騷之篇原文云『彼堯舜之耿介兮固中道而得路何桀紂之昌披兮夫惟捷徑以窘步』乃知堯舜所以行出乎人者以其耿介也同乎流俗合乎汙世則不可以入堯舜之道矣』日知錄卷十三耿介條

『老氏之學所以異乎孔子者「和其光同其塵」此所謂似是而非也卜居漁父二篇盡之矣非不知其言之可從也而義有所不當爲也揚子雲而知此義也反離騷其可不作矣尋其大指「生斯世也爲斯世也善斯可矣」此其所以爲莽大夫與』同上鄉原條

亭林欲樹人格的藩籬簡單直捷提出一個「恥」字他說

『禮義廉恥是謂四維四維不張國乃滅亡……然而四者之中恥爲尤要故夫子之論士曰「行已有恥」孟子曰「人不可以無恥無恥之恥無恥矣」又曰「恥之於人大矣爲機變之巧者無所用恥焉」所以然者人之不廉而至於悖禮犯義其原皆生於無恥也故士大夫之無恥謂之國恥』同上廉恥條

亭林以爲無恥之習中於人心非鬧到全個社會滅亡不止他嘗借魏晉間風俗立論極沈痛的說道

『有亡國有亡天下亡國與亡天下奚辨曰易姓改號謂之亡國「仁義充塞而至於率獸食人人將相食」謂之亡天下……保國者其君其臣肉食者謀之保天下者匹夫之賤與有責焉耳矣』同上正始條

他確信改良社會是學者的天職所以要人人打疊自己說道

『匹夫之心天下人之心也』

又說

『松柏後彫於歲寒雞鳴不已於風雨

他自己稱述生平說

『某雖學問淺陋而胸中磊磊絕無閹然媚世之習』與人書十一

他教訓他最親愛的門生沒有多話但說

『自今以往當思「以中材而涉末流」之戒』文集卷四與潘次耕書

總而言之亭林是教人豎起極堅强的意志抵抗惡社會其下手方法尤在用嚴正的規律來規律自己最低限度要個人不至與流俗同化進一步還要用個人心力改造社會我們試讀亭林著作這種精神幾於無處不流露他一生行誼又實在能把這種理想人格實現所以他的說話雖沒有什麼精微玄妙但那種獨往獨來的精神能令幾百年後後生小子如我輩者尚且『頑夫廉懦夫有立志』

亭林教人做學問專標『博學於文』一語所謂「文」者非辭章之謂「文」之本訓指木之紋理故凡事物

之條理亦皆謂之文古書「文」字皆作此解亭林說

『自身而至於國家天下制之爲度數發之爲音容莫非文也品節斯斯之謂禮』（日知錄卷七博學於文條）

亭林專標「博學於文」其目的在反對宋明學者以談心說性爲學他解釋論語道『夫子之文章無非夫子之言行與天道故曰吾無隱乎爾吾無行而不與二三子者』（日知錄卷七夫子之言行與天道條）其意以爲所謂人生哲學（性）所謂宇宙原理（天道）都散寄於事物條理（文章）之中我們做學問最要緊是用客觀工夫講求事物條理愈詳博愈好這便是『博學於文』若厭他瑣碎嫌他粗淺而專用主觀的冥想去求「性與天道」那卻失之遠了他說『昔之清談談老莊今之清談談孔孟……不考百王之典不綜當代之務……以明心見性之空言代修己治人之實學』（同上）正指此輩

然則他自己博學於文的方法怎麼樣呢他雖沒有詳細指授我們我們可以從他的傳記和著述中約略看出些來

書籍自然是學問主要的資料亭林之好讀書蓋其天性潘次耕日知錄序說『先生精力絕人無他嗜好自少至老未嘗一日廢書』據他自己說十一歲便讀資治通鑑（文集卷二鈔書自序）他纂輯天下郡國利病書從崇禎己卯起凡閱書一千餘部（文集卷六肇域志序）崇禎己卯他年纔二十六耳其少年之用力如此潘次耕請刻日知錄他說『要以臨終絕筆爲定』（文集卷五與次耕書）其老年之用力如此他說『生平所見之友以窮以老而遂至於衰頹者什而七八赤豹……復書曰「老則息矣能無倦哉」此言非也君子之學死而後已』（文集卷五與人書六）大概亭林自少至老眞無一日不在讀書中他旅行時候極多所計畫事情尤不少卻並不因此廢學這種劇而不亂老而不衰的精神

實在是他學問大成的主要條件。

亭林讀書。並非專讀古書。他最注意當時的記錄。又不徒向書籍中討生活。而最重實地調查。潘次耕說。『先生足跡半天下。所至交其賢豪長者。考其山川風俗疾苦利病。如指諸掌。』（日知錄序）全謝山說。『先生所至呼老兵逃卒。詢其曲折。或與平日所聞不合。則即坊肆中發書而對勘之。』（亭林先生神道碑銘）可見亭林是最尊實驗的人。試細讀日知錄中論制度論風俗各條。便可以看出他許多資料。非專從紙片上可得。就這一點論。後來的古典考證家。只算學得「半個亭林」罷了。

亭林所以能在清代學術界占最要位置。第一。在他做學問的方法。給後人許多模範。第二。在他所做學問的種類。替後人開出路來。

其做學問方法。第一要看他搜集資料何等精勤。亭林是絕頂聰明人。諒來誰也要承認。但他做工夫卻再笨沒有了。他從小受祖父之教。說。『著書不如鈔書。』（文集卷二鈔書自序）他畢生學問。都從鈔書入手。換一方面看。也可說他「以鈔書為著書。」如天下郡國利病書。肇域志。全屬鈔撮未經泐定者。無論矣。（注四）若日知錄。實他生平最得意之作。我們試留心細讀。則發表他自己見解者。其實不過十之二三。鈔錄別人的話。最少居十之七八。故可以說他主要的工作。在鈔而不在著。

（注四）天下郡國利病書自序云。『歷覽二十一史。以及天下郡縣志書。一代名公文集。及章奏文冊之類。有得即錄。共成四十餘帙。』肇域志自序云。『先取一統志。後取各省府州縣志。後取二十一史。參互書中。凡閱書一千餘部。本行不盡。則注之旁行。旁行不盡。則別爲一集。曰備錄。』

有人問『這樣做學問法，不是很容易嗎，誰又不會鈔，』哈哈，不然不然，有人問他日知錄又成幾卷，他答道，『嘗謂今人纂輯之書，正如今人之鑄錢，古人采銅於山，今人則買舊錢名之曰廢銅以充鑄而已，所鑄之錢既已麤惡，而又將古人傳世之寶舂剉碎散，不存於後，豈不兩失之乎，承問日知錄又成幾卷，蓋期之以廢銅，而某自別來一載，早夜誦讀，反復尋究，僅得十餘條，然庶幾采山之銅也，』文集卷四與人書十你說日知錄這樣的書容易做嗎，他一年工夫纔做得十幾條，我們根據這種事實，可以知道，不獨著書難，即鈔也不容易了，須知凡用客觀方法研究學問的人，最要緊是先徹底了解一事件之眞相，然後下判斷，能否得眞相，全視所憑藉之資料如何，資料從量的方面看，要求豐備，從質的方面看，要求確實，所以資料之蒐羅和別擇，實占全工作十分之七八，明白這個意思，便可以懂得亭林所謂采山之銅與銅之分別何如，他這段話對於治學方法之如何重要，也可以領會了。

亭林的日知錄，後人多拿來比黃東發的黃氏日鈔和王厚齋的困學紀聞，從表面看來，體例像是差不多，細按他的內容，卻有大不同處，東發厚齋之書，多半是單詞片義的隨手箚記，日知錄不然，每一條大率皆合數條或數十條之隨手箚記而始能成，非經過一番「長編」工夫，決不能得有定稿，試觀卷九宗室藩鎭宦官各條，卷十蘇松二府田賦之重條，卷十一黃金銀銅各條，卷十二財用俸祿官樹各條，卷二十八押字邸報酒禁賭博各條，卷二十九騎驛海師少林僧兵徙戎各條，卷三十古今神祠條，卷三十一長城條，則他每撰成一條，事前要多少準備工夫，可以想見，所以每年僅能成十數條，即爲此，不然，日知錄每條短者數十字，最長亦不過一二千字，何至旬月纔得一條呢，不但此也，日知錄各條多相銜接，含有意義，例如卷十三周末風俗秦紀會稽山刻石兩漢風俗。正始。宋世風俗。淸議。名敎。廉恥。流品。重厚。耿介。鄉原之十二條。實前後照應。共明一義。剪裁組織。煞費苦心。其他各卷各條類此者也不少。所以我覺得拿閻百詩的潛丘劄記和黃氏日鈔困學紀聞相比。還有點像顧亭林的日知錄。卻與他們都不像。他們的隨手劄記。性質屬於原料或粗製品。最多可以比綿紗或紡線。亭林精心結撰的日知錄。確是一種精製品。是篝燈底下纖纖女手親織出來的布。亭林作品的價值全在此。後來王伯申的經傳釋詞經義述聞。陳蘭甫的東塾讀書記。都是模仿這種工作。這種工作。正是科學研究之第一步。無論做何種學問都該用他。

亭林對於著述家的道德問題。極爲注意。他說。『凡作書者莫病乎其以前人之書改竄爲自作也。』（文集卷二鈔書自序）又說『晉以下人。則有以他人之書而竊爲己作者。郭象莊子注。何法盛晉中興書之類。是也。若有明一代之人。其所著書。無非竊盜而已。』（日知錄卷十八竊書條）又說。『今代之人。但有薄行而無雋才。不能通作者之義。其盜竊所成之書。必不如元本。名爲鈍賊何辭。』（同上）他論著述的品格。謂『必古人所未及就。後世之所必不可無者。而後爲之。』（日知錄卷十九著書之難條）他做日知錄成書後常常勘改。『或古人先我而有者。則削之。』（日知錄自序）然則雖自己所發明而與前人暗合者。尚且不屑存。何況剽竊。學者必須有此志氣。纔配說創造哩。自亭林極力提倡此義。遂成爲淸代學者重要之信條。「偷書賊」不復能存立於學者社會中。於學風所關非細。

大學者有必要之態度二。一曰精愼。二曰虛心。亭林著作最能表現這種精神。他說『著述之家。最不利乎以未定之書傳之於人。』（文集卷四與潘次耕書）又說『古人書如司馬溫公資治通鑑。馬貴與文獻通考。皆以一生精力爲之。……後人之書。愈多而愈舛漏。愈速而愈不傳。所以然者。視成書太易。而急於求名也。』（日知錄卷十九著書之難條）潘次耕請刻日知錄。他說要再待十年。其初刻日知錄自序云。『舊刻此八卷。歷今六七年。老而益進。始悔向日學之不博。見之不卓。……漸次增改。……而猶未敢自以爲定。……蓋天下之理無窮。而君子之志於道也。不成章不達。故昔日之所得。不足以爲矜。後日之所成。不容以自限。』（文集卷二）我常想。一個人要怎麼樣纔能老而不衰。覺得自己學問已經成就。那便衰了。常常看出「今是昨非」。便常常和初進學校的青年一樣。亭林說。『人之爲學。不可自小。又不可自大。……自小少也。自大亦少也。』（日知錄卷七自視欿然條）他的日知錄。閻百詩駁正若干條。他一見便欣然采納。（見趙執信所作閻墓志）他的音學五書。經張大臣改正一二百處。（見文集卷四與潘次耕書）他說。『時人之言。亦不敢沒君子之謙也。然後可以進於學。』（日知錄卷二十述古條）這種態度。眞永遠可爲學者模範了。

亭林的箸述。若論專精完整。自然比不上後人。若論方面之多。氣象規模之大。則乾嘉諸老。恐無人能出其右。要而論之。清代許多學術。都由亭林發其端。而後人衍其緒。今列舉其所著書目。而擇其重要者稍下解釋如下。

日知錄三十二卷。是他生平最得意的著作。他說。『平生之志與業。皆在其中。』（文集卷三與友人論門人書）又說。『有王者起。將以見諸行事。以躋斯世於治古之隆。而未敢爲今人道也。』（文集卷四與人書二十五）又說。『意在撥亂滌汙。法古用夏。啓多聞於來學。待一治於後王。』（文集卷六與楊雪臣書）讀這些話。可以知道他著書宗旨了。四庫總目提要敍列這部書的內容。『前七卷皆論經義。八卷至十二卷皆論政事。十三卷論世風。十四十五卷論禮制。十六十七卷論科舉。十八至二十一卷論藝文。二十二至二十四卷論名義。二十五卷論古事眞妄。二十六卷論史法。二十七卷論注書。二十八卷論雜事。二十九卷論兵及外國事。三十卷論天象術數。三十一卷論地理。三十二卷雜考證。』大抵亭林所有學問心得。都在這書中見其梗概。每門類所說的話。都天下郡國利病書一百卷。肇域志一百卷。這兩部書都是少作。利病書自序云。『……亂後多有散佚。亦或增補。而其書本不曾先定義例。又多往代之言。地勢民風。與今不盡合。年老善忘。不能一一刊正。……』肇域志自序亦略同。據此知並非成書了。但這兩部書願力宏偉。規模博大。後來治掌故學地理學者。多感受他的精神。

音學五書三十八卷。這書以五部組織而成。一古音表三卷。二易音三卷。三詩本音十卷。四唐韻正二十卷。五音論三卷。他自己對於這部書很滿意。說道。『某自五十以後。於音學深有所得。為五書以續三百篇以來久絕之傳。』(文集卷四與人書二十五) 清儒多嗜音韻學。而且研究成績極優良。大半由亭林提倡出來。

金石文字記六卷。亭林篤嗜金石。所至搜輯碑版。寫其文字。以成此書。他對於金石文例。也常常論及。清代金石學大昌。亦亭林為嚆矢。

此外著述。尚有五經同異三卷。 左傳杜解補正三卷。 九經誤字一卷。 五經考一卷。 求古錄一卷 韻補正一卷。 二十一史年表十卷。 歷代宅京記二十卷。 十九陵圖志六卷。 萬歲山考一卷。 昌平山水記二卷 岱嶽記八卷 北平古今記十卷。 建康古今記十卷。 營平二州史事六卷。 官田始末考一卷。 京東考古錄一卷。 山東攷古錄一卷。 顧氏譜系考一卷。 譎觚一卷。 茀錄十五卷。 救文格論 詩律蒙古下學指南各一卷。 當務書六卷。 菰中隨筆三卷。 文集六卷。 詩集五卷。 其書或存或佚。今不具注。但觀其目。可以見其影響於後此學術界者何如矣。

要之亭林在清學界之特別位置。一在開學風。排斥理氣性命之玄談。專從客觀方面研察事務條理二曰開治學方法。如勤蒐資料綜合研究。如參驗耳目聞見以求實證。如力戒雷同勦說。如虛心改訂不護前失之類皆是。三曰開學術門類。如參證經訓史蹟。如講求音韻。如說述地理。如研精金石之類皆是。獨有生平最注意的經世致用之學。後來因政治環境所壓迫。竟沒有傳人。他的精神。一直到晚清纔漸漸復活。至於他的感化力所以能歷久常新者。不徒在其學術之淵粹。而尤在其人格之崇峻。我深盼研究亭林的人。勿將這一點輕輕看過。

附亭林學友表

亭林既老壽。且足跡半天下。雖不講學。然一時賢士大夫樂從之遊。觀其所與交接者。而當時學者社會之面影略可覩焉。今鈎稽本集參以他書造此表。其人無關學術者不錄。弟子及後輩附見。

歸莊 字元恭崑山人明諸生國變後改名祚明與亭林少同學最相契嘗同舉義於蘇州其卒亭林哭以詩極稱其學著有歸元恭文鈔

萬壽祺 字年少徐州人明孝廉入清服僧服易名慧壽著有隰西草堂集亭林早年游淮上與定交有詩贈之

路澤溥 字安卿曲周人嘗拯亭林於難亭林廣師篇云「險阻備嘗與時屈伸吾不如路安卿」

潘檉章 字力田吳江人次耕之兄亭林早年摯友長於史學與吳赤溟合著明史亭林以所儲史料盡供給之後死於湖州莊氏史獄亭林哭以詩甚慟所著書未成今存者僅國史考異松陵文獻兩種其學術大槪別詳第八講

吳炎 字赤溟吳江人與潘力田同學同難亭林哭之

賈必選 字徙南上元人明孝廉入清杜門著書有松蔭堂學易亭林詩集有賈倉部必選說易一首

王潢 字元倬上元人有南陵集亭林集中有贈詩

任唐臣 字子良掖縣人亭林從假吳才老韻譜讀之自此始治音韻學

張爾岐 字稷若號蒿菴濟南人著有儀禮鄭注句讀十七卷亭林爲之序清儒治禮學自稷若始也長亭林一歲亭林長稱之曰先生廣師篇云「獨精三禮卓然經師吾不如張稷若」亭林集中與友人論學書（見前）所與者即稷若也稷若答書略云「論學書粹然儒者之言特拈「博學」「行己」二事爲學鵠的眞足砭好高無實之病……愚見又有欲質者性命之理夫子固未嘗輕以示人其所與門弟子詳言而諄復者何一非性命之顯設散見者歟苟於博學有恥眞實踐履自當因標見本合散知總心性天命將有不待言而庶幾一遇者故性命之理騰說不可也未始不可默喻侈於人不可也未始不可驗諸己強探力索於一日不可也未始不可優裕漸漬以俟自悟如謂於學人分上了無交涉是將格盡天下之理而反遺一身以內之理也……」蓋稷若與亭林不苟異亦不苟同如此所著除儀禮句讀外尚有蒿庵集蒿庵閒話等

徐夜 字東擬濟南人以詩名舉博學鴻詞不就與亭林有酬答詩

馬驌 字宛斯鄒平人著繹史百六十卷專研古史時人稱爲馬三代亭林極服其書常與游郊外訪碑

劉孔懷 字果庵長山人精於考覈亭林游山東常主其家與辯析疑義著有四書字徵五經字徵詩經辨韻等書

傅山 字青主陽曲人亭林游山西主其家廣師篇云「蕭然物外自得天機吾不如傅青主」著有霜紅龕集

李因篤 字子德一字天生洪洞人康熙戊午徵鴻博授檢討不就職與亭林交最篤嘗徒步往濟南急其難後亭林墾荒雁門卜居華陰皆子德董其事亭林集中與子德論學書最多子德於經學史學俱深粹著有受祺堂集

王宏撰 字無異號山史華陰人明諸生康熙戊午徵鴻博不赴耆學好古著有易象圖述山志砥齋集等書亭林常主其家廣師篇云「好學不倦篤於朋友吾不如王山史」

李顒 別見二曲晚年反閉土室惟亭林至乃啓關相見廣師篇云「堅苦力學無師而成吾不如李中孚」

申涵光 字鳧孟永平人孫夏峯弟子著有聰山集亭林有贈答詩

孫奇逢 別見亭林曾親至輝縣訪夏峯有贈孫徵君詩

朱彝尊　別見亭林在關中始交竹垞有贈答詩廣師篇云「文章爾雅宅心和厚吾不如朱錫鬯」

屈大均　字翁山番禺人著有翁山文外在關中交亭林有贈答詩

顏光敏　字修來曲阜人著有樂圃集亭林下濟南獄時修來奔走最力

張昭　字力臣山陽人貧而嗜古喜集金石文字亭林著音學五書力臣任校刻廣師篇云「精心六書信而好古吾不如張力臣」

王錫闡　別見廣師篇云「學究天人確乎不拔吾不如王寅旭」集中有贈王高士錫闡詩

吳志伊　字任臣莆田人著有周禮大義禮通十國春秋山海經廣注等書廣師篇云「博聞强記羣書之府吾不如吳任臣」

閻若璩　別見百詩謁亭林於太原出日知錄相質爲改訂若干條

楊瑀　字雪臣武進人著有飛樓集百二十卷廣師篇云「讀書爲已探賾洞微吾不如楊雪臣」

錢澄之　原名秉鐙字飲光桐城人在明末聲譽已高福王立於南京馬阮興大獄捕清流飲光與焉後從永歷帝入滇間關九死永歷亡易僧裝終老著有田間易學田間詩學藏山閣稿田間集明末野史等書亭林集中有贈錢編修秉鐙一詩

戴廷栻　字楓仲祁縣人博學好古著有半可集嘗爲亭林築室於祁之南山且藏書供衆覽

戴笠　初名鼎立字耘野吳江人潘次耕之師亭林有書與論學

黃宗羲　別見亭林六十四歲時曾與梨洲通書見梨洲所著思舊錄中但二人似始終未交晤

湯斌　字孔伯號荊峴睢州人孫夏峯弟子在清爲達官諡文正孔伯修明史以書來問義例亭林答之

朱鶴齡　字長孺吳江人明諸生入清不仕著毛詩通義尚書稗傳春秋集說等書又注杜工部李義山詩亭林集中有贈詩

陳芳績　字亮工常熟人父鼎和爲亭林友亮工著有歷代地理沿革表四十七卷亭林集中有贈亮工詩數首

潘耒（字次耕號稼堂吳江人力田之弟遭家難年甫數歲易姓爲吳從母姓也既壯從亭林學於汾州亭林最視之猶子集中與論學書最多次耕康熙戊午鴻博薦入翰林與修明史參訂義例分纂志傳用力最勤亭林著述自日知錄及文集其他多種皆由次耕編定校刻次耕又師事徐俟齋戴耘野皆經紀其後事風義獨絕著有遂初堂集）

徐乾學（字原一號健菴崑山人亭林外甥官至刑部尙書主修大淸一統志著有讀禮通考憺園集）

徐元文（字公肅號立齋健菴之弟官至大學士嘗主修明史）

說亭林是淸代經學之建設者，因爲他高標『經學卽理學』這句話，成爲淸代經學家信仰之中心。其實亭林學問，決不限於經學，而後此之經學，也不見得是直衍亭林之傳。其純以經學名家，而且於後來經學家學風直接有關係者，或者要推閻百詩，其次則胡朏明和萬充宗。

閻百詩名若璩，別號潛丘居士，山西太原人，寄籍江蘇之山陽，生明崇禎九年，卒淸康熙四十三年，（一六三六——一七〇四）年六十九。他的父親名修齡，號牛叟，本淮南鹽商，但很風雅，也可算一位名士或一位遺老。百詩人格之峻整，遠不如亭林，生平行誼，除學者日常生活外，無特別可記。康熙十七年，他應博學鴻儒科，下第，很發牢騷。其後徐健庵乾學在洞庭山開局修大淸一統志，聘他參與其事。他六十八歲的時候，淸聖祖南巡，有人薦他，召見趕不上，他很懊喪。時淸世宗方在潛邸，頗收羅名士，把他請入京，他垂老冒病而往，不久便卒於京寓。其行歷可記者僅如此。所著書曰古文尙書疏證八卷，毛朱詩說一卷，四書釋地六卷，潛邱箚記六卷，孟子生卒年月考一卷，困學紀聞注二十卷。

百詩僅有這點點成績，爲什麼三百年來公認他是第一流學者呢？他的價値，全在一部古文尙書疏證。尙書在漢代，本有今古文之爭，伏生所傳二十八篇，叫做「今文尙書」，別有十六篇，說是孔安國所傳，叫做「古文尙書」然而孔安國這十六篇。魏晉之間。久已沒有人看見。到東晉。忽然有梅賾其人者。拿出一部古文尚書來。篇數却是比今文增多二十五篇。而且有孔安國做的全傳——卽全部的注。到初唐。陸德明據以作經典釋文。孔穎達據以作正義。自此以後。治尚書者。都用梅賾本。一千餘年。著爲功令。中間雖有吳棫朱熹吳澄梅鷟諸人稍稍懷疑。但都未敢昌言攻擊。百詩著這部古文尚書疏證。纔盡發其覆。引種種證據證明那二十五篇和孔傳都是東晉人贋作。百詩從二十歲起就着手著這部書。此後四十年間。隨時增訂。直至臨終還未完成。自這部書出版後。有毛西河(奇齡)著古文尚書寃詞。和他抗辯。在當時學術界。爲公開討論之絕大問題。結果閻勝毛敗。四庫提要評閻書所謂『有據之言先立於不可敗也。』自茲以後。惠定宇(棟)之古文尚書考段茂堂(玉裁)之古文尚書撰異等。皆衍閻緒。益加綿密。而僞古文一案。遂成定讞。最後光緒年間。雖有洪右臣(良品)續作寃詞。然而沒有人理他。成案到底不可翻了。

請問區區二十篇書的眞僞。雖辨明有何關係。値得如此張皇推許嗎。答道。是大不然。這二十幾篇書和別的書不同。二千餘年來公認爲神聖不可侵犯之寶典。上自皇帝經筵進講。下至蒙館課讀。沒有一天不背誦他。忽焉眞贓實證。發現出全部是假造。你想。思想界該受如何的震動呢。學問之最大障礙物。莫過於盲目的信仰。凡信仰的對象。照例是不許人研究的。造物主到底有沒有。耶穌基督到底是不是人。這些問題。基督敎徒敢出諸口嗎。何止不敢出諸口。連動一動念也不敢哩。若使做學問的都如此。那麼更無所謂問題。更無所謂研究。還有什麼新學問發生呢。新學問發生之第一步。是要將信仰的對象。一變爲研究的對象。既成爲研究的對象。則因問題引起問題。自然有無限的生發。中國人向來對於幾部經書。完全在盲目信仰的狀態之下。自古文尚書疏證出來.纔知道這幾件「傳家寶」裏頭也有些靠不住.非研究一研究不可.研究之路一開.便相引於無窮.自此以後.今文和古文的相對研究.六經和諸子的相對研究.乃至中國經典和外國經典相對研究.經典和「野人之語」的相對研究.都一層一層的開拓出來了.所以百詩的古文尚書疏證.不能不認爲近三百年學術解放之第一功臣.

百詩爲什麼能有這種成績呢.因爲他的研究方法實有過人處.他的兒子說道.『府君讀書.每於無字句處精思獨得.而辯才鋒穎.證據出入無方.當之者輒失據.常曰.「讀書不尋源頭.雖得之殊可危.」手一書.至檢數十書相證.侍側者頭目爲眩.而府君精神湧溢.眼爛如電.一義未析.反復窮思.飢不食.渴不飲.寒不衣.熱不扇.必得其解而後止.』閻詠左汾近稿先府君行述 他自己亦說.『古人之事.應無不可考者.縱無正文.亦隱在書縫中.要須細心人一搜出耳.』潛邱劄記卷六 戴東原亦說.『閻百詩善讀書.百詩讀一句書.能識其正面背面.』段玉裁著戴先生年譜 大抵百詩學風.如老吏斷獄.眼光極尖銳.手段極嚴辣.然而判斷必憑證據.證據往往在別人不注意處得來.四庫提要讚美他說.『考證之學.未之或先.』古文尚書疏證條下 百詩在清學界位置之高.以此.四庫提要又說.『若璩學問淹通.而負氣求勝.與人辯論.往往雜以毒詬惡謔.與汪琬遂成讎釁.頗乖著書之體.』潛邱劄記條下 據他的著述和傳記看來.這種毛病實所不免.比顧亭林的虛心差得多了.又以著書體例論.如古文尚書疏證.本專研究一個問題.乃書中雜入許多信札日記之類.與全書宗旨無涉.如四書釋地.標名釋地.而所釋許多溢出地理範圍外.如孟子生卒年月考.考了一大堆.年月依然無著.諸如此類.不能不說他欠謹嚴.雖然.凡一個學派的初期作品.大率粗枝大葉.瑕類很多.正不必專責備百詩哩.

清初經師閻胡齊名胡朏明名渭號東樵浙江德清人卒康熙五十三年（一七一四）年八十二他行歷更簡單不過一老諸生曾和閻百詩萬季野黃子鴻同參一統志局晚年清聖祖南巡獻頌一篇聖祖賜他「耆年篤學」四個大字他一生事蹟可記者僅此他著書僅四種一禹貢錐指二十卷附圖四十七幅二易圖明辨十卷三洪範正論五卷四大學翼眞七卷他的學風不尙泛博專就一個問題作窄而深的研究開後人法門不少幾部書中後人最推重的是禹貢錐指這部書雖然有許多錯處但精勤搜討開後來研究地理沿革的專門學問價值當然也不可磨滅但依我看東樵所給思想界最大影響還是在他的易圖明辨易圖明辨是專辨宋儒所傳「太極」「先天」「後天」——即所謂「河圖」「洛書」等種種矯誣之說這些圖是宋元明儒講玄學的惟一武器鬧得人神昏眼亂始終莫名其妙但他們說是伏羲文王傳來的寶貝誰也不敢看輕他看不懂只好認自己笨拙罷了明清之交黃梨洲宗羲晦木宗炎兄弟始著專書闢其謬東樵曾否見他們的書不可知但他卻用全副精力做十卷的書專來解決這問題他把這些圖的娘家找出來原來是華山道士陳摶弄的把戲展轉傳到邵雍又把娘家的娘家尋根究柢原來是誤讀讖緯等書加以穿鑿傅會造出來的於是大家都知道這些都是旁門左道和易經了無關係我們生當今日這些鬼話久已沒人過問自然也不感覺這部書的重要但須知三百年前像周濂溪太極圖說朱子易本義一類書其支配思想界的力量和四書五經差不了多少東樵這種廓清辭闢眞所謂「功不在禹下」哩洪範正論的旨趣也大略相同專掃盪漢儒『五行災異』之說破除迷信所以我說東樵破壞之功過於建設他所以能在學術界占重要位置者以此

萬充宗也是初期經學界一位重要人物充宗名斯大浙江鄞縣人康熙二十二年卒（一六八三）年五十一

父泰．字履安．黃梨洲老友．履安有八子．都以學問著名．充宗行六．最幼的是季野斯同八兄弟皆從學梨洲．但都不大理會他的陽明學．季野稱史學大師．而充宗以經學顯．梨洲替充宗作墓志銘．述其治學方法曰．『充宗以爲．非通諸經不能通一經．非悟傳注之失則不能通經．非以經釋經則亦無由悟傳注之失．何謂通諸經以通一經．經文錯互．有此略而彼詳者．有此同而彼異者．因詳以求其略．因異以求其同．學者所當致思也．何謂悟傳注之失．學者入傳注之重圍．其於經也．無庸致思．經既不思．則傳注無失矣．若之何而悟之．何謂以經解經．世之信傳注者過於信經．試拈二節爲例．（文繁不引）……充宗會通各經．證墜輯缺．聚訟之議．渙然冰釋．奉正朔以批閏位．百注遂無堅城．……』讀這段話．充宗的經學怎樣做法．可以概見了．充宗著書．有學春秋隨筆十卷．學禮質疑二卷．儀禮商三卷．禮記偶箋三卷．周官辨非二卷．依我看．周官辨非價值最大．周官這部書．歷代學者對他懷疑的很不少．著專書攻擊．而言言中肯者．實以此書爲首．萬氏兄弟皆講風節．充宗尤剛毅．張蒼水煌言就義．他親自收葬．即此可想見其爲人．可惜死得早了．若使他有顧黃閻胡的年壽．他所貢獻於學界．怕不止此哩．

同時還有一位學者．不甚爲人所稱道．而在學術史上實有相當位置者．曰姚立方．立方名際恆．一字首源．安徽休寧人．寄籍仁和．爲諸生．（生卒年待考）據古文尚書疏證知道他比閻百詩小十一歲但未知卒在何年毛西河詩話云．『亡兄為仁和廣文．嘗曰．「仁和祇一學者．猶是新安人．」謂姚際恆也．予嘗作何氏存心藏書序．以似兄．兄曰．「何氏所藏有幾．不過如姚立方腹笥已耳．」……』據此則立方學問之博．可以概見．立方五十歲著手注九經．閱十四年而成．名曰九經通論．又著庸言錄．雜論經史理學諸子．這兩部書．我都未得見．不知其內容如何．所見者只有他的古今僞書考．自易經的孔子十翼起．下至許多經注．許多子書．他都懷疑．眞算一位「疑古的急先鋒」了．他別有書十卷。專攻僞古文尚書閻百詩說他『多超人意外。』喜歡極了。手鈔許多。散入疏證各條下。(見古文尚書疏證卷八)我想立方這個人奇怪極了。我希望將來有機會全讀他的著作再下批評。

附初期經學家表

清代經學。至惠定宇戴東原而大成。前此只能算啓蒙時代。除本講及前後諸講特舉論列之諸家外。就憶想所及。表其姓名。其踵襲明學緒餘者不入。

黃宗炎 字晦木餘姚人梨洲之弟著有憂患學易一書內分周易象辭十九卷尋門餘論二卷圖學辨惑一卷圖學辨惑即辨先後天方圓等圖也又有六書會通論小學

張爾岐 見亭林學友表

朱鶴齡 同上

錢澄之 同上

陳啓源 字長發吳江人著毛詩稽古編三十卷

馮　景 字山公錢唐人與閻若璩友嘗助其著古文尚書疏證所著有解舂集二十卷盧文弨其外孫也

臧　琳 字玉林武進人著經義雜記三十卷尚書集解百二十卷閻若璩極稱其書且謂爲隱德君子嘉慶間其元孫庸始校刻其書

七　兩畸儒——王船山　朱舜水——

中庸說。『君子之道。闇然而日章。』南明有兩位大師。在當時。在本地。一點聲光也沒有。然而在幾百年後。或在外國發生絕大影響。其人曰王船山。曰朱舜水。

船山名夫之。字而農。一號薑齋。湖南衡陽人。因晚年隱居於湘西之石船山。學者稱為船山先生。生明萬歷四十七年。卒清康熙三十一年。（一六一九——一六九二）年七十四。他生在比較偏僻的湖南。除武昌南昌肇慶三個地方曾作短期流寓外。未曾到過別的都會。當時名士。除劉繼莊（獻廷）外。沒有一個相識。又不開門講學。所以連門生也沒有。張獻忠蹂躪湖南時候。他因為不肯從賊。幾乎把命送掉。清師下湖南。他在衡山舉義反抗。失敗後走桂林。大學士瞿文忠（式耜）很敬重他。特薦於永歷帝。授行人司行人。時永歷帝駐肇慶。王化澄當國。紀綱大壞。獨給諫金堡等五人志在振刷。不為羣小所容。把他們下獄。行將殺害。船山奔告少傅嚴起恆。力救他們。化澄於是參起恆。船山亦三上疏參化澄。化澄恨極。誓要殺他。有降帥某救他。纔免。返桂林。依瞿式耜。因母病回衡陽。其後式耜殉節桂林。起恆也在南寧遇害。船山知事不可為。遂不復出。當時清廷嚴令薙髮。不從者死。他誓死抵抗。轉徙苗猺山洞中。艱苦備嘗。到處拾些破紙或爛帳簿之類。充着作稿紙。著書極多。二百年來。幾乎沒有人知道。直至道光咸豐間。鄧湘皋（顯鶴）纔蒐集起來。編成一張書目。同治間。曾沅圃（國荃）纔刻成船山遺書。共七十七種二百五十卷。此外未刻及已佚的還不少。內中說經之書。關於易經者五種。（周易內傳　周易大象解　周易稗疏　周易考異　周易外傳）關於書經者三種。（書經稗疏　尚書考異　尚書引義）關於詩經者三種。（詩經稗疏　詩經考異　詩廣傳）關於禮記者一種。（禮記章句）關於春秋者四種。（春秋稗疏　春秋家說　春秋世論　續春秋左傳博議）關於四書者五種。（四書訓義　四書稗疏　四書考異　四書大全說　四書詳解）關於小學者一種。（說文廣義）其解釋諸子之書。則有老子衍。莊子解。莊子通。呂覽釋。淮南子注。其解釋宋儒書。則有張子正蒙注。近思錄釋。其史評之書。則有讀通鑑論宋論其史料之書則有永歷實錄其雜著則有思問錄內外篇俟解噩夢黃書識小錄龍源夜話等此外詩文集詩餘詩話及詩選文選等又若干種內中最特別的有相宗絡索及三藏法師八十規矩論贊之兩種研究法相宗的著述晚唐來千餘年此爲僅見了鄧湘皋既述其目系以敍論曰『先生生當鼎革竊自維先世爲明世臣存亡與共甲申後崎嶇嶺表備嘗險阻既知事不可爲乃退而著書竄伏祁永漣邵山中流離困苦一歲數徙其處……故國之戚生死不忘……當是時海內儒碩北有容城西有盩厔東南則有崑山餘姚先生刻苦似二曲貞晦過夏峯多聞博學志節皎然不愧顧黃兩先生顧諸君子肥遯自甘聲名亦炳雖隱逸之薦鴻博之徵皆以死拒而公卿交口天子動容其志易白其書易行先生竄身猺峒絕跡人間席棘飴荼聲影不出林莽門人故舊又無一有氣力者爲之推挽歿後遺書散佚後生小子至不能舉其名姓可哀也已』這段話可謂極肅括極沈痛讀之可以想見船山爲人了

船山和亭林都是王學反動所產人物但他們不但能破壞而且能建設拿今日的術語來講亭林建設方向近於「科學的」船山建設方向近於「哲學的」

西方哲家前此惟高談宇宙本體後來漸漸覺得不辨知識之來源則本體論等於瞎說於是認識論和論理學成爲哲學主要之部分船山哲學正從這方向出發他有知性論一篇把這個問題提出說道

「言性者皆曰吾知性也折之曰性弗然也猶將曰性胡弗然也故必正告之曰爾所言性者非性也今吾勿問其性且問其知知實而不知名知名而不知實皆不知也……目擊而遇之有其成象而不能爲之名如是者於體非芒然也而不給於用無以名之斯無以用之也曾聞而識之謂有名之必有實而究不能得其實如

是者．執名以起用．而芒然於其體．雖有用．固異體之用．非其用也．夫二者則有辨矣．知實而知名．弗求名焉則用將終絀．問以審之．學以證之．思以反求之．則實在而終得乎名．體定而終伸其用．……知名而不知實．以爲旣知之矣．則終始於名．而惝怳以測其影．斯問而益疑．學而益僻．思而益甚其狂惑．以其名加諸迥異之體．枝辭日與．愈離其本．……夫言性者．則皆有名之可執．有用之可見．而終不知何者之爲性．蓋不知何如之爲「知」而以知名當之．……故可直折之曰．其所云性者非性．其所自謂知者非知．……（薑齋文集卷一）

然則他對於「知」的問題怎樣解答呢．他排斥「唯覺主義」他說．

『見聞可以證於知已知之後．而知不因見聞而發．』（正蒙註卷四上）

『耳與聲合．目與色合．皆心所翕闢之牖也．合故相知．乃其所以合之故．則豈耳目聲色之力哉．故輿薪過前．羣言雜至．而非意所屬．則見如不見．聞如不聞．其非耳目之受而卽合．明矣．』（同上）

前文所錄知性篇言「知名不知實」之弊．其意謂向來學者所論爭．只在名詞上．然而名詞的來源．實不過見聞上一種習氣．他說．

『感於聞見．觸名思義．不得謂之知能．……聞見習也．習所之知者有窮．』（同上）

又說．

『見聞所得者象也．……知象者本心也．非識心者象也．存象於心而據之以爲知．則其知者象而已．象化其心．而心唯有象．不可謂此吾心之知也明矣．』（同上）

『象化其心』怎麼解呢．他說．

『其所爲信諸已者或因習氣，或守一先生之言，漸漬而據爲亡心。』（俟解）

他根據這種理論斷言『緣見聞而生之知非眞知』（同上）以爲因此發生二蔽，其一『流俗之徇欲者以見聞域其所知』其二則『釋氏據見聞之所窮而遂謂無』他因此排斥虛無主義，說道

目所不見非無色也，耳所不聞非無聲也，言所不通非無義也，故曰『知之爲知之，不知爲不知』知其有不知者存則既知有之矣，是知也……』（思問錄內篇）

他又從論理方面難虛無主義，說道

『言無者激於言有者而破除之也，就言有者之所謂有而謂無其有也，天下果何者而可謂之無哉……言者必有所立而後其說成，今使言者立一「無」於前，博求之上下四維古今存亡而不可得窮矣』（同上）

他於是建設他的實有主義，說道

『無不可爲體，人有立人之體，百姓日用而不知爾，雖無形跡而非無實，使其無也，則生理以何爲體而得存耶……』（正蒙注卷三下）

他所認的實體是什麼，就是人的心，他說

過去吾識也，未來吾慮也，現在吾思也，天地古今以此而成，天下之亹亹以此而生。』（思問錄內篇）

他的本體論重要根據大概在此，我們更看他的知識論和本體論怎麼的結合，他所謂「眞知」是『誠有而目喻，如暗中自指其口鼻，不待鏡而悉』（正蒙注卷四上）這種知他名之曰「德性之知」但他並不謂知限於此，他說

『因理而體其所以然，知以天也，（超經驗的）事物至而以所聞所見者證之，知以人也，（經驗的）通學

識之知於德性之所喻而體用一源。則其明自誠而明也。』（正蒙注卷三下）

又說。

『誰知有其不知而必因此。（所知者）以致之。（卽大學致知之致）不迫於其所不知而索之。』（思問錄內篇）

又說。

『內者心之神。外者物之法象。法象非神不立。神非法象不顯。多聞而擇。多見而識。乃以啓發其心思而令歸於一。又非徒恃存神而置格物窮理之學也。』（正蒙注卷四上）

欲知船山哲學的全系統。非把他的著作全部子細紬繹後。不能見出。可惜我未曾用這種苦功。而且這部小講義中也難多講。簡單說。

一。他認「生理體」爲實有。

二。認宇宙本體和生理體合一。

三。這個實體卽人人能思慮之心。

四。這種實體論建設在知識論的基礎之上。其所以能成立者。因爲有超出見聞習氣的「眞知」在。

五。見聞的「知」也可以補助「眞知」與之駢進。

依我很粗淺的窺測船山哲學要點大略如此。若所測不甚錯。那麼我敢說他是爲宋明哲學闢一新路。因爲知識本質知識來源的審査。宋明人是沒有注意到的。船山的知識論對不對。另一問題。他這種治哲學的方法。不能不說比前人健實許多了。他著作中有關於法相宗的書兩種。或者他的思想受法相宗一點兒影響也未可知。

亭林極端的排斥哲理談——最不喜講「性與天道」。船山不然。一面極力提倡實行。一面常要研求最高原理。爲什麼如此呢。船山蓋認爲有不容已者。他說

「人之生也君子而極乎聖。小人而極乎禽獸。苟不知所以生不知所以死。則爲善爲惡。皆非性分之所固有職分之所當爲。下焉者何弗蕩棄彝倫以遂其苟且私利之欲。其稍有恥之心而厭焉者。則見爲寄生兩間去來無準。惡爲贅疣。善亦弁髦。生無所從。而名與善皆屬漚瀑。以求異於逐而不返之頑鄙。乃其究也不可以終日。則又必佚出猖狂爲無縛無礙之邪說。終歸於無忌憚。自非究吾之所始與其所終。神之所化。鬼之所歸。效天下之正而不容不懼以終始。惡能釋其惑而使信於學……」（張子正蒙注自序）

船山之意以爲要解決人生問題。須先講明人之所以生。若把這問題囫圇躲過不講。那麼人類生活之向上便無根據無從鞭策起來。否則爲不正當的講法所誤。致人生越發陷於不安定。船山所以不廢哲理談者意蓋在此。

船山雖喜言哲理。然而對於純主觀的玄談。則大反對。他說

「經云『事有終始。知所先後。則近道矣。』遞推其先則曰『在格物。物格而後知至。』……蓋嘗論之。何以謂之德。行焉而得之謂也。何以謂之善。處焉而宜之謂也。不行胡得。不處胡宜。則君子之所謂知者。吾心喜怒哀樂之節。萬物是非得失之幾。誠明於心而不昧之謂耳……今使絕物而始靜焉。舍天下之惡而不取天下之善。墮其志。息其意。外其身。於是而洞洞焉晃晃焉若有一澄澈之境。……莊周瞿曇氏之所謂知盡此矣。然

而求之於身身無當也求之於天下天下無當也行焉而不得處焉而不宜則固然矣於是曰「吾將不行奚不得不處奚不宜」乃勢不容已而抑必與物接則又洸洋自恣未有不蹶而狂者也……有儒之駁者起焉有志於聖人之道而憚至善之難止也……於是取大學之教疾趨以附二氏之途以其恍惚空明之見名之曰此明德也此知也此致良知而明明德也體用一知行合善惡泯介然有覺頽然任之而德明於天下矣乃羅織朱子之過而以窮理格物為其大罪天下之畏難苟安以希冀不勞無所忌憚而坐致聖賢者翕然起而從之……』（大學補傳衍）

船山反對王學的根本理由大概如此他所以想另創新哲學的理由亦在此至於他的哲學全系統如何我因為沒有研究清楚不敢多說有志研究的人請把他所著正蒙注思問錄內篇做中堅再博看他別的著作或者可以整理出來

自將船山遺書刻成之後一般社會所最歡迎的是他的讀通鑑論和宋論這兩部自然不是船山第一等著作但在史評一類書裏頭可以說是最有價值的他有他的一貫精神借史事來發表他有他的特別眼光立論往往迥異流俗所以這兩部書可以說是有主義有組織的書若拿出來和呂東萊的東萊博議張天如的歷代史論等量齊觀那便錯了「攘夷排滿」是裏頭主義之一種所以給晚清青年的刺激極大現在事過境遷這類話倒覺無甚意義了

船山本來不是考證學派但他的經說考覈精詳者也不少鄧湘皋說『當代經師後先生而興者無慮百十家所言皆有根柢然諸家所著有據為新義輒為先生所已言者四庫總目於春秋稗疏曾及之以余所見尤非一

事蓋未見其書也』湘臯這話很不錯越發可見船山學問規模之博大了

船山學術二百多年沒有傳人到咸同間羅羅山(澤南)像稍爲得著一點後來我的畏友譚壯飛(嗣同)研究得很深我讀船山書都是壯飛教我但船山的復活只怕還在今日以後哩

有一位大師在本國幾乎沒有人知道然而在外國發生莫大影響者曰朱舜水日本史家通行一句話說『德川二百餘年太平之治』說到這句話自然要聯想到朱舜水

舜水名之瑜字魯璵浙江餘姚人生明萬歷二十八年卒清康熙二十一年(一六〇〇——一六八二)年八十三他是王陽明黃梨洲的小同鄉他比梨洲長十一歲比亭林長十四歲他和亭林同一年死僅遲三個月最奇怪的我們研究他的傳記知道他也曾和梨洲同在舟山一年然而他們倆像未曾相識其餘東南學者也並沒有一位和他有來往他的「深藏若虛」可比船山還加幾倍了

崇禎十七年明亡時候他已經四十五歲了他早年便絕意仕進那時不過一位貢生並無官職福王建號南京馬世英要羅致他他不就逃跑了從南京失陷起到永曆被害止十五年間他時而跑日本跑安南跑暹羅時而返國內日日奔走國事他曾和張蒼水(煌言)在舟山共事他曾入四明山助王完勳(翊)練寨兵他曾和馮躋仲(京第)到日本乞師他曾隨鄭延平(成功)入長江北伐到最後百無可爲他因爲抵死不肯薙髮只得亡命日本以終老當時日本排斥外人不許居住有幾位民間志士敬重他爲人設法破例留他住在長崎住了七年日本宰相德川光國請他到東京待以賓師之禮光國親受業爲弟子其餘藩侯藩士(日本當時純爲封建制像我國春秋時代)請業的很多舜水以極光明俊偉的人格極平實淹貫的學問極肫摯和藹的感情給日本全國人以

莫大的感化，德川二百年，日本整個變成儒教的國民，最大的動力實在舜水，後來德川光國著一部大日本史，專標「尊王一統」之義，五十年前，德川慶喜歸政，廢藩置縣，成明治維新之大業，光國這部書功勞最多，而光國之學全受自舜水，所以舜水不特是德川朝的恩人，也是日本維新致强最有力的導師，

舜水並沒有開門講學，也沒有著書，我們研究這個人，只靠他一部文集裏頭的信札和問答，他以羈旅窮困之身，能博鄰國全國人的尊敬，全恃他人格的權威，他說『不佞生平，無有言而不能行者，無有行而不如其言者』（文集卷九答安東守約書）又說，『弟性直率，毫不猶人，不論大明日本，惟獨行其是而已，不問其有非之者也』（文集卷十二答小宅朱順問）又說，『自流離喪亂以來，二十六七年矣，其瀕於必死，大者十餘，……是故青天白日，隱然若雷霆震驚於其上，至於風濤險巇，傾蕩顛危，則坦然無疑，蓋自信者素耳，』（文集卷十八德始堂記）又說『僕事事不如人，獨於「富貴不能淫，貧賤不能移，威武不能屈，」似可無愧於古聖先賢萬分之一，一身親歷之事，固與士子紙上空談者異也，』（文集卷八答小宅生順書）他是個德行純粹而意志最堅强的人，常常把整個人格毫無掩飾的表現出來與人共見，所以當時日本人對於他，「如七十子之服孔子，」殊非偶然，

他的學風，主張實踐，排斥談玄，他說，『先儒將現前道理，每每說向極微極妙處，固是精細工夫，然聖狂分於毫釐，未免使人懼，不佞舉極難重事，一概都說到明明白白平平常常，似乎膚淺庸陋，「然人人皆可爲堯舜」之意也……末世已不知聖人之道，而偶有向學之機，又與之辨析精微而逆折之，使智者詆爲芻狗，而不肖者望若登天……此豈引掖之意乎，』（文集卷九答安東守約書）又說，『顏淵問仁，孔子告以非禮勿視聽言動，夫視聽言動者，耳目口體之常事，禮與非禮者，中智之衡量，而「勿」者下學之持守，豈夫子不能說玄說妙言高言遠哉，抑顏淵

之才不能爲玄爲妙，驚高鶩遠哉。……故知道之至極者，在此而不在彼也。』（文集卷十八勿齋記）舜水之教人者，大略如此。

這種學風，自然是王學的反動，所以他論陽明，許以豪傑之士，但謂其多却講學一事。（文集卷六答佐野回翁書）不惟王學爲然，他對於宋以來所謂「道學家」，皆有所不滿。他說『有良工能於棘端刻沐猴，此天下之巧匠也，然不佞得此，必詆之爲砂礫，何也，工雖巧，無益於世用也。……宋儒辨析毫釐，終不曾做得一事，況又於其屋下架屋哉。』（文集卷九與安東守約書）

他論學問，以有實用爲標準，所謂實用者，一曰有益於自己身心，二曰有益於社會。他說「爲學之道，在於近裏着己，有益天下國家，不在掉弄虛脾，捕風捉影。……勿剽竊粉飾，自號於人曰我儒者也，處之危疑而弗能決，投之艱大而弗能勝，豈儒者哉。』（文集卷十答奧村庸禮書）他所謂學問如此，然則不獨宋明道學，即淸儒之考證學，也非他所許可，以推見了。

舜水嫻習藝事，有巧思，『嘗爲德川光國作學宮圖說，圖成，模之以木，大居其三十分之一，棟樑枅椽，莫不悉備，而殿堂結構之法，梓人所不能通曉者，舜水親指授之，及度量分寸，湊離機巧，教喻縝密，經歲乃畢。光國欲作石橋，舜水授梓人制度，梓人自愧其能之不及。此外器物衣冠，由舜水繪圖教製者甚多。』（據今井弘濟安積覺合撰舜水先生行實）我們因這些事實，可以見舜水不獨爲日本精神文明界之大恩人，卽物質方面所給他們的益處也不少了。

總而言之，舜水之學和亭林習齋皆有點相近，博學於文，工夫不如亭林，而守約易簡或過之，摧陷廓淸之功不如習齋，而氣象比習齋博大。舜水之學不行於中國，是中國的不幸，然而行於日本，也算人類之幸了。

夏峯梨洲亭林船山舜水這些大師都是才氣極倜儻而意志極堅强的人舜水尤爲伉烈他反抗滿洲的精神至老不衰他著有陽九述略一篇內分致虜之由虜禍滅虜之策等條末題『明孤臣朱之瑜泣血稽顙謹述』此外文集中關於這類的話很多這類話入到晚清青年眼中像觸着電氣一般震得直跳對於近二十年的政治變動影響實在不小他死後葬在日本現在東京第一高等學校便是他生前的住宅死後的墳園這回大震災僥倖沒有毀掉聽說日本人將我們的避難學生就收容在該校我想這些可愛的青年們當着患難時候瞻仰這位二百多年前蒙難堅貞的老先生的遺跡應該受不少的感化罷

八　清初史學之建設——

——萬季野　全謝山附初期史學家及地理學家

我最愛晚明學者虎虎有生氣他們裏頭很有些人用極勇銳的努力想做大規模的創造即以對於明史一事而論我覺得他們的氣魄比現代所謂學者們高得多了

史事總是時代越近越重要考證古史雖不失爲學問之一種但以史學自任的人對於和自己時代最接近的史事資料較多詢訪質證亦較便不以其時做成幾部宏博翔實的書以貽後人致使後人對於這個時代的史蹟永遠在迷離徜侊中又不知要費多少無謂之考證纔能得其眞相那麼眞算史學家對不起人了我想將來一部「清史」——尤其關於晚清部分眞不知作如何交代直到現在我所知道的像還沒有人認這問題爲

重要。把這件事引為己任。比起晚明史學家。我們眞是慚愧無地了。

明清之交各大師。大率都重視史學——或廣義的史學。卽文獻學。試一閱亭林梨洲船山諸家著述目錄。便可以看出這種潮流了。內中專以史學名家。極可佩服而極可痛惜的兩個人。先要敍他們一敍。

吳炎字赤溟。潘檉章字力田。俱江蘇吳江人。兩位都是青年史學家——顧亭林忘年之友。不幸被無情的文字獄犧牲了。兩位所要做的事業。都未成功。又蒙奇禍而死。死後沒有人敢稱道他。我們幸而從顧亭林潘次耕著述裏頭得着一點資料。亭林詩集。汾洲祭吳潘二節士詩有『一代文章亡左馬千秋仁義在吳潘』之句。可謂推挹到極地了。亭林文集有書吳潘二子事一篇。據所記則赤溟力田二人皆明諸生。國變時年僅二十以上。發願以私人之力著成一部明史。亭林很敬慕他們。把自己所藏關於史料之書千餘卷都借給他們。康熙二年湖州莊廷鑨史獄起。牽累七十多人。陸麗京圻卽其一也。而吳潘皆與其難。亭林說他們『懷紙吮筆。早夜矻矻。其所手書盈牀滿篋。而其才足以發之。』又說『二子少余十餘歲。而余視為畏友。』他們的學問人格可想見了。力田實次耕之兄。遇難後家屬都被波累。次耕改從母姓為吳。其後次耕從亭林及徐昭法學。克成德業。從兄志也。兩人合著的明史。遭難時抄沒焚燒了。（亭林藏書也燒在裏頭）赤溟別無著書。（我僅在歸元恭文續鈔裏面看見他作的一篇序）力田著書存者有國史考異。松陵文獻兩種。但國史考異已成者三十卷。燼賸下的僅有六卷。次耕的遂初堂集。對於這兩部書各有一篇序。我們從這兩篇序裏頭。可以看出力田的著述體例及其用力方法。大約大部分工夫費在鑑別史料上頭。用科學精神治史。要首推兩君了。（因本校圖書館無遂初堂集未能徵引原文改天再補入）兩君明史稿之遭劫。我認為是我們史學界不能回復之大損失。嗚呼。

我在第五講裏頭曾經說過黃梨洲是清代史學開山之祖梨洲門下傳受他的史學者是萬充宗的兄弟萬季野

季野名斯同卒康熙四十一年（一七〇二）年六十他的籍貫家世在第五講已經敍過了他的父兄都是有學問的人兄弟八人他最幼據全謝山做的傳說他小孩子時候異常淘氣他父親履安先生泰每說要把他送和尚廟裏當徒弟他頑性依然不改於是把他鎖在空房裏頭他看見架上有明史料數十冊翻一翻覺得有趣幾日間讀完了自是便刻志向學踰年遂隨諸兄後學於梨洲在梨洲門下年最少梨洲最賞愛他梨洲學問方面很多所著明史案今僅存其目曾否成書蓋未可知季野學固極博然尤嗜文獻最熟明代掌故自幼年即以著明史爲己任康熙十七年詔徵鴻博有人薦他他力拒乃免明年開明史館亭林的外甥徐元文當總裁極力要羅致他他因爲官局搜羅資料較容易乃應聘入京給他官他不要請以布衣參史事不署銜不受俸住在元文家裏所有纂脩官的稿都由他核定他極反對唐以後史書設局分脩的制度說道

「昔遷固才既傑出又承父學故事信而言文其後專家之書才雖不逮猶未至如官修者之雜亂也譬如入人之室始而周其堂寢匽湢繼而知其蓄產禮俗久之其男女少長性質剛柔輕重賢愚無不習察然後可制其家之事若官修之史倉卒而成於衆人不暇擇其才之宜與事之習是猶招市人而與謀室中之事也吾所以辭史局而假館總裁所者惟恐衆人分操割裂使一代治亂之迹闇昧而不明耳」錢大昕潛研堂集萬季野先生傳

季野自少時已委身於明史至是旅京十餘年繼續他的工作著成明史稿五百卷他略述著書旨趣道

「史之難言久矣……而在今則事之信尤難好惡因心而毀譽隨之一家之事言者三人而其傳各異矣況

數百年之久乎言語可曲附而成事跡可鑿空而構其傳而播之者未必皆直道之行也其聞而書之者未必有裁別之識也非論其世知其人而具見其表裏則吾以爲信而枉者多矣……實錄者直載其事與言而無所增飾者也因其世以考其事覈其言而平心察之則其本末十得八九矣然言之發或有所由事之端或由所起而其流或有所激則非他書不能具也凡實錄之難詳者吾以他書證之他書之誣且濫者吾以所得於實錄者裁之雖不敢具謂可信而枉者或鮮矣昔人於宋史已病其繁蕪而吾所述將倍焉非不知簡之爲貴也吾恐後之人務博而不知所裁故先爲之極使知吾所取者有可損而所不取者必非其事與言之眞而不可益也』（方苞望溪文集萬季野先生墓表）

自唐以後設官局脩史大抵湊雜成篇漫無別擇故所成之書蕪穢特甚內中如歐陽永叔之五代史記朱晦庵之通鑑綱目等號稱爲有主義的著作又專講什麼「春秋筆法」從一兩個字眼上頭搬演花樣又如蘇老泉東坡父子呂東萊張天如等輩專作油腔滑調的批評供射策勦說之用宋明以來大部分人——除司馬溫公劉原父鄭漁仲諸人外——所謂史學大率如此到潘力田萬季野他們所做的工作便與前不同他們覺得歷史其物非建設在正確事實的基礎之上便連生命都沒有了什麼「書法」和批評豈非都成廢話然而欲求事實的正確決非靠空洞的推論和尖巧的臆測所能得必須用極耐煩工夫在事實自身上旁推反勘纔可以得著眞相換一句話說他們的工作什有七八費在史料之蒐集和鑑別他們所特別致力者雖在明史但這種研究精神影響於前清一代史學界不少將來健實的新史學恐怕也要在這種研究基礎之上纔能發生哩

現行明史在二十四史中——除馬班范陳四書外最爲精善殆成學界公論了明史雖亦屬官局分修然實際

上全靠萬季野。錢竹汀說『乾隆初。大學士張公廷玉等奉詔刊定明史。以王公鴻緒史稿為本而增損之。王氏稿大半出先生手。』（潛研堂集萬季野傳）蓋實錄也。（乾隆四年張廷玉進明史表云『惟舊臣王鴻緒之史稿經名人三十載之用心……』名人即指季野不便質言耳）關於這件事。我們不能不替萬季野不平而且還替學界痛惜。蓋明史館總裁。自徐元文後繼任者為張玉書為陳廷敬為王鴻緒。都敬禮季野季野費十幾年工夫纔把五百卷的明史藁著成。季野卒於京師旁無親屬。所藏書籍數十萬卷。都被錢名世其人者全數乾沒去。明史稿原本便落在王鴻緒手。鴻緒本屬僉壬巧宦。康熙末年。依附皇八子搆煽奪嫡。卒坐放廢。這類人有什麼學問什麼人格呢。他得着這部書。便攘為己有。叫人謄鈔一分。每卷都題「王鴻緒著」而且板心都印有「橫雲山人集」字樣。拿去進呈。自此萬稿便變成王稿了。這還不要緊。因為這位「白晝行刼的偷書賊。」贓證具在。人人共知。徒加增自己劣跡。並無損於季野。最可恨者。他偷了季野的書。卻把他改頭換面。顛倒是非。叫我們摸不清楚那部分是真的那部分是假的。（關於這件公案後來學者零碎發頗多恕我未能把他彙集起來做一篇詳細考證記得魏默深古微堂外集有書明史稿兩篇可參看）季野所謂『非其事與言之真而不可益』者。他卻「益」了許多。季野根本精神。一部分被偷書賊喪掉。真寃透了。

季野著書。除明史藁外。尚有歷代史表六十卷。紀元彙考四卷。廟制圖考四卷。儒林宗派八卷。石經考二卷。周正彙考八卷。歷代宰輔彙考八卷。宋季忠義錄十六卷。六陵遺事一卷。庚申君遺事一卷。羣書疑辨十二卷。書學彙編二十二卷。崑崙河源考二卷。河渠考十二卷。石園詩文集二十卷。自周正彙考以下十種。錢竹汀都說未見。（但羣書疑辨現有單行本六陵遺事庚申君遺事各叢書多採入其餘存佚便不可知了）又徐乾學的讀禮通考。全部由季野捉刀。秦蕙田的五禮通考。恐怕多半也是偷季野的。（全謝山萬貞文先生傳云『先生之初至京也時議意其專長在史及崐山徐侍郎居憂先生與之語喪禮侍郎因請先生纂讀禮通考一書上自國卹以訖家禮十四經之箋疏廿一史之

（志傳漢唐宋諸儒之文集說部無或遺者乃知先生之深於經侍郎因讀先生編成五禮之書二百餘卷」據此則徐書全出季野手毫無疑義惟秦氏五禮通考不得提刀者主名或說出戴東原或說出某人某人都無確據）（據謝山說季野既續作五禮之書二百餘卷這部書往那裏去了呢只怕也像明史稿一樣被闊人偸去撐門面了）我們讀歷代史表可以看出季野的組織能力讀羣書疑辨可以看出他考證精神讀讀禮通考可以看出他學問之淵博和判斷力之銳敏除手創明史這件大事業不計外專就這三部書論也可以推定季野在學術界的地位了。

季野雖屬梨洲得意門生但關於講學宗旨（狹義的講學）和梨洲卻不同梨洲是很有些門戶之見季野卻一點也沒有四庫提要說『明以來談道統者揚己陵人互相排軋卒釀門戶之禍斯同目覩其弊著儒林宗派凡漢後唐前傳經之儒一一具列持論獨為平允』他這部書著在明儒學案以後雖彼此範圍本自不同亦可見他對於梨洲的偏見不甚以為然了。

還有一件應注意的事季野晚年對於顏習齋的學術像是很悅服的他替李剛主所著的大學辨業作一篇序極表推崇之意據剛主述季野自道語云『吾自誤六十年矣吾少從黃先生游聞四明有潘先生者曰「朱子道陸子禪」（啓超案此當是潘平格字用徵）怪之往詰其說有據同學因轟言予叛黃先生先生亦怒予謝曰「請以往不談學專窮經史」遂忽忽至今……』（恕谷後集卷六萬季野小傳）據此愈可證明季野雖出黃門對於什麼程朱陸王之爭他卻是個局外中立者至於他的人格受梨洲教育的影響甚深自無待言

季野兄子經字九沙斯大子言字貞一斯年子皆傳家學而尤致力於史九沙著明史舉要貞一在史館獨任崇禎長編而九沙最老壽全謝山嘗從問業衍其緒

章實齋（學誠）論浙東學術從陽明蕺山說到梨洲說道「……梨洲黃氏出蕺山劉氏之門而開萬氏弟兄經史

之學。以至全氏祖望輩尚存其意。……世推顧亭林氏爲開國儒宗。然自是浙西之學。不知同時有梨洲出於浙東。雖與顧氏並峙。而上宗王劉。下開二萬。較之顧氏源遠而流長矣。顧氏宗朱而黃氏宗陸。蓋非講學專家各持門戶之見者。故互相推服而不相非詆。……浙東貴專家浙西尚博雅各固其習而習也。」又說「浙東之學言性命者必究於史。此其所以卓也。」又說「朱陸異同所以紛綸則惟騰空言而不切於人事耳。知史學之本於春秋。知春秋之將以經世。則知性命無可空言而講學者必有事事。不特無門戶可持。亦且無以持門戶矣。浙東之學。雖源流不異。而所遇不同。故其見於世者。陽明得之而爲事功。蕺山得之而爲節義。梨洲得之爲隱逸。萬氏兄弟得之爲經術史裁。授受雖出於一。而面目迥殊。以其各有事事故也。彼不事所事而但空言德性空言問學。則黃茅白葦。極目雷同。不得不殊門戶以爲自見地耳。故惟陋儒則爭門戶也。』（文史通義卷五）從地理關係上推論學風。實學術史上極有趣味之一問題。實齋浙東人。或不免有自譽之嫌。然而這段話我認爲大端不錯。最少也可說清代史學界偉大人物。屬於浙東產者最多。

現在要講浙東第三位史學大師全謝山。（以年代編次梨洲第一季野第二）

謝山名祖望。字紹衣。浙江鄞縣人。生康熙四十四年。卒乾隆二十二年。（一七〇五——一七七五）年七十一。他生當承平時代。無特別事蹟可紀。然其人格之峻嚴猖介。讀他全集到處可以見出。他嘗入翰林。因不肯趨附時相。散館歸班候補。便辭官歸。曾主講本郡蕺山書院。因地方官失禮。便拂衣而去。寧捱餓不肯曲就。晚年被聘主講粵之端溪書院。對於粵省學風影響頗深。學督要疏薦他。他說是「以講學爲市」。便辭歸。窮餓終老。子又先殤。死時竟至無以爲斂。他體弱善病。所有著述大率成於病中。得年僅及中壽。未能竟其所學。假使他像梨洲亭林一般獲享大年。不知所成。當更何若。這眞可爲我學界痛惜了。他的朋友姚薏田玉裁說他。『子病在不善持志。理會古人事不了。又理會今人事。安得不病。』董秉純著全謝山年譜 這話雖屬責善雅謔。卻極能傳出謝山學風哩。

謝山著述今存者。有鮚埼亭集三十八卷。外集五十卷。詩集十卷。經史問答十卷。校水經注三十卷。續宋元學案一百卷。困學紀聞三箋若干卷。輯甬上耆舊詩若干卷。其未成或已佚者。則有讀史通表。歷朝人物世表。歷朝人物親表等。鮚埼亭集被杭董浦世駿藏匿多年。今所傳已非完璧。同治間徐時棟著煙嶼樓集有記杭董浦篇述始末頗詳 水經注則謝山與其友趙東潛一清合作。屢相往復討論。各自成書。而謝山本並經七校。宋元學案黃梨洲草創。僅成十七卷。其子耒史百家續有補葺。亦未成。謝山於黃著有案者增訂之。無案者續補之。泐爲百卷本。但亦未成而歿。今本則其同縣後學王梓材所續訂。而大體皆謝山之舊也。

沈果堂彤說。『讀鮚埼亭集。能令人傲。亦能令人壯。得失相半。』謝山亦深佩其言云。楊鍾羲雪橋詩話三集卷四 若問我對於古今人文集最愛讀某家。我必舉鮚埼亭爲第一部了。謝山性情極肫厚。而品格極方峻。所作文字。隨處能表現他的全人格。讀起來令人興奮。他是個史學家。但他最不愛發空論。像蘇明允張天如一派的史論文章。全集可說沒有一篇。他這部集。記明末清初掌故。約居十之四五。訂正前史訛舛。約居十之二三。其餘則爲論學書札。及雜文等。內中他自己的親友及同鄉先輩的傳記。關係不甚重要的。也有一部分。他生當清代盛時。對於清廷並沒有什麼憤恨。但他最樂道晚明仗節死義之士。與夫抗志高蹈不事異姓者。眞是『其心好之。不啻若自其口出。』試看他關於錢忠介張蒼水黃梨洲王完勛……諸人的記述。從他們立身大節起。乃至極瑣碎之遺言佚事。有得必錄。至再至三。像很怕先輩留下的苦心芳躅從他手裏頭丟掉了。他所作南明諸賢之碑誌記傳等。眞可謂情深文明。其文能曲折盡情。使讀者自然會起同感。所以晚清革命家受他暗示的不少（可惜所敍述者只有江浙人獨詳別個地方不多但也難怪他他只是記自己聞見最親切的史蹟）他最善論學術流派。最會描寫學者面目。集中梨洲亭林二曲季野桴亭繼莊穆堂……諸碑傳。能以比較簡短的文章。包舉他們學術和人格的全部。其識力與技術。眞不同尋常。他性極狷介。不能容物。對於僞學者如錢謙益毛奇齡李光地等輩。直揭破他們的面目。絲毫不肯假借。他的文筆極鋒利。針針見血。得罪人的地方也很不少。所以有許多人恨他。他對於宋明兩朝「野史」一類書所見最多。最能用公平銳敏的眼光。評定他們的價值。此外訂正歷代史蹟之傳訛及前人評論史蹟失當者。甚多。性質和萬季野羣書疑辨有點相像。結埼亭集內容和價值大略如此。

謝山是陽明蕺山梨洲的同鄉後學。受他們的精神感化甚深。所以他的學術根柢。自然是樹在陽明學派上頭。但他和梨洲有兩點不同。第一。梨洲雖不大作玄談。然究未能盡免。謝山著述。卻眞無一字理障了。第二。梨洲門戶之見頗深。謝山卻一點也沒有。所以我評論謝山。說他人格的光明俊偉。是純然得力王學。可以與他的朋友李穆堂同稱王門後勁。若論他學術全體。可以說是超王學的。因爲對王學以外的學問。他一樣的用功一樣的得力。

宋元學案這部書。雖屬梨洲創始。而成之者實謝山。謝山之業。視梨洲蓋難數倍。梨洲以晚明人述明學。取材甚易。謝山既生梨洲後數十年。而所敍述又爲梨洲數百年前之學。所以極難。（結埼亭集卷三十戰山相韓舊塾記云「予續南雷宋儒學案旁搜不遺餘力蓋有六百年來儒林所不及知而予表而出之者」）據董小鈍所撰年譜。則謝山之修此書。自乾隆十年起至十九年止。十年間未嘗輟。

臨沒尚未完稿。其用力之勤可想。拿這書和明儒學案比較。其特色最容易看出者。第一。不定一尊。各派各家乃至理學以外之學者平等看待。第二不輕下主觀的批評。各家學術爲並時人及後人所批評者。廣搜之以入「附錄」。長短得失令學者自讀自斷。著者絕少作評語以亂人耳目。第三。注意師友淵源及地方的流別。每案皆先列一表。詳舉其師友及弟子。以明思想淵源所自。又對於地方的關係多所說明。以明學術與環境相互的影響。以上三端。可以說是宋元學案比明儒學案更進化了。至於裏頭所采資料。頗有失於太繁的地方。例如涑水學案之全采潛虛百源學案之多錄皇極經世……等。我想這是因爲謝山未能手訂全稿。有許多本屬「長編」。未經刪定。後有學者能將這書再修正增刪一遍。纔算完黃全未竟之志哩。

從永樂大典裏頭纂輯佚書。是乾隆開四庫館最初的動機。讀朱笥河筠請開四庫館原摺便可知道了。然而這種工作。實由謝山和李穆堂最先發起。本集卷十七有鈔永樂大典記一篇詳述其始末。這件事於謝山學術雖無甚關係。於清朝掌故卻很有關係。附記於此。

浙東學風。從梨洲季野謝山起以至於章實齋。釐然自成一系統。而其貢獻最大者實在史學。實齋可稱爲「歷史哲學家」。其著作價值更高了。下文別有一篇詳論他。現在且緩講。

此外要附帶講兩個人。曰無錫二顧。

顧祖禹。字景范。江蘇無錫人。生明天啓四年。卒清康熙十九年。（一六二四——一六八〇）年五十七。他父親是一位績學遺老。他和閻潛丘胡東樵交好。同在徐健庵的大清一統志局中修書。除此以外。他未曾受清朝一官一祿。他生平著述。只有一部讀史方輿紀要。從二十九歲做起。一日都不歇息。到五十歲纔做成。然而這一部書已足令這個人永遠不朽了。這書自序中述他父親臨終的話，說道，「及余之身而四海陸沈，九州鼎沸，……嗟乎，園陵宮闕城郭山河儼然在望，而十五國之幅員三百年之圖籍泯焉淪沒，文獻莫徵，能無悼歎乎，余死，汝其志之』又『自述著書本意道』『……凡吾所以為此書者，亦重望乎世之先知之也，不先知之，而以惘然無所適從者任天下之事，舉宗廟社稷之重，一旦束手而畀諸他人，此先君子所為憤痛呼號扼腕以至於死也』可見他著述動機實含著無限隱痛。這部書凡一百三十卷，首輿圖，次歷代州域形勢，次直隸等十三省封域山川險要，次川瀆異同。這部書體裁很特別，可以說是一百三十卷幾百萬言合成一篇長論文。每卷皆提挈綱領為正文，而凡所考證論列，則低一格作為解釋，解釋之中又有小注，解釋之文往往視正文十數倍，所以他這書可以說是自為書而自注之。因此之故，眉目極清晰，令讀者感覺趣味。依我看，清代著作家組織力之強，要推景范第一了。他自述著述經過說道『集百代之成言，考諸家之緒論，窮年累月，矻矻不休，至於舟車所經，亦必覽城郭，按山川，稽道里，問關津，以及商旅之子，征戍之夫，或與從容談論，考覈異同。』其用力之勤可以推見。然而他並不自滿足，他說『……按之圖畫，索之典籍，亦舉一而廢百耳，又或了了於胸中，而身至其地，反若瞶瞶焉。……予之書其足據乎。』其虛心又如此。魏冰叔禧最佩服這書，其所作序稱為『數千百年絕無僅有之作。』又說『祖禹貫穿諸史，出以己所獨見，其深思遠識，有在語言文字之外者。』可謂知言。景范這書專論山川險隘攻守形勢，而據史蹟以推論得失成敗之故，其性質蓋偏於軍事地理，殆遺老力謀匡復所將有事耶。然而這部書的組織及其研究方法，真算得治地理學之最好模範。我們若能將這種精神應用到政治地理經濟地理文化地理之各部分，那麼地理便不至成為乾燥無味的學科了。

顧棟高字復初一字震滄江蘇無錫人生卒年無考大約和全謝山年輩相當他著有一部好書名曰春秋大事表這部書的體例是將全部左傳拆散拈出若干個主要題目把書中許多零碎事實按題搜集起來列爲表的形式比較研究其有用特別眼光考證論列者則別爲敍說論辨考等凡爲表五十篇敍說等百三十一篇禮記說『屬辭比事春秋之敎』治史的最好方法是把許多事實連屬起來比較研究這便是『屬辭比事』這些事實一件件零碎擺着像沒有什麼意義一屬一比便會有許多新發明用這種方法治歷史的人向來很少震滄這部書總算第一次成功了（他研究的結果雖有許多令我們不能滿足但方法總是對的）震滄所著還有司馬溫公年譜王荊公年譜兩書體例也極精審後來如錢竹汀丁儉卿張石洲等做了許多名人年譜像還沒有那部比得上他所以我認震滄爲史學界有創作能力的人

附初期史學家及地理學家

馬驌（字總卿一字宛斯鄒平人康熙十二年卒著繹史一百六十卷起天地開闢訖秦之亡顧亭林見之驚歎謂爲不可及此書搜羅極富可算一部好類書惜別擇不精耳驌尚有左傳事緯十二卷將左傳的編年體改爲紀事本末體亦便讀者其後有李鍇字鐵君奉天人著尙史七十卷改繹史之紀事本末體爲紀傳體其材料全本繹史云）

吳偉業（字駿公號梅村太倉人康熙十年卒梅村文學人人共知其史學似亦用力甚勤著有春秋地里志十六卷春秋氏族志二十四卷二書吾皆未見恐已佚若存或有價值也今存綏寇紀略一書專記明季流寇始末題梅村撰但梅村所撰原名鹿樵野史今本乃彼一不肖門生鄒漪所盜改顚倒是非甚多非梅村之舊也）

九　程朱學派及其依附者

——張楊園　陸桴亭　陸稼書　王白田附其他——

王學反動。其第一步則返於程朱。自然之數也。因爲幾百年來好譚性理之學風。不可猝易。而王學末流之敝。又已爲時代心理所厭。矯放縱之敝則尙持守。矯空疏之敝則尊博習。而程朱學派。比較的路數相近。而毛病稍輕。故由王返朱。自然之數也。

清初諸大師。夏峯梨洲二曲。雖衍王緒。然而都有所修正。夏峯且大有調和朱王的意味了。至如亭林船山舜水。雖對於宋明人講學形式。都不大以爲然。至其自己得力處。大率近於朱學。讀諸家著作中關於朱王之批評語可見也。其專標程朱宗旨以樹一學派。而品格亦嶽然可尊者。最初有張楊園陸桴亭。繼起則陸稼書王白田。張楊園名履祥。字考夫。浙江桐鄉縣人。所居曰楊園里。故學者稱楊園先生。生明萬曆三十九年。卒清康熙十三年。（一六一一——一六七四）年六十四。九歲喪父。母沈氏授以論語孟子。勉厲他說『孔孟只是兩家無父兒也。』他三十二歲。謁黃石齋問學。三十四歲。謁劉蕺山受業爲弟子。當時復社聲氣甚廣。東南人士。爭相依附。楊園說。『東南壇坫西北干戈。其爲亂一也。』又說。『一入聲氣。便長一傲字。便熟一僞字。百惡都從此起矣。』於是斷斷自守。不肯和當時名士來往。甲申聞國變。縞素不食者累日。嗣後便杜門謝客。訓童蒙以終老。晚年德望益隆。有事以師禮者。終不肯受。說道。『近見時流講學之風。始於浮濫。終於潰敗。平日所深惡也。豈肯躬自蹈之。』黃梨洲方以紹述蕺山鼓動天下。楊園說。『此名士。非儒者也。』楊園雖學於蕺山。而不甚墨守其師說。嘗輯劉子粹言一書。專錄蕺山矯正陽明之語。他極不喜歡陽明的傳習錄。說道。『讀此書使人長傲文過。輕自大而卒無得。』又說。『一部傳習錄。吝驕二字足以蔽之。』他一生專用刻苦工夫。闇然自修。嘗說。『人知作家計須苦喫苦掙。』不知讀書學問與夫立身行己。俱不可不苦喫苦掙。晚年寫寒風佇立圖。自題云。『行己欲清。恆入於濁求道欲勇．恆病於怯．嚏．君之初志．豈不曰「古之人古之人」老斯至矣．其彷彿乎何代之民．』他用力堅苦的精神．大略可見了．他所著有經正錄願學記問目備忘錄初學備忘訓子語言行見聞錄近鑑等書．他居鄉躬耕．習於農事．以爲『學者舍稼穡外別無治生之道．能稼穡則無求於人而廉恥立．知稼穡之艱難則不敢妄取於人而禮讓興．』補農書這部書．有海昌人范鯤曾刻之．陳梓做的楊園小傳說這書『不戒於火．天下惜之．』據錢林文獻徵存錄說．因爲某次文字獄．怕有牽累．把板燬了．農書尙且遭此阨．可謂大奇．楊園因爲是清儒中闢王學的第一個人．後來朱學家極推尊他．認爲道學正統．依我看．楊園品格方嚴．踐履篤實．固屬可敬．但對於學術上並沒有什麼新發明新開拓．不過是一位獨善其身的君子罷了．當時像他這樣的人也還不少．推尊太過．怕反失其眞罷．

陸桴亭．字道威．江蘇太倉人．生明萬曆三十九年．卒清康熙十一年．（一六一一——一六七二）年六十二．早歲有志事功．嘗著論論平流寇方略．語極中肯．明亡．嘗上書南都．不見用．又嘗參人軍事．被清廷名捕．事既解．返鄉居．鑿池十畝．築亭其中．不通賓客．號曰桴亭．故學者稱桴亭先生．所著有思辨錄．全謝山謂其『上自周漢諸儒以迄於今．仰而象緯律歷．下而禮樂政事異同．旁及異端．其所疏證剖析．蓋數百萬言．無不粹且醇……而其最足廢諸家紛爭之說．百世俟之而不惑者．尤在論明儒．』（鮚埼亭集陸桴亭先生傳）桴亭不喜白沙陽明之學．而評論最公．絕不爲深文掊擊．其論白沙曰．

「世多以白沙爲禪宗．非也．白沙曾點之流．其意一主於灑脫曠閒以爲受用．不屑苦思力索．故其平日亦多賦詩寫字以自遣．便與禪思相近．……是故白沙「靜中養出端倪」之說．中庸有之矣．然不言戒愼恐懼而惟詠歌舞蹈以養之。則近於手持足行無非道妙之意矣……其言養氣則以勿忘勿助為要夫養氣必先集義所謂必有事焉也白沙但以勿忘勿助為要失卻最上一層矣……』（思辨錄諸儒異學篇）

其論陽明曰

『陽明之學原自窮理讀書中來不然龍場一悟安得六經皆湊泊但其言朱子格物之非謂嘗以庭門竹子試之七日而病是則禪家參竹篦之法元非朱子格物之說陽明自誤會耳蓋陽明少時實嘗從事於禪宗而正學工夫尚寡初官京師雖與甘泉講道非有深造南中三載始覺有得而才氣過高遽為致良知之說自樹一幟是後畢生鞅掌軍旅之中雖到處講學然終屬聰明用事而少時之熟處難忘亦不免逗漏出來是則陽明之定論也要之致良知固可入聖然切莫打破敬字乃是壞良知也其致之亦豈能廢窮理讀書然陽明之意主於簡易直捷以救支離之失故聰明者喜從之而一聞簡易直捷之說則每厭窮理讀書之繁動云「一切放下」「直下承當」心粗膽大祇為斷送一敬字不知即此簡易直捷之一念便已放鬆腳跟也故陽明在聖門狂者之流門人昧其苦心以負之耳』（同上）

此外論各家的話很多大率皆極公平極中肯所以桴亭可以說是一位最好的學術批評家——倘使他做一部明儒學案價值只怕還在梨洲之上因為梨洲主觀的意見到底免不掉桴亭真算得毫無成心的一面鏡子了桴亭常說『世有大儒決不別立宗旨譬之國手無科不精無方不備無藥不用豈有執一海上方而沾沾語人曰「舍此更無科無方無藥也」近之談宗旨者皆海上方也』這話與梨洲所謂『凡學須有宗旨是其人得力處亦即學者用力處』者正相反了由此言之後此程朱派學者硬拉桴亭為程朱宗旨底下一個人其實

不對．他不過不宗陸王罷了也不見得專宗程朱．程朱將「性」分爲二說．『義理之性善．氣質之性惡．』此說他便不贊同．他論性卻有點和顏習齋同調．他教學者止須習學六藝．謂『天文地理河渠兵法之類．皆切於世用．亟當講求．』也和習齋學風有點相類．他又不喜歡講學．嘗說．『天下無講學之人．此世道之衰．天下皆講學之人．亦世道之衰也．』又說．『近世講學．多似晉人清談．清談甚害事．孔門無一語不教人就實處做．』他自述存養工夫．對於程朱所謂「靜中驗喜怒哀樂未發氣象．」者．亦有懷疑．他說．『嘗於夜間閉目危坐．屏除萬慮以求其所謂「中．」究之念慮不可屏．一波未平．一波又起．間或一時強制得定．嗒然若忘．以爲此似之矣．然此境有何佳處．而先儒敎人爲之．……故除卻「戒愼恐懼」別尋「未發．」不是槁木死灰．便是空虛寂滅．』據此看來．桴亭和程朱門庭不盡相同．顯然可見了．

他的思辨錄．顏習齋李恕谷都很推重．我未得見原本．正誼堂叢書裏頭的思辨錄輯要係馬肇易負圖 所輯．張孝先伯行 又刪訂一番．必須與程朱相合的話始行錄入．已經不是桴亭眞面了．

陸稼書名隴其．浙江平湖人．生明崇禎三年．卒清康熙三十一年．（一六三〇——一六九二）年六十三．他是康熙間進士出身．曾任嘉定靈壽兩縣知縣．很有惠政．人民極愛戴他．後來行取御史．很上過幾篇好奏疏．他是鯁直而恬淡的人．所以做官做得不得意．自己也難進易退．清朝講理學的人．共推他爲正統．清儒從祀孔廟的頭一位便是他．他爲什麼獨占這樣高的位置呢．因爲他門戶之見最深最嚴．他說．『今之論學者無他．亦宗朱子而已．宗朱子爲正學．不宗朱子卽非正學．董子云．「諸不在六藝之科孔子之術者．皆絕其道勿使並進．然後統紀可一．而法度可明．」今有不宗朱子者．亦當絕其道勿使並進．』質而言之．他是要把朱子做成．思想界的專制君主。凡和朱學稍持異同的都認為叛逆。他不惟攻擊陸王。乃至高景逸顧涇陽學風介在朱王之間者也不肯饒恕。所以程朱派的人極頌他衞道之功。比於孟子距楊墨。平心而論。稼書人格極高潔。踐履極篤實。我們對於他不能不表相當的敬意。但因為天分不高。性情又失之狷狹。或者也因王學末流猖狂太甚。有激而發。所以日以尊朱黜王為事。在他自己原沒有什麼別的作用。然而那些戴假道學面具的八股先生們。跟着這一條路走。既可以掩飾自己的空疏不學。還可以唱高調罵人。於是相爭捧他捧上天去。不獨清代學界之不幸。也算稼書之不幸哩。稼書辦事是肯認眞肯用力的。但能力眞平常。程朱派學者大率如此。也難專怪他。李恕谷嘗記他一段軼事道『陸稼書任靈壽。邵子昆任淸苑。並有淸名。而稼書以子昆宗陸王。遂不相合。刊張武承所著王學質疑相詆厲。及征噶爾旦。撫院將命稼書運餉塞外。稼書不知所措。使人問計子昆。子昆答書云「些須小事。便爾張皇。若遇宸濠大變。何以處之。速將王學質疑付之丙丁。則僕之荒計出矣。」……』（恕谷著中肅傳註問）我們對於稼書這個人的評價。這種小事。也是該參考的資料哩。

王白田名懋竑。字予中。江蘇寶應人。生康熙八年。卒乾隆六年。（一六六八——一七四一）年七十四。他是康熙間進士出身。改授教官。雍正間以特薦召見。授翰林院編修。不久便辭官而歸。他是一位極謹嚴方正的人。王國安（念孫子父）說他『自處閨門里巷。一言一行以至平生出處大節。舉無愧於典型。』（王文肅公集李子年譜序）他生平只有一部著作。曰朱子年譜四卷。附考異四卷。這部書經二十多年四易稿。然後做成。是他一生精力所聚。也是研究朱學唯一的好書。要知道這部書的價值。先要知道明淸以來朱王兩派交涉的形勢。

朱子和陸子是同時講學的朋友。但他們做學問的方法根本不同。兩位見面和通信時已經有不少的辯論。後來兩家門生。越發鬧成門戶水火。這是公然的事實無庸爲諱的。王陽明是主張陸學的人。但他千不該萬不該做了一部書叫做朱子晚年定論。這部書大意說朱子到了晚年也覺得自己學問支離。漸漸悔悟。走到陸象山同一條路上去了。朱子學問是否免得了支離兩個字。朱陸兩家學問誰比誰好。另一問題。但他們倆的出發點根本不同。這是人人共見的。陽明是一位豪傑之士。他既卓然有所自信。又何必依傍古人。晚年定論這部書。明明是援朱入陸。有高攀朱子借重朱子的意思。既失朱子面目。也失自己身分。這是我們不能不替陽明可惜的。這部書出來之後。自然引起各方面反動。晚明時候有一位廣東人陳淸瀾建著一部學蔀通辨專駁他。朱王兩派交換砲火。自此始。後來顧亭林的日知錄也有一條駁晚年定論。駁得很中要害。而黃梨洲一派大率左袒陽明。內中彭定求的陽明釋毀錄最爲激烈。爭辯日烈。調停派當然發生。但調停派卻並非第三者。乃出於兩派之自身。一邊是王派出身的孫夏峯。一邊是朱派出身的陸桴亭。都是努力想把學派學說異中求同。省卻無謂的門戶口舌。但這時候。王學正值盛極而衰的末運。朱學則皇帝喜歡他。大臣恭維他。一種烘烘熱熱的氣勢。朱派乘盛窮追。王派的砲火漸漸衰熄了。這場戰爭裏頭。依我看朱派態度很有點不對。陳淸瀾是最初出馬的人。他的書純然破口嫚罵。如何能服人。陸稼書比較穩健些。但太褊狹了。一定要將朱派造成專制的學閥。對於他派要應用韓昌黎『人其人火其書』的手段。如何行得去呢。尤可恨的。許多隨聲附和的人。對於朱陸兩派學說內容並未嘗理會過。一味跟着人吶喊瞎罵。結果當然惹起一般人討厭。兩派同歸於盡。乾嘉以後「漢學家」這面招牌出來。將所有宋明學一齊打倒。就是爲此。在這個時候。朱陸兩派各有一個人將自己本派學說平心靜氣忠忠實實的說明眞相。既不作模棱的調和。也不作意氣的攻擊。其人爲誰。陸派方面是李穆堂。朱派方面是王白田。而白田的成績。就在一部朱子年譜。

「朱子年譜」從前有三個人做過。一李果齋（晦）朱子門人。其書三卷。魏了翁爲之序。二李古沖（默）明嘉靖間人。三洪去蕪（璟）清康熙間人。果齋本今不存。因爲古沖本以果齋本作底本而改竄一番。後者行而前者廢了。洪本則將古沖本增刪。無甚特識。古沖生王學正盛之時。腦子裏裝滿了朱子晚年定論一派話。援朱入陸之嫌疑。實是無可解免。白田著這部新年譜的主要動機。自然是要矯正這一點。但白田和陳清瀾一派的態度截然不同。清瀾好用主觀的批評。（雖然客觀方面也有些）白田則盡力搜羅客觀事實。把年月日調查得清清楚楚。令敵派更無强辯的餘地。所以他不用說閑話爭閑氣。自然壁壘森嚴。顚撲不破。我常說王白田眞是「科學的研究朱子」。朱子著作注釋纂輯之書。無慮數百卷。他鑽在裏頭寢饋幾十年。沒有一個字不經過一番心。而且連字縫間也不放過。此外別派的著作。如張南軒呂伯恭陸梭山象山陳同甫陳止齋……等。凡和朱子有交涉的。一律忠實研究。把他們的交情關係和學說異同。都照原樣介紹過來。他於年譜之外。又附一部年譜考異。凡事實有須考證的都嚴密鑑定一番。令讀者知道他的根據何在。又附一部朱子論學切要語。把朱子主要學說都提挈出來。我們要知道朱子是怎樣一個人。我以爲非讀這部書不可。而且讀這部書也足彀了。

白田其他的著述。還有一部白田草堂存稿。內中也是研究朱子的最多。他考定許多僞託朱子的書。或朱子未成之書由後人續纂者。如文公家禮通鑑綱目名臣言行錄及易本義前面的九個圖和筮儀等等。都足以廓清障霧。爲朱子功臣。此外許多雜考證也有發明。如考漢初甲子因三統曆竄亂錯了四年。也是前人沒有留意到的事。

清初因王學反動的結果。許多學者走到程朱一路。即如亭林船山舜水諸大師都可以說是朱學者流。其餘如應潛齋撝謙刁蒙吉包徐俟齋枋朱伯廬用純……等氣節品格能自異於流俗者不下數十輩。大抵皆治朱學附表別詳故當晚明心學已衰之後盛清考證學未盛以前朱學不能不說是中間極有力的樞紐。然而依草附木者流亦出乎其間。故清代初期朱派人獨多而流品亦最雜。

清初依草附木的爲什麼多跑朱學那條路去呢。原來滿洲初建國時候文化極樸陋。他們向慕漢化。想找些漢人供奔走看見科第出身的人便認爲有學問其實這些八股先生。除了四書大全五經大全外還懂什麼呢。入關之後。稍爲有點志節學術的人或舉義反抗。或抗節高蹈。其望風迎降及應新朝科舉的又是那羣極不堪的八股先生。除了四書集注外更無學問。清初那幾位皇帝所看見的都是這些人。當然認這種學問便是漢族文化的代表。程朱學派變成當時宮廷信仰的中心。其原因在此。古語說『城中好高髻。四方高一尺』專制國皇帝的好尙。自然影響到全國。靠程朱做闊官的人越發多。程朱旗下的嘍囉也越發多。況且掛着這個招牌可以不消讀書。只要口頭上講幾句「格物窮理」便彀了。那種謬爲恭謹的樣子。又可以不得罪人。恰當社會人心厭倦王學的時候。趁勢打死老虎。還可以博衞道的美名。有這許多便宜句當誰又不會幹呢。所以那時候的程朱學家其間伏處巖穴闇然自修者。雖未嘗沒有可以令我們佩服的人。至於那些「以名臣兼名儒」的大人先生們。內中如湯斌如魏裔介如魏象樞等。風骨尙可欽。但他們都是孫夏峯門生。半帶王學色彩。湯斌並且很受排擠不得志。其餘如熊賜履張玉書張伯行……等輩不過一羣『非之無舉刺之無刺』的「鄉愿」。此外越愛出鋒頭的人品格越不可問。誠有如王崑繩所謂『朝乞食墦間。暮殺越人於貨。而摭拾程朱唾餘狺狺焉言陽明於四達之衢』者．今試舉數人爲例．

一孫承澤　他是明朝一位闊官李闖破北京投降李闖．滿洲入關投降滿洲．他卻著了許多理學書．攏出一副道貌巖巖的面孔．據全謝山說清初排陸王的人他還是頭一個領袖哩．（看鮚埼亭集陳汝咸墓誌）

一李光地　他號稱康熙朝「主持正學」的中堅人物．一雙眼睛常常釘在兩廡的幾塊冷猪肉上頭．他的官卻是賣了一位老朋友陳夢雷換來．他的老子死了他卻貪做官不肯奔喪．他臨死卻有一位外婦所生的兒子來承受家產．（看全祖望鮚埼亭集李文貞遺事錢文林獻徵存錄李光地條）

一方苞　他是一位「大理學家」又是一位「大文豪」他曾替戴南山做了一篇文集的序．南山著了文字獄．他硬賴說那篇序是南山冒他名的．他和李恕谷號稱生死之交．恕谷死了．他作一篇墓志銘說恕谷因他的忠告背叛顏習齋了．（看劉辰纂的恕谷年譜）他口口聲聲說安貧樂道．晚年卻專以殖財爲事．和鄉人爭烏龍潭魚利打官司．（看蕭奭齡著永憲錄）

此外像這一類的程朱學家還不少．我不屑多汚我的筆墨．只舉幾位負盛名的爲例罷了．我是最尊崇先輩．萬分不願意說人壞話的人．但對於這羣假道學先生實在痛恨不過．破口說那麼幾句．望讀者恕我．

總而言之程朱學派價值如何另一問題．清初程朱之盛．只怕不但是學術界的不幸．還是程朱的不幸哩．

十　實踐實用主義——顏習齋　李恕谷　附　王崑繩　程綿莊　惲皐聞　戴子高

有清一代學術初期爲程朱陸王之爭次期爲漢宋之爭末期爲新舊之爭其間有人焉舉朱陸漢宋諸派所憑藉者一切摧陷廓清之對於二千年來思想界爲極猛烈極誠摯的大革命運動其所樹的旗號曰「復古」而其精神純爲「現代的」其人爲誰曰顏習齋及其門人李恕谷

顏習齋名元字渾然直隸博野縣人生明崇禎八年卒清康熙四十三年（一六三五——一七〇四）年七十他是京津鐵路線中間一個小村落——楊村的小戶人家兒子他父親做了蠡縣朱家的養子所以他幼年冒姓朱氏他三歲的時候滿洲兵入關大掠他父親被擄他母親也改嫁去了他二十多歲纔知道這些情節改還本姓正要出關尋父碰着三藩之亂蒙古響應遼東戒嚴直到五十一歲方能成行北達鐵嶺東抵撫順南出天覆門困苦不可名狀經一年餘卒負骨歸葬他的全生涯十有九都在家鄉過活除出關之役外五十六七歲時候曾一度出游到過直隸南部及河南六十二歲曾應肥鄉漳南書院之聘往設教要想把他自己理想的教育精神和方法在那裏試驗分設四齋曰文事曰武備曰經史曰藝能正在開學碰着漳水決口把書院淹了他自此便歸家不復出他曾和孫夏峯李二曲陸桴亭通過信但都未識面當時知名之士除刁蒙吉包王介祺餘佑外都沒有來往他一生經歷大略如此

他幼年曾學神仙導引術娶妻不近既而知其妄乃折節爲學二十歲前後好陸王書未幾又從事程朱學信之甚篤三十歲以後纔覺得這路數都不對他說唐虞時代的教學是六府——水火金木土穀三事——正德利用厚生周禮教士以三物六德——知仁聖義忠和六行——孝友睦婣任卹六藝——禮樂射御書數孔子以四教——文行忠信和後世學術專務記誦或靜坐冥想者門庭迥乎不同他說『必有事焉學之要也心有事

則存身有事則修家之齊國之治皆有事也無事則治與道俱廢故正德利用厚生曰事不見諸事非德非用非生也德行藝曰物不徵諸物非德非行非藝也』（李塨著習齋年譜卷上）他以爲離卻事物無學問離卻事物而言學問便非學問在事物上求學問則非實習不可他說『如天文地志律歷兵機等類須日夜講習之力多年歷驗之功非比理會文字之可坐而獲也』（存學編卷二性理書評）所以他極力提倡一個「習」字名所居曰「習齋」學者因稱爲習齋先生他所謂習絕非溫習書本之謂乃是說凡學一件事都要用實地練習工夫所以我叫他做「實踐主義」他講學問最重效率董仲舒說『正其誼不謀其利明其道不計其功』他翻這個案說要『正其誼以謀其利明其道而計其功』他用世之心極熱凡學問都要以有益於人生可施諸政治爲主所以我又叫他叫「實用主義」王崑繩說「先生崛起無師受確有見於後儒之高談性命爲參雜二氏而亂孔孟之眞確有見於先王先聖學敎之成法非靜坐讀書之空腐確有見於後世之亂皆由儒術之失其傳而一復周孔之舊無不可復斯民於三代……毅然謂聖人必可學而終身矻矻於困知勉行無一言一事之自欺自恕慨然任天下之重而以弘濟蒼生爲心……』（居業堂集顏先生年譜序）這話雖出自門生心悅誠服之口依我看還不算溢美哩

習齋很反對箸書有一次孫夏峯的門生張天章請他著禮儀水政書他說『元之箸存學也病後儒之箸書也尤而效之乎且紙墨功多恐習行之精力少也』（年譜卷下）所以他一生箸書很少只有存學存性存治存人四編都是很簡短的小册子存學編說孔子以前敎學成法大指在主張習行六藝而對於靜坐與讀書兩派痛加駁斥存性編可以說是習齋哲學的根本談大致宗孟子之性善論而對於宋儒變化氣質之說不以爲然存治編發表他政治上主張如行均田復選舉重武事……等等存人編專駁佛敎說他非人道主義習齋一生著述僅此

實則不過幾篇短文和信札筆記等類湊成算不得著書也戴子高習齋傳說他『推論明制之得失所當因革者爲書曰會典大政記曰如有用我舉而錯之』但這書我未得見想是失傳了有四書正誤朱子語類評兩書今皆存這書是他讀朱子四書集註及語類隨手批的門人纂錄起來也不算什麼著述他三十歲以後和他的朋友王法乾養粹共立日記凡言行善否意念之欺慊逐時自勘注之後來他的門生李恕谷用日記做底本加以平日所聞見撰成習齋先生年譜二卷鍾金若錂又輯有習齋先生言行錄四卷補年譜所未備又輯習齋紀餘二卷則錄其雜文學者欲知習齋之全人格及其學術綱要看年譜及言行錄最好

這個實踐實用學派自然是由顏習齋手創出來但習齋是一位闇然自修的人足跡罕出里門交遊絕少又不肯箸書若當時僅有他這一個人恐怕這學派早已湮滅沒人知道了幸虧他有一位才氣極高聲氣極廣志願極宏的門生李恕谷纔能把這個學派恢張出來太史公說『使孔子名周聞於天下者子貢先後之也』孔子是否賴有子貢我們不敢說習齋之有恕谷卻眞是史公所謂『相得而益彰』了所以這派學問我們叫他做「顏李學」

恕谷名塨字剛主直隸蠡縣人生順治十六年卒雍正十一年（一六五九——一七三三）年七十五父明性學行甚高習齋說生平嚴事者六人明性居其一恕谷以父命從習齋遊盡傳其學而以昌明之爲己任習齋足不出戶不輕交一人尤厭見時貴恕谷則常來往京師廣交當時名下士如萬季野閻百詩胡朏明方靈皋輩都有往還時季野負盛名每開講會列坐都滿一日會講於紹寧會館恕谷也在坐衆方請季野講「郊社之禮」季野說且慢講什麼「郊社」請聽聽李先生講眞正的聖學王崑繩才氣不可一世自與恕谷爲友受他的感

動。以五十六歲老名士。親拜習齋之門爲弟子。程綿莊。惲臯聞。皆因恕谷纔知有習齋。都成爲習齋學派下最有力人物。所以這派雖由習齋創始。實得恕谷然後長成。習齋待人與律己一樣的嚴峻。恕谷說交友須令可親。乃能收羅人才。廣濟天下。論取與之節。習齋主張非力不食。恕谷主張通功易事。習齋絕對的排斥讀書。恕谷則謂禮樂射御書數等有許多地方非考證講究不可。所以書本上學問也不盡廢。這都是他對於師門補偏救弊處。然而學術大本原所在。未嘗與習齋有出入。他常說『學施於民物。在人猶在己也。』又以爲『教養事業。惟親民官乃能切實辦到。』他的朋友郭金湯做桐鄉知縣。楊勤做富平知縣。先後聘他到幕府。舉邑以聽他。欣然前往。政敎大行。但闊人網羅他。他卻不肯就。李光地做直隸巡撫。方以理學號召天下。託人示意他往見。他說部民不可以妄見長官。竟不往。年羹堯開府西陲。兩次來聘。皆力辭以疾。其自守之介又如此。

恕谷嘗問樂學於毛奇齡。毛推爲蓋世儒者。意欲使恕谷盡從其學。恕谷不肯。毛遂作大學逸講箋以攻習齋。方苞與恕谷交厚。嘗遣其子從學恕谷。又因恕谷欲南遊。擬推其宅以居恕谷。然方固以程朱學自命者。不悅習齋學。恕谷每相見。侃侃辨論。方輒語塞。及恕谷卒。方不俟其子孫之請。爲作墓志。於恕谷德業一無所詳。而唯載恕谷與王崑繩及方論學同異。且謂恕谷因方言而改其師法。恕谷門人劉用可（調贊）說方純搆虛辭。誣及死友云。

恕谷承習齋敎。以躬行爲先。不尙空文著述。晚年因問道者衆。又身不見用。始寄於書。所著有小學稽業五卷。大學辨業四卷。聖經學規纂二卷。論學二卷。周易傳注七卷。詩經傳注八卷。春秋傳注四卷。論語傳注二卷。大學中庸傳注各一卷。傳注問四卷。經說六卷。學禮錄四卷。學樂錄二卷。擬太平策一卷。田賦考辯宗廟考辯禘祫考辯各一卷。閱史郄視五卷。平書訂十四卷。（平書爲王崐繩所著已佚此書爲恕谷評語）恕谷文集十三卷。其門人馮辰劉調贊共纂恕谷先生年譜四卷。

顏李的行歷大略說過。以下要說他們學術的梗概。

顏李學派在建設方面成績如何下文別有批評。至於破壞方面。其見識之高。膽量之大。我敢說從古及今未有其比。因為自漢以後二千年所有學術。都被他否認完了。他否認讀書是學問。尤其否認注釋古書是學問。乃至否認用所有各種方式的文字發表出來的是學問。他否認講說是學問。尤其否認講說哲理是學問。他否認靜坐是學問。尤其否認內觀式的明心見性是學問。我們試想二千年來的學問。除了這幾項更有何物。都被他否認得乾乾淨淨了。我們請先看他否認讀書是學問的理由。習齋說。

『以讀經史訂羣書為窮理處事以求道之功。則相隔千里。以讀經史訂羣書為即窮理處事而曰道在是焉。則相隔萬里矣。……譬之學琴然。書猶琴譜也。爛熟琴譜。講解分明。可謂學琴乎。故曰以講讀為求道之功。相隔千里也。更有一妄人指琴譜曰。是即琴也。辨音律。協聲韻。理性情。通神明。此物此事也。譜果琴乎。故曰以書為道。相隔萬里也。……歌得其調。撫嫻其指。弦求中音。徽求中節。是之謂學琴矣。未為習琴也。手隨心。音隨手。清濁疾徐有常功。鼓有常規。奏有常樂。是之謂習琴矣。未為能琴也。弦器可手製也。音律可耳審也。詩歌惟其所欲也。心與手忘。手與弦忘。於是乎命之曰能琴。今手不彈。心不會。但以講讀琴譜為學琴。是渡河而望江也。故曰千里也。今目不覩。耳不聞。但以譜為琴。是指薊北而談滇南也。故曰萬里也。』存學篇卷二性理書評

這種道理本來一說便明。若說必讀書纔有學問。那麼許多書沒有出現以前。豈不是沒有一個有學問的人麼。

後儒解釋論語『博學於文』，大率說是『多讀書』。習齋說『儒道之亡，亡在誤認一「文」字。試觀帝堯「煥乎文章」，固非大家帖括，抑豈四書五經乎？周公監二代所制之「郁郁」，孔子所謂「在茲」，顏子所謂「博我」者，是何物事？後事全然誤了。』（言行錄學須篇）又說漢宋儒滿眼只看得幾冊文字是「文」，然則虞夏以前大聖賢皆鄙陋無學矣。』（四書正誤卷三）又說『後儒以文墨爲文，將博學改爲博讀博講博著，不又天淵之分耶？』（習齋年譜卷下）可謂一針見血語了。

「讀書卽學問」這個觀念從那裏發生呢？習齋以爲『漢宋諸儒但見孔子敍書傳禮刪詩正樂繫易作春秋，誤認纂修文字是聖人，則我傳述注解便是賢人，讀之熟講之明而會作書文者皆聖人之徒矣，遂合二千年成一虛花無用之局……』（四書正誤卷三）孔子曾否刪書詩定禮繫易等等，本來還屬歷史上一個疑問，就令有之，也斷不能說孔子之所以爲孔子者專在此，這是顯而易見之理。據習齋的意思，以爲『孔子是在强壯時已學成內聖外王之德，敎成一班治世之才，不得用乃周遊，又不得用乃刪述，皆大不得已而爲之者。其所刪述，不過編出一部「習行經濟譜」，望後人照樣去做。戰國說客置學敎而學周遊，是不知周遊爲孔子之不得已也。宋儒又置學敎及行道當時，而自幼卽學刪述，敎弟子亦不過如是，是不知刪述爲孔子之尤不得已也。如效富翁者不學其經營治家之實，而徒效其凶歲轉移及遭亂記產籍以遺子孫者乎？』（存學編卷三年譜卷下）這些話說孔子說得對不對，另一問題；對於後儒誤認讀書卽學問之心理，可謂洞中癥結了。

習齋爲什麼恨讀書恨到這步田地呢？他以爲專讀書能令人愚，能令人弱。他有一位門生把中庸『好學近乎知』這句話問他，他先問那人道『你心中必先有多讀書可以破愚之見，是不是呢？』那人道『是。』他說『

不然，試觀今天下秀才曉事否？讀書人便愚，多讀更愚，但書生必自智，其愚卻益深。……』四書正誤卷二 又說，『讀書愈多愈惑，審事機愈無識，辦經濟愈無力。』朱子語類評 朱子曾說，『求文字之工，用許多工夫，費許多精神，甚可惜。』習齋進一步說道『文家把許多精神費在文墨上，誠可惜矣。先生輩舍生盡死在思讀講箸四字上做工夫，全忘卻堯舜三事六府，周孔六德六行六藝，不肯去學，不肯去習，又算什麼？千餘年來，率天下入故紙堆中，耗盡身心氣力，作弱人病人無用人者，皆晦庵爲之也。』朱子語類評 恕谷說，『讀閱久則喜靜惡煩，而心板滯迂腐矣。……故予人以口實，曰「白面書生」，曰「書生無用」，曰「林間咳嗽病獼猴」。世人猶謂誦讀可以養身心，誤哉。……顏先生所謂讀書人率習如婦人女子，以識則戶隙窺人，以力則不能勝一匹雛也。』恕谷後集與馮樞天論讀書 這些話不能說他太過火，因爲這些「讀書人」實在把全個社會弄得糟透了。恕谷說

『後世行與學離，學與政離。宋後二氏學興，儒者浸淫其說，靜坐內視，論性談天，與孔子之言一一乖反。至於扶危定傾大經大法，則拱手張目，授其柄於武人俗士。當明季世，朝廟無一可倚之人，坐大司馬堂批點左傳，敵兵臨城，賦詩進講，覺建功立名，俱屬瑣屑，日夜喘息著書，曰「此傳世業也」。卒至天下魚爛河決，生民塗炭。嗚呼，誰生厲階哉！』恕谷文集與方靈皋書

習齋恨極這種學風，所以咬牙切齒說道，

『率古今之文字，食天下之神智。』四書正誤卷四

他拿讀書比服砒霜，說道，

『僕亦吞砒人也。耗竭心思氣力，深受其害，以致六十餘歲，終不能入堯舜周孔之道。但於途次聞鄉塾羣

讀書聲。便歎曰。可惜許多氣力。但見人把筆作文字。便歎曰。可惜許多心思。但見場屋出入羣。便歎曰。可惜許多人才。故二十年前但見聰明有志人。便勸之多讀。近來但見才器。便戒勿多讀書……噫。試觀千聖百王是讀書人否。雖三代後整頓乾坤者是讀書人否。吾人急醒。』朱子語類評

這些話可謂極端而又極端了。咳。我不曉得習齋看見現在學校裏成千成萬青年又當作何歎息哩。但我們須要牢牢緊記。習齋反對讀書並非反對學問。他因爲他認定讀書與學問截然兩事。而且認讀書妨害學問。所以反對他。他說

『人之歲月精神有限。誦說中度一日。便習行中錯一日。紙墨上多一分。便身世上少一分。』存學編卷一

恕谷亦說

『紙上之閱歷多。則世事之閱歷少。筆墨之精神多。則經濟之精神少。宋明之亡以此。』恕谷年譜

觀此可知他反對讀書。純爲積極的而非消極的。他只是叫人把讀書的歲月精神騰出來去做學問。至於他所謂學問是什麼。下文再說。

習齋不惟反對讀書。而且反對著書。看上文所引的話多以讀著並舉。便可見。恕谷比較的好著書。習齋曾告誡他說道『今即著述盡是。不過宋儒爲誤解之書生。我爲不誤解之書生耳。何與儒者本業哉。』年譜卷下總而言之。凡紙上學問。習齋無一件不反對。

反對讀書不自顏李始。陸王學派便已反對。禪宗尤其反對。顏李這種話。不是助他們張目嗎。不然不然。顏李所反對不僅在讀書。尤在宋明儒之談玄式的講學。習齋說。

『近世聖道之亡。多因心內惺覺口中講說紙上議論三者之間見道。而身世乃不見道。學堂輒稱書院。或曰講堂。皆倚論語『學之不講』一句爲遂非之柄。殊不思孔門爲學而講。後人以講爲學。千里矣。』（年譜卷下）習齋之意。凡學而注重講。不論講什麼。不論講得對不對。總之已經錯了路數了。他說。孔子說『予欲無言』。『無行不與。』當時及門皆望孔子以言。孔子惟率之下學而上達。非吝也。學教之成法固如是也。道不可以言傳也。言傳者有先於言者也。』（存學編卷一由道）可見無論何種學問。決非一講所能了事了。何況宋明所講之學。開口總是什麼性吶命吶天吶理吶氣吶。習齋以爲『性命之理不可講也。雖講。人亦不能聽也。雖聽。人亦不能醒也。雖醒。人亦不能行也。』（存學編卷一總論講學）論語說『夫子之言性與天道不可得而聞。』宋儒都說是顏曾以下彀不上「聞」。習齋說『如是。孔子不幾爲千古拙師。七十子竟成愚徒乎。』（年譜卷下）他的意思以爲這些本來是不應聞的。不必聞的。並沒有彀得上彀不上的問題。論語『民可使由之。不可使知之。』習齋以爲由便彀了。何必要知。要「使知」便都枉用心力。還會鬧毛病。（存學編由道章大意）孟子說『行之而不著焉。習矣而不察焉。終身由之而不知其道者衆也。』習齋說。近世講學家正做得這章書的反面。『著之而不行焉。察矣而不習焉。終身知之而不由其道者衆也。』（這話是刁蒙吉說的習齋引他）所以他說。

漢宋諸先生。只要解惺。教人望世亦祇要他解惺。故罄一生心力去作注疏作集註。聖人只要人習行。不要人解惺。天下人盡習行。全不解惺。是道之明於天下也。天下人盡解惺。全不習行。是道之晦於天下也。道明於天下。堯舜之民不識不知。孔門三千徒衆。性道不得聞。道晦於天下。今世家講而人解。』（四書正誤卷三）

總之習齋學風。只是教人多做事。少講話。多務實際。少談原理。他說『宋儒如得一路程本。觀一處又觀一處。自喜爲通天下路程。人人亦以曉路稱之。其實一步未行。一處未到。周行蕪榛矣。』(年譜卷下)又說。『有聖賢之言可以引路。今乃不走路。只效聖賢言以當走路。每代引路之言增而愈多。卒之蕩蕩周道上鮮見人也。』(存學篇卷三)又說。『專說話的人便說許多堯舜話。終無用。即如說糟粕無救於飢渴。說稻粱魚肉亦無救於飢渴也。』(朱子語類評)他反對講學之理由。大略如此。

宋明儒所講個人修養方法。最普通的爲主靜主敬窮理格物……等等。顏李學派對於這些法門。或根本反對。或名同實異。今分述如下。

主靜是顏李根本反對的。以朱陸兩派論。向來都說朱主敬陸主靜。其實『主靜立人極』這句話。倡自周濂溪。程子見人靜坐便歎爲善學。朱子教人『半日靜坐』。教人『看喜怒哀樂未發之中』。程朱派何嘗不是主靜。所以「靜」之一字。雖謂爲宋元明七百年間道學先生們公共的法寶。亦無不可。習齋對於這一派話。最爲痛恨。他說『終日危坐以驗未發氣象爲求中之功。此眞孔子以前千聖百王所未嘗聞也。』(存學編卷二)朱子口頭上常常排斥佛學。排斥漢儒。習齋詰問他『你教人半日靜坐半日讀書。是半日當和尚半日當漢儒。試問十二個時辰那一刻是堯舜周孔。』(朱子語類評)顏李書中像這類的話很多。今不備引了。但他們並非用空言反對。蓋從心理學上提出極强的理由。證明靜中所得境界實靠不住。習齋說。

『洞照萬象。昔人形容其妙曰鏡花水月。宋明儒者所謂悟道。亦大率類此。吾非謂佛學中無此境也。亦非謂學佛者不能致此也。正謂其洞照者無用之水鏡。其萬象皆無用之花月也。不至於此。徒苦半生爲腐朽之枯禪。不幸而至此。自欺更深。何也。人心如水。但一澄定。不濁以泥沙。不激以風石。不必名山巨海之水能照百態。

雖溝渠盆盂之水皆能照也。今使竦起靜坐，不擾以事，不雜以旁念，敏者數十日，鈍者三五年，皆能洞照萬象，如鏡花水月，功至此，快然自喜，以爲得之矣。或邪妄相感，人物小有徵應，愈隱怪驚人，轉相推服，以爲有道矣。予戊申前亦嘗從宋儒用靜坐工夫，故身歷而知其爲妄，不足據也。存學編卷二有一段大意與此同而更舉實例爲證云「吾聞一管姓者與吾友汪魁楚之伯同學仙於泰山中止語三年汪之離家十七年其子往覲之管能豫知以手畫字曰『汪師今日有子來』既而果然未幾其兄呼還則與鄉人同也吾遊燕京遇一僧敬軒不識字坐禪數月能作詩既而出關則仍一無知人也……」

天地間豈有不流動之水，不著地不見泥沙不見風石之水，一動一著，仍是一物不照矣。今玩鏡裏花，水中月，信足以娛人心目，若去鏡水，則花月無有矣。即對鏡水一生，徒自欺一生而已矣。若指水月以照臨，取鏡花以折佩，此必不可得之數也。故空靜之理，愈談愈惑，空靜之功，愈妙愈妄……』存人編

這段話眞是鑿心切理之談。天下往往有許多例外現象，一般人認爲神祕不可思議，其實不過一種變態的心理作用。因爲人類本有所謂潛意識者，當普通意識停止時，他會發動——做夢便是這個緣故。我們若用人爲的工夫將普通意識制止，令潛意識單獨出鋒頭，則「鏡花水月」的境界，當然會現前。認這種境界爲神祕而驚異他歆羨他，固屬可笑；若咬定說沒有這種境界，則亦不足以服迷信者之心，因爲他們可以舉出實例來反駁。你習齋雖沒有學過近世心理學，但這段話確有他的發明，他承認這種變態心理是有的，但說他是靠不住的無用的。從來儒家闢佛之說，沒有比習齋更透徹的了。

主靜若僅屬徒勞無功，也可以不管他。習齋以爲主靜有大害二：其一，是壞身體。他說『終日兀坐書房中，萎惰人精神，使筋骨皆疲軟，以至天下無不弱之書生，無不病之書生，生民之禍，未有甚於此者也。』朱子語類評 其二，是

損神智他說「爲愛靜空談之學久則必至厭事遇事卽茫然賢豪且不免況常人乎故誤人才敗天之事者宋入之學也」（年譜卷下）這兩段話從生理上心理上分別說明主靜之弊可謂博深切明

習齋於是對於主靜主義提出一個正反面曰「主動主義」他說「常動則筋骨竦氣脈舒故曰『立於禮』故曰『制舞而民不腫』宋元來儒者皆習靜今日正可言習動」（言行錄卷下世性編）又說「養身莫善於習動夙興夜寐振起精神尋事去做行之有常並不困疲日益精壯但說靜息將養便日就惰弱了故曰君子莊敬日强安肆日偷」（同上學人篇）這是從生理上說明習動之必要他又說「人心動物也習於事則有所寄而不妄動故吾儒時習力行皆所以治心釋氏則寂室靜坐絕事離羣以求治心不惟理有所不可勢亦有所不能故置數珠以寄念……」（言行錄卷上剛峯篇）又說「吾用力農事不遑食寢邪妄之念亦自不起信乎『力行近乎仁』也」（同上理學篇）這是從心理上說明習動之必要尤奇特者昔人多以心不動爲貴習齋則連心也要他常動他最愛說「提醒身心一齊振起」二語怎樣振起法呢「身無事幹尋事去幹心無理思尋理去思習此身使勤習此心使存」（言行錄卷下鼓琴篇）他篤信這個主動主義於是爲極有力之結論道

「五帝三王周孔皆敎天下以動之聖人也皆以動造成世道之聖人也漢唐襲其動之一二以造其世也晉宋之苟安佛之空老之無周程朱邵之靜坐徒事口筆總之皆不動也而人才盡矣世道淪矣吾嘗言一身動則一身强一家動則一家强一國動則一國强天下動則天下强自信其考前聖而不謬俟後聖而不惑矣」（言行錄卷下學須篇）

宋儒修養除主靜外還有主敬一法程朱派學者常拿這個和陸王派對抗顏李對於主敬是極端贊成的但宋

儒所用的方法卻認為不對習齋說『宋儒拈窮理居敬四字以文觀之甚美以實考之則以讀書為窮理功力以恍惚道體為窮理精妙以講解著述為窮理事業以儼然靜坐為居敬容貌以主一無適為居敬工夫以舒徐安重為居敬作用……』（存學編卷二）習齋以為這是大錯了他引論語的話作證說道『曰「執事敬」曰「敬事而信」曰「敬其事」曰「行篤敬」皆身心一致加功無往非敬也若將古人成法皆舍置專向靜坐收攝徐行緩語處言主敬則是儒其名而釋其實去道遠矣』（存學編卷三）恕谷說『聖門不空言敬「敬其事」「執事敬」「行篤敬」「修己以敬」孟子所謂必有事焉也程子以「主一無適」訓敬粗言之猶可通謂為此事則心在此事不又適於他也精言之則「心常惺惺」「心要在腔子裏」（案此皆程朱言主敬法門）乃離事以言敬矣且為事之敬有當主一無適者亦有未盡者瞽者善聽聾者善視絕利一源收功百倍此主一無適也武王不泄邇不忘遠劉穆之五官並用則神明肆應敬無不通又非可以主一無適言也』又說『宋儒講主敬皆主靜也「主一無適」乃靜之訓非敬之訓也』（論語傳注問）是則同為講主敬而顏李與程朱截然不同總之謂離卻事有任何學問顏李絕不承認也

宋儒之學自稱曰道學曰理學其所標幟者曰明道曰窮理顏李自然不是不講道理的人但以為宋儒所講道理都講錯了而且明道窮理的方法也都不對宋儒最愛說道體其說正如老子所謂『有物混成先天地生字之曰道』者習齋說『道者人所由之路也故曰「道不遠人」宋儒則遠人以為道者也』（四書正誤四）恕谷說『路從足道從辵皆言人所共由之義理猶人所由之街衢也中庸言行道論語言適道尚書言遵道皆與孟子言由道由路同遂亦可曰「小人之道」「小人道消」謂小人所由之路也若以道為定名為專物則老莊之說

矣（恕谷年譜卷五）恕谷更從初民狩獵時代狀況說明道之名所由立。而謂道不出五倫六藝以外。他說。『道者人倫庶物而已矣。奚以明其然也。厥初生民。渾渾沌沌。既而有夫婦父子。有兄弟朋友。朋友之盡乃有君臣。誅取禽獸茹毛飲血事輒次序爲禮。前呼後應鼓舞相從爲樂。挽强中之爲射。乘馬隨徒爲御。歸而計件鍥於冊爲書數。因之衣食滋吉凶備。其倫爲人所共由。其物爲人所共習。猶達衢然。故曰道。倫物實實事也。道虛名也。異端乃曰「道生天地。」曰「有物混成先天地生。」是道爲天地前一物矣。天地尚未有。是物安在哉。且獨成而非共由者矣。何以謂之道哉。』（恕谷後集原道篇）這段話所說道的範圍。舉例或不免稍狹。然大指謂社會道德起原在於規定人與人及人與事物之關係。不能不算是特識。因此他們不言天道。只言人道。恕谷說『人天之所生也。人之事卽天之道也。子父母所出也。然有子於此。問其溫凊定省不盡。問其繼志述事不能。而專思其父母從何而來。如何坐蓐。以有吾身。人孰不以妄駭目之耶。』（周易傳注序）宋儒所謂明道傳道乃至中外哲學家之形而上論皆屬此類。所以顏李反對他們。

宋儒說的理及明理方法有兩種。一。天理——卽天道。指一個髣髴空明的虛體。下手工夫在『隨處體認天理。』結果所得是『人欲淨盡天理流行。』二。物理。指客觀的事物原理。下手工夫在『卽凡天下之物莫不因其已知之理而益窮之以求至乎其極。』結果所得是『一旦豁然貫通則衆物之表裏精粗無不到而吾心之全體大用無不明。』其實兩事只是一事。因爲他們最高目的。是要從心中得着一種虛明靈覺境界。便是學問上抓住大本大原。其餘都是枝葉。顏李學派對於這種主張極力反對。習齋說。『理者木中紋理也。指條理言。』（四書正誤卷六）又說。『前聖鮮有說理者。孟子忽發出。宋人遂一切廢棄而倡爲明理之學。不知孟子所謂理義悅心有自已註脚。曰「仁義忠信樂善不倦」仁義等又有許多註脚……今一切抹殺。而心頭玩弄曰「孔顏樂處」一曰義理悅心。 前後賢豪皆籠蓋於釋氏極樂世界中……』(同上)恕谷說。『後儒改聖門不言性天之矩。日以理氣為談柄。而究無了義。……不知聖經無在倫常之外而別有一物曰道曰理者。……在人通行者名之曰道。故小人別有由行。亦曰小人之道。理字則聖經甚少。中庸「文理」與孟子「條理」同。言秩然有條。猶玉有脈理地有分理也。……今乃以理置之人物以前。則鑄鐵成錯矣。……』(中庸傳注問)訓「理」為條理。而以木之紋理玉之脈理為喻。最合古義。後此戴東原孟子字義疏證。卽從這個訓詁引出許多妙義來。理之界說已定。那麼不能於事物之外求理甚明。故恕谷說『事有條理。理卽在事中。詩曰「有物有則」離事物何所為理乎。』(論語傳注問)既已除卻事物無所謂理。自然除卻應事接物無所謂窮理。所以習齋說『凡事必求分析之精。是謂窮理。』(存學編卷二)怎樣分析纔能精呢。非深入事中不可。朱子說『豈有見理已明而不能處事者。』習齋駁他道『見理已明而不能處事者多矣。有宋諸先生便謂還是見理不明。只教人再窮理。孔子則只教人習事。迨見理於事。則已徹上徹下矣。此孔子之學與程朱之學所由分也。』(同上卷三)又說。『若只憑口中所談紙上所見心內所思之理義。養人恐養之不深且固也。』(同上)顏李主張習六藝。有人說『小學於六藝已粗知其概。但不能明其所以然。故入大學又須窮理。』恕谷答道『請問窮理是閣置六藝專為窮理之功乎。抑功卽在於學習六藝。年長則愈精愈熟而理自明也。譬如成衣匠學鍼黹。由粗及精。遂通曉成衣要訣。未聞立一法曰學鍼黹之後又閣置鍼黹而專思其理若何也。』(聖經學規纂)這段譬喻說明習齋所謂「見理於事」眞足令人解頤。夫使窮理僅無益。猶可言也。而結果必且有害。恕谷說『道學家教人存誠明理。而其流每不明不誠。蓋高坐空談。捕風捉影。諸實事概棄擲為粗迹，惟窮理是務，離事言理，又無質據，且執理自是，遂好武斷。』（恕谷文集惲氏族譜序）這話眞切中中國念書人通病，戴東原說『宋儒以理殺人，』顏李早論及了。

然則朱子所謂『卽物窮理』工夫對嗎？朱子對於這句話自己下有注解道『上而無極太極，下而至於一草一木一昆蟲之微，亦各有理。一書不讀，則缺了一書道理，一事不窮，則缺了一事窮理，一物不格，則缺了一物道理，須逐著一件與他理會過。』恕谷批評他說『朱子一生功力志願，皆在此數言，自以爲表裏精粗無不到矣。然聖賢初無如此教學之法也。論語曰「中人以下，不可語上。」「夫子之言性與天道，不可得聞。」中庸曰「聖人有所不知不能。」孟子曰「堯舜之知而不徧物。」可見初學不必講性天，聖人亦不能徧知一草一木也。朱子乃如此浩大爲願，能乎？（大學辨業）朱子這類話荒唐極了，天下那裏能彀有這樣窮理的人，想要無所不知，結果非鬧到一無所知不可，何怪陸王派說他『支離』。習齋嘗問一門人自度才智何取，對云『欲無不知能。』習齋說『誤矣，孔門諸賢，禮樂兵農，各精其一，唐虞五臣，水火農教，各司其一。後世菲資，乃思兼長，如是必流於後儒思箸之學矣。蓋書本上見，心頭上思，可無所不及，而最易自欺欺世，究之莫道一無能，其實一無知也。』（言行錄刁過之篇）所以宋明儒兩種窮理方法在顏李眼中都見得一無是處。

顏李學派，本重行不重知。他們常說「可使由不可使知」是古人教學良法。看起來像對於知識方面太忽視了，實亦不然。他們並不是不要知識，但以爲必從實行中經驗得來，纔算眞知識。前文引恕谷成衣匠之喻，已略見一斑了。習齋解大學的「格物」說明知識之來源如下。

『李植秀問「格物致知。」予曰，知無體，以物爲體，猶之目無體，以形色爲體也。故人目雖明，非視黑視白，明無由用也人心雖靈非玩東玩西靈無由施也今之言致知者不過讀書講問思辨已耳不知致吾知者皆不在此也譬如欲知禮任讀幾百遍禮書講問幾十次思辨幾十層總不算知直須跪拜周旋親下手一番方知禮是如此譬如欲知樂任讀樂譜幾百遍講問思辨幾十層總不能知直須搏拊擊吹口歌身舞親下手一番方知樂是如此是謂『物格而后知至』……格卽「手格猛獸」之格……且如這冠雖三代聖人不知何朝之冠也雖從聞見而知爲某種之冠亦不知皮之如何煖也必手取而加諸首乃知如此取煖如這菔蔬雖上智老圃不知爲可食之物也雖從形色料爲可食之物亦不知味之如何辛也必箸取而納之口乃知如此味辛故曰手格其物而后知至』（四書正誤卷一）

大學格物兩字是否如此解法另爲一問題但他的主張以爲從聞見而偶得的知識靠不住從形色上揣料而得的知識也靠不住知識之到來（知至）須經過一定程序卽『親下手一番』便是換而言之無所謂先天的知識凡知識皆得自經驗習齋又說『今試予生知聖人以一管斷不能吹』（言行錄世情篇）這種「唯習主義」的知識論正是顏李派哲學的根本立場

主陽明高唱「知行合一」從顏李派看來陽明派還是偏於主知或還是分知行爲二必須如習齋所說見理於事因行得知纔算眞的知行合一陽明說『不行只是不知』習齋翻過來說不知只是不行所以他不教人知只教人行行又不是一躺過便了最要緊是「習」他說

『自驗無事時種種雜念皆屬生平聞見言事境物可見有生後皆因「習」作主』（年譜卷上）

又說

『心上想過口上講過書上見過都不得力臨事依舊是所習者出』存學編卷一

又說

『吾嘗談天道性命若無甚扞格一著手算九九數便差年譜卷下又云『書房習算入市便差』以此知心中惺覺口中講說紙上敷衍不由身習皆無用也』存學編卷二

習齋以「習」名其齋因爲他感覺「習」的力量之偉大因取論語「習相遠」和「學而時習」這兩句話極力提倡所以我說他是「唯習主義」習齋所講的「習」函有兩義一是改良習慣二是練習實務而改良習慣的下手方法又全在練習實務所以兩義還只是一義然則習些什麼呢他所最提倡的就是六藝——禮樂射御書數他說『習行禮樂射御之學健人筋骨和人血氣調人情性長人神智一時習行受一時之福一日習行受一日之福一人習之錫福一人一家習之錫福一家一國天下皆然小之卻一身之疾大之措民物之安』言行錄刁過之篇他的朋友王法乾和他辨論說這些都是粗跡他答道

『學問無所謂精粗喜精惡粗此後世之所誤蒼生也』存學編卷一

法乾又說『射御之類有司事不足學須當如三公坐論』他答道

『人皆三公孰爲有司學正是學作有司耳譬之於醫素問金匱所以明醫理也而療疾救世則必診脈製藥鍼灸摩砭爲之力也今有妄人者止務覽醫書千百卷熟讀詳說以爲予國手矣視診脈製藥鍼灸摩砭以爲術家之粗不足學也一人倡之舉世效之岐黃盈天下而天下之人病相枕死相藉也可謂明醫乎若讀盡醫書而鄙視方脈藥餌鍼灸摩砭不惟非岐黃並非醫也尚不如習一科驗一方者之爲醫也……』存學編卷一學辯一

習齋年譜記他一段事道。

『返鄴陵，訪李乾行等論學。乾行曰，「何須學習。但須操存功至。卽可將百萬兵無不如意。」先生悚然。懼後儒虛學誣罔至此。乃舉古人兵間二事扣其策。次日問之。乾行曰，「未之思。亦不必思。小才小智耳。」先生曰。「小才智尙未能思。大才智又何在。豈君操存未至耶。」乾行語塞。』

習齋這些話。不但爲一時一人說法。中國念書人思想籠統。作事顢頇。受病一千多年了。人人都好爲闊大精微的空論。習齋專敎人從窄狹的粗淺的切實練習去。他說『寧爲一端一節之實。無爲全體大用之虛。』（存學編卷一）何只當時。在今日恐怕還是應病良藥罷。

我們對於習齋不能不稍爲觖望者。他的唯習主義。和近世經驗學派本同一出發點。本來與科學精神極相接近。可惜他被「古聖成法」四個字縛住了。一定要習唐虞三代時的實務。未免陷於時代錯誤。卽如六藝中「御」之一項。在春秋車戰時候。誠爲切用。今日何必要人人學趕車呢。如「禮」之一項。他要人習儀禮十七篇裏頭的昏禮冠禮士相見禮……等等。豈不是唱滑稽戲嗎。他這個學派不能盛行。未始不由於此。倘能把這種實習工夫移用於科學。豈非大善。雖然以此責備習齋。畢竟太苛了。第一。嚴格的科學。不過近百餘年的產物。不能責望諸古人。第二。他說要如古人之習六藝。並非說專習古時代之六藝。如學技擊便是學射。學西洋算術便是學數。李恕谷已屢屢論及了。第三。他說要習六藝之類的學問。並特專限於這六件。所以他最喜歡說「兵農禮樂水火工虞。」總而言之。凡屬於虛玄的學問。他無一件不反對。凡屬於實驗的學問。他無一件不贊成。使習齋恕谷生在今日。一定是兩位大科學家。而且是主張科學萬能論者。我敢斷言。

雖然．顏李與科學家．正自有別．科學家之實驗實習．其目的專在智識之追求．顏李雖亦認此爲增進智識之一法門．其目的實在人格全部之磨練．他們最愛說的話．曰「身心一齊竦起．」曰「人己事物一致．」曰「身心道藝一致加功」．以習禮論．有俯仰升降進退之節．所以勞動身體．習行時必嚴恭寅畏．所以振竦精神．講求節文度數．所以增長智慧．每日如此做去．則身心兩方面之鍛練．常平均用力而無間斷．拿現代術語來講．則體育德育智育「三位合一」也．顏李之理想的教育方針．實在如此．他們認這三件事缺一不可．又認這三件事非同時齊著力不可．

他們鍛練心能之法．務在「提竦精神．使心常靈活．」（習齋年譜卷上）習齋解孟子「操則存舍則亡」兩句話說道．「識得『出入無時』是心．操之之功始有下落．操如操舟之操．操舟之妙在舵．舵不是死操的．又如操兵操國柄之操．操兵必要坐作進退如法．操國柄必要運轉得政務．今要操心．卻要把持一個死寂．如何謂之操．」（四書正誤卷六）（案此錢緒山語習齋取之）蓋宋儒言存養之法．主要在令不起一雜念．令心中無一事．顏李則「不論有事無事有念無念皆持以敬．」（恕谷年譜卷三）拿現在的話來講．則時時刻刻集中精神便是．孔子說「居處恭執事敬與人忠．」習齋說「此三語最爲賅切詳備．蓋執事與人之外皆居處也．則凡非禮勿視聽言動具是矣．居處與人之外皆執事也．則凡禮樂射御書數之類具是矣．居處執事之外皆與人也．則凡君禮臣忠父慈子孝兄友弟恭夫義婦順朋友先施皆具是矣．」（言行錄學人篇）做一件事．便集中精神於一件事．接一個人．便集中精神於一個人．不做事不接人而自己獨處的時候．便提起一種嚴肅的精神．令身心不致散漫無歸著．這是顏李學派修養的不二法門．

顏李也可以說是功利主義者．習齋說．

「以義爲利聖賢平正道理也尚書明以利用與正德厚生並爲三事利貞利用安身利用刑人無不利利者義之和易之言利更多……後儒乃云「正其誼不謀其利」過矣宋人喜道之以文其空疏無用之學予嘗矯其偏改云正其誼以謀其利明其道而計其功』（四書正誤卷一）

恕谷說

『董仲舒曰「正其道不謀其利修其理不急其功」語具春秋繁露本自可通班史誤易「急」爲「計」宋儒遂酷遵此一語爲學術以爲「事求可功求成」則取必於智謀之末而非天理之正後學迂弱無能皆此語誤之也請問行天理以孝親而不思得親之歡事上而不欲求上之獲有是理乎事不求可將任其不可乎功不求成將任其不成乎……』（論語傳註問）

這兩段話所討論實學術上極重要之問題老子說的『爲而不有』我們也認爲是學者最高的品格但是把效率的觀念完全打破是否可能況且凡學問總是要應用到社會的學問本身可以不計效率應用時候是否應不計效率這問題越發複雜了我國學界自宋儒高談性命鄙棄事功他們是否有得於『爲而不有』的眞精神且不敢說動輒唱高調把實際上應用學問抹殺其實討厭朱子語類有一段『江西之學（陸象山）只是禪浙學（陳龍川）卻專是功利……功利學者習之便可效此意甚可憂』你想這是什麼話習齋批評他道

『都門一南客曹蠻者與吾友王法乾談醫云「惟不效方是高手」殆朱子之徒乎朱子之道千年大行使天下無一儒無一才無一苟定時因不顧見效故也宋家老頭巾羣天下人才於靜坐讀書中以爲千古獨得之祕指幹辦政事爲粗豪爲俗吏指經濟生民爲功利爲雜霸究之使五百年中平常人皆讀講集註揣摩八

殷走富貴利達之場，高曠人皆高談靜敬，著書集文，貪從祀廟庭之典，莫論唐虞三代之英，孔門賢豪之士，世無一人，並漢唐傑才亦不可得，世間之德乃眞亂矣，萬有乃眞空矣。……』（朱子語類評）

宋儒自命直接孔孟，何止漢唐政治家，連孔門弟子都看不起。習齋詰問他們說『……何獨以偏缺微弱，兄於契丹，臣於金元之宋，前之居汴也，生三四堯孔，六七禹顏，後之南渡也，又生三四堯孔，六七禹顏，而乃前有數聖賢，上不見一扶危濟難之功，下不見一可相可將之材，拱手以二帝畀金，以汴京與豫矣；後有數十聖賢，上不見一扶危濟難之功，下不見一可相可將之才，推手以少帝赴海，以玉璽與元矣。多聖多賢之世，乃如此乎。噫。』（存學編卷二）

這話並不是尖酸刻薄，習齋蓋深有感於學術之敝影響到社會，痛憤而不能已於言。他說『吾讀甲申殉難錄，至「愧無半策匡時難，惟餘一死報君恩」，未嘗不泣下也。至覽尹和靖祭程伊川文「不背其師有之，有益於世則未」二語，又不覺廢卷浩歎，爲生民愴惶久之。』（存學編卷二）既屬一國中智識階級，則對於國之安危盛衰，自當負絕對責任，說我自己做自己的學問，不管那些閑事，到事體敗壞之後，只歎息幾句了事，這種態度如何要得，所以顏李一派常以天下爲己任，而學問皆歸於致用，專提倡書三事——正德，利用，厚生，爲標幟。習齋說『宋人但見料理邊疆便指爲多事，見理財便指爲聚斂，見心計材武便憎惡斥爲小人，此風不變，乾坤無寧日矣。』（年譜卷下）又說『兀坐書齋人無一不脆弱，爲武士農夫所笑。』（存學編卷三性理評）又說「宋元來儒者卻習成婦女態，甚可羞，「無事袖手談心性，臨危一死報君王」，卽爲上品矣。』（同上卷一學辨）又說『白面書生微獨無經天緯地之略，兵農禮樂之才，率柔脆如婦人女子，求一豪爽倜儻之氣亦無之，間有稱雄卓者，則又世間粗放子。……』（習齋記餘）

（卷一泣血集）恕谷說。『道學家不能辦事。且惡人辦事。』（恕谷年譜卷上）又說。『宋儒內外精粗。皆與聖道相反。養心必養爲無用之心。致虛守寂。修身必修爲無用之身。徐言緩步。爲學必爲無用之學。閉門誦讀。不盡去其病。世道不可問矣。』（同上）

宋儒亦何嘗不談經世。但顏李以爲。這不是一談便了的事。習齋說。『陳同甫謂「人才以用而見其能否。安坐而能者不足恃。兵食以用而見其盈虛。安坐而盈者不足恃」。吾謂德性以用而見其醇駁。口筆之醇者不足恃。學問以用而見其得失。口筆之得者不足恃。』（年譜卷上）又說。『人不辦天下事。皆可爲無弊之論。』（言行錄杜生篇）有人說。一統志廣輿記等書。皆書生文字。於建國規模山川險要。未詳。習齋說。『豈惟是哉。自帖括文墨遺禍斯世。卽間有考纂經濟者。總不出紙墨見解。可嘆。』（年譜卷下）李二曲說。『吾儒之學以經世爲宗。自傳久而謬。一變訓詁。再變詞藝。而儒名存實亡矣。』習齋評他道。『見確如此。乃膺當路尊禮。集多士景從。亦祇講書說話而已。何不舉古人三事三物之經世者。使人習行哉。後儒之口筆。見之非。固無用。見之是。亦無用。此益傷吾心也。』（同上）嗚呼。倘使習齋看見現代青年日日在講堂上。報紙上。高談什麼主義什麼主義者。不知其傷心更何如哩。

想做有用之學。先要求爲可用之人。恕谷說。『聖學踐形以盡性。今儒墮形以明性。耳目但用於聽讀。耳目之用去其六七。手但用於寫。手之用去其七八。足惡動作。足之用去其九。靜坐觀心而身不喜事。身心之用亦去九。形既不踐。性何由全。』（年譜卷上）這話雖然是針對當時宋學老爺們發的。但現代在學堂裏所受的教育。是否能盡免此弊。恐怕還值得一猛醒罷。

習齋好動惡靜。所以論學論政。皆以日日改良進步爲鵠。他有一天鼓琴絃斷。解而更張之。音調頓佳。因嘆道『

爲學而惰，爲政而懈，亦宜思有以更張之也，彼無志之人，樂言還就，憚於更張，死而後已者，可哀也。』言行錄鼓琴篇又說『學者須振萎惰，破因循，每日有過可改，有善可遷，卽日新之學也，改心之過，遷心之善，謂之正心，改身之過，遷身之善，謂之修身，改家國天下之過，遷家國天下之善，謂之齊治平。學者但不見今日有過可改，有善可遷，便是昏惰了一日，爲政者但不見今日有過可改，有善可遷，便是苟且了一日。』言行錄王次亭篇總之常常活著不叫他死，常常新著不叫他舊，便是顏李主動之學，他們所謂身心內外一齊振起者指此。

習齋不喜歡談哲理，但他對於「性」的問題，有自己獨到的主張，他所主張，我認爲在哲學上很有價值，不能不稍爲詳細敍述一下。

中國哲學上爭論最多的問題，就是性善惡論，因爲這問題和敎育方針關係最密切，所以向來學者極重視他。孟子告子荀子董仲舒揚雄各有各的見解，到宋儒程朱，則將性分而爲二，一義理之性，是善的，二氣質之性，是惡的，其敎育方針，則以「變化氣質」爲歸宿，習齋大反對此說，著存性編駁他們，首言性不能分爲理氣，更不能謂氣質爲惡，其略曰：

『……若謂氣惡，則理亦惡，若謂理善，則氣亦善，蓋氣卽理之氣，理卽氣之理，烏得謂理統一善而氣質偏有惡哉，譬之目矣，眶皰睛，氣質也，其中光明能見物者，性也，將謂光明之理專視正色，眶皰睛乃視邪色乎，余謂更不必分何者爲義理之性，氣質之性，……能視卽目之性善，其視之也則情之善，其視之詳略遠近則才之强弱，啓超案孟子論性善附帶著論「情」論「才」說『乃若其情則可以爲善矣』又說『若夫爲不善非才之罪也』習齋釋這三個字道『心之理曰性，性之動曰情，情之力曰才』見年譜卷下存性編亦有專章釋此三字今不詳引皆不可以惡言，蓋詳且遠固善，卽略且近亦第善不精耳，惡於何加，惟因有邪色引動，障蔽其明．然後有淫視而惡始名焉．然其爲之引動者性之咎乎．氣質之咎乎．若歸咎於氣質．是必無此目然後可全目之性矣．……』（存性篇駁氣質性惡）

然則性善的人爲什麼又會爲惡呢．習齋以爲皆從「引蔽習染」而來．而引蔽習染皆從外入．絕非本性所固有．程子說『清濁雖不同．然不可以濁者不爲水．』朱子引申這句話．因說『善固性也．惡亦不可不謂之性．』主張氣質性惡的論據如此．習齋駁他們道．

『請問濁是水之氣質否．吾恐澂澈淵湛者．水之氣質．其濁者乃雜入水性本無之土．正猶吾言性之有引蔽習染也．其濁之有遠近多少．正猶引蔽習染之有輕重深淺也．若謂濁是水之氣質．則濁水有氣質．清水無氣質矣．如之何其可也．』（同上借水喻性）

程子又謂『性本善而流於惡．』習齋以爲也不對．駁他道．

『原善者流亦善．上流無惡者．下流亦無惡．……如水出泉．若皆行石路．雖自西海達東海．絕不加濁．其有濁者．乃虧土染之．不可謂水本清而流濁也．知濁者爲土所染．非水之氣質．則知惡者是外物染乎性．非人之氣質矣．』（同上性理書評）

習齋論引蔽習染之由來．說得極詳盡．今爲篇幅所限．不具引了．（看存性篇性說）習齋最要的論點．在極力替氣質辯護．爲什麼要辯護呢．因爲他認定氣質爲個人做人的本錢．他說．

『盡吾氣質之能．則聖賢矣．』（言行錄卷下）又說．

『昔儒視氣質甚重．習禮習樂習射御書數．非禮勿視聽言動．皆以氣質用力．卽此爲存心．卽此爲養性．故曰

「志至焉，氣次焉，持其志無暴其氣，」故曰「養吾浩然之氣，」故曰「唯聖人然後可以踐形，」魏晉以來，佛老肆行，乃於形體之外別狀一空虛幻覺之性靈，禮樂之外別作一閉目靜坐之存養，佛者曰入定，儒者曰吾道亦有入定也，老者曰內丹，儒者曰吾道亦有內丹也，借五經語孟之文，行楞嚴參同之事，以躬習其事為粗迹，則自以氣骨血肉為分外，於是始以性命為精，形體為累，乃敢以有惡加之氣質矣，」存性編性理書評

氣質各有所偏，當然是不能免的，但這點偏處，正是各人個性的基礎，習齋以為教育家該利用他不該厭惡他，他說『偏勝者可以為偏至之聖賢……宋儒乃以偏為惡，不知偏不引蔽，偏亦善也，』同上又說『氣稟偏而即命之曰惡，是指刀而坐以殺人也，庸知刀之能利用殺賊乎，』同上習齋主張發展個性的教育，當然和宋儒「變化氣質」之說不能相容，他說，

『人之質性各異，當就其質性之所近，心志之所願，才力之所能以為學，則無齟齬扞格終身不就之患，故孟子於夷惠曰不同道，惟願學孔子，非止以孔子獨上也，非謂夷惠不可學也，人之質性近夷者自宜學夷，近惠者自宜學惠，今變化氣質之說，是必平丘陵以為川澤，塡川澤以為丘陵也，不亦愚乎，且使包孝肅必變化而為龐德公，龐德公必變化而為包孝肅，必不可得之數，亦徒失其為包為龐而已矣，』四書正誤卷六

有人問他你反對變化氣質，那麼尚書所謂『沈潛剛克，高明柔克』的話不對嗎，他說『甚剛人亦必有柔處，甚柔人亦必有剛處，只是偏任慣了，今加學問之功，則吾本有之柔自會勝剛，本有之剛自會勝柔，正如技擊者好動脚，教師教他動手以濟脚，豈是變化其脚，』言行錄卷下王次亭篇質而言之，程朱一派別氣質於義理，明是襲荀子性惡之說，而又必自附於孟子，故其語益支離，習齋直斥之曰，

『耳目口鼻手足五臟六腑筋骨血肉毛髮秀且備者，人之質也，雖蠢，猶異於物也。呼吸充周榮潤運用乎五官百骸粹且靈者，人之氣也，雖蠢，猶異於物也。故曰「人爲萬物之靈」，故曰「人皆可以爲堯舜」。其靈而能爲堯舜者，卽氣質也。非氣質無以爲性，非氣質無以見性也。今乃以本來之氣質而惡之，其勢不並本來之性而惡之不已也。以作聖之氣質，而視爲汙性壞性害性之物，明是禪家「六賊」之說，能不爲此懼乎。』（存性篇性理評正）

習齋之斷斷辨此，並非和程朱論爭哲理，他認爲這問題在敎育關係太大，故不能已於言。他說：

『大約孔孟以前責之習，使人去其所本無；程朱以後責之氣，使人憎其所本有。是以人多以氣質自諉，竟有「山河易改本性難移」之諺矣。其誤世豈淺哉。』（同上）

他於是斷定程朱之說『豪晦先聖盡性之旨，而授世間無志人以口實』。（存學編卷一上孫鍾元先生書）他又斷言凡人『爲絲毫之惡，皆自玷其光瑩之體；極神聖之善，始自踐其固有之形』。（同上上陸桴亭先生書）習齋對於哲學上和敎育上的見解，這兩句包括盡了。

以上所講顏李學派的主要精神，大略可見了。這種議論，在今日還有許多人聽見了搖頭咋舌，何況二百年前，他們那時作這種主張，簡直可以說大著膽冒天下之不韙。習齋說：

『宋儒，今之堯舜周孔也。韓愈闢佛，幾至殺身，況敢議今世之堯舜周孔乎。季友著書駁程朱之說，發州決杖，況敢議及宋儒之學術品詣乎。此言一出，身命之虞所必至也。然懼一身之禍而不言，委氣數於終誤，置民物於終壞，恐結舌安坐不援溝瀆與強暴橫逆納人於溝瀆者，其忍心害理不甚相遠也。』（上陸桴亭書）

又說、

『予未南遊時、尚有將就程朱附之聖門之意、自一南遊、見人人禪子、家家虛文、直與孔門敵對、必破一分程朱、始入一分孔孟、乃定以爲孔孟與程朱判然兩途、不願作道統中鄉原矣、』（年譜卷下）

他並非鬧意氣與古人爭勝、他是一位心地極光明而意志極强毅的人、自己所信、便以百折不撓的精神赴之、絲毫不肯遷就躲閃、他曾告誡恕谷道、

『立言但論是非、不論異同、是、則一二人之見不可易也、非、則雖千萬人所同不隨聲也、豈惟千萬人、雖百千年同迷之局、我輩亦當以先覺覺後覺、不必附和雷同也、』（言行錄學問篇）

試讀這種話、志節何等卓犖、氣魄何等沈雄、他又說、『但抱書入學、便是作轉世人、不是作世轉人、』（存學編卷三）他臨終那年、有幾句話囑付恕谷道、『學者勿以轉移之權委之氣數、一人行之爲學術、衆人從之爲風俗、民之瘼矣、忍度外置之乎、』（恕谷年譜卷下）恕谷聞言、泣數行下、嗚呼習齋、非天下之大仁大勇者、其孰能與於斯、

習齋恕谷抱這種宏願、想要轉移學風、別造一個新社會、到今日二百年了、到底轉移了沒有、咳、何止沒有轉移、只怕病根還深幾層哩、若長此下去嗎、那麼、習齋有一番不祥的預言、待我寫來、他說、

『文盛之極則必衰、文衰之返則有二、一是文衰而返於實、則天下厭文之心、必轉而爲喜實之心、乾坤蒙其福矣、……一是文衰而返於野、則天下厭文之心、必激而爲滅文之念、吾儒與斯民淪胥以亡矣、如有宋程朱黨僞之禁、天啓時東林之逮獄、崇禎末張獻忠之焚殺、恐猶未已其禍也、而今不知此幾之何向也、易曰、「知幾其神乎、」余曰、知幾其懼乎、』（存學編卷四）

嗚呼今日的讀書人聽啊。自命智識階級的人們聽啊。滿天下小百姓厭惡我們的心理一日比一日厲害。我們還在那裏做夢習齋說『未知幾之何向』依我看「滅文」之幾早已動了。我們不「知懼」徒使習齋恕谷長號地下耳。

同時服膺顏氏學且能光大之者。北有王崑繩。南有惲皋聞程緜莊。而其淵源皆受自恕谷。

崑繩名源。一字或庵。順天大興人。卒康熙四十九年（一七一〇）年六十三。他是當時一位老名士。他少年從梁鶴林（以樟）遊。鶴林教以宋儒之學。他不以爲然。最喜談前代掌故及關塞險隘攻守方略。能爲文章。魏冰叔（禧）極推重他。他說自韓愈以後而文體大壞。故其所作力追先秦西漢。自言『生平性命之友有二。一曰劉繼莊。二曰李恕谷。此二人者實抱天人之略。非三代以下之才。』（文集復姚梅友書）後來繼莊死了。他做一篇很沈痛的傳文。我們因此纔能知道繼莊的人格和學術。三藩平後。京師壇坫極盛。萬季野閻百詩胡東樵諸人各以所學提倡後進。崑繩也是當中一位領袖。他才氣橫溢。把這些人都看不在眼內。獨傾心繼莊和恕谷。他讀了恕谷的大學辨業和習齋的存學編過後。大折服。請恕谷爲介。執贄習齋之門。年已五十六了。自此效習齋作日記糾身心得失。晚年學益進。恕谷批評他道『王子所謂豪傑之士者非耶。迹其文名遠噪。公卿皆握手願交。意氣無前。且半百耆儒。弟子請業者滿戶外。乃一聞聖道。遂躬造一甕牖繩樞潛修無悶之士。傴僂北面。惟恐不及。非誠以聖賢爲志。其能然乎。』（恕谷後集王子傳）他早年著有兵法要略輿圖指掌等書。受業習齋後更著有平書十卷讀易通言五卷。皆佚。其集曰居業堂文集二十卷。今存。他好遊。晚年棄妻子徧遊名山大川。卒客死淮上。

崑繩未從學習齋以前。最服膺陽明學。對於當時借程朱做招牌的人深惡痛絕。曾有幾篇極痛快的文字罵他們節錄如下。

『源生平最服姚江以爲孟子之後一人。……蓋宋儒之學能使小人肆行而無所忌。束縛沮抑天下之英雄不能奮然以有爲。……宸濠之亂。……不終日而談笑平之此豈徒恃語言文字者所能辦乃今之謗之者謂其事功聖賢所不屑也其學術爲異端不若程朱之正也其心不過欲蔑其事功以自解其庸闒無能爲之醜。尊程朱以見己之學問切實而陰以飾其卑陋不可對人之生平。內以自欺而外以欺乎天下。孰知天下之人之不可欺而祇自成其爲無忌憚之小人也哉。……』文集與李中孚先生書

又。

『今天下之尊程朱詆姚江侈然一代大儒自命而不僞者幾人哉。行符其言者眞也言不顧行者僞也。眞則言或有偏不失爲君子。僞則其言愈正愈成其爲小人。有人於此朝乞食墦間暮殺越人於貨而掇拾程朱緒論狺狺焉詈陽明於五達之衢遂自以爲程朱也。吾子許之乎……且夫對君父而無慚。置其身於貨利之場死生禍福之際而不亂。其內行質之幽獨而不愧。播其文章議論於天下而人人信其無欺則其立說程朱可也陸王可也。不必程朱不必陸王而自言其所行亦可也否則尊程朱即程朱之賊。尊陸王即陸王之賊僞耳況大言欺世而非之不勝舉刺之不勝刺者哉。嘗聞一理學者力詆陽明而遷官稍不滿其欲流涕不能止。一識者譏之曰「不知陽明謫龍場時有此淚否。」其人慚沮無以答又一理學者見其師之子之妻之美悅焉。久之其夫死約以爲妻。未小祥而納之。而其言曰「明季流賊之禍皆陽明所釀。」嗚呼若輩之行如此類者豈堪多述。……故今之詆姚江者無損於姚江毛髮。則程朱之見推實程朱萬世之大阨爾。……』文集與朱字綠書

這兩段話可以看出崑繩早年面目和當時所謂程朱學派者之品格何如故錄之此外闡發顏李學術與夫談經濟考史蹟之文尙多恕不錄了

惲皐聞名鶴生江蘇武進人生卒年無考嘗在秦中晤謝野臣語以習齋爲學大旨心善之後至蠡縣訪習齋則已沒乃從恕谷求所著各書徧讀之自稱私淑弟子仿恕谷立日譜考究身心功過每相見輒互證得失其與恕谷往復切磋之語見於恕谷年譜者甚多皐聞每自南方寄書至恕谷再拜然後啓讀其重之如此皐聞書言『南旋以存學示人雖倔强者亦首肯知斯道之易行』恕谷喜曰『顏先生之道南矣』皐聞所著書有詩說及春秋附筆晚歸常州爲一鄉祭酒故家子弟多從之遊其後常州學術大昌戴子高謂皆自皐聞開之

程綿莊名廷祚字啓生江蘇上元人卒乾隆三十二年（一七六七）年七十七少篤於治經後從惲皐聞聞顏李之學上書恕谷致願學之意康熙庚子恕谷南遊金陵他屢過問學讀習齋存學編題其後云『古之害道出於儒之外今之害道出於儒之中習齋先生起燕趙當四海倡和翕然同風之日乃能折衷至當而有以斥其非蓋五百年間一人而已』綿莊之學以習齋爲主而參以梨洲亭林故讀書極博而皆歸於實用所著有易通六卷大易擇言三十卷象爻求是說六卷晚書訂疑若干卷尙書通議三十卷靑谿詩說二十卷論語說周禮說各四卷禘說二卷春秋識小錄三卷其集曰靑谿居士集詩文各二十卷今惟晚書訂疑有刻本論語說則戴子高採若干則入顏氏學記中精到語頗多

習齋之學雖不爲時流所喜然而經恕谷極力傳播崑繩皐聞緜莊相與左右之當時有志之士聞風興起者也很不少諸公旣沒而考證學大興掩襲天下學者差不多不知有習齋恕谷了其遺書亦什九散佚不可見近代

頭一位出來表章他們的日戴子高

子高名望浙江德清人卒同治十二年（一八七三）年三十七他所遭極人生不堪之境遇趙撝叔之謙替他作的墓表說道『君生四歲父歿曾祖八十餘祖五十餘尚存母及諸母皆寡三世煢煢抱一孺子而泣……無何曾祖與祖相繼奄忽家貧歲饑無所依賴君挾冊悲誦寡母節衣縮食資君以學……庚申亂作君奉母避入山大困無所得食有至戚官閩中母數命君往不獲已……自閩歸將迎其母聞湖州已陷則仰天長號僵仆絕氣復忍死出入豺虎之叢求母所在迄無所遇……君至痛在心未壯而歿……然處顛頓狼狽呻吟哭泣中終不廢學學日益進……』他一生困阨的大概略可見了他於同治八年輯成顏氏學記十卷據自序所述他之學顏李學得力於他的朋友程履正貞他費了好多年工夫纔把顏李的著述次第搜得中間又經亂散失當時每舉顏李姓氏問人人無知者他於是發憤輯成這部學記卷一至卷三記習齋卷四至卷七記恕谷卷八記崑繩卷九記緜莊卷十則為顏李弟子錄自序曰

『……其言憂患來世正而不迂質而不俗以聖為軌而不屑詭隨於流說其行則為孝子為仁人於乎如顏氏者可謂百世之師已其餘數君子亦皆豪傑士也同時越黃氏吳顧氏燕秦間有孫氏李氏皆以耆學碩德負天下重望然於聖人之道猶或沿流忘原失其指歸如顏氏之摧陷廓清比於武事其功顧不偉哉世乃以其不事述作遂謂非諸公匹則吾不知七十子之徒與夫孟荀賈董諸子其視後儒著書動以千百計者何如也語曰『淫文破典』孔子曰『天下有道則行有枝葉天下無道則辭有枝葉』『敢述聖者之言用告世之知德君子』（謫麐堂遺集）子高說戴東原

作孟子緒言、其論性本自習齋、最爲有識、他對於方望溪之誣恕谷、極爲不平、又說皖北某鉅公序程緜莊書顚倒白黑、不知其人爲誰也、這部學記體裁全仿梨洲兩學案、能提要鉤玄、價値不在黄書下、子高嘗從陳碩甫奐宋于庭翔鳳遊、於訓詁學所造甚深、又好西漢今文家言、著有論語注二十卷、管子校正二十四卷、趙撝叔輯其遺文曰謫麐堂遺集、子高晚年被曾文正聘任校書、然其學與流俗異、終侘傺以死、自子高學記出世、始稍稍知有顏李學、而近人徐菊人世昌亦提倡之、屬其門客爲顏李語要各一卷、顏李師承記九卷、語要破觚爲圜、誣顏李矣、不逮學記遠甚、師承記搜采甚勤、可觀也、又彙刻顏李遺書數十種、亦徐氏行事之差强人意者、

十一　科學之曙光——王寅旭　梅定九　陳資齋附其他——

做中國學術史、最令我們慚愧的是科學史料異常貧乏、其中有記述價値的、只有算術和曆法方面、這類學問、在淸代極發達、而間接影響於各門學術之治學方法也很多、

曆算學在中國發達甚古、然每每受外來的影響而得進步、第一次爲唐代之婆羅門法、第二次爲元代之回回法、第三次則明淸之交耶穌會士所傳之西洋法、西洋法傳來之初期、學者如徐文定李涼庵輩、以絕對信仰的態度迎之、研習其法而喚起一種自覺心、求中國歷算學之獨立者、則自王寅旭梅定九始、

寅旭名錫闡．一號曉庵．又號天同一生．江蘇吳江人．生明崇禎元年．卒清康熙二十一年（一六二八——一六八二）年五十五．曉庵與張楊園顧亭林潘力田友善．又嘗與萬充宗徐圃臣往復論學．亭林廣師篇說『學究天人．確乎不拔．吾不如王寅旭．』可見其傾倒之至了．嘗作天同一生傳云『天同一生者帝休氏之民也．治詩易春秋明歷律象數．學無師授．自通大義．與人相見終日緘默．若與論古今．則縱橫不窮．家貧不能多得書．得亦不盡讀．讀亦不盡憶．間有會意．即大喜雀躍．往往爾汝古人．……帝休氏衰．乃隱處海曲．冬絺夏褐．日中不爨．意泊如也．惟好適野．悵然南望．輒至悲欷．人皆目爲狂生．生曰我所病者未能狂耳．因自命希狂．號天同一生．「天同一」云者．不知其所指．或曰即莊周齊物之意．或曰非也．……』（曉庵文集卷三）讀這篇寓言短傳．可想見他的品格和理想了．他又自書這傳後云『天同一生挾過人之才．不獲當帝休之隆．與時偕行．徒使志擬天地．跡近佯狂．以詭祕貽譏．……』可見他才氣不可一世．而對於明清興亡．抱隱痛．志節狷介．不肯媚世．和顧亭林絕相類．不獨學問能自立名世也．

寅旭之生．正當曆議爭閧時．利徐翻譯書既盛行．學者轉相誦習．或未研其理法．而摭拾以自炫．舊派則楊光先爲領袖．作枝辭游辭與之爭．寅旭少即嗜此學．潛心測實『每夜輒登屋臥鴟尾間．仰觀星象．竟夕不寐．復發律算書．玩索精思．於推步之理．宏亮而不滯．久之則中西兩家異說．皆能條其原委．考鏡其得失．』（文獻徵存錄卷三）他自述實測之經歷道『……每遇交會．必以所步所測課較疏密．疾病寒暑無間．……于茲三十年．所而食分求合於杪．加時求合於分．戛戛乎其難之．……』（推步交朔敍）他自立新法測日月食．據阮芸臺（元）疇人傳說他『不爽杪忽．』我們是門外漢．不惟不敢下批評．而且不能述要領．但舉其論治學方法之言．以見其學之所自而已．他說．

『……當順天以求合。不當爲合以驗天。法所以差。固必有致差之故。法所吻合。猶恐有偶合之緣。測愈久則數愈密。思愈精則理愈出。』（測曆）又說『……其合其違雖可預信而分杪遠近之細必屢經實測而後可知合則審其偶合與確合違則求其理違與數違不敢苟焉以自欺而已。』（推步交朔叙）又說『專術之蹟糾繆萬端不可以一髮躁心浮氣乘於其間。』（測日小記叙）又說『天運淵元人智淺末。學之愈久而愈知其不及。入之彌深而彌知其難窮。……若僅能握觚而即以創法自命師心任目撰爲鹵莽之術約略一合傲然自足胸無古人其庸妄不學未嘗艱苦可知矣。』（同上）讀這些話。可以知道寅旭的學問是怎樣得來的了。我們常說治科學能使人虛心。能使人靜氣能使人忍耐努力能使人忠實不欺寅旭便是絕好模範曆算學所以能給好影響於清學全部者亦即在此。

寅旭對於當時新舊之爭。當然不以守舊爲然。然亦非一味的盲從新法。他說。『近代西洋新法。大抵與土盤曆同原而書器尤備測候加精。……徐文定以爲欲求超勝必須會通會通之前先須翻譯。翻譯有緒然後令深知法意者參詳考定其意原欲因西法求進非盡更成憲也文定既逝繼其事者僅能終翻譯之緒未遑及會通之法至矜其師說齮齕異己廷議紛紛。……今西法且盛行向之異議者亦詘而不復爭矣然以西法有驗於今可也。如謂不易之法無事求進不可也。……』（曆說一）他批評當時所謂西法有不知法意者五當辨者十。他自著曉庵新法六篇自言『會通若干事考正若干事表明若干事增葺若干事舊法雖舛而未遽廢者兩存之理雖可知而非上下千年不得其數者闕之雖得其數而遠引古測未經目信者別爲補遺。』（曉庵新法自序）他那種不設成見實事求是的精神大略可見了。

寅旭著述除曉庵新法六卷外。尙有大統西歷啓蒙。隱括中西歷術。簡而不遺。有丁未歷稿。寅旭每歲皆推歷。而丁未年與潘次耕布算特著其說。有推步交朔及測日小記。辛酉八月朔當日食。以中西法及己所創新法預定時刻分秒。至其時與徐圃臣輩以五家法同測。而己法最密合。故志之。有三辰志略。則寅旭自創一儀器可兼測日月星。自爲之說。自爲之解。其文倣考工記。有圜解。解句股割圜之法。繪圖立說。詳言其所以然。梅定九序之謂『能深入西法之堂奧而規其缺漏』。定九嘗評『近代歷學以吳江爲最。識解在青州薛鳳祚以上』。見杭世駿道古堂集本傳徐敬可曾勸定九爲寅旭歷書補作圖注。以發其深湛之思。定九亦說『王先生書用法精簡。好立新名。驟讀不能解』。銳意欲注之。惜因老病未成。見定九績學堂文鈔書徐敬可圜解序後我們看這種故實。不獨知寅旭。益可以知定九了。錢東生林說『歷算之學。王氏精核。梅氏博大。各造其極。未可軒輊』。所以清代治此學者必曰王梅。而梅學尤盛行於時。

梅定九名文鼎。字勿菴。安徽宣城人。卒康熙六十年（一七二一）年八十九。他二十七歲時。從遺獻倪觀湖問歷法。著歷學駢枝二卷。倪爲首肯。自此便畢世委身此學。中年喪偶。不再娶。閉戶覃思。謝絕人事。值書之難讀者。必欲求得其說。往往至廢寢食。格於他端中輟。耿耿不忘。或讀他書無意中砉然有觸。而積疑冰釋。乘夜秉燭亟起書之。或一夕枕上所得。累數日書不盡。每漏四五下。猶篝燈夜讀。昧爽則已興矣。數十年如一日。其精力過人如此。聞有通茲學者。雖在遠道。不憚褰裳往從。人有問者。亦詳告之無隱。節錄毛際可撰傳方苞撰墓表杭世駿撰傳阮元撰疇人傳原文所著歷算書八十餘種。其要目如下。

（甲）歷學之部。

(一)闡明古曆法者。

曆經圖注二卷。　元史所載曆經。爲許衡郭守敬等合著。其文簡古。故釋之。

古今曆法通考七十卷。　自洛下閎射姓之曆起。以次論劉洪姜岌張子信何承天祖冲之劉焯諸曆。李淳風之麟德曆。僧一行之大衍曆。晚唐宣明曆。王朴之欽天曆。宋之統天曆。耶律楚材之庚午元曆。迄郭守敬之授時曆止。所校論者凡七十餘家。實中國曆學史之大觀也。

春秋以來冬至考一卷。

庚午元曆考一卷。元太祖時。有西域人與耶律楚材爭月蝕。西法並絀。楚材乃作西征庚午元曆。此書專考之。

元曆補注二卷。根據郭守敬曆草以注授時曆。

明大統曆立成注二卷。

(二)研究西域曆法者。　唐九執曆。爲西法輸入之始。其後復有婆羅門十一曜經及都聿利斯經。皆九執之屬。元則有札馬魯丁之西域萬年曆。明則有馬沙亦黑馬哈麻之回回曆。此皆印度及阿剌伯之學說。在千年前卽已與中法參用者。定九推究其術。著歐羅巴法淵源所自。

回回曆補注三卷。

西域天文書補注二卷。

三十雜星考一卷。

四省表景立成一卷。陝西河南北直江南四省之回教寺中各有表景。據之以說明里差。

周髀算經補注一卷。以周髀釋西域歷家蓋天之說。

渾蓋通憲圖說訂補一卷。研究元史札馬魯丁傳中之蓋天儀。謂爲周髀遺法流入西方。

西國日月考一卷。研究太陽曆。

(三)批評崇禎歷書者。崇禎歷書百餘卷。利徐所編。即所謂歐維巴之新西法也。定九發明或訂正之爲以下各書。

歷書細草補注三卷。歷書中有細草。以便入算。定九以歷指大意隱括而爲之注。

交食蒙求訂補二卷。附說二卷。此書已佚。補其細草。

交食圖訂誤一卷。

求赤道宿度法一卷。用弧三角法訂正歷書中細草。

交食管見一卷。言各地所見日月食何故不同。並立隨地測驗之捷法。

日差原理一卷。

火緯本法圖說一卷。

七政前均簡法一卷。

上三星軌跡成繞日圓象一卷。

黃赤距緯圖辯一卷。

太陰表影辯一卷。

二星經緯考異一卷。

星晷眞度一卷。

(四)手訂歷志及關於歷學之意見。

宣城分野志。

江南通志分野志。

明史歷志。　明史之歷志本由吳志伊專任徐善劉獻廷楊文言各有增定最後則請正於黃梨洲及定九定九爲訂正訛舛五十餘處。

歷志贅言一卷。　大意謂明朝的大統歷實卽元朝的授時歷故明歷志應該對於元歷志敍述授時歷闕略之處詳爲訂補又回回歷爲授時所自出亦當敍其淵源其餘如鄭載堉袁黃等學說皆當備載尤當特詳於利徐改法之沿革。

歷學疑問一卷歷學入門簡明之書淸聖祖極賞之。

學歷說一卷大意謂古代歷家因法疏多誤乃附會禨祥之說以文飾其誤最爲不當。

(五)所創製之測算器及其圖說。

測器攷二卷。

自鳴鐘說一卷。

壺漏考一卷.

日晷備考三卷.

赤道提晷說一卷.

以上皆對於舊器之考訂及說明.

勿菴揆日器圖說一卷. 諸方節氣加時日軌高度表一卷.

揆日淺說一卷.

測景捷法一卷.

璇璣尺解一卷.

測星定時簡法一卷.

勿菴側望儀式一卷. 勿菴仰觀儀式一卷.

勿菴渾蓋新式一卷.

勿菴月道儀式一卷.

以上皆自製器及自創法之說明.

分天度理一卷.

陸海鍼經一卷.(一名里差捷法)

以上二書應用歷算學以繪地圖.

仰觀覆矩一卷。

勿菴籌算七卷。

勿菴筆算一卷。以上二書皆改橫爲直便中上書寫。

勿菴度算二卷。當時西法用兩比例尺定九袛用一尺又有矩算法。

比例數解四卷。說明「對數」之理。

三角法舉要五卷。以西法之三角與古法之句股合論。

方程論六卷。

幾何摘要三卷。因幾何原本行文古奧故易爲顯淺之文且刪繁補遺以便學者。

句股測量二卷。摭拾周髀算經海島算經測圓海鏡等書之言割圓術者發明之。

九數存古一卷。釋九章算術。

以上九書合爲中西算學通。

少廣拾遺一卷。

方田通法一卷。

幾何補編四卷。利徐所譯幾何僅成前六卷止於測「面」此書以意推演其量「體」之法妙悟極多。

西鏡錄訂注一卷。西鏡錄不知誰作惟其書成於天學初函以後多加精之法故爲之注。

權度通幾一卷。說重學原理。

奇器補詮二卷。補王徵奇器圖說。

正弦簡法補一卷。

弧三角舉要五卷。

塹堵測量一卷。

用句股解幾何原本之根一卷。謂『幾何不言勾股。然其理並勾股也。故其最難通者以勾股釋之則明。』

(乙)算學之部。

方圓冪積二卷。

麗澤珠璣一卷。最錄與朋友論算資益之語。

古算器考一卷。

數學星槎一卷。專爲初學算者之嚮導。

我在這裏講王梅學術自己覺得很慚愧因爲我是完全一個門外漢。實在不配講。以上所列許多書目。我連極簡單的提要也作不出來——內中偶湊幾句恐怕也是外行話。至於批評那更不用說了。但依我最粗淺的推測。則梅定九在學界所貢獻之成績大略如下。

第一。自來言曆法者。多雜以占驗迷信。看漢書藝文志之數術略及各史曆志便知。雖唐元兩代所輸入之西域學亦所不免。曆學脫離了占驗獨立而建設在眞正科學基礎之上。自利徐始啓其緒。至定九纔把這

種觀念確定。(學歷說講得最透快)

第二。歷學之歷史的研究。自定九始。——恐怕直到現在。還沒有第二個人比他研究得更博更通。凡一種學問經過歷史的研究。自然一不會儱侗。二不會偏執。定九所以能成爲斯學大家者以此。

第三。向來治歷學者。多認爲一種單純技術。雖黃梨洲王寅旭似尚不免。定九認定歷學必須建設在數學基礎之上。所以明末清初因歷學發生爭議。其結果僅能引起學者社會對於歷學之興味。自梅氏歷算全書出世。始引起多數人對於算學之興味。老實說。從前算學是歷學附庸。定九以後纔「蔚爲大國」。且「取而代之」了。

第四。定九並不是專闡發自己的「絕學」。打「藏諸名山」的主意。他最努力於斯學之普及。他說。『吾爲此學。皆歷最艱苦之後而後得簡易。從吾遊者。坐進此道。而吾一生勤苦。皆爲若用矣。吾惟求此理大顯。使古人絕學不致無傳。則死且無憾。不必身擅其名也。』(疇人傳本傳)觀此可以見大學者之態度及願力。歷算能成爲淸代的顯學。多由定九的精神和方法濬發出來。

第五。定九生當中西新舊兩派交鬨正劇時。他雖屬新派的人。但不盲從。更不肯用門戶之見壓迫人。專採「求是」的態度。對於舊派不惟不抹殺。而且把許多古書重新解釋。回復其價值。令學者起一番自覺力求本國學問的獨立。後此戴東原(震)焦里堂(循)李尚之(銳)汪孝嬰(萊)等輩。皆因研究古算書得有新發明。這種學風。不能不說是定九開闢出來。

自崇禎歷書刊行以後。治歷學者驟盛。若黃梨洲及其弟晦木。若毛西河。若閻百詩。皆有所撰述。青年史家潘力田亦與王寅旭共學，有往復討論書，見曉庵遺書中，其弟次耕事寅旭，有著書，明史館中專任歷志之人如吳任臣志伊等，並有名於時，而其間專以歷算名家者，則有

薛鳳祚字儀甫淄川人，作天學會通，以對數立算，定九謂其書詳於法而無快論以發其趣，其全書嘗刻於南京，尚有寫天新語，氣化遷流，四線新比例等。

揭宣字子宣廣昌人，深明西術，而又別有悟入，謂七政之小輪，皆出自然，亦如盤水之運旋，而周遭以行，急而生旋渦，遂成留逆，當時共指爲創論。

方中通字位伯桐城人，以智子，著數度衍二十五卷，於九章之外蒐羅甚富，嘗與揭宣相質難，著揭方問答。

孔興泰字林宗睢州人，著大測精義，求半弧正弦法，與梅氏正弦簡法補之說不謀而合。

杜知耕字端甫柘城人，著幾何論約，及數學鑰圖注，梅氏謂其釋九章頗中肯綮。

毛乾乾字心易，與定九論周徑之理，因復推論及方圓相容相變諸率。

梅文鼐字和仲，文鼐字爾素，俱定九弟，與兄同治歷算，文鼐著步五星式六卷，文鼐著經星同異考一卷，文鼐善製圖，梅氏書中各圖多出其手。

這幾位都是定九同時人，學有心得，而薛儀甫最名家，時亦稱梅王薛云。清聖祖喜歷算，故揣摩風氣者亦往往學之，李光地輩是也，然不能有所發明，同時有楊光先者，專著書難西術，名不得已書，然不解數理，弇陋强辯，徒爭意氣，非學者也。

自王梅提倡斯學之後，許多古算書漸漸復活，經學大師大率兼治算，戴東原校算經十種，大闢町畦，而李尚之

汪孝嬰萊方立能爲深沈之思。發明算理不少。晚清則西歐新算輸入。而李壬叔華若汀輩能名家。蓋有清一代，作者繩繩不絕。當別爲專篇論列之。

十二　清初學海波瀾餘錄

從第五講到第十一講。把幾個重要學派各列舉幾位代表人物敍述其學說梗概。清初學界形勢大略可見了，然而順康間承晚明之敝。反動猛起。各方面有許多瑰奇之士。不相謀不相襲。而各各有所創獲。或箸作失傳。或無門弟子恢張其業。故世罕宗之。又或行誼可訾議。或本非純粹的學者。而所見殊有獨到處。總之那時候學界氣象。如久經嚴冬。一旦解凍。啓蟄萬卉抽萌。羣動蠕躍。煞是可愛。本講要把這些人——爲我現在記憶所及者。提出十來位來講講。

一　方密之附黃扶孟

方以智。字密之。安徽桐城人。明崇禎庚辰進士。官翰林院檢討。國變後從永歷帝於雲南。永歷亡。出家爲僧。號藥地。他著有通雅五十二卷。考證名物象數訓詁音聲。其目錄爲音義雜論。讀書類略。小學大略。詩說。文章薪火。疑始。釋詁。天文。地輿。身體。稱謂。姓名。官制。事制。禮儀。樂曲。樂舞。器用。衣服。宮室。飲食。算數。植物。動物。金石。諺原。切韻。聲原。脈考。古方解。四庫提要很恭維這部書。說道『明之中葉。以博洽著者稱楊愼。而陳耀文起而與爭。然愼好僞說以售欺。耀文好蔓引以求勝。次則焦竑亦喜考證。而習與李贄游。動輒牽綴佛書。傷於蕪雜。然以智崛起崇禎中考據精核，迥出其上。風氣既開，國初顧炎武、閻若璩、朱彝尊等沿波而起，始一掃懸揣之空談……』顧閻輩是否受密之影響，尚難證明，要之密之學風確與明季之空疏武斷相反，而為清代考證學開其先河，則無可疑。他的治學方法有特徵三端：一曰尊疑。他說『……吾與方伎游，即欲通其藝也。欲物欲知其名也。物理無可疑者，吾疑之，而必欲深求其故也。以至於頹牆敗壁之上有一字焉吾未之經見，則必詳其音義，考其原本。既悉矣，而後釋然於吾心……』通雅錢澄之序述密之語 又說『學不能觀古今之通，又不能疑，焉貴書簏乎……』又說『因前人備列以貽後人，因以起疑……』俱自序 又說『副墨洛誦，推至疑始。案此用莊子語 始作此者自有其故，不可不知，不可不疑也。』卷一葉一 可見他的學問全由疑入。「無問題則無學問」，此理他見得極透。二曰尊證。他說『考究之門雖卑，然非比性命可自悟，常理可守經而已。必博學積久，待徵乃決。』凡例 又說『是正古文，必藉他證，乃可明也……智每駁定前人，必不敢以無證妄說。』卷首之一葉五至六 立論要舉證，是清儒最要的信條，他倡之最力，而守之最嚴。三曰尊今。他說『古今以智相積，而我生其後，考古所以決今，然不可泥古也。古人有讓後人者，韋編殺青，何如雕板，龜山在今，亦能長律。河源詳於闊闊，江源詳於緬志，南極下之星，唐時海中占之，至泰西人始為合圖，補開闢所未有……』卷首之一葉一 又說『後人因考辨而積悟之，自詳於前，前人偶見一端，而況有傳訛，强爭者乎？』卷五十葉二 又說『世以智相積而才日新，學以收其所積之智也，日新其故，其故愈新。』卷首之三葉二十二 又說『先輩豈生今而薄今耶？時未至也。其智之變，亦不暇及也。不學，則前人之智非我有矣；學而徇迹引墨，不失尺寸，則誦死人之句耳。』同上 所以他雖極博古，而亦不賤今。他不肯盲從古人，全書千數百條，每條都有自己獨創的見解。

依我看，通雅這一部書，總算近代聲音訓詁學第一流作品。清代學者除高郵王氏父子以外，像沒有那位趕得上他。但乾嘉諸老，對於這部書很少徵引，很少稱道，不知是未見其書，抑或有什麼門戶之見。（清儒是看不起明儒的密之純屬明人這書又成於崇禎年間也許清儒很少人讀過）密之最大的發明，在以音求義。他說，『音有定，字無定，隨人塡入耳，各土各時有宜，貴知其故。』（卷五十葉一）因此他最注意方言和諺語，書中特闢諺原一篇，其小序曰，『叔然作反切，本出於俚里常言，宋景文筆記之，如「鯽溜」爲就，「突欒」爲團，「鯽令」爲精，「窟籠」爲孔，不可勝舉，訛失日以遠矣，然相沿各有其原，考之於古，頗有闇合，方音乃天地間自然而轉者，上古之變爲漢晉，漢晉之變爲宋元，勢也。』（卷四十九葉一）故以爲欲做辨當名物的工作，『須足跡徧天下，通曉方言，方能核之。』（凡例）又不惟地方差別而已，他以爲『天地歲時推移，而人隨之，聲音亦隨之，方言訓詁相傳，遂爲典實。』（同上）『鄉談隨世變而改，不考世變之言，豈能通古今之詁而是正名物乎。』（卷首之一葉二十一）他說，『古今之音，大槩五變。』（凡例）『歲差自東而西，地氣自南而北，方言之變，猶之草木移接之變也。歷代訓詁，讖緯，歌謠，小說，即具各時之聲稱。』（卷首之一葉二十二）『上古之音，見於古歌三百，漢晉之音，見於鄭應服許之論注，至宋漸轉，元周德清始起而暢之，洪武正韻，依德清而增入聲也。』（卷五十葉二十）他說，『古字簡少通用。』（卷二葉十五）所以『古人解字，皆屬借義，如賦詩斷章。』（卷二葉十八）『周末至漢，皆以韻爲解。』（同上）其於形亦然，『漢碑字見形相似，即借用之。』（同上葉二十）有許多字因『事變義起，不得不分別，故未分字先分音，取其易記。』（卷一葉五）其後則『因有一音，則借一字配之。』（同上葉十八）他以爲文字孳乳寖多之故，皆由於此。『世變既繁，不得不爾，所以合所以分，皆當知之。』（同上葉五）他以爲後人將古字增減或造新字，好古者動詆爲俗，不知『六書之道，原以適用爲主，未可謂後人必無當也。』（卷二葉三十二）他最能辨別僞書，但以爲雖僞亦復有用，他說。『書不必盡信。貴明其理。或以辨名當物。或以驗聲音稱謂之時變。則秦漢以降之所造所附。亦古今之徵也。』（卷首之一葉五）他對於古言古訓。爬羅剔抉。費了多少心血。眞算得中國文字之功臣了。但他卻有一句極駭人的話。說道。『字之紛也。卽緣通與借耳。若事屬一字。字各一義。如遠西因事乃合音。因音而成字。不重不共。不尤愈乎。』（卷一葉十八）創造拚音文字之議。在今日纔成爲學界一問題。多數人聽了還是咋舌捹耳。密之卻已在三百年前提起。他的見識氣魄如何。可以想見了。

密之所造的新字母。乃斟酌古韻。華嚴字母。神珙譜。邵子衍。沈韻。唐韻。徽州所傳朱子譜。中原音韻。洪武正韻。郝京山譜。金尼閣譜。而成。分爲三十六韻十六攝而統以六餘聲。自爲旋韻圖表之。具見通雅卷五十切韻聲原中。可惜我於此學毫無研究。不惟不會批評。並且不會摘要。有志斯道者請看原書。

密之所著書。尙有經學編。有易圖說。似皆佚。又擬著方域圖官制圖。似尙未成。他早年才氣英發。爲復社領袖。晚年間關萬里。奔走國難。石爛海枯。乃自逃於禪悅。錢飲光說。『今道人既出世矣。然猶不肯廢書。獨其所著書好作禪語。而會通以莊易之旨。……若所謂通雅。已故紙視之矣。』讀此可知密之學術之變遷及其究竟了。

桐城方氏。在全清三百年間。代有聞人。最初貽謀之功。自然要推密之。但後來桐城學風並不循著密之的路走而循著靈皋（苞）的路走。我說這也是很可惜的事。

同時皖人中有黃生。字扶孟。歙縣人。明諸生。入清不仕。著有字詁一卷。義府一卷。四庫全書著錄。亦專主以聲音通訓詁。其族孫承吉說道。『公年差少於顧亭林。顧書公所未見。公書顧亦弗知。顧撰音學五書。厥功甚偉。惟尙未能得所會通。……公實有見於聲與義之相因而起。遂濬及於義通則聲通。爲古今小學家之所掇獲。』又說。

『此學喻之者惟高郵王氏。引申觸類。爲從古之所無。即先後乎王氏及與王氏同時者亦皆不得而與。蓋他儒以韻求聲。王乃言聲而不言韻。可謂窮本知歸。公生於王氏百數十載之前。非有來者相謀。而所造若是……』（重刻字詁義府後序）雖子孫誦芬之辭。或未免稍過其實。總之字詁這部書在淸代聲音訓詁學裏頭占有重要位置。我們是要承認的。

二　陳乾初

陳確。字乾初。浙江海寧人。卒康熙十六年（一六七七）年七十四。他是劉蕺山門生。卻極不喜歡理學。黃梨洲作他的墓志銘說道『乾初讀書卓犖。不喜理學家言。嘗受一編讀之。心弗善也。輒棄去。遂四十年不閱。其後……問學於山陰先師。深痛末學之支離。見於辭色。……先師夢奠。得其遺書而盡讀之。憬然而喻。取其四十年所不閱者重閱之。則又格格不能相入』（南雷文約）他這個人的氣象大略可見了。梨洲又說

『乾初深痛「樂記人生而靜以上不容說。才說性便已不是性」之語。（案此是程子語）謂從懸空卜度。至於心行路絕。自是禪門種草。宋人指商書「維皇降衷」中庸「天命之謂性」爲本體。必欲求此本體於父母未生以前。而過此以往。即屬氣質。則工夫全無著落。當知「盡其心者知其性也」之一言。即是孟子道性善本旨。蓋人性無不善。於擴充盡才之後見之。如五穀不藝植不耔耘。何以見其種之美耶。……性之善不可見。分見於氣情才。故中庸以喜怒哀樂明性之中和。孟子以惻隱羞惡辭讓是非明性之善。皆就氣情才言。後儒言「既發謂之情」「才出於氣。有善有不善」者。非也。』（同上）

又說．

『乾初謂人心本無所謂天理．人欲恰到好處卽天理．其主於無欲者非也．』（同上）

讀這兩段話．前一段何其與顏習齋存性篇辨氣質性惡之說酷相類．後一段何其與戴東原孟子字義疏證順情養欲之說酷相類也．顏戴二君並非蹈襲乾初．因為我相信他們並沒有讀過乾初的書．但乾初以蕺山門人而有這種見地．眞算得時代精神之先驅者了．

乾初不信大學為孔曾所作．著大學辨以辨之．其略曰．

『子言之矣．「下學而上達」．易稱「蒙養卽聖功」．何小大之有．論語二十篇中．於易詩書禮樂三致意焉．而無一言及大學．小戴置其篇於深衣投壺之後．垂二千餘年．莫有以為聖經者．而程子始目為孔氏之遺書．又疑其錯簡而變易其文．朱子又變易程子之文．且為之補傳．以絕無證據之言．强以為聖經．尊之論語之上．卽其篇中兩引夫子之言．一引曾子之言．則自「十目」一節之外．皆非曾子之言可知．……』（朱彝尊經義考引）

這是他用考證眼光證明大學之晚出．但他所以斷斷致辨者．不徒在其來歷．而尤在其內容．他以為『大學言知不言行．格致誠正之功．先後失其倫序．』（經義考引）所以不得不辨．讀者須知大學這篇書經程朱捧場之後．他的身分高到何等地步．七八百年間為「格致」兩個字打的筆墨官司．也不知糟蹋天地間幾多紙料．乾初這種怪論．當然是冒天下之大不韙．所以當時學者如張楊園黃梨洲劉伯繩沈甸華等——都是乾初學友．都紛紛移書責他．他卻毅然不顧．他臨死前一年．還有書和梨洲往復．大旨謂『世儒習氣．敢於誣孔孟．必不敢揹程朱．可為痛心．』（吳騫著陳乾初先生年譜引）他的獨立不懼精神可概見了．

乾初對於社會問題．常爲嚴正的批評．與實踐的改革．深痛世人惑於風水暴棺不葬．著葬論喪實論諸篇．大聲疾呼．與張楊園共倡立葬親社．到處勸人實行．居壙陸圻徵文壽母．他說『世俗之事．非所當行．』當時東南社集講會極盛．他說『衎衎醉飽．無益身心．』一切不赴．甲申以後起義死事的人甚多．好名依附者亦往往而有．乾初說『非義之義．大人弗爲．人之賢不肖．生平具在．故孔子謂「未知生．焉知死．」今人動稱末後一著．遂使奸盜優倡同登節義．濁亂無紀．死節一案．眞可痛也．』（黃撰墓志引）他又嘗著書潘烈婦碑後說道『吾以爲烈婦之死非正也．某嘗怪三代以後．學不切實．好爲激烈之行．寖失古風．欲一論辯其非．……』（吳著年譜引）他立論不徇流俗．大略如此．

他和梨洲同門．但生前論學．往往不合．梨洲也不深知他．南雷集中他的墓志銘兩篇．第一篇泛泛敍他的庸德而已．第二篇纔把他學術要點摘出．自言『詳玩遺稿．方識指歸．有負良友多矣．因理其緒言以識前過．』梨洲服善之誠．實可敬．乾初遺著．世罕傳本．不知尚存否．得梨洲一文．我們可以知道一位拔俗學者的面影．也算幸事了．

三　潘用微

潘平格．字用微．（學案小識作用徵誤）浙江慈谿人．他的學術．像沒有師承．也沒有傳授．他所著有求仁錄一書．我未得見．僅從唐鑑國朝學案小識所引．覩其崖略．（以下都是從唐著轉引）大概說『孔門之學．以求仁爲宗．仁者渾然天地萬物一體．而發見於吾人日用平常之事者也．……故曰「有能一日用其力於仁矣乎．我未見力不足者．」……』又說．

『學者之患在於不知眞心見在日用而別求心故有種種弊病以各成其學術』他反對主敬主靜之養心法以爲養心用操持法總是不對說道『操持者意也識也操持此心是以意識治意識也』所以他說『敬卽是心而非敬以治心心卽是敬而非主敬持敬』而結論歸到『本體工夫非有二』說道『工夫二字起於後世佛老之徒蓋自倫常日用之外另有一事故說是工夫若主敬之學先立體以爲致用之本窮理之學先推極知識以爲遇事之用亦是另有一事可說是工夫……這便是學養子而後嫁了』又說『晦庵不信大學而信伊川之改大學不格物而補格物之傳以至象山陽明不信曾思孟而謂顏子沒而聖學亡今敢於悖先聖而不敢以悖後世諸賢……總由學者讀註聽講先入於近儒之說故意見偏陂窠臼難拔某常說『不得看註不得看諸賢語錄』蓋嘗深中其病確知其害』用微之學我未見其全書不敢輕下批評約略看來大率也是從宋明學上狠用過苦功而力求解放者歸元恭文集裏頭有上潘先生書兩通第一通狠尊仰他第二通狠詆毀他像是元恭曾游用微之門後來不以爲然又退出來李恕谷記萬季野自述道『吾少從黃先生遊聞四明有潘先生者曰「朱子道陸子禪」怪之往詰其說有據同學因轟言予畔黃先生先生亦怒……』恕谷後集萬季野小傳然則季野亦頗心折其學了可惜他生在浙東浙東正是蕺山梨洲勢力範圍不容他有發展餘地這個人便成爲「中道而殤」的學者了

四　費燕峯

費密字此度號燕峯四川新繁人生明天啓三年（一六二三、）卒清康熙三十八年（一六二五—一六九八或九九）年七十七。當張獻忠荼毒全蜀時。他團鄉兵拒賊。賊不能犯。永歷在滇。蜀人楊展據敍州嘉定永甯為明守。燕峯以中書舍人參其軍。屯田積穀。爲一方保障。吳三桂入蜀。燕峯避亂陝西。尋即東下。自是流寓江淮間四十餘年。四十九歲。詣蘇門謁孫夏峯。夏峯年九十矣。與談學甚契。（見夏峯年譜）嘗游京師。交李恕谷。爲作大學辨業序。（見恕谷年譜）。工詩。爲王漁洋所推服。（見池北偶談）遺著三種。曰弘道書。曰荒書。曰燕峯詩鈔。近年大關唐氏始刻之。荒書記明清間蜀亂。爲極翔實之史料。徐立齋萬季野在明史館。以不得見爲恨。弘道書成於晚年。爲書三卷十五篇。曰統典論。曰弼輔錄論。曰道脈譜論。曰古經旨論。曰原敎。曰聖人取人定法論。凡六篇。爲上卷。祀典議五篇及先王傳道述。聖門傳道述。吾道述。凡八篇。爲中卷。聖門定旨兩變序記一篇。爲下卷。其間復以表十一篇分附焉。

驟看這部書名和目錄。狠像是一部宋明道學先生們理障的著作。其實大大不然。燕峯是對於宋元學術革命的急先鋒。這部書驚心動魄之言。不在顏習齋四存編之下。其最不同之點。則習齋連漢唐學派一概排斥。燕峯則提倡注疏。就這點論。燕峯不能如習齋之澈底。其學風實與後此乾嘉學派頗接近。（但乾嘉學者並未受燕峯影響不可不知）燕峯和同時的顏習齋毛西河雖同爲反宋學的健將。而燕峯之特色。則在研究歷史上學術變遷之跡。能說明宋學所自出。他以爲中國學術自三國六朝以後分爲南北兩派。而宋學則從南派衍來。其論南北派曰

「……迨於魏晉王弼何晏習爲清談。儒學始變。朝野相尙。損實壞政。中原淪沒。宋齊梁陳偏安江左。諸儒談經。遂雜玄旨。何承天。尉弘正。雷次宗。劉瓛。沈麟士。明山賓。皇侃。庾喜。周捨。伏曼容。張緒。諸君子緇素並聽受者甚廣。北方舊族。執經而言聖人之道。盧玄。王保安。刁沖。劉蘭。張吾貴。李同軌。徐遵明。熊安生。劉焯。劉炫。諸儒弟子著錄千萬計。古經得傳。深有賴焉……」（原敎）

他續論自唐迄宋學術變遷大勢.說道.

『唐啖助王玄感陸淳以來.詁經已出意見.尚未大變亂也.經旨大變.創於王軫.和以賈昌朝.而劉敞爲說.始異古注疏.然不著天下.王安石自昌朝發.獨任己私.本劉敞七經小傳.盡改古注爲新義.……誣辨幽誕.以爲道德性命之微.……安石言之則爲新義.行之則爲新法.天下騷然.宋遂南渡.當是時不守古經.言「足兵足食」「好謀而成」.從生聚教訓實處講求.思以立國.而朝士所爭.乃王安石程頤之學術.上殿專言「格物」道德性命之說益熾.呂祖謙.陸九淵.朱熹.張栻陳亮論各不同.而九淵與熹尤顯.……熹爲集注.力排七十子古今諸儒.獨取二程.然二程與安石稍異者.不過「靜坐」「體驗」「會活潑潑地」氣質之性耳.一切道德性命臆說.悉本安石焉.……今之非安石者.皆是也.安石程朱.小殊而大合.特未嘗就數家遺書細求耳.……明永樂專用熹說.四書五經大全.命科舉以爲程式.生徒趨時.遞相祖受.七十子所遺.漢唐相傳.共守之實學殆絕.……王守仁雖以熹窮理格物爲非.而復溯九淵.本心之說.改九淵接孟軻.自此窮理良知二說並立.學者各有所好.互相仇敵.……』(道脈譜論)

他又論宋儒之學乃剽竊佛道兩家而來.歷舉邵雍之出於陳摶.周敦頤之出於壽厓.其考證雖不逮黃晦木胡朏明之詳博.而論斷尤痛切.謂.

『諸儒闢二氏.謂其惑世誣民.若不可令一日容於斯世.而陰竊其說以自潤.又何以服二氏.』(聖門定旨兩變序記)

又謂.

『羲文周孔至宋.乃託二氏再生於天地之間.吾道受辱至此.百爾君子.欲不憤得乎.』(道脈譜論)

他以為『凡宋儒所自詡為不傳之祕者，皆彷彿為見，依倚成理。昔儒非不知之也，但不以為學。』古經旨論所以不以為學之故，他以為一因其不能普及，二因其不能應用。所謂不能普及者，他說。』

『聖人立教，十人中五人能知，五人不能知，五人能行，五人不能行，不以為教也。……今大郡十餘萬家，長老子弟秀傑者，雖上下不齊，而常千百人於孝弟忠信詩書六藝之文，可以與知也。浸汨數衍於後儒性理新說，多者五六人，或二三人，或千里無一人焉。道不遠人，說何艱深若此。』原教

所謂不能應用者，他說：

『清談害實，起於魏晉，而盛於宋南北。……齊逞臆見，專事口舌，又不降心將人情物理平居處事點勘離合，說者自說，事者自事，終為兩段。即有好議論，美聽而已矣。……後儒所論，惟深山獨處，乃可行之，城居郭聚有室有家，必不能也。……無論其未嘗得，而空言也。果靜極矣，活潑潑地會矣，坐忘矣，沖漠無朕至奧，心無時不在腔子裏，性無不復，即物之理無不窮，本心之大無不立，而良知無不致矣，亦止與達摩面壁天台止觀同一門庭，何補於國？何益於家？何關於政事？何救於民生？……』聖門定旨兩變序記

他又極論空言高論之有害政治，說道：

『論政當以身所當者為定。……井田封建，先王之善政也，郡縣阡陌，後王之善政也。……專言三代，欲以為治，不過儒生飾辭耀世，苟實行之，誤國家而害民生，必如社倉青苗，空竭四海而後止也。……自宋以來，天下之大患，在於實事與議論兩不相侔，故虛文盛而真用薄。儒生好議論，然草野誦讀，未嘗身歷政事，執固言理，不達世變，滯古充類，責人所難。……』先王傳道述

他又反對宋儒之禁欲主義．說道

『飲食男女人之大欲存焉．衆人如是．賢哲亦未嘗不如是也．…… 欲不可縱亦不可禁者也．不可禁而强禁之則人不從．遂不禁任其縱．則風俗日壞．聖人制爲禮樂．因人所欲而以不禁禁之也．』統典論

又說．

『生命人所共惜也．妻子人所深愛也．產業人所至要也．功名人所極慕也．饑寒困辱人所難忍也．憂患陷阨人所思避也．義理人所共尊也．然惡得專取義理．一切盡舍而不合量之歟．論事必本於人情．議人必兼之時勢．功過不相掩．而得失必互存．不當以難行之事．徒侈爲美談．不當以必用之規．遂指爲不肖．』弼輔錄論

燕峰學術的要點大略如右．我們拿來和亭林．習齋．乾初．東原諸家之說並讀．當可發見其相同之點甚多．蓋明學反動的結果．一時學風不期然而然也．但燕峯於破壞方面．不能如習齋之徹底．於建設方面．不能如亭林之健實．又沒有弟子以張其軍．遺書亦湮晦罕傳．所以這樣精悍的思想家．三百年間幾乎沒人知道．最初表張他的爲同治間之戴子高．他的謫麐堂集中有費舍人別傳一篇．但亦語焉不詳．最近遺箸出世．這位大學者漸漸復活起來了．

五　唐鑄萬　胡石莊附易堂九子

同時四川還有一位怪人曰唐鑄萬．但費唐兩位雖屬蜀產．然中年以後都流寓江淮．我們是要注意的．

唐甄原名大陶．字鑄萬．號圃亭．四川達州人．生明崇禎三年．卒清康熙四十三年（一六三〇—一七〇四）年七

十五（與閻百詩顏習齋同年卒）。順治丁酉舉人，曾任山西長子縣知縣，僅十個月便去官。在任內勸民植桑八十萬株。他早年因蜀亂避地居蘇州，遂游長終老於蘇。家計赤貧，常常斷炊，採廢圃中枸杞葉爲飯，衣服典盡，敗絮藍縷，陶陶焉振筆著書不輟。他學無師授，我們讀他的書，知道他曾與王崑繩魏冰叔顧景范爲友。他著書九十七篇，初名曰衡書，晚乃改名潛書。魏冰叔初見潛書，大驚曰：『此周秦之書也，今猶有此人乎』？梅定九一見便手錄全部，曰：『此必傳之作，當藏之名山以待其人耳。』（俱見王聞遠著圃亭先生行略）潘次耕爲之序曰：『古之立言垂世者，必有卓絕之識，深沈之思，蘊積於中，多不可制，吐而爲辭，風發泉湧，若先秦諸子之書，醇駁不同，奇正不一，要皆獨抒己見，無所蹈襲，故能歷千載而不磨。……斯編遠追古人，貌離而神合，不名潛書，直名「唐子可矣」。』（本書卷首）鑄萬品格高峻，心胸廣闊，學術從陽明入手，亦帶點佛學氣味，確然有他的自得，又精心研究事務條理，不爲蹈空騖高之談。這部潛書，刻意摹追周秦諸子，想要成一家之言。魏潘恭維的話，未免過當，依我看這部書有粗淺語，卻無膚泛語，有枝蔓語，卻無蹈襲語，在古今著作之林，總算有相當位置，大約王符潛夫論荀悅申鑒徐幹中論顏之推家訓之亞也。

鑄萬宗陽明心學，其自得處頗類心齋東崖父子之以樂爲學。嘗自述其下手法門道：

『甄晚而志於道，而知即心是道，不求於外，而壹於心，而患多憂多恚，爲心之害。有教我以主靜者，始未嘗不靜，久則復動矣。有教我以主敬者，始未嘗不敬，久則復縱矣。從事於聖人之言，博求於諸儒之論，爲之未嘗不力，而憂恚之疾終不可治。因思心之本體，虛而無物者也。時有窮達，心無窮達；地有苦樂，心無苦樂；人有順逆，心無順逆。三有者世之妄有也，三無者心之本無也。奈何以其所妄有加之於其所本無哉！心本無憂恚，而勞其心以治憂恚，非計之得也……吾今而知疾之所由來矣。吾之於人也，非所好而見之，則不宜於其人。名之於食也，非所好而進焉，則不宜於其味……卽此一人，卽此一事，或宜於朝，不宜於夕，或不宜於朝而宜於夕。其所不宜者，必當吾之不悅時也；其所宜者，必當吾之悅時也。然則宜在悅不在物也，悅在心不在宜也。故知不悅爲戕心之刃，悅爲入道之門……於是舍昔所爲，從悅以入……無强制之勞，有安獲之益……』（悅入篇）

這段話大概是鑄萬一生得力所在。他以爲『不悅則常懷煩懣，多見不平，多見非理，所以一切怨天尤人不相親愛，皆由此生，悅則反是。』我認爲這話是很好的。我自己的修養也是向這條路上走。他又說『古人敎亦多術矣，不聞以悅敎人，而予由此入者何？予蜀人也，生質如其山川，湍急不能容，而恆多憂恚。細察病根，皆不悅害之。悅爲我門，非衆之門。』這段話更好。講學專標一宗旨，此如指獨步單方以療百病，陸桴亭嘗非之。鑄萬主張各自搜尋自己病根，各自找藥，最爲通達。他說地理關係影響到人的生質，（書中屢說這種話）亦極有理致。

鑄萬雖極力提倡心學，然與宋明儒明心見性之說不同。他養心專爲治事用，所以心學只算手段，不算目的。他說「事不成，功不立，又奚貴無用之心，不如委其心而放之。」（辨儒篇）所以他對於客觀的事物條理，認爲必須詳實研究。他說，

『顧景范語唐子曰，「子非程子朱子，且得罪於聖人之門。」唐子曰，「是何言也，二子古之賢人也，吾何以非之，乃其學精內而遺外……」顧子曰，「內盡卽外治。」唐子曰，「然則子何爲作方輿書也？但正子之心，修子之身，險阻戰備之形，可以坐而得之，何必討論數十年而後知居庸雁門之利，崤函洞庭之用哉。」……』（有爲篇）

讀此可以知他對於客觀研究的態度如何了。潛書下篇所講，都是他對於政治上的意見，大抵按切事勢，不爲迂談，亦可見他用力所在。

鑄萬對於社會問題亦有許多特見。備孝篇說愛子者當無分男女愛之若一。內倫篇夫婦篇說男女平等之理。鮮君篇抑尊篇室語篇力言君主專制政體之弊。破崇篇痛斥自殺之非。大命篇痛歎貧富不均之現象，謂天下之亂皆從此起。皆驚心動魄之言，今錄其一二。

『自秦以來，凡爲帝王者皆賊也……今也有負數匹布或擔數斗粟而行於塗者，或殺之而有其布粟，是賊乎，非賊乎……殺一人而取其匹布斗粟，猶謂之賊；殺天下之人而盡有其布粟之富，乃反不謂之賊乎。三代以後有天下之善者莫如漢，然高帝屠城陽，屠潁陽，光武屠城三百……古之王者有不得已而殺者二：有罪不得不殺，臨戰不得不殺。……非是奚以殺爲。若過里而墟其里，過市而竄其市，入城而屠其城，此何爲者。大將……偏將……卒伍……殺人非大將偏將卒伍殺之，天子實殺之；官吏殺之，非官吏殺之，天子實殺之。殺人者衆手，天子實爲之大手。……百姓死於兵與因兵而死者十五六，暴骨未收，哭聲未絕，於是乃服袞冕，乘法駕，坐前殿，受朝賀，高宮室，廣苑囿，以貴其妻妾，以肥其子孫，彼誠何心而忍享之。若上帝使我治殺人之獄，我則有以處之矣。……』（室語篇）

這些話與黃梨洲的原君篇不謀而合。三百年前有此快論，不能不說是特識。當清聖祖時，天下謳歌聖明，這種議論也算大膽極了。（他的存言篇有一段說當時社會困窮彫敝之實狀，亦是絕好史料，可爲官書粉飾謳歌之反證。）他又說，

『天地之道故平，平則萬物各得其所；及其不平也，此厚則彼薄，此樂則彼憂。爲高臺者必有洿池，爲安乘者

必有繭足。王公之家一宴之味。費上農一歲之穫。猶食之而不甘。吳西之民非凶歲爲麩莜粥雜以稃之灰。無食者見之以爲是天下之美味也。人之生也無不同也。今若此不平甚矣。提衡者權重於物則墜。負擔者前重於後則傾。不平故也。……嗚呼吾懼其不平以傾天下也。……』（大命篇）

這話雖短。現代社會主義家之言汗牛充棟。只怕也不過將這點原理發揮引伸罷了。

籌萬的哲學——人生觀也有獨到之處。他論人死而不死之理。頗能將科學的見解和宗教的見解調和起來。他說。

『唐子見果蠃曰。果蠃與天地長久也。見桃李曰。桃李與天地長久也。見鸜鵒曰。鸜鵒與天地長久也。天地不知終始。而此二三類者見僘不越歲月之間。而謂之同長而並久。其有說乎。百物皆有精。無精不生。既生既壯。練而聚之。復傳爲形。形非異。卽精之成也。精非異。卽形之初也。收於實。結於彈。禪代不窮。自有天地卽有是果蠃鸜鵒以至於今。人之所知限於其目。今年一果蠃生。來年一果蠃死。今日爲鸜鵒之子者生。來日爲鸜鵒之母者死。何其速化之可哀乎。察其形爲精。精爲形。萬億年之間。雖易其形爲萬億果蠃。實萬億果蠃而一蔓也。雖易其形而爲萬億鸜鵒。實萬億鸜鵒而一身也。果爲其短忽乎。天地其長久乎。……人所欲莫如生。所惡莫如死。雖有高明之人。亦自傷不如龜鶴。自歎等於蜉蝣。不察於天地萬物之故。反諸身而自昧焉。是故知道者朋酒羔羊以慶友朋。而不自慶。被衰闉絰以致哀於親。而不自哀。蓋察乎傳形之常。而知生非創生。死非卒死也。……物之絕續衆矣。必有爲絕爲續者在其中。而後不窮於絕續也。人之死生多矣。必有非生非死者在其中。而後不窮於生死也。……仲尼觀水而歎逝者。……時之逝也。日月迭行。晝夜相繼。如馳馬然。世之逝也自皇以至於帝王自帝王以至於今茲如披籍然人之逝也少焉而老至老矣而死至如過風然此聖人與衆人同者也聖人之所以異於衆人者有形則逝無形則不逝順於形者逝立乎無形者不逝無古今無往來無生死其斯為至矣乎』（博觀篇）

這篇上半所講就是莊子說『萬物皆種也以不同形相禪』的道理近代生物學家講細胞遺傳最足以為他所說「傳形不窮」的明證但他所說『有非生非死者在其中』又非專指物質的細胞而言細胞之相禪人與果蠃鸜鵒所同精神之相禪則人所獨精神之順應的相禪盡人所同精神之自主的相禪則聖賢豪傑所獨鑄萬之人生觀大概如此

然則儒家聖賢何故不談這種哲理耶卽潛書中亦何故狠少談這種哲理耶鑄萬以為實在是不該談他說

『……如徒以身而已一年十二月一月三十日一日九十六刻一刻之間萬生萬死草木之根枝化為塵土鳥獸之皮骨化為塵土人之肢體化為塵土忽焉而有忽焉而無……而謂其滅則俱滅焉必不然矣不知不智知而不言不仁孔孟豈有不知何為不言非不言也不可言也聖人治天下治其生也生可治死不可治故生可言死不可言也……聖人若治死必告人以死之道則必使露電其身糞土富貴優偶冠裳則必至政刑無用賞罰無施……夫天下之智者一二愚者千萬為善者少為惡者多而生死之理又不可以衆著……是故聖人以可言者治天下以不可言者俟人之自悟……甄也生為東方聖人之徒死從西方聖人之後矣』（有歸篇）

這話說得極平允他對於佛法的信仰和徹悟亦可想見了他又說『老養生釋明死儒治世三者各異不可相

通。合之者誣，校是非者愚。』（性功篇）這種見地，比向來攘斥佛老或會通三教等學說又高明得多了

同時復有著書成一家言者曰胡石莊。胡承諾，字君信，號石莊，湖北天門人，明崇禎舉人，生卒年無考。著繹志六十一篇，三十餘萬言。其篇目如下，

志學　明道　立德　養心　修身　言行　成務　辨惑　聖王　睿學　至治　治本　任賢
去邪　大臣　名臣　諫諍　功載　吏治　選舉　朋黨　辨姦　敎化　愛養　租庸　雜賦
導川　救法　治盜　三禮　古制　建置　禨祥　兵略　軍政　武備　名將　興亡　凡事
立敎　論交　人道　出處　取與　愼動　庸行　父兄　宗族　夫婦　祀先　奉身　養生
經學　史學　著述　文章　雜說　彙采　尙論　廣徵　自敍

石莊這個人和他這部書，從前幾乎沒有人知道。李申耆（兆洛）家藏有石莊的讀書錄寫本四冊，有柴虎臣（紹炳）的跋。申耆說他『文體類淮南抱朴，鱗雜細碎，隨事觀理而體察之。』這部書被人借觀失掉，申耆大以爲恨。其後申耆又從舊書攤裏得着這部繹志，託人刊刻，又失去多年，最後乃復得。道光十七年纔託顧竹泉（錫麒）刻出。申耆批評他說是『貫通古今，包合宇宙，不敝之纂述也。』竹泉說『有說苑新序法言申鑒人物志潛夫論中說之宏肆，而精粹過之。』有正蒙近思錄讀書錄呻吟語之醇明，而條貫過之。毛嶽生說『自前明來書之精博有益於理道名實，決可見諸施設者，惟顧氏日知錄與先生是書爲魁傑。』（俱見本書卷首）譚仲脩（獻）說『讀繹志，覺胡先生視亭林更大，視潛齋更實，視梨洲更碻，視習齋更文。遺編晚出，知者蓋鮮，顯晦之數，豈有待耶。』（復堂日記）諸君對於這部書，可謂推崇極了。依我看，這書雖沒有什麼創獲的見解，然而他的長處在能通貫，每闡一義，四方八

面都引申到，又廣取歷史上事蹟做印證，實爲一有系統之著作，可惜陳腐空廓語往往不免，價值雖在日知錄思問錄潛書下，比後來桐城派的「載道之文」卻高十倍了。毛嶽生說欲『少删其繁近』，可惜沒有著手，若經删汰一番，或者倒能增長他的價值。

鑄萬石莊都是想「立言不朽」的人，他們的工作總算不虛，留下的書確能在學術界占相當位置。當時打這種主意的人也不少，如王崑繩劉繼莊輩皆是，此外有所謂易堂九子者，學問路數有點和唐胡相近，名聲遠在唐胡上，而成就不及他們，今在這裏附論一下。

易堂九子皆江西人，甯都魏善伯祥 魏冰叔禧 魏和公禮 邱邦士維屏 李力負騰蛟 彭中叔任 曾青藜傳燦 南昌彭躬菴士望 林确齋時益 也。他們當明末亂時，相約隱居於甯都之翠微山，其共同討論學問之所名曰易堂，因以得名。九子中以三魏爲領袖，次則邱邦士彭躬菴，三魏中又以冰叔爲魁，世所稱魏叔子也。他們的學風，以砥礪廉節講求世務爲主，人格都很高潔。冰叔當康熙己未舉鴻博時，被薦不至。時江西有謝秋水文洊 闢程山學舍，集同志講程朱學，病易堂諸人「言用而遺體」，貽書冰叔爭之。冰叔復書道：『今之君子，不患無明體者，而最少適用。學道人當練於世務，否則試之以事則手足錯亂，詢之以古則耳目茫昧，忠信謹守之意多而狹隘杓牽之病作，非所以廣聖賢學也。』魏叔子文集復謝程山書 易堂學風，觀此可見一斑了。但他們專以文辭爲重，頗有如顏習齋所謂『考纂經濟總不出紙墨見解』者。他們的文章也帶許多帖括氣，最著名的魏叔子集，討厭的地方便很多，即以文論，品格比潛書釋志差得遠了。

六　劉繼莊

劉獻廷字君賢號繼莊順天大興人生順治五年卒康熙三十四年（一六四八——一六九五）年四十八「先世本吳人以官太醫遂家順天繼莊年十九復寓吳中其後居吳江者三十年晚學遊楚尋復至吳垂老始北歸竟反吳卒焉」（鮚埼亭集劉繼莊傳文）他爲萬季野所推重引參明史館事又嘗與顧景范黃子鴻閻百詩胡東樵同修大清一統志嘗游湖南交王船山當時知有船山者他一人而已王崑繩說生平只有兩個朋友第一個是劉繼莊第二個纔是李恕谷（恕谷後集王子傳）全謝山說「予獨疑繼莊出於改步之後遭遇崑山兄弟（徐乾學元文）而卒老死於布衣又其栖栖吳頭楚尾間漠不爲枌榆之念將無近於避人亡命者之所爲是不可以無稽也而竟莫之能稽」（劉繼莊傳文下並同）又說「蓋其踪跡非尋常遊士所閱歷故似有所諱而不令人知」謝山所提出這個悶葫蘆我們生幾百年後史料益缺乏更無從猜度總之知道繼莊是一個極奇怪人便了他的著作或未成或散佚現存的只有一部廣陽雜記謝山從那部書裏頭摘出他的學術要點如下

「繼莊之學主於經世自象緯律歷以及邊塞關要財賦軍器之屬旁而岐黃者流以及釋道之言無不留心深惡雕蟲之技其生平自謂於聲音之道別有所窺足窮造化之奧百世而不惑嘗作新韻譜其悟自華嚴字母入而參之以天竺陀羅尼泰西蠟頂話小西天梵書暨天方蒙古女眞等音又證之以遼人林益長之說而益自信同時吳修齡自謂蒼頡以後第一人繼莊則曰是其於天竺以下書皆未得通而但略見華嚴之旨者也繼莊之法先立鼻音二以鼻音爲韻本有開有合各轉陰陽上去入之五音陰陽即上下二平共十聲而不

歷喉腭舌齒脣之七位，故有橫轉無直送，則等韻重疊之失去矣。次定喉音四爲諸韻之宗，而後知泰西蠟頂話女直國書梵音尚有未精者，以四者爲正喉音，而從此得半音轉音伏音送音變喉音。又以二鼻音分配之，一爲東北韻宗，一爲西南韻宗，八韵立而四海之音可齊。於是以喉音互相合，凡得音十七。喉音與鼻音互相合，凡得音十，又以有餘不盡者三合之，凡得音五，共三十二音，爲韻父，而韻歷二十二位，爲韻母，橫轉各有五子，而萬有不齊之聲攝於此矣。嘗聞康甲夫家有紅毛文字，惜不得觀之，以合泰西臘頂語之異同。又欲譜四方土音，以窮宇宙元音之變，乃取新韻譜爲主，而以四方土音塡之，逢人便可印正。蓋繼莊是書多得之大荒以外者，囊括浩博，學者驟見而或未能通也。

「其論向來方輿之書，大抵詳於人事，而天地之故，概未有聞。當於疆域之前，別添數則，先以諸方之北極出地爲主，定簡平儀之度制，爲正切線表，而節氣之後先，日蝕之分秒，五星之陵犯占驗，皆可推矣。諸方七十二候各各不同，如嶺南之梅，十月已開，桃李臘月已開，而吳下梅開於驚蟄，桃李開於淸明，相去若此之殊。今世所傳七十二候，本諸月令，乃七國時中原之氣候。今之中原，已與七國之中原不合，則歷差爲之。今於南北諸方細考其氣候，取其核者詳載之，爲一則，傳之後世，則天地相應之變遷，可以求其微矣。燕京吳下，水皆東南流，故必東南風而後雨；衡湘水北流，故必北風而後雨。諸方山水之向背分合，皆當按籍而列之，而風土之剛柔，暨陰陽燥溼之徵，又可次第而求矣。諸方有土音，又有俚音，蓋五行氣運所宣之不同，各譜之爲一則，合之土產，則諸方人民性情風俗之微，皆可推而見矣。此固非一人所能爲，但發其凡，而分觀其成，良亦古今未有之奇也。

『其論水利。謂西北乃二帝三王之舊都。二千餘年未聞仰給於東南。何則溝洫通而水利修也。自劉石雲擾以訖金元。千有餘年人皆草草偷生。不暇遠慮。相習成風。不知水利為何事。故西北非無水也。有水而不能用也。不為民利乃為民害。旱則赤地千里。潦則漂沒民居。無地可瀦。無道可行。人固無如水何。水亦無如人何。虞學士始奮然言之。郭太史始毅然行之。未幾竟廢。三百年無過而向者。有聖人者出。經理天下。必自西北水利始。水利興而後足食教化可施也。西北水利莫詳於水經酈注。雖時移勢易。十猶可得其六七。酈氏略於東南。人以此少之。不知水道之當詳。正在西北。欲取二十一史關於水利農田戰守者各詳考其所以。附以諸家之說以為之疏。以為異日施行者之考證。』

『又言朱子綱目非其親筆。故多迂而不切。而關係甚重者反遺之。當別作紀年一書。』

『凡繼莊所撰著。其運量皆非一人一時所能成。故雖言之甚殷而難於畢業。是亦其好大之疵也。』

觀此則繼莊學術之大概可見了。內中最重要的是他的新韻譜。音韻學在明清之交。不期而到處興起。但其中亦分兩派。一派以韻為主。顧亭林毛西河柴虎臣等是。一派以音為主。方密之吳修齡及繼莊等是。以音為主者。目的總在創造新字母。又極注重方言。密之繼莊同走這一條路。繼莊自負如此。其書必有可觀。——最少也足供現在提倡字母的人參考——今失傳。眞可惜了。次則他的地理書。所注重者為地文地理人文地理。在那時候有這種見解。實可佩服。可惜沒有著成。又他想做的水經注疏。雖像沒有著手。然而在趙東潛全謝山戴東原以前早已認識這部書的價值。也不能不說是他的特識。要之繼莊是一位極奇怪的人。王崑繩說『生死無關於天下者。不足為天下士。即為天下士。不能與古人爭雄長。亦不足為千古之士。若處士者。其生。其死。固世運消長所關而上下千百年中不數見之人也』又說『其心廓然大公。以天下爲己任。使得志行乎時。建立當不在三代下。』（居業堂集劉處士獻廷墓表）崑繩義氣不可一世。而推服繼莊到這步田地。繼莊眞成了一個「謎的人物」了。

七　毛西河　附朱竹垞　何義門　錢牧齋

毛奇齡字大可。浙江蕭山人。其徒稱爲西河先生。卒康熙五十五年。年九十四。他本是一位有才華而不修邊幅的文人。少爲詩詞。頗得聲譽。然負才佻達。喜臧否人物。人多怨之。嘗殺人亡命淮上有年。施閏章爲營救。幸免。康熙已未舉鴻博。授檢討。時京師治經學者方盛。他也改行爲「經師」。所著經學書凡五十種。合以其他著述共二百三十四卷。四庫全書著錄他的書多至四十部。（皇清經解所收亦不少）晚年門弟子頗多。李恕谷也從他問業。儼然「一代儒宗」了。他自己說有許多經學書是早年所著。因亂遺失其稿。晚年重行補訂。這話不知是否靠得住。姑妄聽之。

西河有天才而好立異。故其書往往有獨到處。有河圖洛書原舛編太極圖說遺議。辨圖書之僞。在胡東樵易圖明辨前。（但在黃晦木後）有仲氏易。自稱是他哥哥的遺說。是不是且不管他。這部書駁雜的地方也很多。但提倡漢儒——荀爽虞翻諸人的易學。總算由他開創。後來惠定宇之易漢學。卻受他的影響。有春秋毛氏傳。雖然武斷地方甚多。但對於當時著爲功令的胡傳嚴爲駁辨。廓清之功也不少。有竟山樂錄。自言家藏有明代宗藩所傳唐樂笛色譜。因得以推復古樂。這些話是否靠得住。且不管他。他的音樂造詣何如。也非我們門外漢所能批評。但研究音樂的人。他總算很早。所以能引動李恕谷從他問業。有蠻司合誌。記雲南四川各土司沿革。雖其中錯謬不少。卻是前此所無之書。以上幾部書。我們不能不認他相當的價値。他對於宋儒猛烈攻擊。有大學知本圖。中庸說。論語稽求編等。但常有輕薄嫚罵語。不是學者態度。還有一部四書改錯。罵朱子罵得最利害。後來聽見淸聖祖要把朱子升祀大成殿。趕緊把板燬了。他因爲要立異和人爭勝。所以雖然敢於攻儀禮攻周禮。卻因閻百詩說古文尙書是假的。他偏翻過來說是眞的。做了一部古文尙書寃詞。這回投機卻失敗了。沒有一個人幫他。這個人品格是無足取的。全謝山作了一篇毛西河別傳。臚列他好些劣跡。我也懶得徵引了。但舉篇中論他學術的一段。謝山說西河著述中。『有造爲典故以欺人者。（如謂大學中庸在唐時已與論孟並列於小經）有造爲師承以示人有本者。（如所引釋文舊本考之宋槧釋文亦並無有蓋揑造也）有前人之誤已經辨正而尙襲其誤而不知者。（如邯鄲淳寫魏石經洪盤洲胡梅磵已辨之而反造爲陳壽魏志原有邯鄲寫經之文）有信口臆說者。（如謂後唐曾立石經之類）有不考古而妄言者。（如熹平石經春秋並無左傳而以爲有左傳）有前人之言本有出而妄斥爲無稽者。（如伯牛有疾章集注出於晉欒肇論語駁而謂朱子自造則並或問語類亦似未見者此等甚多）有因一言之誤而誣其終身者。（如胡文定公曾稱秦檜而遂謂其父子俱附和議則籍溪致堂五峯之大節俱遭含沙之射矣）有貿然引證而不知其非者。（如引周公朝讀書百篇以爲書百篇之證周公郎見冏命甫刑耶）有改古書以就己者。（如漢地志理回浦縣乃今台州以東而謂在蕭山之江口且本非縣名其謬如此）』謝山性太狷急。其抨擊西河或不免過當。要之西河是「半路出家的經生」與其謂之學者。毋寧謂之文人也。

同時「文人的學者」有兩個人應該附論。這兩人在學術界的衝動力不如西河。品格卻比他高。——一是朱竹垞。一是何義門。

朱彝尊字竹垞。浙江秀水人。卒康熙四十八年（一七〇九）年八十一。他也是康熙己未鴻博的檢討。他的詩和王漁洋齊名。但他在學問界也有很大的貢獻。他著有日下舊聞四十二卷。專考京城掌故。有經義考三百卷。

把自漢至明說經的書大概都網羅齊備各書序跋目錄都錄入自己更提要批評私人所撰目錄學書沒有比他更詳博的了又有瀛州道古錄若干卷專記翰林院掌故五代史注若干卷禾錄若干卷記秀水掌故鹺志若干卷記鹽政竹垞之學自己沒有什麼心得卻是搜集資料極爲淹博所以在淸學界該還他一個位置

何焯字屺瞻號義門江蘇長洲人卒康熙六十一年（一七二二）年六十二他早年便有文名因爲性情伉直屢遭時忌所以終身潦倒他本是翁叔元門生叔元承明珠意旨參劾湯斌而奪其位他到叔元家裏大罵把門生帖子取回他喜歡校書生平所校極多因爲中間曾下獄一次家人怕惹禍把他所有著作稿都焚燬了現存的只有困學紀聞箋義門讀書記兩種他所校多半是小節又並未有用後來校勘家家法全謝山說他不脫帖括氣誠然但淸代校勘學總不能不推他爲椒始的人

更有一位人格極不堪而在學界頗有名的人曰錢牧齋

錢謙益字牧齋晚號蒙叟江蘇常熟人他是一位東林老名士但晚節猖披已甚淸師渡江首先迎降任南禮部尚書其後因做官做得不得意又冒充遺老論人格眞是一無可取但他極熟於明代掌故所著初學集有學集中史料不少他嘗親受業於釋憨山（德淸）人又聰明晚年學佛著楞嚴蒙鈔總算是佛典注釋裏頭一部好書他因爲是東林舊人所以黃梨洲歸元恭諸人都敬禮他在淸初學界有相當的勢力

八　呂村晚　戴南山

初期學者有爲文字獄所犧牲的兩位曰呂晚村戴南山這兩位都因身罹大禍著作什九被燒燬我們無從見

其眞相。據現在流傳下來的遺書而論。兩都像不過是帖括家或古文家。不見得有很精深學問。但他們總是和清代學術有關係的人。雖然資料缺乏。也得記一記。

呂留良。字用晦。號晚村。浙江石門人。卒康熙二十二年。（一六八三）年五十五。他是一位廩生。康熙間曾薦舉山林隱逸。博學鴻儒。皆不就。篤守程朱學說。著書頗多。學風和朱舜水像有點相近。對於滿洲征服中國。憤慨最深。嘗說。『孔子何以許管仲不死公子糾而事桓公。甚至美為仁者。是實一部春秋之大義也。君臣之義固重。而更有大於此者。所謂大於此者何耶。以其攘夷狄救中國於被髮左衽也。』他的著述中像這樣的論調大概甚多。他卒後。他的門生嚴鴻逵沈在寬誦法其學。康熙末年有湘人曾蒲潭（靜）因讀晚村所批時文有論「夷夏之防」等語。大感動。到他家中求其遺書盡讀之。因與嚴沈及晚村之子葆中為密友。自是思想大變。雍正初年。對於功臣猜忌特甚。川陝總督岳鍾琪有點不自安。蒲潭乃派他的門生張熙上書鍾琪勸他革命。後來事情鬧穿了。將蒲潭及沈張等。提京廷訊。鬧了幾年。結果將晚村剖棺戮屍。子孫族滅。門生故舊。株連無數。晚村所有著述。焚燬都盡。只有雍正御撰駁呂留良四書義一書。今尚流傳。因此可見晚村學說之一二。（吾家中有此書待檢出後擇要徵引）又據雍正上諭。知晚村有日記。有文集。文集中有致吳三桂書。上諭說。『其所著文以及日記等類。或鐫板流傳。或珍藏祕密。皆人世耳目所未經。意想所未到者。朕繙閱之餘。不勝憤駭。蓋其悖逆狂噬之詞。凡為臣子者所不忍寓之於目。不忍出之於口。不忍述之於紙筆者也。』據此則晚村之言論如何激烈。可以想見。雍正所著大義覺迷錄。專為駁晚村學說而作。內中辨夷夏的話最多。次則辨封建。據此亦可略見晚村著作內容如何了。（雍正七年四月上諭）（引晚村文集有『今日之窮為羲皇以來所僅見』語以與唐鑄萬潛書存言篇對照可想見所謂「康熙全盛」時民生狀況如何實極重要之史料）雍正因晚村之故。痛恨浙江人。說道。

『朕向來謂浙江風俗澆漓。人懷不逞。如汪景祺查嗣庭之流皆謗訕悖逆。甚至民間氓庶。亦喜造言生事。皆呂留良之遺害也。』（七年上諭）浙中學者自舜水梨洲以至謝山皆民族觀念極盛。本非倡自晚村。然晚村在當時浙學界有不小的勢力。我們倒是因讀雍正上諭纔得知道哩。

戴名世字田有號南山。安徽桐城人。康熙五十二年下獄論死。年六十一。他本是一位古文家。桐城派古文實應推他爲開山之祖。他從小喜讀左傳史記。有志自撰明史。同縣方孝標嘗游雲南。著滇黔紀聞。述永歷間事。南山好其書。（或說方孝標嘗受吳三桂僞職似不確）後有永歷宦官出家爲僧號犂支者與南山門人余石民湛談永歷遺事頗多。南山采以入其集。康熙五十年爲都御史趙申喬所劾。大獄遂起。其獄牽連至數百人。（方苞韓菼等皆在內）因康熙帝從寬處置。論死者僅南山一人而止。南山集在當時爲禁書。然民間傳本不絕。集中並無何等奇異激烈語。看起來南山不過一位普通文士。本絕無反抗清廷之意。（他是康熙四十八年榜眼時年已五十七歲了）但他對於當時官修明史確有所不滿。他說『昔者宋之亡也。區區海島一隅。僅如彈丸黑子。不踰時而又已滅亡。而史得以備書其事。今以弘光之帝南京。隆武之帝閩越。永歷之帝兩粵帝滇黔。地方數千里。首尾十七八年。揆以春秋之義。豈遽不爲昭烈之在蜀。帝昺之在崖州。而其事漸以滅沒。……老將退卒。故家舊臣。遺民父老。相繼漸盡。而文獻無徵。凋殘零落。使一時成敗得失與夫孤忠效死流離播遷之情狀。無以示於後世。豈不可歎也哉。終明之世。三百年無史。金匱石室之藏。恐終淪散放失。而當世流布諸書。缺略不詳。毀譽失實。嗟乎。世無子長孟堅。不可聊且命筆。鄙人無狀。竊有志焉。……余夙者之志於明史。有深痛。輒好問當世事。而身所與士大夫接甚少。士大夫亦無以此爲念者。……』（南山集與余生書）

讀這篇書．南山對於明史的感想．略可概見．而其身遘大禍亦卽以此．康熙中葉．文網極寬．思想界很有向榮氣象．此獄起於康熙倦勤之時．雖辦理尚屬寬大．然監謗防口之風已復開矣．跟着就是雍正間幾次大獄．而乾嘉學風．遂由此確立了．

本講所列舉的不倫不類十幾個人．論理．不應該在一塊兒評論．但因此益可見清初學術方面之多與波瀾之壯闊．凡學界之「黎明期運動」大率都是這種氣象．乾嘉以後號稱清學全盛時代．條理和方法雖比初期緻密．許多思想界卻已漸漸成爲化石了．

十三　清代學者整理舊學之總成績(一)

——經學　小學及音韻學

以乾嘉學派爲中堅之清代學者．一反明人空疏之習．專從書本上鑽研考索．想達到他們所謂『實事求是』的目的．依我們今日看來．他們的工作．最少有一半算是白費．因爲他們若肯把精力用到別個方向去．成就斷不止此．但這是爲時代性所限．我們也不能太過責備．至於他們的研究精神和方法．確有一部分可以做我們模範的．我們萬不可以看輕他．他們所做過的工作．也確有一部分把我們所應該的已經做去．或者替我們開出許多門路來．我們不能不感謝．今將他們所表現的總成績．略分門類．擇要敍述．且評論其價值．我個人對於繼續整理的意見．也順帶發表一二．

一　經學

自顧亭林高標『經學卽理學』之徽幟以與空談性命之陋儒抗。於是二百年來學者家家談經。著作汗牛充棟。阮氏皇清經解王氏皇清經解續編所收作者凡百五十七家爲書都三百八十九種。二千七百二十七卷。亦云盛矣而未收及續出者尙不在其列。幾部古經是否值得費那麼大工夫去研究另爲一問題他們費這些工夫到底把這幾部古經研究淸楚沒有。以下請逐部說明。

(甲)易經。易經是一部最帶神秘性的書。孔子自稱『假年以學』相傳還有『韋編三絕』的故事。可見得這書自古已稱難懂了。漢代今文博士有施孟梁邱三家。又有費氏的古文。又有京焦的別派。自王弼注出盛行江左。唐人據之以作正義。自是漢易諸家俱廢今官書之十三經注疏所宗者弼學也。而五代北宋間道士陳摶始以道教中丹鼎之術附會易文。展轉傳至邵康節周濂溪於是有先天太極諸圖。易益棼亂不可理。程伊川作易傳。少談天道多言人事。稍稱絜淨。朱晦庵又綜合周邵程之說作易本義爲明淸兩朝功令所宗。蓋自王韓康伯以後易學與老莊之道家言混合自周邵以後易學與後世矯誣之道致混合淸以前易學之重要流別變遷大略如此。

淸代易學第一期工作專在革周邵派的命。黃梨洲的易學象數論首放一矢。其弟黃晦木宗炎著圖書辨惑把濂溪太極圖說的娘家——卽陳摶自稱從累代道士傳來的無極圖——找出來了。同時毛西河有河圖洛書原舛。大致與二黃之說相發明。其後胡朏明著易圖明辯。引證詳博。把所有一切怪誕的圖——什麼無極太極。

什麼先天後天，什麼太陽少陽太陰少陰，什麼六十四卦的圓圈方位，一概打掃得乾乾淨淨，一千年蒙罩住易經的雲霧算是開光了，這不能不說是清初學者的功勞。

他們對於周邵派的破壞算是成功了，建設的工作怎麼樣進行呢，論理他們專重注疏，自應歸到王韓一派，但王注援老莊以談名理，非他們所喜，而且『輔嗣易行無漢學』前人已經說過，尤為漢學先生們所痛恨，所以他們要另闢一條新路來。

清儒說易之書收入皇清經解者，最先的為毛西河之仲氏易，但這部書專憑個人臆見，學無淵源，後來學者並不重視他，所以影響也甚小，可以代表清儒易學者不過三家，曰惠定宇，曰張臯文，曰焦里堂。

惠定宇所著書曰周易述二十一卷，易漢學七卷，易例二卷，其九經古義中關於易者亦不少，定宇的見解，是愈古愈好，凡漢人的話都對，凡漢以後人的話都不對，然則漢人的易說，一部無存，怎麼辦呢，幸而有唐李鼎祚的周易集解，內中徵引許多漢儒各家遺說，定宇把他們都搜集起來，爬梳整理一番，用的勞力眞不小，我們讀這幾部書，纔知道漢人易學的內容如何，這便是惠氏在學界一大成績，然成績亦止於此而已，若說他已經把這部易經弄通了，我們絕對不敢附和，為什麼呢，因為漢儒說易是否合於易旨，我們先已根本懷疑，漢儒講的什麼「互體」什麼「卦變」，什麼「半象」「兩象」，什麼「納甲」「納音」「爻辰」，什麼「卦氣六日七分」，依我們看來，都是當時燕齊方士矯誣之說，和陳邵太極先天等圖沒有什麼分別，王輔嗣把他們廓淸辟闢，一點都不冤枉，定宇輩因為出自漢人，便認做寶貝，不過盲從罷了，而且定宇還有一個大毛病，是不知家法，同為漢儒，而傳受淵源不同，彼此矛盾的地方便不少，定宇統而名之曰「漢學」，好像漢人只有此學，又好像漢人個個都是此學這便大錯了定宇說的不過東漢末年鄭康成荀慈明虞仲翔等幾個人之學頂多可以代表一兩派而且各人所代表的派也不能相通惠氏凡漢皆好的主張只怕漢儒裏頭先自打起架來他已無法和解了

張皋文所著書主要的是周易虞氏義九卷還有虞氏易禮易言易事易候及荀氏九家義易義別錄等皋文憑藉定宇的基業繼長增高自然成績要好些他的長處在家法明瞭把虞仲翔一家學問發揮盡致別家作爲附庸分別蒐擇不相雜廁我們讀這幾部書可以知道漢易中最主要的部分——虞氏易有怎樣的內容這是皋文的功勞若問皋文的易學是否眞易學便要先問仲翔的易學是否眞易學可惜這句話我是回答不出來的

焦里堂所著書有易章句十二卷易通釋二十卷易圖略八卷統名雕菰樓易學三書阮芸臺說他『石破天驚處處從實測而得聖人復起不易斯言』王伯申說他『鑿破混沌掃除雲霧可謂精銳之兵』阮王都是一代大儒不輕許可對於這幾部書佩服到如此他的價值可推見了里堂之學不能叫做漢學因爲他並不依附漢人不惟不依附而且對於漢人所糾纏不休的什麼「飛伏」「卦氣」「爻辰」「納甲」……之類一一辨斥和黃胡諸人辨斥陳邵易圖同一摧陷廓清之功里堂精於算理又精於聲音訓詁他靠這種學問做幫助而從本經中貫穴鉤稽生出妙解王伯申說『要其法則比例二字盡之所謂比例者固不在他書而在本書也』里堂這幾部書是否算得易經眞解雖不敢說但他確能脫出二千年傳注重圍表現他極大的創作力他的創作卻又非憑空臆斷確是用考證家客觀研究的方法得來所以可貴他發明幾個重要原則曰旁通曰相錯曰時行曰當位失道曰比例都是從彖象繫辭所說中推勘出來我細繹里堂所說明我相信孔子治易確會用這

種方法，我對於里堂有些不滿的，是嫌他太騖於旁象而忽略本象，「旁通」「相錯」等是各卦各爻相互變化孳衍出來的義理，是第二步義理，本卦本爻各自有其義理，是第一步義理，里堂專講第二步，把第一步幾乎完全拋棄，未免喧賓奪主了。

此外說易之書，雖然還有許多，依我看，沒有什麼價值，一概不論了，專就這三家看來，成績還不算壞，易經本是最難懂的一部書，我們能否有方法徹底懂他，很是問題，若問比較上可靠的方法嗎，我想焦里堂帶我們走的路像是不錯，我們應用他以本書解本書法，把他所闕略的那部分—即本卦本爻之意義重新鈎稽一番，發現出幾種原則來駕馭他，或者全部可以徹底眞懂，也未可知，這便是我對於整理易經的希望及其唯一方法了。

（乙）尚書　尚書是一部最囉唣——問題最多的書，相傳本有三千餘篇，孔子刪成百篇，已算得駭人聽聞的神話了，所謂百篇者，在漢初已有人見過，只傳得二十八篇，卻是有百篇的序文見於史記，不久又有什麼河內女子得着一篇泰誓，變成二十九篇，那篇泰誓是眞是假，當時已成問題，然而不管眞假，他只是曇花一現，忽然又隱身不見了。二十八篇或二十九篇正立於學官，人人誦習了二百年，到西漢末忽然有所謂古文尚書者出，說是孔安國家藏，獻入中秘，比原來的今文尚書多出十六篇來，因此惹起今古文之爭，學界生出絕大波瀾，西漢末的古文尚書是否靠得住，已成千古疑案，到東漢末，這新出的十六篇又隱身不見了，經一百多年，到東晉之初，忽然又說古文尚書復活轉來，卻是由十六篇變成二十五篇，還帶着一部孔安國的注，離奇怪誕，莫此為甚了，今文的二十八篇，到最近還有人對於他發生眞假問題，這是後起之義，姑且不說，至所謂古文尚書者，偽中出偽，至再至三，說起來便令人頭眩，內中夾着一個書序眞假問題，越發麻煩極了，自唐人撰諸經正義，采用東晉晚出的古文尚書及孔安國傳。自是這部書著爲功令立於學官者一千多年。直到清初。然後這種囉唣問題纔解決十之八九了。

清初學者對於尚書第一件功勞。在把東晉僞古文尚書和僞孔安國傳宣告死刑。這件案最初的告發人。是宋朝的朱子。其後元吳澄明梅鷟等繼續控訴。到清初黃梨洲當原告律師做了一部授書隨筆給閻百詩。百詩便自己充當裁判官著成古文尚書疏證八卷。宣告那部書的死刑。還有一位姚立方際恆可以算做原告律師。他做一部尚書通論。關於這問題搜出許多證據。其書似已失傳。但一部分已被閻氏采入疏證了。同時被告律師毛西河不服判決。做了一部古文尚書冤詞提起上訴。再審的裁判官便是惠定宇著了一部古文尚書考。把被告的罪名越發弄確實了。還有兩位原告律師。一是程緜莊廷祚做一部晚書訂疑。一是段茂堂做一部古文尚書撰異。把毛律師强辯的話駁得落花流水。於是這件案總算定讞了。到光緒末年有一位洪右臣良品想再替被告上訴。郤是「時效」已過。沒有人受理了。這件案的決定算是清儒在學術史上極有價值的事業。

假的部分剔出了。眞的部分如何整理呢。今文尚書二十八篇。本屬春秋以前的語體文。佶屈聱牙。最稱難讀。自僞孔傳通行之後。漢儒傳注一概亡佚。更沒有一部完書可爲憑藉。怎麼辦呢。乾隆中葉的學者。費了不少的勞力著成三部書。一是江艮庭聲的尚書集注音疏十二卷。一是王西莊鳴盛的尚書後案三十卷。一是孫淵如星衍的尚書今古文注疏三十卷。他們三位是各不相謀的同時分塗去著自己的書。他們所用的方法也大致相同。都是拿史記尚書大傳當底本。再把唐以前各種子書及箋注類的書以至太平御覽以前之各種類書。凡有徵引漢儒解釋尚書之文。慢慢搜集起來。分綴每篇每句之下。成爲一部漢儒的新注。三部書裏頭江艮庭的比較最壞、艮庭是惠定宇的派、一味的好古、沒有什麼別擇剪裁、王西莊蒐羅極博、但於今古文學說分不淸楚、好爲調和、轉成矛盾、是其短處、孫淵如算是三家之冠了、他的體例是「自爲注而自疏之」注文簡括明顯、疏文纔加詳、疏出注文來歷、加以引申、就組織上論、已經壁壘森嚴、他又注意今古文學說之不同、雖他的別擇比不上後來陳樸園的精審、但已知兩派不可強同、各還其是、不勉強牽合、留待讀者判斷從違、這是淵如極精愼的地方、所以優於兩家、

江孫王三家都是絕對的墨守漢學、非漢儒之說一字不錄、他們著書的義例如此、本也甚好、但漢儒所說一定就對嗎、怕未必然、僞孔傳雖僞、但都是采錄魏晉人舊說而成、安見所解沒有過於漢人處、宋儒經說獨到之處甚多、時亦可以補漢人之闕失、乾嘉間學者對於他們一概排斥、也未免墮門戶之見、光緒末年簡竹居朝亮補救這種缺點、著一部尙書集注述疏、也仿淵如例、自注自疏、惟漢宋兼采、旁及僞孔、這書成於江孫王之後、自然收功較易、他的內容也稍嫌過繁、但采擇漢宋各家說很有別裁、不失爲一良著、

漢代今古文之爭、本由尙書而起、東晉僞古文不必論矣、卽所謂西漢眞古文者、來歷已很不分明、嘉道以降、今文學興、魏默深著書古微、提出古文尙書根本曾否存在之問題、是爲閻百詩以後第二重公案、至今未決、互見辨僞書條西漢晚出古文眞僞且勿論、其學說傳於東漢而爲馬融鄭玄所宗述、則甚明也、其與西漢今文博士說牴牾殊多、又甚明也、江孫王之書、以輯采馬鄭注爲中堅、只能代表古文說、不能代表今文說、鄭君雖云兼通今古、擇善而從、但仍祖古文爲多

道咸間陳樸園喬樅著今文尙書經說考三十三卷、歐陽夏侯遺說考一卷、很費些勞力纔蒐集得來、我們從此

可以知尚書最古的解釋了。

尚書裏頭的單篇最複雜的是禹貢。胡朏明著禹貢錐指十卷。是為清代研究古地理之首。雖其書許多疏舛經後人補正。(最著者戎芙卿蓉鏡禹貢班義述丁儉卿晏禹貢錐指刊誤等其餘單篇及筆記中此類著作甚多)然創始之勞應該紀念的。

尚書大傳。為漢初首傳尚書之伏生所著。而鄭康成為之注。這書在尚書學裏頭位置之重要自不待言。但原書在宋時已殘缺不完。明時全部亡佚了。清儒先後搜輯的數家。最後陳左海壽祺的尚書大傳輯校最稱完善。而皮鹿門錫瑞繼著尚書大傳疏證更補其闕失而續有發明也算尚書學中一附帶的成功了。(互見輯佚書條)

書序問題亦至今未決。別於辨偽書條敘其經過此不述。

總括起來清儒之於尚書學成績總算不壞。頭一件功勞是把東晉偽古文打倒了。撥開無限雲霧。剩下真的二十八篇。也經許多人費狠大的勞力。解釋明白了什之六七。我稍為不滿意的。是他們有時拘守漢儒說太過。(例如「粵若稽古」鄭注訓「稽古」為「同天」甚可笑但以出於鄭而強從之)關於校勘文字。時或缺乏判斷的勇氣。(例如「在治忽」之或作「七始詠」或作「來始滑」「心腹腎腸」之或作「優賢揚」諸家往往好為穿鑿曲護致晦真意)關於研究制度。好引異代之書強為比附。(例如釋「六宗」附會月令之明堂或周官大宗伯之日月星辰司中司命風師雨師等)這類都是多數清儒公共的毛病。後有治此經者。專從訓詁上平實解釋。不要穿鑿。不要貪多。制度有疑則闕之。能泐成一部簡明的注。或者這部書有人人能讀的一天了。

(丙)詩經 詩經和尚書相反。算是問題最少的書。三百篇本文。幾乎絕無疑議之餘地。其最為聚訟之鵠者惟一毛詩序。詩序問題。別詳辨偽書條下。現在暫且少講。但略講清朝以前詩學變遷形勢。而漢十四博士。詩經惟魯齊韓三家。毛氏則哀平間晚出古文。來歷頗不分明。自鄭康成依毛作箋。此後鄭學孤行。而三家俱廢。六朝經學。

南北分派，惟詩則同宗毛鄭無異辭，唐初正義因之，鄭學益成統一之局，惟自唐中葉以後，異論寖生，其發難大率由詩序，馴至『程大昌之妄改舊文王柏之橫刪聖籍』（四庫提要語）猖披極矣，朱晦翁亦因不滿於詩序而自作集傳，元明以還，朱傳立於學官而毛鄭亦幾廢，清儒則乘此反動以光復毛鄭之學爲職志也。

清儒在詩學上最大的功勞，在解釋訓詁名物，康熙間，有陳長發（啓源）的毛詩稽古編，有朱長孺（鶴齡）的毛詩通義，當時稱爲名著，由今觀之，乾隆間經學全盛，而專治詩者無人，戴東原輩雖草創體例，而沒有完書，到嘉道間，纔先後出現三部名著，一胡墨莊（承珙）的毛詩後箋，二馬元伯（瑞辰）的毛詩傳通釋，三陳碩甫（奐）的詩毛氏傳疏，胡馬皆毛鄭並釋，陳則專於毛，胡馬皆有新解，方標專條，無者闕焉，陳氏則純爲義疏體，逐字逐句訓釋，三書比較，胡馬貴宏博而陳尙謹嚴，論者多以陳稱最，陳所以專毛廢鄭者，以鄭固箋毛而時復破毛，嚴格繩之，亦可謂爲「不守師法，」又鄭本最長於禮，恆喜引禮解詩，轉生轇轕，孔沖遠並疏毛鄭，疏家例不破注，故遇有毛鄭衝突之處，便成了「兩姑之間難爲婦，」勉强牽合打完場，那疏便不成片段了，碩甫專宗其一，也可以說他取巧，但毛傳之於訓詁名物，本極矜慎精審，可爲萬世注家法程，碩甫以極謹嚴的態度演繹他，而又常能廣采旁徵以證成其義，極絜淨而極通貫，眞可稱疏家模範了。

名物訓詁之外，最引人注意的便是作詩的本事和本意，講到這一點，自然牽連到詩序問題了，清學正統派打著「尊漢」「好古」的旗號，所以多數著名學者，大率羣守毛序，然而擧叛旗的人也不少，最兇的便是姚立方著有詩經通論，次則崔東壁（述）著有讀風偶識，次則力鴻濛（玉潤）著有詩經原始，這三部書並不爲清代學者所重，近來纔漸漸有人鼓吹起來，據我們看，詩序問題早晚總須出於革命的解決，這三部書的價值只怕會一天比一天澀高罷．詩經通論我未得見．僅從詩經原始上看見片段的徵引．可謂精悍無倫．讀風偶識謹嚴肅穆．純是東壁一派學風．詩經原始稍帶帖括氣．訓詁名物方面殊多疏舛．但論詩旨卻有獨到處．

今文學復活．古文的毛氏詩．當然也在排斥之列．最初做這項工作者．則為魏默深之詩古微．詩古微不特反對毛序．而且根本反對毛傳．說全是僞作．我以爲序和傳要分別論．序呢．無疑是東漢人妄作．傳呢．我並不敢說一定出自『子夏所傳．』（漢書儒林傳述毛氏語）也許是西漢末年人造出來．但他對於訓詁名物解釋得的確好．雖以我向來崇尚今文的人也不敢鄙薄他．老實說．我是厭惡毛序而喜歡毛傳的．因爲年代隔遠的人作序．瞎說某篇某篇詩的本事本意．萬不會對的．這種作品．當然可憎．至於訓釋文句．何必問他子夏不子夏毛公不毛公．我們現在悉心研索．還可以做一部好極的來哩．所以我對於攻擊毛傳．認爲不必．但默深這部書．偏激的地方不少．但亦有許多嶄新的見解．可以供將來「新詩學」之參考．

齊魯韓三家學說．漢以後便亡了．宋王應麟有三家詩考一卷．是爲搜輯之始．到清嘉道以後．繼起漸多．馮柳東登府有三家詩異文疏證九卷．有三家詩異義遺說二十卷．陳樸園有三家詩遺說考十五卷．四家詩異文考五卷．齊詩翼氏學疏證二卷．嚴鐵橋可均有輯韓詩二十一卷．這都是興滅繼絕．不無微勞的了．

總括起來．清儒的詩學．訓詁名物方面．我認爲成績狠優良．詩旨方面．卻不能滿意．因爲受毛序束縛太過了．但研究詩旨．卻不能有何種特別的進步的方法．大約索性不去研究．倒好．戴東原說．『就全詩考其字義名物．於各章之下．不必以作詩之意衍其說．蓋字義名物．前人或失之者．可以詳覈而知．古籍具在．有明證也．作詩之意．前人既失其傳者．難以臆見定也．』（詩補傳自序）我想．往後研究詩經的人．只好以東原這話自甘．那麼．清儒所做工作已經給我們不少的便利了。

（丁）三禮。三禮依普通的次序是一周禮二儀禮三禮記。有時加上大戴禮亦叫做「四禮」這幾部書的時代眞僞都狠有問題。留着在辨僞書條下再討論。今且不說。三禮都是鄭康成作的注在康成畢生著述中也可說是以這三部注爲最。所以「三禮學」和「鄭學」幾成爲不可分的名詞。雖然自古說『議禮之家紛如聚訟』自孔門諸子已經有許多交鋒爭辯。秦漢以後更不必說了。一部白虎通義便是漢儒聚訟的小影。一部五經異義。是鄭康成和許愼對壘。一部聖證論是王肅和鄭康成對壘。這種筆戰。我們一看下去便頭痛。六朝隋唐的也爭不少。昔戰國諸子詆斥儒家。大都以『窮年不能究其禮』爲口實。何況在千餘年異論更多之後。所以宋學興起。把這些繁言縟語擺脫不談。實是當然的反動。中間雖經朱子晚年刻意提倡。但他自己既沒有成書。門生所做又不對。提倡只成一句空話。宋元明三朝。可以說是三禮學完全衰熄的時代了。

這門學問是否有研究的價值。俟下文再說。現在且說淸朝禮學復興的淵源。自黃梨洲顧亭林懲晚明空疏之弊。提倡讀古書。讀古書自然觸處都感覺禮制之難懂了。他們兩位雖沒有關於禮學的專門著作。但亭林見張稷若治禮。便贊歎不置。他的外甥徐健庵便著有讀禮通考。梨洲大弟子萬充宗季野兄弟經學的著述。關於訓詁方面的甚少。而關於禮制方面的最多。禮學蓋萌芽於此時了。其後惠戴兩家中分乾嘉學派。惠氏父子著禘說。明堂大道錄等書。對於某項的禮制。專門考索。戴學出江愼修。愼修著禮書綱目。對於禮制爲通貫的研究。而東原所欲著之七經小記中禮學篇雖未成。而散篇見於文集者不少。其並時皖儒。如程易疇金檠齋凌次仲輩皆篤嗜名物數制之學。而績谿涇縣兩胡（竹村墨莊）以疏禮名其家。皆江戴之遺風也。自茲以往。流風廣播。作者間出。

而最後則孫仲容黃儆季稱最善云。

今先分經學其最有名之著述。而關於貫通的研究次於後。

(1)周禮　清儒禮學雖甚昌。然專治周禮的人狠少。（兩經解所收如江永周禮疑義擧要沈彤周官祿田考段玉裁周禮漢讀考莊存與周官記周官說徐養原周官故書考王聘珍周禮學不過寥寥數部又皆屬於局部的研究未有貫穴全書者）惟一的周禮專家就是孫仲容（詒讓）他費二十年工夫成周禮正義八十六卷。這部書可算清代經學家最後的一部書。也是最好的一部書。其價值留待下文論新疏條下另行批評。

考工記本另為一部書。後人附入周禮。清儒對於這部書狠有幾種精深的著作。最著者為戴東原之考工記圖注（阮芸臺之考工記車制圖考乃其少作亦精核）次則王宗涑之考工記考辨。

(2)儀禮　清儒最初治儀禮者為張稷若（爾岐）著儀禮鄭注句讀。顧亭林所稱『獨精三禮卓然經師』也。乾嘉間則有淩次仲（廷堪）的禮經釋例十三卷。將全部儀禮拆散了重新比較整理貫通一番。發現出若干原則。（凡通例四十飲食之例五十有六賓客之例十有八射例二十變例(即喪例)二十有一祭例三十器服之例四十雜例二十有一）其方法最為科學的。實經學界一大創作也。次則有張皋文（惠言）的儀禮圖。先為宮室衣服之圖。（宮室七衣服十二）次則十七篇每篇各為之圖。（士冠十士昏十二士相見一鄉飲酒九鄉射十三燕十七大射十二聘三十公食大夫十二覲八喪服三十九既夕十一士虞六特牲饋食十七少牢饋食八有司徹十八）其不能為圖者則代以表。（凡六篇）每圖每表皆綴以極簡單之說明。用圖表方法說經亦可謂一大創作。（宋人有三禮圖等書僅圖器物且多臆揣不能援以為比）道咸間則有邵位西（懿辰）禮經通論專明此經傳授源流。斥古文逸禮之偽。有這三部書振裘挈領。把極難讀的儀禮變成人人可讀。真算得勞苦功高了。其集大成者則有道光間胡竹村（培翬）之儀禮正義。為極佳新疏之一。當於新疏條下別論之。（與竹村同時合作者

有胡墨莊胡承琪之儀禮今古文疏義但主於辨正文字非爲全書作新疏也勿混視

（3）禮記　清儒於禮記。局部解釋之小書單篇不少。但全部箋注。尚未有人從事。其可述者僅杭大宗世駿之續禮記集說。其書仿衞湜例。爲錄前人說。自己不下一字。所錄自宋元人迄於清初。別擇頗精審。遺佚之說多賴以存。例如姚立方的禮記通論。我們恐怕沒有法子再得見。幸而要點都采擷在這書裏頭。纔能知道立方的奇論和特識。這便是杭書的功德。次則郭筠仙嵩燾的禮記質疑。對於鄭注所匡正不少。將來有著禮記新疏的人。這兩部書總算最好的資料了。朱彬的禮記訓纂未見不敢批評禮記單篇別行之解釋。有皮鹿門錫瑞之王制箋。康長素有爲之禮運注。劉古愚光蕡之學記臆解各有所新發明。

（4）大戴禮　大戴禮舊惟北周盧辯一注疏略殊甚。且文字譌脫亦不少。乾嘉間戴東原盧抱經從事校勘。其書始稍稍可讀。阮芸臺欲重注之。未成。而孔巽軒廣森著大戴禮記補注汪少山照著大戴禮記補注。二君蓋不相謀。而其書各有短長。汪似尤勝也。孔書刻於乾隆五十九年有自序及阮元序汪書年代無考然有王昶序自稱同學弟則汪年輩或稍先於孔也大戴禮單篇別行之解釋。則有黃相圃模之夏小正分箋夏小正異義。書中曾子立事等十篇。清儒以爲卽漢書藝文志曾子十八篇中之遺文。阮芸臺元把他抽出單行。爲曾子注釋四卷。

（5）禮總　禮學家往往不專一經。因這門學問的性質本貫通羣經也。通貫羣經的禮學著作有幾部書應該論列者。最初的一部爲徐健庵乾學的讀禮通考。百二十卷。這部書是健庵居喪時編的。爲言喪禮最詳備之書。

雖題健庵著其實全出萬季野所以甚好。（健庵爲亭林之甥也有相當的學問尤其所好觀儋園集論禮制諸篇可知）中間的一部是秦味經（蕙田）的五禮通考二百六十二卷這書爲續補讀禮通考而作我狠疑心有一大部分也出萬季野手但未得確證不敢斷言。（看第講論萬季野著述）曾滌生大佩服此書說他『體大物博歷代典章具在三禮之外得此而四』俞蔭甫則說他『按而不斷無所折衷可謂禮學之淵藪而未足爲治禮者之藝極』（俱見禮書通故俞序）此書之短長這兩段話盡之了。此書成於衆手非味經自著分纂的人確實可考者有戴東原王蘭泉也許錢竹汀王西莊都在裏頭其餘二三等學者當更不少所以全書各篇價值不同有狠好的有較次的不如讀禮通考之畫一謹嚴依我看這書是一部狠好的類書價值在文獻通考上（專指禮制一部分言文獻通考範圍比更廣他所無的門類自無從比較）或者也可以說是中國禮制史的長編『按而不斷無所折衷』固然是他的毛病但我總覺得「折衷」這句話是空的自己以爲折衷別人看來不過多一重聚訟的公案（漢代的石渠奏議白虎觀討論何嘗不是想折衷況且在場的人都是第一流學者了你看算不算空論）所以案而不斷或者也是此書的最好處哩最後的一部是黃儆季（以周）的禮書通故一百卷儆季爲薇香（式三）之子傳其家學博而能精又成書最晚（草創於咸豐庚申告成於光緒戊寅）先輩所蒐輯所考證供給他以極豐富的資料所以這部書可謂爲集清代禮學之大成他對於每項禮制都博徵古說而下以判斷正和五禮通考的性質相反他的判斷總算極矜慎極通明但能否件件都算爲定論我卻不敢說了。

以上三種是卷帙最浩博材料最豐富的此外禮學重要著作在初期則有惠天牧（士奇）的禮說江慎修（永）的禮書綱目算是這門學問中篳路藍縷的書禮書綱目的體例爲後來秦黃兩家所本雖後起者勝而前人之功萬不容沒在中葉則任幼植（大椿）程易疇（瑤田）金輔之（榜）凌次仲（廷堪）都有精到的著作槃齋的禮箋易疇的通藝

錄最好。他們純粹是戴東原一派的學風。專做窄而深的研究。所選的題目或者是狠小的。但在這個題目的範圍內務把資料搜齊類書式的案而不斷他們是不肯的。但判斷總下得極審慎。所以他們所著雖多屬小篇。但大率都極精銳。東原集中考證禮制之文有十幾篇正是如此又焦里堂之羣經宮室圖雖標題「羣經」而所重在三禮考證宮室最通贍之書也。此外則孔巽軒的禮學卮言武虛谷億的三禮義證金誠齋鶚求古錄禮說凌曉樓曙的禮說陳樸園的禮說性質大略相同都各有獨到處。又如凌曉樓之公羊禮疏侯君模之穀梁禮證等雖擇他經然專明彼中禮制一部分。亦禮學之流別也。其餘各家文集筆記論禮精覈之專篇極多。不能具錄。

試總評清代學之成績。就專經解釋的著作論。儀禮算是最大的成功。凌張胡邵四部大著。各走各的路。各做到登峰造極。合起來又能互相爲用。這部經總算被他們把所有的工作都做盡了。周禮一向狠寂寞。最後有孫仲容一部名著。忽然光芒萬丈。賸下的就是禮記。我們狠不滿意。大戴禮本來是殘缺的書。有好幾位學者替他捧場。也還罷了。

就通貫研究的著作論。有徐秦黃三部大著。分量總算狠重。其餘碎金式的零冊數篇。好的也不少。用從前經學家的眼光看。成績不能不算十分優良了。但這門學問到底能否成立。我們不能不根本懷疑。頭一件。所根據的幾部經。先自有無數問題。周禮之難信不必說了。儀禮成立的時代也未有定論。禮記則各篇之眞僞及時代。亦糾紛難理。萬一所憑藉的資料或全部或一部分是假的。那麼所硏究的豈非全部或一部分落空。第二件。就讓一步說都是眞的。然而幾部書成立年代有狠大的距離。總不能不承認。如說周禮儀禮是周公作禮記是七十子後學者所記首尾便一千多年了然而裏頭所說各項禮制。往往東一鱗西一爪。非互勘不能說明。互勘起來。更矛盾百出。例如五等封建的里數井田的畝數孟子和周禮和王制何等矛盾五帝的祀典月令和帝繫姓何等矛盾國學鄉學的制度及所在地禮記各篇中相互何等矛盾此類悉舉不下數十事學者對於那部經都不敢得罪。共好四方八面彌縫會通。根本不能全通的東西。越會通越弄到一塌糊塗。議禮所以紛如聚訟。就是爲此。從古已然。墨守漢學的淸儒爲尤甚。解釋事經時稍爲好些儀禮問題比較的少所以儀禮獨多好書　所以他們的成績雖然狠好。我恐怕這些成績多半是空的。

禮學的價值到底怎麼樣呢。幾千年狠瑣碎狠繁重的名物。宮室衣服飲食之類　制度。井田封建學校軍制賦役之類　禮節。冠昏喪祭之類　勞精敝神去研究他。實在太不值了。雖然。我們試換個方向。不把他當做經學。而把他當做史學。那麼。都是中國法制史風俗史。……史。……史的第一期重要資料了。所以這門學問不必人人都學。自無待言。說他沒有學問的價值。卻大大不對。清儒的工作。最少也替算後人把所需的資料蒐集在一處。而且對於各種資料相互的關係。和別擇資料的方法。有許多意見足供後人參考。這便是他們不可沒的功勞。我們若用新史家的眼光去整理他。可利用的地方多着哩。

(戊)春秋三傳　春秋是孔子惟一的著作。孟子董仲舒司馬遷說得如彼其鄭重。這部書地位之尊不待言了。但文字簡單到如彼。非傳不能明白。所以治春秋者不能舍傳而專言經。西漢博士只有公羊底下嚴顏兩家。也可以說春秋只有一傳。後來穀梁出來。又後來左氏出來。東漢時便三傳並行。各有專家。然終以公羊爲最盛。六朝以後。公穀日廢。左氏孤行。唐代便漸漸的『春秋三傳束高閣。獨抱遺經究終始』了。啖助趙匡之流。把三傳都攻擊得一錢不值。自此以後。紛紛奮臆作傳。而宋人胡安國的傳盛行。明永樂將胡傳立於學官。三傳眞皆廢了。間有治左傳者。不過拿來做策論的資料。淸以前春秋學的形勢大略如此。淸儒刻意復古。三傳之學漸漸的都恢復轉來。今分論之。

(1)左氏傳　左傳的眞僞及著作年代狠有問題。等到辨僞書條下再說。這部書本是史的性質而編在經部。所以學者對於他也有「史的研究」「經的研究」之兩派。史的研究派有一部極好的書是顧震滄棟高的春秋大事表。其內容及價值前文已經說過。看第八講末段經的研究派大抵對於杜注孔疏摭拾糾補。乾隆以前未有專治此傳之人。到嘉道間劉孟瞻文淇伯山毓崧父子繼續著一部左傳正義。可惜迄未成書。當於新疏條下別論之。

(2)公羊傳　清儒頭一位治公羊傳者爲孔巽軒廣森著有公羊通義。當時稱爲絕學。但巽軒並不通公羊家法。其書違失傳旨甚多。公羊學初祖。必推莊方耕存與他著有春秋正辭。發明公羊微言大義。傳給他的外孫劉申受逢祿著公羊何氏釋例。於是此學大昌。龔定庵自珍魏默深源凌曉樓曙戴子高望都屬於這一派。各有散篇的著述。而陳卓人立費畢生精力成公羊義疏七十六卷。實爲董何以後本傳第一功臣。其內容及價值。別於新疏條下論之。晚清則王壬秋闓運著公羊箋。然拘拘於例。無甚發明。其弟子廖季平平關於公羊著述尤多。然穿鑿過甚。幾成怪了。康先生有爲從廖氏一轉手而歸於醇正。著有春秋董氏學孔子改制考等書。於新思想之發生。間接有力焉。

(3)穀梁傳　穀梁學自昔號稱孤微。清中葉以後稍振。其著作有鍾朝美文烝之穀梁補注。有侯君謨康之穀梁禮證。有柳賓叔興恩之穀梁大義述。柳書較佳。

綜校清代春秋學之成績。左穀皆微微不足道。劉氏左傳正義若成則左氏重矣惟公羊極優良。諸經除儀禮外便算他了。今文學運動以公羊爲中心。開出晚清思想界之革命。所關尤重。

(己)四書　「四書」之名。是朱子以後纔有的。明人及清的理學家關於四書的著作頗多。清的漢學家卻狠少。最著名的。前有閻百詩之四書釋地。後有翟晴江灝的四書考異。但都是局部的考證。無關宏旨。清儒有價值的著作。還是將大學中庸璧回禮記。論語孟子各別研究。

(1)論語　論語有一部名著。曰劉楚楨寶楠叔俛恭冕繼續著成的論語通義。其價值及內容。在新疏條下別論之。今文派有戴子高的論語注。引公羊爲解。雖多新見。恐非眞義。別有焦里堂的論語通釋。雖寥寥短冊。發明實多。而簡竹居之論語集注述疏。則疏解朱注。宋人經注之有疏。此爲創見云。

論語單篇別行之解釋。則有江愼修之鄉黨圖考。蓋禮學之流。

(2)孟子　孟子也有一部名著。曰焦里堂循的孟子正義。別於新疏條論之。戴東原的孟子字義疏證。爲清代第一流著述。但其目的不專在釋孟子。別於戴氏學專篇論之。

(庚)諸經新疏合評。現在之十三經注疏。其注出漢人者六。毛詩周禮儀禮禮記公羊傳孟子　出魏晉人者五。周易左傳穀梁傳論語爾雅　僞託漢人者一。尙書　出唐人者一。孝經　其疏出唐人者九。自周易至穀梁傳　出宋人者四。孝經論語孟子爾雅　清代提倡經學。於是注疏之研究日盛。然愈研究則愈發見其缺點。就疏的方面論。唐人孔賈諸疏。本成於衆手。別擇不精。牴牾間出。且六朝經學本分南北兩派。北尊實詁。南尙空談。初唐諸疏。除三禮外。率宗南派。大爲清儒所不喜。宋人四疏。更不足道了。就注的方面論。除漢人六種外。其餘七種。皆大爲漢學家所不滿意。以此之故。他們發憤另著新疏。舊注好的便疏舊注。不好的便連注一齊改造。自邵二雲起。到孫仲容止。作新者十餘家。十三經中有新疏者已得其十。這些新疏的作者，都是竭畢生之力，鎔鑄幾百種參考書，纔泐成一稿，真算得清朝經學的結晶體了。今列舉各書，稍為詳細點說明，備將來彙刻「新十三經注疏」者采擇焉（一經有兩部以上之新疏者，只采一部，餘部附論）次第以著作年代先後為序。

爾雅正義二十卷。餘姚邵晉涵二雲著，乾隆四十年屬稿，五十年成，凡經十年。

附 爾雅義疏二十卷。棲霞郝懿行蘭皋著

邵二雲是頭一位作新疏的人。這部爾雅正義，在清學史中應該特筆記載。舊注疏本爾雅為晉郭璞注，宋邢昺疏。『邢疏多遮拾毛詩正義，掩為己說，南宋人已不滿其書。後采列諸經之疏，聊取備數而已。』原序語 二雲此書，仍疏郭注，但舊本經文有訛舛，注亦多脫落。二雲先據唐石經及宋槧本詳為增校，又博采漢舍人、姓名也，舊認為官名，誤 劉歆、樊光、李巡、孫炎、梁沈旋、陳顧野王、唐裴瑜諸君佚注，以郭為主，而分疏諸家於下。郭注云未詳者，則博徵他經之漢人注以補之。爾雅緣音訓義者頗少，二雲更取聲近之字，旁推交通，申明其說。書凡三四易稿乃定。

郝氏義疏成於道光乙酉，後邵書且四十年。近人多謂郝優於邵，然郝自述所以異於邵者，不過兩點。一則『於字借聲轉處，詞繁不殺』，二則『釋草木蟲魚異舊說者，皆由目驗。』胡培翬撰郝墓表引 然則所異也狠微細了。何況這種異點之得失，還狠要商量呢。因前人成書，增益補苴，較為精密，此中才以下盡人而可能，郝氏於發例絕無新發明，其內容亦襲邵氏之舊者十六七，實不應別撰一書。其有不以邵為然者，著一校補或匡正誤等書，善矣 義疏之作，剿說掠美，百辭莫辨。我主張公道，不能不取邵棄郝。

尚書今古文注疏三十卷。陽湖孫星衍淵如著乾隆五十九年屬稿嘉慶二十年成凡經二十二年

附尚書集注音疏十二卷。吳縣江聲艮廷著

尚書後案三十卷。嘉定王鳴盛西莊著

尚書集注述疏三十五卷。順德簡朝亮竹居著

自僞古文尚書定案之後。舊注疏裏頭的僞孔傳跟着根本推翻。孔穎達疏也自然「樹倒猢猻散」了。於是這部經需要新疏。比別的經更形急切。孫江王三家和段茂堂的古文尚書撰異都是供給這種需要的應時著述。但這件事業甚難。因爲別的疏都是隨注詮釋。有一定範圍。這部經現行的注既要不得。而舊注又皆散佚。必須無中生有造出一部注來。纔可以做疏的基本。孫江王段年輩相若。他們着手著述像是不相謀。而孫書最晚成。四家中陳段著專分別今古文字。罕及義訓。外餘三家皆詮釋全經。純屬疏體。江氏裁斷之識較薄。其書用篆體寫經文。依說文改原字。其他缺點甚多。王氏用鄭注而兼存僞傳。又不載史記及大傳異說。是其所短。孫書特色。一在辨清今古文界限。二在所輯新注確立範圍。他認定史記爲古文說。（因司馬遷從孔安國問故）尚書大傳及歐陽大小夏侯爲今文說。（因皆伏生所傳）馬融鄭玄爲孔壁古文說。（因出自衛宏賈達）他名之曰「五家三科」。這些人的遺說都升之爲注。其餘先秦諸子及緯書白虎通等之今古說。許氏說文中之古文說。皆附之疏中。取材矜愼。樹例謹嚴。故最稱善本。（據錢衎石記事稿（卷十）說淵如的經學書大半由李次白貽德續成此書當亦在其列）

現在尚書新疏中誠無出孫著之右。但孫著能令我們滿足否。還不能。漢人注也有許多不對的地方。我在前段尚書條已經論過。但這一點姑且不管。即以漢注論。馬鄭注和歐陽夏侯遺說。孫氏蒐集未到而再經

後人輯出者也狠不少。所以我想現在若有位郝蘭臯倒有一樁買賣可做。試把孫江王以後續輯的尙書注古重新審定一番。仍區畫今古文製新注新疏。一定可駕諸家之上而不算蹈襲。可惜竟無其人哩。簡竹居就是想做這樁買賣的人可惜他學問不甚博見解又迂滯一點。他的集注述疏枝辭太多。還不能取孫淵如而代之哩。

孟子正義三十卷。江都焦循里堂著嘉慶二十年始爲長編二十三年屬稿二十四年成

孟子有趙岐注實漢經師最可寶之著作惟今注疏本之孫奭疏純屬僞撰。錢竹汀及四庫提要已辨之其書蕪穢蹐駁處不可悉數與孔賈諸疏並列眞辱沒殺人了。所以新注之需要除尙書外。則孟子最爲急切。里堂學問方面極多。其最用力者爲易學三書。注易既成纔着手做此書。已經垂老書纔成便死了。他說『爲孟子作疏者十難。』見本書卷末文繁不錄 但又說生在他的時代許多難工夫都經前人做過其難已減去七八。他備列所引當代人著述從顧亭林毛大可起到王伯申張登封止凡六十餘家可見他蒐采之勤與從善之勇了。他以疏解趙注爲主。但『於趙氏之說或有所疑。不惜駁破以相規正。』卷三十葉九 是於唐人「疏不破注」之例。也並未嘗墨守。這書雖以訓釋訓詁名物爲主然於書中義理也解得極爲簡當里堂於身心之學固有本原所以能談言微中也。總之此書實在後此新疏家模範作品價值是永永不朽的。

詩毛氏傳疏三十卷。長洲陳奐碩甫著嘉慶十七年屬稿道光二十年成凡經二十八年

這部書和並時胡馬兩家書的比較前在詩經條下已略爲說明。孔穎達毛詩正義合毛傳鄭箋而並疏之。碩甫以爲鄭康成本治韓詩。後改從毛。而作箋又時雜魯說。實爲不守家法。他自序雖未明斥鄭言外實含此意 所以舍鄭而

專疏毛。他自述撰著方法說道。『初仿爾雅。編作義類。凡聲音訓詁之用。天地山川之大。宮室衣服制度之精。鳥獸草木魚蟲之細。分別部居。各爲探索。久乃劃除條例章句。揉成作疏。』原書自序可見他這部書先有一番分類的草稿。後來纔通貫成書。所以全書沒有一點矛盾罅漏。碩甫是段茂堂弟子。最長於訓詁。毛傳是最古最好的訓詁書。所以此書所疏訓詁。最爲精粹。至於禮數名物。則毛傳闕而不詳。鄭箋所補。以這部分爲多。而碩甫不滿於鄭。他『博引古書。廣收前說。大抵用西漢以前之說。而與東漢人不苟同。』原書條例十九這一點是他狠用力的地方。但成功如何。我卻未敢十分相信。總之這部書碩甫『畢生思慮會萃於茲。』自序語其價值與毛詩同懸天壤。可斷言也。

儀禮正義四十卷。『績谿胡培翬竹村著此書屬稿及告成年月難確考惟卷首有道光己酉十月羅惇衍序稱先生力疾成書書甫成而遽歸道山』己酉爲道光二十九年竹村正以其年七月卒然則書亦成於其年也羅序又言此書『覃精研思積四十餘年』然則嘉慶十年前後已屬稿矣竹村爲胡樸齋匡衷之孫。樸齋著有儀禮釋官甚精洽。故儀禮實其家學。竹村又受業淩次仲。盡傳其禮學。所以著儀禮新疏的資格他總算最適當了。他以爲『儀禮爲周公所作。有殘闕而無僞託。鄭注而後。惟賈公彥疏盛行。然賈疏疏略失經注意。』於是發憤著此書。自述『其例有四。曰補注。補鄭君所未備也。曰申注。申鄭君注義也。曰附注。近儒所說雖異鄭恉。義可旁通。廣異聞袪專己也。曰訂注。鄭君注義偶有違失。詳爲辨正。別是非明折衷也。』胡培系著族兄竹村先生事狀引見研六室文鈔卷首我們看這四個例。就可以知道此書內容大概了。

春秋公羊傳義疏七十六卷。句容陳立卓人著此書著作年月無考因我僅見經解續編本序例皆失載無從考定惟據句溪雜著卷六論語正義序云『道光戊子秋立隨劉孟瞻梅蘊生兩師劉楚楨包孟開兩先生赴鄉闈孟瞻師楚楨先生病十三經舊疏多踳駁欲仿江氏孫氏尚書邵氏郝氏爾雅焦氏孟子別作義疏孟瞻師任左氏傳楚楨先生任論語而以公羊屬立……』則是書發意著述當在道光八年時卓人年僅二十耳惟雜著有劉文淇（孟瞻）癸卯七月敍語意全在敦促卓人之著此書則似癸卯時尙未有端緒雜著自序稱庚申出守滇南不克履任以後蹀躞道路不能著述又遭亂之藏書盡燬云云論語正義序又言『近甫畢成稿本復稾筆游楚越』劉叔俛爲作墓志銘則其遊楚越正在授雲南曲靖府不克到任之後然則是書當成於癸卯（道光二十三年）之間前後可十八年惟戊子至癸卯間預備工夫亦當不少耳

注公羊的何邵公與鄭康成齊名。自然是諸經注中之最好者。但徐彥的舊疏空言敷衍。毫無發明。因爲唐時公羊之學久絕。也難怪他。然疏之當改造。則學界所同認了。凌曉樓嘗銳意以此自任。晚年病風。精力不逮。僅成公羊禮疏十一卷。據劉孟瞻句溪雜著序孟瞻曉樓外甥也卓人爲曉樓弟子。繼師志以成此書。此書嚴守「疏不破注」之例。對於邵公只有引申絕無背畔。蓋深知公羊之學專重口說相承。不容出入也。其所徵引自董仲舒司馬遷以下凡漢儒治公羊家言者殆網羅無遺。清儒自孔莊劉以下。悉加甄採而施以嚴正的裁斷。禮制一部分。則多採師（凌）說而篤宗鄭氏。程易疇金輔之駁正最多。其於公羊家三世九旨諸說——邵公所謂『非常異義可之怪論』者。闡發無餘蘊。不獨非巽軒所夢見。卽方耕申受亦遜其精銳。在公羊學裏頭。大約算登峯造極的著作了。此書序例先傳不能知其義例要點我是二十七八年前曾讀過一徧久已忘記這段批評總不能寫出原書的特色

論語正義二十四卷。寶應劉寶楠楚楨著子恭冕叔俛續叔俛後序云『道光戊子先君子與劉先生文淇梅先生植之包先生愼言柳先生興思陳丈立約各治一經先君子發策得論語先爲長編數十巨册次乃薈萃折衷之……既而精力就衰後所闕卷畀恭冕使續成咸豐乙卯將卒、而先君子不起又十年及乙丑之秋而後寫定』某某部分有叔俛所續難確考李蒓客越縵堂日記謂所續爲雍也篇以後當有據然蒓客又指出公冶篇以前所引書有爲楚楨未見及者然則全書殆皆經叔俛增訂矣

附論語集注補正述疏十卷。順德簡朝亮竹居著

論語學在漢有齊魯古三家。自張禹合齊於魯。鄭康成復合齊魯於古。師法不可復辨。何晏集解。自言『集

諸家之善．其不安者頗爲改易．』然去取多乖．義蘊怫略．皇邢二疏．益無所發明．（皇疏近人已疑其僞）劉氏此書．仍疏何注．叔俛所述凡例云．『注用集解者．所以存魏晉人著錄之舊．而鄭君遺注．悉載疏內．至引申經文．實事求是．不專一家．故於注義之備者．則據注以釋經．略者則依經以補疏．其有違失未可從者．則先疏經文．次及注義．』據此可知他對於何平叔集解．實深致不滿．不過不得已而用之．故各章之疏．破注居半．在諸疏中算是最例外的了．陳卓人說．『視江孫邵焦諸疏義有過之無不及．』我未細讀．不敢多評．大概總不錯吧．

竹居疏晦翁集注．當然與漢學家不同調．但平心而論．晦翁集注實比平叔集解强．若把漢宋門戶擱在一邊．則疏他也何嘗不可．只是竹居的疏．我總嫌他空話太多一點．

左傳舊注疏證八十卷．（儀徵劉文淇孟瞻著．子毓崧伯山．孫壽曾恭甫續．未成．）

這部書始終未成．眞是學界一件憾事．孟瞻伯山父子之學．我們讀青溪舊屋通義堂兩集可以想見一斑．這部書之發起．據陳卓人說是道光八年和論語正義公羊義疏同時動議的．（見前）據伯山說．『草創四十年．長編已具．然後依次排比成書．』（通義堂集卷六先考行略）但左傳卷帙如彼其繁重．卒業自屬大難．孟瞻未及寫定而卒．伯山繼之．時值亂離．年僅五十卒．迄未能成．恭甫又繼之．年四十五．至襄公而絕筆．三世一經．齎志踵沒．可哀矣．（據國史儒林傳稿）此書既未得見．自無從妄下批評．但據伯山所述．知道他是革杜注的命．左傳自劉歆創通義訓．後賈逵服虔兩注盛行．自杜預剽竊成今注．而舊注盡廢．預助司馬氏篡魏．許多詖邪之說．夾在注中．所謂『飾經術以文訐言』者．前人論之甚多．大概不爲寃枉．這些且不管他．至於盜竊成書．總不能不說是破壞著述家道德。孟瞻父子。就是要平反這重公案。此書體例。『先取賈服鄭三君之注疏通證明。凡杜氏所排擊者糾正之。所剿襲者表明之。其沿用韋氏國語注者。亦一一疏記。他如五經異義所載左氏說。皆本左氏先師。說文所引左傳。亦是古文家說。漢書五行志所載劉子駿說。實左氏一家之學。又如經疏史注及御覽等書所引左傳注不載姓名而與杜注異者。亦是賈服舊說。凡若此者。皆稱爲舊注。而加以疏證。其顧惠補注及洪稚存焦里堂沈小宛等人專釋左氏之書。以及錢戴段王諸通人說。有可采。咸與登列。末始下以己意。定其從違。上稽先秦諸子。下考唐以前史書旁及雜家筆記文集。皆取爲證佐。期於實事求是。俾左氏之大義炳然復明。』（伯山先考行略）此事若成。價値或爲諸家新疏之冠也未可知。今既不得見。所以我不嫌繁重把伯山的話全錄如右。劉家子弟聞尚有人。不審能把家藏稿本公之於世否。就是缺了昭定哀三公也無妨呀。

周禮正義八十六卷。瑞安孫詒讓仲容著同治季年草創光緒二十五年成

此書和黃儆季的禮書通故。眞算得清代經師殿後的兩部名著了。此書重要的義例有如下諸點。其一。釋經語極簡。釋注語極詳。就這點論。和劉楚楨的論語正義正相反。蓋楚楨本不信任何氏集解。仲容則謂『鄭注詳博淵奧。注明卽經明。義本一貫也。』其二。多存舊疏。聲明來歷。蓋賈疏在諸舊疏中本較好。原非孟子僞孫疏公羊徐疏尚書僞孔傳之孔疏等可比也。唐疏多乾沒舊義。近儒重修。時亦不免。如胡竹村儀禮正義襲用賈疏處蓋不少。而每沒其名。仲容則絕不攘善。於著述家道德守之最嚴。其三。雖極尊鄭注而不墨守迴護他說。『唐疏例不破注。六朝義疏家原不盡然。』且康成對於杜（子春）鄭（衆）亦時有糾正。

所以他竊比斯義『尋繹經文博稽衆家注有牾違輒爲匡糾』其四嚴辨家法不強爲牽合淸儒治禮嗜博太過每採雜羣書強事會通仲容謂『周禮爲古文學與今古師說不相同曲爲傅合非惟於經無會彌復增其紛糾』所以他主於以本書解本書他書不合之處疏通別白使不相淆就這點論最合守約之法綜而論之仲容斯疏當爲淸代新疏之冠雖後起者勝事理當然亦其學識本有過人處也周禮本書價値問題迄未解決仲容極端的尊信是否適當原狠有商榷的餘地但這部書最少也是西漢末一種古籍就令出於漢人理想的虛構也狠値得細心研究仲容這部疏總算替原書做一個大結束了。

以上所舉九部新疏（附見四部）十三經中已得九經了。餘下四經還要附帶一講。

一、孝經。有善化皮鹿們（錫瑞）的孝經義疏。但我未見。不敢批評。孝經價値本來僅等於禮記之一篇我想有無不甚足爲輕重的。

二、穀梁傳。這部傳可謂「數奇。」據我所知。邵二雲曾著一部穀梁正義。像是未成。（洪稚存邵學士家傳說他著有穀梁古注錢竹汀邵君墓志銘說他著有穀梁正義我想或是古注已成正義在屬稿蓋二雲以五十四誤藥暴卒著作多未成也）其後梅蘊生（植之）又擬著穀梁集解正義。亦未成而卒。（薛壽學詁齋文集卷下稽庵集後序云『丁亥戊子間先生欲仿孫氏尚書焦氏孟子例撰穀梁集解正義草創疏證而書未成』案稽庵集爲劉孟瞻劉楚楨之友陳卓人之師卓人述道光戊子與蘊生二劉及包孟開赴鄉闈時相約著各書（看前文公羊義疏條注）當時楚楨任論語孟瞻任左氏卓人任公羊蘊生則任穀梁蘊生稽庵集中有贈薛子壽詩云『泛舟及包劉遂結著書約』即指此事也蘊生中年咯血壽僅五十（見孟瞻所爲梅君墓志銘）故此書獨不成）大概邵著擬另集古注。（如孫氏尚書例）梅著擬仍疏范甯集解（如焦氏孟子例）但都未成不必多講了。

三、禮記。這部書始終未有人發心做新疏總算奇事。

四。易經。 做這部書的新疏。我想怕是不可能的。因爲疏王韓舊注。不獨清儒所不肯。且亦沒有什麼引申發明的餘地。除非疏李鼎祚的集解或另輯一注。但漢儒異說紛歧。偏疏亦窮於術。（在我們看是「一邱之貉」在尊崇漢學的清儒看是「兩姑之間難爲婦」）所以或如焦里堂之空諸依傍獨抒己見。（毛奇齡之仲氏易姚配中之周易姚氏學等亦近此類） 或如張皋文之專釋仲翔。抱殘守缺。（舉文之周易虞氏義亦全經通釋但非疏體） 若要作一部「惠氏易漢學式」之新疏。恐怕誰也沒有這種勇氣。

以上所舉諸家新疏。是否算已經把這幾部經完全弄明白。這幾部經是否值得下恁麼大的工夫。都是別問題。我不敢輕下判斷。但和現行的十三經注疏比較。最少有兩種優異之點。第一。每一部疏由一人獨力做成。不像舊疏成於衆手。第二。每人只做一部疏。不像孔賈輩之「包辦的」「萬能的」。（此事指唐疏言幾部惡劣的宋疏更不足齒論） 我們對於幾位著作家不能不十二分感服。因爲他們的忠實和努力。是狠不容易學的。他們不爲名。不爲利。只是爲學問而學問。把全生涯費在一部書。卒能貫徹初志。他們的學問有用無用。另一問題。但他們做學問的方法。眞可學。做一門學問。便要把他的內容徹底了解。凡一切關係的資料。搜集一無遺漏。着手著述之時。先定計畫。各有別裁。每下一判斷。必待衆證都齊之後。（判斷對不對另一問題也許證甚博而斷仍錯但待證乃斷便是忠實於學） 所以這幾部書。無論如何。總是在學術史上有紀念的價值。至於他們所以能著成這幾部書。也非專靠他們個人之力。九部之中。兩部成於乾隆末年。七部在嘉道以後。實由先輩已經做過許多工作。他們纔利用而集其成。倘使他們生於明代或清初。也不能有這種成績。所以我名之爲「清代經學的結晶體」。有好事者能把諸書彙刻爲一編。亦一佳話也。

（辛）其他通釋羣經之著作。清儒以經學爲學問中心。凡筆記類如日知錄。十駕齋養新錄。東塾讀書記……等。文集類如戴段阮錢……諸集等。說經之文占大部分。想完全了解清人經學。這類書實極重要。但內容既不盡屬於經我只得別標一題評他們的價值。這裏有幾部書應該特提。

一朱竹垞彝尊的經義考三百卷。這部書把竹垞以前的經學書一概網羅。簿存目錄。實史部譜錄類一部最重要的書。研究「經史學」的人最不可少。還有謝蘊山啓昆的小學考。也是踵朱書而成。其內容價值當於譜錄條下論之。今互見於此。

一臧玉林琳的經義雜記三十卷。這書若出在乾嘉以後。並不稀奇。因爲他是康熙初年作品。而饒有乾嘉學派精神。所以要另眼看待。（這書久藏於家嘉慶間纔由他的玄孫藏在東庸刻出有人說內中一部分是在東所著臨美先人但無確據不敢遽認爲事實）

一王伯申引之的經義述聞三十二卷。王石臞伯申父子。爲清學第一流大師。人人共知。這書名爲「述聞」。蓋伯申自言聞於石臞者。其實他們以父子而兼師友。此書亦可稱父子合作也。這部書最大的價值。在校勘和訓詁方面。許多難讀或前人誤解的文句。讀了他便渙然冰釋。王氏父子理解直湊單微。下判斷極矜慎。所以能爲一代所宗。（試留心讀嘉道以後著作罕有能引經義述聞而駁之者）世所稱「王氏四種」者。乃此書與經傳釋詞讀書雜誌廣雅疏證合稱。實則四種合起來。纔見得出王氏經學之全豹。今爲敍述方便起見。那幾部在小學及子書兩條下別論。

一俞陰甫樾的羣經平議十卷。此書全應用經義述聞的方法。繼續有所發明。價值也僅下經義述聞一等

平心論之。清代風尚所趨。人人爭言經學。誠不免漢人『碎義逃難』『說三字至二十餘萬言』之弊。雖其間第一流人物。尚或不免。承流望風者更不待言。所以在清末已起反動。現在更不消說無人過問了。他們若能把精力和方法用到別的方面。成就或者可以狠大。僅用之幾部古經。已覺十分可惜。即以經學論。講得越精細。越繁重。越令人頭痛。結果還是供極少數人玩弄光景之具。豈非愈尊經而經愈遭殃嗎。依我看。這種成績。只好存起

來算做一代學術的掌故。將來有專門篤嗜此學之人。供他們以極豐富的參考。至於整理經學。還要重新闢一條路。令應讀之經。(非全數部應讀也注意)人人能讀而且樂讀。我雖然還沒有具體方法。但大概在用簡明的方法解釋其文句。而用有趣味有組織的方法發明其義理。義理方面且另說。文句方面則清儒替我們做過的工作實不少。大約清儒經學諸書。名物制度一類聚訟不結者尙很多。訓詁一類工夫已經做到八九成。這便是各位經師對於一般人最大的貢獻了。

(二)小學及音韻學

小學本經學附庸。音韻學又小學附庸。但清儒向這方面用力最勤。久已「蔚為大國」了。方纔說他們最大的貢獻在訓詁。他們為什麼能有這種貢獻。就因為小學音韻學成為專門之業。今為敍述方便起見。所以於經學之外別立一節論他。

「小學」是襲用漢人的語術。實際上應該叫做文字學。這門學問可以分為兩大類。一是研究一個字或一個辭的意義。二是研究字和辭的聯綴用法。我為下文說明便利起見。杜撰兩個新術語。第一類叫做「字義學」。第二類叫做「字用學」。音韻學也是字義學的一部分。所有小學書什有九是字義學。字用學現在還幼稚得狠哩。

字義學即是字典之學。我國古來之字典有三種組織法。一以各字(或辭)所含意義分類組織。爾雅方言釋名廣雅等書便是。二以各字的形體及所從偏旁分類組織。說文玉篇等書便是。三以各字的讀音分類組織。切

韻集韻廣韻等書便是本節所講以第一二類歸入小學以第三類歸入音韻學

崇禎十五年出版之方密之以智通雅五十卷實爲近代研究小學之第一部書體例略仿爾雅而門類稍有增減（看第十二講方密之條）此書有許多新理解先乾嘉學者而發明但後來人徵引狠少不知何故爾雅一類書之專門的研究蓋始於戴東原他著有爾雅文字考十卷其書成而未刻今恐已佚據自序所說原係隨手劄記之書大約於舍人劉歆樊光李巡鄭康成孫炎舊注多所蒐輯補郭注之漏正邢疏之失至於『折衷前古使爾雅萬七百九十一言合之羣經傳記靡所扞格則俟諸異日』據此知東原對於整理爾雅尚有許多計畫此書尚非滿意之作也其此類書現存者則有

方言疏證十三卷（休甯戴震東原著互見本節音韻條）

楊雄方言爲西漢最好的小學書東原首先提倡他但這部書雖名爲疏證然而注重校勘詮釋的工作尙少自序說『廣按羣籍之引用方言及注者交互參訂改正僞字二百八十一補脫字二十七刪衍字十七逐條詳證之』蓋自得此校本然後方言可讀四庫所著錄聚珍板所印行即此本也（段茂堂著東原年譜稱『東原嘗將方言分寫於說文每字之上』亦是一種整理法）次則

爾雅正義二十卷（邵晉涵著見前）

爾雅釋義十卷釋地以下四篇注四卷（嘉定錢坫獻之著）

爾雅義疏二十卷（郝懿行著見前）

此爲疏釋爾雅之專書皆乾嘉間作品爾雅這部書清儒認定他是周公所作把他捧得狠高依我們看不過西

漢末劉歆一派人將漢儒傳注采輯而成。年代也許在方言之後。但他把各字的性質意義分類排纂。又不但解釋單字。而且兼及二字以上連綴而成的「辭」。在當時確是一種狠進步的字典或辭典。價值當然不朽。清儒提倡小學。於是這部書的研究日盛。邵二雲的正義。就是把戴東原所計畫的事業賡續成功。在這門學問裏頭算是創作。郝蘭皋補綴一番。愈益精密。這兩部書的比較價值。前節已論過。不再贅了。（錢著未細讀不敢妄評）此外有專釋爾雅名物之書。（如程瑤田通藝錄中釋宮釋草釋蟲諸小記任大椿之釋繒洪亮吉之釋舟劉寶楠之釋穀錢大昕之釋人等）有專輯爾雅古注之書。（如臧庸之爾雅漢注黃奭之爾雅古義等）有釋爾雅著作體例之書。（王國維之爾雅草木鳥獸蟲魚釋例甚好惜僅限於一部分）這部書經二百年學者之探索。大概已發揮無餘蘊了。又次則

釋名疏證八卷。補遺一卷。續釋名一卷。（鎮洋畢沅秋帆著）

釋名爲漢末劉熙撰。時代較說文稍晚。這書體例和爾雅略同。但專以同音爲訓。爲以音韻治小學之祖。釋名疏證。題畢秋帆著。實則全出江艮庭（聲）之手。舊本譌脫甚多。畢江據各經史注唐宋類書及道釋二藏校正之。復雜引爾雅以下諸訓詁書證成其義。雖尚簡略。然此二書自是可讀。其最博洽精覈者則

廣雅疏證十卷。（高郵王念孫石臞著）

廣雅爲魏張揖著。出爾雅方言釋名之後。搜集更博。石臞本著。先校正其譌舛。繼詮釋其義訓。（校正譌字五百八十脫者四百九十衍者三十九先後錯亂者百二十三正文誤入音內者十九音內字誤入正文者五十七）自序其著作宗旨及體例云『訓詁之旨本於聲音。故有聲同字異。聲近義同。雖或類聚羣分。實亦同條共貫。……此之不寤。則有字別爲音。音別爲義。或望文虛造而違古義。或墨守成訓而尠會通。……今則就古音以求古義。引申觸類。不限形體。……其或張君誤采。博考以證其失。先儒誤

說．參酌而審其非．『所謂』就古音以求古義．引申觸類』實清儒治小學之最大成功處．而這種工作．又以高郵王氏父子做得最精而最通．廣雅疏證實為研究「高郵學」者最初應讀之書．讀了他再讀讀書雜誌經傳釋詞經義述聞可以迎刃而解．石臞七十六歲纔着手著此書．每日限定注若干個字．一日都不曠課．到臨終前四年纔成．(石臞年八十九)所以這部書可算他晚年精心結撰之作．昔酈道元作水經注．論者咸謂注優於經．廣雅原書雖尚佳．還不算第一流作品．自疏證出．張稚讓倒可以附王石臞的驥尾而不朽了．以石臞的身分．本該疏爾雅纔配得上．因為邵疏在前．恥於蹈襲．所以走偏鋒．便宜了張稚讓．然和郝蘭臯相比．蘭臯也算笨極了．此外應附記者有

小爾雅疏八卷．上虞王煦汾原著

小爾雅訓纂六卷．長洲宋翔鳳于庭著

小爾雅疏證五卷．嘉定葛其仁鐵生著

小爾雅義證十三卷．涇縣胡承珙墨莊著

小爾雅本是偽孔叢子中之一篇．清儒因他存輯漢人訓詁不少．抽出來單行研究．以上四書．大略同時所著．不相謀而各有短長．也算是走偏鋒而能成家的．

以上各書．都是清儒把漢魏以前分義編纂的字典．用極綿密的工作去解釋．成績真可佩服．至於他們新編的字典則有．

經籍纂詁一百六十卷．儀徵阮元芸臺編互見類書條

這部書是阮芸臺任浙江學政時候，手創義例，命詁經精舍學生臧在東（庸）臧禮堂（和貴）洪筠軒（頤煊）洪百里（震煊）陳仲魚（鱣）周鄭堂（中孚）等二十幾位分途編輯的。各字依佩文韻府的次序排列，每字的解釋專輯集古書成說。所收者約爲下列各種。一、古經古子本文中之訓詁。（如「仁者人也」「義者宜也」「元者善之長也」「亨者嘉之會也」之類，所收子書最晚者爲顏氏家訓）二、各經注。（以十三經注疏爲主，佐以清儒所輯古佚注）三、漢魏以前子書及古史注。（自國語韋注、戰國策、呂覽、淮南子高注，下至列子張注、管子房注、荀子楊注等）四、古史部集部注。（限於史記裴解集、司馬索隱、張正義、漢書顏注、後漢書李注、三國志裴注、楚辭王注、文選李注）五、小學古籍。（爾雅、方言、說文、廣雅、釋名、小爾雅、字林、埤蒼、聲類、通俗文、匡謬正俗、經典釋文、一切經音義、華嚴經音義、翻譯名義、隸釋、隸續等）唐以前訓詁，差不多網羅具備。眞是檢查古訓最利便的一部類書。這書雖依韻編次，但目的並非在研究韻學，所以我不把他編在音韻條而編在本條。

最簡朴的古字典，（出在爾雅方言以前）爲漢書藝文志所述的秦時李斯的蒼頡七章，趙高的爰歷六章，胡毋敬的博學七章。（漢志說史籀十五篇周宣王時書，我們不相信）漢興，閭里書師把這三種揉合起來，每章六十字，共五十五章，名爲蒼頡篇。其後司馬相如的凡將，史游的急就，揚雄的訓纂，班固的續訓纂，相繼而起。這類字典，狠像後世的千字文、百家姓，又像醫家的湯頭歌訣，挑選幾百或幾千個單字，編成韻語，意義聯貫，專備背誦之用，並沒有什麼訓釋。西東漢之交，研究日趨細密，便把所有的字分起類來——指事、象形、會意、形聲、轉注、假借，謂之六書。（六書兩字始見周禮，其六種名則首載漢志，次爲說文序。東漢人說是起自周公時，我們不相信，大概是揚雄、劉歆、杜林這班小學家研究出來的）和帝永元間許叔重根據六書義例，以各字的形體及所從偏旁分類著成一部說文解字，遂爲秦漢以來小學一大結束，又爲後來字書永遠模範。

說文這部書，清以前的人，並不十分作興他。宋元閒徐鉉、徐鍇、李燾、吾邱衍等，雖閒有撰述，然發明甚少，或反把他紊亂了。明末有一羣文學家好用僻字，拿來當枕中鴻秘，但並不了解他的價値和作用。（趙光宧著說文長箋，顧亭林極攻擊他）

明清之交方密之算是最初提倡說文的人在通雅中常常稱引或解釋康熙一朝經學家雖漸多但對於說文也並沒有人十分理會乾隆中葉惠定宇著讀說文記十五卷實清儒說文專書之首而江愼修戴東原往復討論六書甚詳盡東原對於這部書從十六七歲便用功起雖沒有著作然傳授他弟子段茂堂自是說文學風起水湧占了清學界最主要的位置謝蘊山啓昆小學考說當時關於說文的名著有三部

說文解字注三十卷金壇段玉裁茂堂著小學考作「說文解字讀」想是原名後來很少人知道

說文統釋六十卷嘉定錢大昭晦之著

說文解字正義三十卷海寧陳鱣仲魚著

茂堂的說文注盧抱經序他說『自有說文以來未有善於此書者』小學考卷十引王石臞序他說『千七百年來無此作』本書卷首百餘年來人人共讀幾與正經正注爭席了說文自唐宋以來經後人竄改或傳鈔漏落顚倒的不少茂堂以徐鍇本為主而以己意推定校正的狠多後人或譏其武斷所以段注訂鈕樹玉著八卷段注匡謬徐承慶著八卷段注考正馮桂芬著十六卷一類書繼續出得不少內中一部分誠足為茂堂諍友茂堂此注前無憑藉在小學界實一大創作小有舛誤毫不足損其價值何況後人所訂所匡也未必盡對呢茂堂又最長韻學訂古韻為十七部每字注明所屬之部由聲音以通訓詁王石臞序最稱贊他這一點我想這點自然是他的好處但未足以盡之

錢陳兩書未見不知有無刻本錢書有自序述十例『一疏證以佐古義二音切以復古音三考異以復古本四辨俗以證譌字五通義以明互借六從母以明孳乳七別體以廣異義八正譌以訂刊誤九崇古以知古字十補字以免漏落』小學考引晦之為竹汀弟其書應有相當價值陳仲魚書阮芸臺謂其『以聲為經偏旁為緯』論語古訓

（序。小學考引）果爾，則當與後此姚文田朱駿聲各書同體例。（參看次段）但書名「正義」，似是隨文疏釋，頗不可解。

自段注以後，關於說文之著作，如嚴鐵橋（可均）之說文校議（三十卷），錢獻之（坫）之說文斠詮（十四卷）皆主於是正文字，而嚴著號稱精核，其通釋之書最著者，則

說文義證五十卷。（曲阜桂馥未谷著）

說文釋例二十卷。（安邱王筠菉友著）

說文句讀三十卷。（同上）

桂書與段書不同之處，段氏勇於自信，往往破字創義，然其精處卓然自成一家言。桂書恪守許舊，無敢出入，惟博引他書作旁證，又皆案而不斷，桂之識力不及段，自無待言，但每字羅列羣說，（頗似經籍纂詁）觸類旁通，令學者紬索而自得，（不爲著者意見所束縛）所以我常覺得桂書比段書更爲適用。王菉友釋例，爲斯學最閎通之著作，（價值可與淩次仲禮經釋例劉申受公羊釋例相埒）凡名家著書，必有預定之計畫，然後駕馭材料，即所謂義例是也，但義例狠難詳細臚舉出來。（近人著述方法進步，大率自標凡例以便讀者，然終不能十分詳盡，古人則用此法者尚少）不令在好學者通觀自得，說文自然也是如此，又說文自大徐（徐鉉）以後，竄亂得一塌糊塗，已爲斯學中人所公認，怎麼樣纔能全部釐整他呢，必須發見出原著者若干條公例，認定這公例之後，有不合的便知是竄亂，纔能執簡御繁。戴東原之校水經注即用此法，段茂堂之於說文，雖未嘗別著釋例，然在注中屢屢說「通例」如何如何，（我們可以輯一部「說文段注例」）他所以敢於校改今本，也是以他所研究出的「通例」爲標準，菉友這部釋例，就是專做這種工作，他所發見的例是否都對，我不敢說，（但我覺得六七成對的）但他的創作力足與茂堂對抗，灼然無疑了。說文句讀成於釋例之後，隨文順釋全書，自然與段氏不盡同者五事，一刪篆，二一貫，

三反經。四正雅。五特識。（見自序文繁不錄）此書最後出而最明通最便學者。

學者如欲治說文我奉勸先讀王氏句讀因爲簡明而不偏詖次讀王氏釋例可以觀其會通。（未讀過說文原書驟讀釋例不能了解）段注呢他是這門學問的「老祖宗」我們不能不敬重他但不可爲他意見所束縛。（或與句讀並讀亦可）桂氏義證擺在旁邊當「顧問」有疑義或特別想求詳的字便翻開一查因爲他材料最豐富其餘別家的書不讀也罷了。（用我的方法三箇月足可以讀通說文我狠盼望青年們送一箇暑假的精力給這部書因爲是中國文字學的基礎）

清儒之治說文本由古韵學一轉手而來。所以段注後頭附一部六書音韵表注中各字於韵特詳。戴東原的轉注二十章序說『昔人既作爾雅方言釋名余以爲猶闕一卷書……』這「一卷書」是什麼呢就是以音韵爲主的新字典。陳仲魚的說文正義『以聲爲經偏書爲緯』。像是就想做這一卷書。後來姚秋農（文田）錢溉亭（塘）各著說文聲系。（姚十四卷錢二十卷）苗仙簏（夔）著說文聲讀表。（七卷）嚴鐵橋（可均）著說文聲類。（二卷）張皋文（惠言）著說文諧聲譜。（二十卷）其他同類的作品尚不下十餘家。最後則有

說文通訓定聲十六卷。（吳縣朱駿聲允倩著）

這些人都像是因東原的話觸發出來想把說文學向聲韻方面發展而朱氏書最晚出算是這一羣裏頭最好的。這部書把全部說文拆散了從新組織。『舍形取聲貫穿聯綴』。（凡例語下同）各字分隸於他所立古韵十八部之下。『每字本訓外列轉注借假二事』。『凡經傳及古注之以聲爲訓者必詳列各字之下標曰聲訓』。雙聲字『命之曰轉音』。總算把說文學這一片新殖民地開闢差不多了。可惜少了一張表。（姚秋農是這一派的先登者他的書全部是表但做得不好）

此外尙有對於說文作部分的研究者．如因說文有徐氏新附入之字往往與本文混亂．於是有說文新附考一類書．（鄭珍著六卷）因說文引經多與今本有異同．於是有說文引經考一類書．（宋玉搢著二卷陳瑑著八卷臧禮堂著二卷）因鐘鼎文字學發達的結果．對於說文中之籀文引起研究興味．於是有說文古籀疏補一類書．（莊述祖著六卷潘祖蔭著一卷）此外這種局部的著述還不少．眞算燦爛極了．

恁麼多關於說文的書．這門學問被他們做完了沒有．我說還不會．第一件．從姚秋農到朱允倩所做聲系一類書．我都認爲不滿意．因爲他們都注重收音．忽略發音．還不配戴東原所謂「那一卷書」我對於這項意見．曾發表過從發音上研究中國文字之源一篇短文．（見梁任公近第一輯下）第二件．說文的會意字．還沒有人專門研究．說文標明「會意」的字雖不多．但凡云『从某从某』或云『从某从某省』都是會意．云『从某从某某亦聲』者．都是形聲兼會意．而且依着『聲系一派』（如我所說的發音來源纔算徹底）的主張．每字所諧的聲都有意義．然則形聲字的全部都是形聲兼會意了．會意字既如此其多．我們用社會學的眼光去研究．可以看出有史以前的狀況不少．這是文字學上一件大事業．這項意見．我二十年前曾發表過國民語原解一篇短文．（見飲冰室叢書）可惜我的見解都未成熟．（國文語原解尤其要不得）近來學問興味．又不向這方面發展．大概不會再往前研究了．但我確信這兩條路是可走的．狠願意推薦給後起的青年們．

以上把字義學的成績大概說過了．附帶着要說說『字用學』

最初的字．總是從實物或實象（純客觀的一定之象如方位數目之類）造起．漸漸到人類的動作．（人類和外界發生關係兼主客兩體而成）漸漸到人類的心理．漸漸到純抽象的名詞．文字發展的次第大概如此．動作心理等已經有大部分來不及造用舊字假借．

還有所謂「語詞」的一部分（發語詞、接續詞、感歎詞、停頓詞、疑問詞等等）最初純用口語或手勢表現，根本就沒有這類字。書本上這類字都是假借同音之字來充數的，然而音是古今時時變化，地方又各各不同，既沒有一定之字，便隨人亂用。（例如「乎」「無」「麼」「嗎」本是一個音變化出來，但現在讀去音已經很不同，字形更是渺不相屬。）而且用法（擺在一句話中間的位置之類）也常常因時而異，因地而異，因人而異。古書所以難讀，最主要的就是這部分。（不獨古書，白話亦然。）所以有眼光的小學家發心做這部分工作，替後人減除困難。清儒頭一部書是。

助字辨略五卷。確山劉淇南泉著

南泉是素不知名的一位學者，這部書從錢警石（曝書雜記）劉伯山（通義堂集）先後表章，纔漸漸有人知道。書成於康熙初年，而和王伯申暗合的極多，伯山都把他們比較列出。（伯申斷不是剽竊的人，當然是沒有見過這部書。）清初許多怪學者，南泉也算其一了。至於這門學問的中間，自然要推。

經傳釋詞十卷。高郵王引之伯申著

伯申以為『自漢以來，說經者宗尚雅訓，凡實義所在，既明著之矣，而語詞之例，則略而不究，或即以實義釋之，遂使其文扞格而意亦不明。』（自序語，下同）他拿許多古書比較研究，發見出許多字是『其為古之語詞，較然甚著，揆之本文而協，驗之他卷而通，雖舊說所無，可以心知其意者。』他於是『引而伸之，以盡其義類，自九經三傳及周秦西漢之書凡助語之文，徧為搜討，分字編次。』成了這十卷書。我們讀起來，沒有一條不是渙然冰釋，怡然理順，而且可以學得許多歸納研究方法，真是益人神智的名著了。後此從伯申脫化出來而範圍更擴大者則有，

古書疑義舉例七卷。德清俞樾蔭甫著

蔭甫發見出許多古人說話行文用字之例。卷一至卷四 又發見出許多後人因誤讀古書而妄改或傳鈔譌舛以致失眞例。卷五至卷七 上半部我們可以叫他做『古代文法書』下半部可以叫他做「校勘祕訣」王俞二書。不過各兩小册我想凡有志讀秦漢以前書的人總應該一流覽的。最後則有。

文通十卷。丹徒馬建忠眉叔著

眉叔是深通歐文的人這部書是把王俞之學融會貫通之後仿歐人的文法書把語詞詳密分類組織而成的。著書的時候是光緒二十一二年。他住在上海的昌壽里和我比鄰而居每成一條我便先覩爲快有時還承他虛心商榷他那種研究精神到今日想起來還給我狠有力的鞭策至於他創作的天才和這部書的價值現在知道的人甚多。不用我贊美了。

音韻學爲清儒治經之副產物。然論者或謂其成績爲諸學之冠。我素來沒有研究。完全外行。對於內容得失不敢下半句批評。只把這門學問的來歷和經過說說。還怕會說錯哩。

清代的音韻學。從一個源頭上分開兩條支路發展。一是古韻學。一是切韻學。

古韻學怎樣來歷呢他們討論的是那幾稭問題呢稍有常識的人總應該知道現行的佩文韻府把一切字分隸於一百零六個韻。上下平聲合三十上聲二十九去聲三十入聲十七 韻府本於南宋的禮部韻略。韻略百七部比韻府多一部 韻略本於唐的廣韻。廣韻卻是分爲二百零六部現在韻書最古而最完備的莫如廣韻所以研究此學都以廣韻爲出發點。爲什麼由二百零六變爲一百零七。這是唐宋後音變的問題古韻家懶得管他廣韻二百六部分得對不對這是唐音的問題．古韻家也懶的管他．他們所討論者專在三代秦漢甚候韻之分部如何．古書中如易經詩經楚辭老子等幾乎全書都協韻．然而拿廣韻和韻略比對起來．卻什有九並不同韻．宋以來儒者沒有法子解釋這緣故．只好說是「借叶．」（本不同韻勉强借來叶的）清儒以為漫無範圍的亂借亂叶．豈不是等於無韻嗎．所以他們反對此說．一定要找出古人用韻的規律來．換句話說．就是想編一部「古佩文韻府．」

清代音韻學的鼻祖共推顧亭林．他著有音學五書．（一音論二易音三詩本音四唐韻正五古音表）為生平得意之作．凡經三十年．五易其稿．自言．「據唐人以正宋人之失．據古經以正沈氏（約）唐人之失．而三代以上之音．部分秩如．至賾而不可亂．』同時柴虎臣（紹炳）毛稚黃（先舒）等皆治此學．有著述．而理解遠不逮亭林．毛西河喜立異爭名．專著書和亭林作對．（書名古今通韻凡十二卷）然而所說話毫無價值．沒有人理他．亭林以後．中興此學者為江慎修．著古韻標準．慎修弟子戴東原著聲類表．聲韻考．東原復傳其弟子段茂堂．王石臞．孔巽軒．茂堂著六書音韻表．據以注說文．石臞巽軒都各有撰述．（石臞書近由上虞羅氏印行巽軒書名曰詩聲類）而段王後輩有江晉三（有誥）著音學三書．亦頗多創獲．要之乾嘉以後．言古韻者雖多．而江戴門下薪火相傳．實為其中堅．

他們最主要的工作是研究古韻分部．他們以為廣韻二百六部乃唐以後聲音繁變派衍出來的．古代沒有那麼複雜．所以要把他歸併成若干部以求合古人所用之韻．

這種工作．不始於清儒．宋朝的鄭庠是最先研究的．他把二百六部歸併成六部．亭林拿他作研究基礎．析為十部．慎修又析為十三部．茂堂又析為十七部．東原析為十八部．巽軒析為十九部．石臞析為二十一部．晉三也是二十一部．而和石臞又微不同．東原所謂『以漸加詳』也．後人雖於諸家互有從違．然很少能出其範圍．

我想讀者一定要發問『二百六部規定爲六部十部……不太少嗎。怎樣歸併法呢。』勿驚。廣韵的二百六部係兼包平上去入四聲的。四聲雖有淸濁高低舒促之別。韵總是一貫。所以拿平聲可以代表上去入。廣韵的平聲也只有五十七部。將五十七歸併爲六或二十一。並非不可能之事。歸併到怎樣程度。纔能和古書所用的韵脗合。便是他們苦心研究的第一個問題。

平聲和上聲去聲是容易印合的。「東」「凍」「動」一讀下去。當然知道是同部。惟有入聲最囉唕。每每調不出來。廣韵平聲有五十七韵。入聲只得三十四韵。對照起來便有二十二韵只有平上去而無入。到底這三十四個入聲韵該如何分配。最足令講古韵的人頭痛。這是他們苦心研究的第二個問題。許多辨難都從此起。

讀以上所講大概可以知道他們問題焦點所在了。爲力求明晰起見。將鄭庠顧炎武江永段玉裁四家所分類列出一張表把這表說明之後。再說戴孔王諸家所以異同之故。

鄭顧江段古韵分部比較表

	平聲	入聲
鄭氏六部	1 東冬江陽庚靑蒸	屋沃覺藥陌錫職
顧氏十部	1 東冬鍾江	無
	7 陽唐	無
	8 耕庚淸靑	無
	9 蒸登	無
江氏十三部	1 東冬鍾江	無
	8 陽唐	無
	9 庚耕淸靑	無
	10 蒸登	無
段氏十七部	9 東冬鍾江	無
	10 陽唐	無
	11 庚耕淸靑	無
	6 蒸登	無

2	3	4	5	6
支微齊佳灰	魚虞歌麻	眞文元寒刪先	蕭肴尤豪	侵覃鹽咸
無	無	質物月曷黠屑	無	緝合葉洽

2	3	6	4	5	10
支脂之微齊皆灰咍	魚虞模侯	歌戈麻	眞諄臻文欣元魂痕寒極刪山先仙	蕭宵肴豪尤幽	侵覃談鹽添咸銜嚴
質術櫛物迄月沒曷末黠鎋屑薛麥昔錫職德	藥鐸陌	無	無	屋沃燭覺	緝合盍葉怗洽狎業乏

2	3	7	4	5	6	11	12	13
支脂之微齊皆灰咍	魚虞模	歌戈麻	眞諄臻文欣魂痕	元寒桓刪山先仙	蕭宵肴豪	尤侯幽	侵	覃談鹽添咸銜嚴凡
麥昔錫職德	藥鐸陌	無	質術櫛物迄沒	月曷末黠鎋屑薛	無	屋沃燭覺	緝	合盍葉怗狎業乏

1	15	16	4	5	17	12	13	14	2	3	7	8
之咍	脂微齊皆灰	支佳	侯	魚虞模	歌戈麻	眞臻先	諄文欣魂痕	元寒桓刪山仙	蕭宵肴豪	尤幽	侵鹽添	覃談咸銜嚴凡
職德	術物迄月沒曷末黠鎋薛	陌麥昔錫	無	藥鐸	無	質櫛屑	無	無	無	屋沃燭覺	緝葉怗	合盍洽狎業乏

（表的說明）

一、將廣韻五十七個平聲韻挑出三十個當代表。（此三十個就是現行佩文韻府所采用）再將他分成六部這是鄭氏作始之功。

二。把鄭氏的第一部（東冬江陽庚青蒸）析爲四部。（一東冬鍾江二陽唐三庚耕淸靑四蒸登）是顧氏的發明。江段無改。

三。鄭氏的第二部（支微齊佳灰）顧江無改。段氏把他析爲三部（一之咍二脂齊皆灰三支佳）這是段氏的大發明。東原石臞都拍案叫絕。（「之」「脂」「支」現在讀起來毫無分別茂堂從古書中考出他分別甚明但亦沒有法子讀成三種音晚年以書問江晉三云『足下能知其所以分爲三乎僕老耄倘得聞而死豈非大幸』）

四。鄭氏的第三部。（魚虞歌麻）顧氏析爲二。（一魚虞模侯二歌麻）江氏因之。但把「侯」剔出歸併「尤幽」部。段氏則既不以「侯」合「魚虞模」。也不以合「尤幽」。完全令他獨立。所以共析成三部。這部分的問題。以「侯」「尤」之分合爲最主要。

五。鄭氏的第四部。（眞文元寒刪先）顧氏因之。江氏析爲二。（一眞諄臻文欣魂痕二元寒桓刪山先仙）段氏復將江氏第一類析爲二。變成三部。又將江氏第三類的「先」移入第一類的「眞臻」「眞」和「文」之分。是段氏特點。

六。鄭氏的第五部。（蕭宵尤豪）顧氏因之。江氏析爲二（一蕭宵肴豪二尤侯幽）段氏因之。但將「侯」剔出另立部。「侯」和「尤」之分。是段氏特點。

七。鄭氏的第六部。（侵覃鹽咸）顧氏因之。江氏析爲二。（一侵二覃談鹽添咸銜嚴凡）段氏因之。但割「鹽添」合於侵。

以上爲平聲五十七部之分合變遷。比較的還容易了解。最麻煩的是入聲分配問題。另加說明。

八。鄭氏六部。有入聲者僅三。顧氏十部。有入聲者四。江氏十三部有入聲者七。段氏十七部有入聲者八。這是將入聲性質剖析遂漸精密的表徵。

九。顧氏入聲的分配。和鄭氏幾乎全相反。除鄭第六部與顧第十部相同外。鄭第一第四部有入聲。顧無。鄭第二第三第五部無入聲。顧有。

十．顧江段公認爲無入聲者五部．一東冬鍾江．二陽唐．三庚耕淸靑．四蒸登．五歌戈麻．江段認爲無入聲者一都蕭宵肴豪．

十一．入聲中問題較少者．「緝合」以下九韻配「侵覃」以下九韻．「質櫛」配「眞臻」．「屑」配「先」其餘皆有問題．

以上把四家異同之點大概說過．以下把餘人改正的部分略說．

一．戴東原之特點．戴雖爲段之師然其聲類表實作於段氏六書音韻表之後．進一步研究．他最主要的發明．（一）將段氏的「脂」部再剖析立「祭泰夬廢」一部．此部有去聲而無平上．（二）將「緝合」以下九韻另爲一部．此部有入聲而無上去．蓋四聲之分．本起六朝古人無此．戴氏分部不限平聲．是其通識．其餘入聲之分配各部亦頗有異同．不具述．

二．孔巽軒之特點．巽軒對於段析「東」「冬」爲二．併「眞文」爲一．亦別出「緝合」等九韻爲一部共十八部．

三．王石臞之特點．石臞工作．專在剖析入聲．他別立「質」「月」「緝」「盍」四部．合諸段氏所分共爲二十一部．「質」「月」二部皆有去而無平上「緝」「盍」二部則無平上而並無去

四．江晉三之特點．晉三亦分二十一部．但不與王氏同．其分「東」「冬」爲二．同孔氏．「祭」部獨立．同戴氏．入聲則別立「葉」「緝」兩部．晉三於戴孔之書皆未見．據段茂堂信上說 蓋暗合非蹈襲也．

以上重要之古韻說略具．此後尚有莊葆琛之十九部．張皋文之二十都．乃至近人之二十三部二十八部等．大

抵衍江戴段王之緒，稍事補苴，不復述。至於各家所說誰是誰非，我完全外行，不敢參加討論。

古韻學研究的對象，在各字的收音。還有專從發音方面研究的，名為切韻學。（用舊話來比附，也可以說古韻學是研究疊韻，切韻學是研究雙聲。）切韻之學，起於東漢孫炎，以兩字切成一字之音，實我國音學初祖。後來魏李登作聲類，（書已佚，見隋書經籍志）始整齊而衍其緒。隋陸法言作切韻，（書已佚，近在燉煌石室發見唐寫殘本）為後此廣韻所自本。自梵語隨佛典入中國，中唐以後，釋神珙釋守溫仿之，創立字母，為斯學別創一蹊徑，即「見溪羣疑」第三十六母是也。宋人用之以治舊有之反切，則為等韻學。直到今日，創立注音字母及其他新字母之種種研究，皆從孫炎陸法言守溫所走的線路，逐漸發展出來。

清代切韻學，也是顧亭林提倡起，他的音論，論發音原理的不少。但亭林最大的成績還在古韻學，其對於切韻學的貢獻，像還比不上方密之。（看第十二講）亭林弟子潘次耕（耒）著類音，四庫提要述其內容云：『耒受業於顧炎武，炎武之韻學，欲復古人之遺；耒之韻學，則務窮後世之變。其法增三十六母為五十母，每母之字，橫播為開口、齊齒、合口、撮口四呼，四呼之字，各縱轉為平上去入四聲，四聲之中，各以四呼分之……』據此可知次耕的工作，全在創新字母。尤當注意者，字母和四聲的關係，實近來新字母學一個頗費討論的問題，次耕已顧及了。類音這書我未得見，但遂初堂集裏頭有聲音元本論、南北音論、古今音論、全分音論、反切音論等篇，讀之可見其學說大概。他說：『聲音先文字而有，聲止於一，字則多寡不論，或一音而數字，或有音而無字。後世字書韻書，不得其天然條貫，則如散錢亂卒而不可整齊。』他極贊字母為發天地之密，但以為舊行三十六母『有複有漏』。他把複的刪去，（例如「知徹澄孃」之與「照穿牀泥」）而別增其缺漏者十餘母。他最注重「無字之音」，說道：『今所釐正，皆出乎天然，天然者，人所本有之音也，本有之音而不能盡出，則以習誦有字之音罕道無字之音也。』大抵次耕的目的在把中國人口裏所說得出的音都搜齊，改造一套科學的合理的字母。他的成績如何我不敢說，眼光總算高極了。同時吳修齡喬亦治此學，『以二合翻切收盡諸法，立二十四條以盡諸聲之變，』斥守溫為『無知妄作貽毒後人。』見廣陽雜記卷四其書今不傳。

康熙末則劉繼莊獻廷治此學。他曾從幾位怪僧研究等韻，又曾見過吳修齡，但他說『修齡於天竺陀羅尼泰西蠟頂（即羅馬字）天方蒙古女直諸書皆未究心，特震旦一隅之學耳。』他創的新字母以三十二音為韻父，二十二音為韻母，橫轉各有五子，又可以用來譜四方土音。他的書名新韻譜，可惜久已失傳了。看他所著廣陽雜記及鮚埼亭集中劉繼莊傳

乾嘉大師之音韻學，全部精力耗在古韻上頭，但江愼修的音學辨微，講切韻的地方也不少。戴東原著轉語二十章，已佚，其自序曰：『人之語言萬變，而聲氣之微有自然之節限。……今各從乎聲以原其義，聲自微而之顯，言者未終聞者已解，辨於口不繁則耳治不惑。人口始喉下抵脣末，按位以譜之，其為聲之大限五，小限各四，於是互相參伍，而聲之用蓋備矣。……凡同位則同聲，同聲則可以通乎其義。……』此書專由聲音以究訓詁，為戴氏獨得之學，後此王氏父子即應用此法卓著成績，然固是切韻之學，非古韻之學也。此外則錢竹汀亦極意切韻，考證沿革及新創理解頗多。看十駕齋養新錄卷五

專門研究古代切韻，孫炎至陸法言當以吾鄉先輩陳蘭甫先生澧的切韻考為絕作。書凡六卷，附外篇三卷。自言『僕考切韻無一字漏略，蓋專門之學必須如此，但恐有武斷處，如段茂堂之於說文耳。僕為此甚辛苦，若有譌誤，亦

猶亭林先生之古韵後人因而加密可耳』（東塾集卷四與趙子韶書）其書取廣韵中所錄陸法言切韵之反切語（如『東德紅切』『同德紅切』……等）綜合剖析爲科學的研究『切韵之法以二字爲一字之音上字與所切之字雙聲下字與所切之字疊韵』（原書條例語見卷一）他把上字——即雙聲字分爲四十類他說切韵最要緊是辨清濁（引孫愐唐韵序後論語）切語上字即清濁所由定故四十類中復分爲清聲二十一類濁聲十九類他說這四十類所用字『實孫叔然（炎）以來師師相傳以爲雙聲之標目無異後世之字母』（卷六葉七）我曾用英語拚音印證他的四十類其發音如d者一如ch者四如chi者三如s者三如g者一如k者二如B者二如J者二如Ph者一如y者三如u者二如Js者三如JS者二如x者二如uh者二如p者三如hs者一如sh者一如j者一如m者一如qu者一如e者一如n者二如Xh者一共爲二十種發音其重複者當是從前實有分別而現在已經分不出來（如段茂堂所講的「支」「之」「脂」）漢至唐的發音大約盡於此了以上都是說上一字的雙音至於下一字的疊韵則依廣韵以四聲爲類（我們若用江段諸人古韵分部爲韵的標準亦得）他於是做成一篇表分爲兩卷『取廣韵每一音之第一字以其切語上字聲同類者直寫之下字韵同類者橫寫之平上去入相承編排』（卷四葉一）守溫以前中國固有有的字母及其用法大略可考見了

這部書除對於切韵本身嚴密研究發明外還有附帶的價值他對於切韵學發達的歷史敍述得詳贍而有體要他的外篇有一張表切韵和守溫字母對照對於守溫的長短得失批評得最爲公平

唐以後韵學專門研究的狠少亭林唐韵正以後像沒有幾部書（也許是我固陋）宋以後更不必說了依我看倒是越近越要緊我們研究這門學問的目的是要想知道現在中國話的來歷秦漢以前古韵雖講得甚明中間已脫去一截了人的口音日日轉變古有今無古無今有的不知凡幾若能仿錢竹汀研究『古無輕唇音』的法子（看十

駕齋養新錄卷五研究得若干個原則。眞是學界之寶。依我想做這種工作有兩條路可走。用廣韻及經典釋文之音和禮部韻略洪武正韻佩文韻府之音和現在讀音逐一比較。此其一。隋唐以來翻譯佛典盛行。元代和中亞細亞及歐洲皆來往頻繁。明中葉以後則歐人東來譯語輸入。累代所譯名詞。現在尚有大部分有原語可以對照。從這裏面最可以調查出各時代的讀音。知道讀音之後便可以求出變化的原則。例如 Bhud. 用現在話該譯作「布達」。而佛經卻譯作「佛陀」。因這個「佛」字。我們可以推定唐時還沒有F發音。竹汀所謂「古無輕脣音」。至唐猶然。因這個「陀」字我們可以推定唐時「歌」「麻」不分。或者只有歌韻而無麻韻。從這方面用心研究。或者有意外收穫也未可知。此其二。此外在各家筆記詩集中也許有零碎而可寶的資料。例如蘇東坡的雙聲詩或稱口吃詩『江干孤居高關扃』『皓鶴下浴紅荷湖』用廣東話讀起來。前一句都是K發音。後一句都是h發音。煞是可笑。當時以此作游戲。可見其發音必同一。用現在北京話讀。便是好幾個字不同發音了。某種音某時失掉。從這些地方都可以看得出來。例如法國語h發音已經失掉許多字頭一母爲h者都省卻不念我們亦然原來的h發音多變爲ch拿廣東話和北京話比對可見廣東話多唐宋舊音也我想這是音韻學的新殖民地。清儒還未有開闢。有志的青年不妨試試。

方言學是音韻學極重要一部門。所以最古的小學家揚雄便注意到他。清儒這方面用力很少。次耕繼莊雖知到注重。但他的成績如何今已不可考了。直到章太炎炳麟纔特別提倡。太炎是現代音韻學第一人。他的文始由音衍訓。直湊單微。他還有一部新方言極有價值。但這件事總算各地方人分擔研究纔能得相當資料。恐怕非組織學會不可。

研究方言學主要目的。要發見各地方特別發音的原則。像陳蘭甫先生的廣州音說東塾集卷一把廣東話和北京話不同的那幾點提出綱領來纔算學者的著述。

十四　清代學者整理舊學之總成績(二)

——校注古籍　辨僞書　輯佚書——

(三)　校注先秦子書及其他古籍

自清初提倡讀書好古之風。學者始以誦習經史相淬厲。其結果惹起許多古書之復活。內中最重要者爲秦漢以前子書之研究。此種工作頗間接影響於近年思想之變化。次則古史書地理書等之研究。足以補助文獻學的也不少。

關於子書研究的最後目的。當然是要知道這一家學說的全部眞相。再下嚴正的批評。但是想了解一家學說。最少也要把他書中語句所含意先看得明白。然而這些先秦古書。都是二千年前作品。所用的字義和語法多與今不同。驟讀去往往不能索解。而且向來注家甚少。或且並沒有人注過。不像那幾部經書經許多人揣摩爛熟。所以想研究子書。非先有人做一番注釋工夫不可。注釋必要所注所釋確是原文。否則『舉燭』『鼠璞』。動成笑話。而眞意愈晦。不幸許多古書展轉傳鈔傳刻。譌舛不少。還有累代妄人憑臆竄改。越發一塌糊塗。所以要想得正確的注釋。非先行(或連帶着)做一番校勘工夫不可。清儒對於子書(及其他古書)之研究。就順着這種程序次第發展出來。

注釋之學。漢唐以來已經發達的狠粲爛。清儒雖加精密。也不能出其範圍。所以不必多講。校勘之學爲清儒所特擅。其得力處眞能發蒙振落。他們注釋工夫所以能加精密者。大半因爲先求基礎於校勘。所以我在論次他們所校注的古書以前。先把『前代校勘學的特質』說說。次段所說不限於校勘古子凡經史等一切校勘都包在內請注意

校勘之意義及範圍有多種。方法當然隨之而異。第一種校勘法。是拿兩本對照。或根據前人所徵引。記其異同。擇善而從。因爲各書多有俗本傳刻。因不注意或妄改的結果。發生譌舛。得着宋元刻本或精鈔本。或舊本雖不可得見。而類書或其記古籍所引有異文。便可兩兩勘比。是正今謬。這種工作。清初錢遵王曾何義門焯等人漸漸做起。元和惠氏父子也狠用功。乾嘉以後。學者個個都喜歡做。而最專門名家者。莫如盧抱經文弨顧澗蘋廣圻黃蕘圃丕烈次則盧雅雨見曾丁叔衢杰陳仲魚鱣吳兎牀騫鮑以文廷博錢警石泰吉汪小米遠孫蔣生沐光煦張叔未廷濟陸存齋心源繆小山荃蓀……等。這種工作的代表書籍。則義門讀書記何焯著 援鶉堂隨筆姚範著 羣書拾補盧文弨著 士禮居題跋黃丕烈著 思適齋文集顧廣圻著 讀書叢錄洪頤煊著 經籍跋文陳鱣著 斠補隅錄蔣光煦著 札迻孫詒讓著……雅雨堂叢書盧見曾刻 經訓堂叢書畢沅刻 士禮居叢書黃丕烈刻 別下齋叢書蔣光煦刻 十萬卷樓叢書陸心源刻……各書所附校勘記及題跋。武英殿板十三經注疏校勘記阮元及其弟子著……等。這種工作的成績也有高下之分。下等的。但能校出『某本作某』。稍細心耐煩的人便可以做。高等的能判斷『某本作某是對的』。這便非有相當的學力不可了。這種工作。狠瑣碎。狠乾燥無味。非有特別嗜好的人當然不必再去做他。但往往因一兩字的校正。令全段的正確解釋。他們費畢生心血留下這點成績。總值得我們敬服感謝。

第二種校勘法。是根據本書或他書的旁證反證。校正文句之原始的譌誤。前文所說第一種法。是憑善本來校正俗本。倘若別無善本。或所謂善本者還有錯誤。那便無所施其技了。第二種法再進一步。並不靠同書的板本。

而在本書或他書找出遐證。這種辦法又有兩條路可走。第一條路是本書文句和他書互見的。例如荀子勸學篇前半和大戴禮記勸學篇全同。韓非子初見秦篇亦見戰國策。禮記月令篇亦見呂氏春秋。淮南子。韓詩外傳和新序說苑往往有相重之條。乃至史記之錄尚書。戰國策。漢書之錄史記。像這類雖然本書沒有別的善本。然和他書的同文便是本書絕好的校勘資料。（例如荀子勸學篇據大戴記可以校出脫句脫字譌字七八處因此可推想其他諸篇譌脫也不少可惜無別部的同文）這種校法雖比第一種已稍繁難。但只須知道這一篇在他書有同文。便可拿來比勘。方法還是和第一種同樣。更有第二條路是並無他書可供比勘。專從本書各篇所用的語法字法注意。或細觀一段中前後文義。以意逆志。發見出今本譌誤之點。（這種例不能偏舉把讀書雜志等書看一兩卷便知其概）這種工作。非眼光極銳敏心思極縝密而品格極方嚴的人不能做清儒中最初提倡者爲戴東原。而應用得最純熟矜愼卓著成績者爲高郵王氏父子。這種方法好是好極了。但濫用他可以生出武斷臆改的絕大毛病。所以非其人不可輕信。

第三種校勘法。是發見出著書人的原定體例。根據他來刊正全部通有的譌誤。第一第二兩種法。對於一兩個字或一兩句的譌誤當然有效。若是全部書鈔刻顚倒紊亂。以至不能讀。或經後人妄改。全失其眞。那麼唯一的救濟法。只有把現行本未紊未改的部分精密研究。求得這書的著作義例。（見一部有價值的著作總有他的義例但作者自己寫定凡例的不多而有亦不詳）然後根據他來裁判全書。不合的便認爲譌誤。這種辦法。例如酈道元水經注舊刻本經文注文混亂的狠多。戴東原研究出經注異同的三個公例。（看下文本書條）把他全部釐正。又如墨子的經上下經說上下四篇原書寫法和後來刻本寫法不同。每條的上下文往往相亂。我著的墨經校釋發明『經說首字牒經』之例。（看下文本書條）也把他全部釐正。又如說文解字經徐鉉及別的人增補竄亂。多非許氏之舊。段茂堂王菉友各自研究出許多通例。

也把他全部釐正。此等原屬不得已辦法。卻眞算極大膽的事業。所研究出的義例。對嗎。那麼。撥雲霧而見靑天。再痛快沒有了。不對嗎。便是自作聰明。强古人以就我。結果把原書鬧得越混亂。墮入宋明人奮臆改書的習氣。所以這種方法的危險程度比第二種更大。做得好比他成績亦更大萬不輕易用。段氏的說文。還被後人攻擊得身無完膚哩。其他可想了。

第四種校勘法。是根據別的資料。校正原著之錯誤或遺漏。前三種法。都是校正後來傳刻本之錯誤。力求還出原書的本來面目。校勘範圍。總不出於文句的異同和章節段落的位置。然而校勘家不以此自足。更進一步。對於原書內容校其闕失。換言之。不是和鈔書匠刻書匠算帳。乃是和著作者算帳。這種校法。也分根據本書根據他書兩種。根據本書者。例如史記記戰國時事。六國表和各世家各列傳矛盾之處便不少。便據世家列傳校表之誤。或據表校世家列傳之誤。根據他書者。例如三國志和後漢書記漢末事各有異同。或據陳校范誤。或據范校陳誤。又如元史最惡劣。據元祕史聖武親征錄等書校其誤。這種工作。限於史部。經子兩部卻用不着。這種工作若把他擴大。便成獨立的著述。不能專目爲校勘。但目的若專在替一部名著拾遺補闕。則仍屬校勘性質。清儒這種工作的代表著述。其偏校多書者。則如錢竹汀二十一史考異。王西莊十七史商榷之類。其專校一書者。則如梁曜北玉繩史記志疑。施研北國祁金史詳校之類。

以上四種。大概可以包括清儒校勘學了。別有章實齋校讐通義。裏頭所討論。專在書籍的分類簿錄法。或者也可以名爲第五種。但既與普通所謂校勘不同。故暫不論。

右五種中。前三種算是狹義校勘學。後兩種算是廣義校勘學。狹義校勘學經清儒一二百年的努力和經驗。已造成許多百公認的應用規律，俞蔭甫古書疑義舉例，的末三卷，便是這種公例的集大成，欲知此學詳細內容，宜一讀，（此種所舉規律還是專屬第一二種，因第三種無一般的規律可言。）清儒之校勘學應用範圍極普徧，本節所舉成績，專重先秦諸子及幾部重要古籍，其正經正史等已詳彼部，此不多述。

凡校勘諸子多帶着注釋，所以下文論列各書，校釋雜舉，不復細分。

校釋諸子（或其他古籍）之書薈萃成編最有價值者，其一為盧抱經之羣書拾補，抱經所校各書，有多種已將新校本刻出，（其目大概都見下文）賸下未刻者有許多校語批在書眉，把他彙成此書，大率用第一種校法為多，用第二種者亦間有，其二為王石臞之讀書雜誌，所校為逸周書，戰國策，史記，漢書，管子，晏子春秋，墨子，荀子，淮南內篇，共九種，末附以漢隸拾遺，石臞應用第二種校法最精最慎，隨校隨釋，妙解環生，實為斯學第一流作品，其三為俞蔭甫之諸子平議，所校為管，晏，老，墨，荀，列，莊，商，韓，呂，董，賈，淮南，揚，共十五種，蔭甫私淑石臞父子，刻意模仿，（羣經平議模仿經義述聞，諸子平議模仿讀書雜志）但他並非蹈襲，乃應用王家的方法，補其所未及，所以這部書狠足以上配石臞。

以下把他們校釋過的書分部敍論。

1 荀子

荀子與孟子同為儒家兩大師，唐以前率皆並稱，至宋儒將孟子提升為經，而荀子以『異端』見斥，其書黯昧了七八百年了，乾隆間汪容甫著荀卿子通論，荀卿子年表，（俱見述學內篇）於是荀子書復活，漸成為清代顯學，其書舊注只有唐楊倞一家，尚稱簡絜，而疏略亦不少，刻本復有譌奪，容甫蓋校正多條，然未成專書，專書自謝金圃（墉）

盧抱經之合校本始。今浙刻二十二子本所采是也。（書中列輯校名氏除盧謝外尚有容甫及段茂堂吳兎牀趙敬夫（曦明）朱文游（奐）五人）此本雖謝盧並名。然校釋殆皆出抱經。（謝序云『援引校讎悉出抱經參互考證遂得蕆事』然則此書實盧校而謝刻耳）在咸同以前。洵爲最善之本。盧校出後。顧澗蘋復校所得宋本續校若干條爲荀子異同（卷一）附輯荀子佚文。郝蘭皋亦爲荀子補注（卷一）劉端臨（台拱）爲荀子補注（卷一）陳碩甫（奐）爲荀子異同陳觀樓（昌齊）荀子正誤（卷數未詳）俱皆有所發明。而王石臞讀荀子雜誌。（卷八）較晚出。精闢無倫。諸家之說時亦甄採。（惟陳觀樓似未見採（？）觀樓極爲石臞所推其書已佚可惜也）次則俞蔭甫荀子平議。（卷四）體例同石臞。自顧郝至王俞。皆條釋別行不附本書。最後乃有王益吾（先謙）著荀子集解二十卷。自楊倞至淸儒諸家說網羅無遺。而間下己意。亦多善解。計對於此書下工夫整理的凡十五家。所得結果令我們十分滿意。

2 墨子

戰國時儒墨同稱顯學。漢後墨學之廢既二千年了。鄭樵通志藝文略載有樂臺注。久佚。乾隆四十一二年間。汪容甫最初治此學。有校本及表微一卷。今不傳。（見述學墨子敍及後敍）而盧抱經孫淵如畢秋帆同時治之。秋帆集其成爲墨子注。十六卷以乾隆四十八年成。今經訓堂叢書本是也。（浙刻二十二子本采之）畢注前無所承。其功蓋等於茂堂之注說文。（秋帆自序稱『盧孫互校此書略有端緒沅始集其成……』大約淵如自有校本而秋帆所校則抱經相助爲多又淵如爲畢注作敍稱翁覃谿（方綱）亦有校本但畢序未及之）其後顧澗蘋又據道臧本重校寫定一通。專務是正文字。繼則王石臞摘條校注爲讀墨子雜志六卷。俞蔭甫著墨子平議三卷。蘇爻山（時學）著墨子刊誤若干卷。（爻山廣西藤縣人此書陳蘭甫先生爲之序稱其『正譌字改錯簡渙然冰釋怡然理順』（東塾集卷三）孫仲容已采其說入閒詁）而洪筠軒頤煊戴子高（望）亦各有所校釋。（據孫氏閒詁序所稱其書吾皆未見洪著殆指散見讀書叢錄中者）至光緒間（十九年癸巳刻成）孫仲容（詒讓）『覃思十年』（原序語）集諸家說。斷以已所心得。成墨子閒詁十四卷。復輯墨子篇目考。墨子佚文。墨子舊敍。合爲附錄一卷。復撰墨子傳略。墨子年表。墨學傳授考。墨子緒聞。墨學通論。墨家諸子鉤沈各一篇。合爲墨子後語二卷。俞蔭甫序之。謂其『整紛剔蠹。衇摘無遺。旁行之文。盡還舊觀。訛奪之處。咸秩無紊自有墨子以來。未有此書。』誠哉然也。大抵畢注僅據善本讐正。即吾所謂第一種校勘法略釋古訓。蘇氏始大膽刊正錯簡。仲容則諸法並用。識膽兩皆絕倫。故能成此不朽之作。然非承盧畢孫王蘇俞之後。恐亦未易得此也。仲容於修身親士當染諸篇能辨其僞。則眼光遠出諸家上了。其附錄及後語。考訂流別。精密閎括。尤爲向來讀子書者所未有。蓋自此書出。然後墨子人人可讀。現代墨學復活。全由此書導之。此書初用活字版印成承仲容先生寄我一部我纔二十三歲耳我生平治墨學及讀周秦子書之興味皆自此書導之附記誌感古今注墨子者固莫能過此書。而仲容一生著述亦此書爲第一也。

同時有王壬秋亦爲墨子注。鮮所發明。而輕議盧畢所校。斥爲『淺率陋略。』徒自增其妄而已。惟對於經說四篇。頗有新解。是其一節之長。他又將大取篇分出一半。別自爲篇。名爲語經。可謂大膽已極。要之壬秋頗有小慧而學無本原。學問已成的人。讀他的書有時可以助理解。初學則以不讀爲妙。

墨子七十一篇中最宏深而最難讀者莫如經上下經說上下大取小取之六篇。晉魯勝會爲墨辯注。惜入佚。隋書經籍志已不著錄其敍僅見晉書隱逸傳畢注於他篇雖多疏略。爲尙有所發明。獨此六篇。則自稱『不能句讀。』惟彼據經上篇有『讀此書旁行』一語。於篇末別爲新考定經上篇。分上下兩行橫列。最初發見此經舊本寫法。不能不算畢氏功勞。其後丁小雅杰許周生宗彥皆提出經說四篇特別研究。今皆不傳見孫志祖讀書脞錄次則張皋文作墨經說解二卷。用魯勝『引說就經』之例。將四篇逐條拆開。各相比附。眉目朗然。這是張氏功勞。自畢秋帆與孫淵如函札往復。已發見此四篇多言名學。看畢注本經上篇後孫星衍跋語而鄒特夫伯奇則言墨子中有算術有光學有重學。以告陳蘭甫而著其說於所著學計一得中。自是墨經內容之豐富益爲學界所注視。孫氏閒詁於他篇詮釋殆已十得八九。獨四篇者所釋雖較孫張稍進步。然遺義及誤解仍極多。章太炎炳麟國故論衡中有原名明見諸篇始引西方名學及心理學解墨經。其精絕處往往驚心動魄。而胡適之適著中國哲學史大綱惟墨辯一篇最精心結撰。發揮實多。適之又著小取篇新詁。亦主於以西方名學相引證。我自己也將十來年隨時劄記的寫定一編名曰墨經校釋。其間武斷失解處誠不少。然亦像有一部分可供參考。其後有欒調甫著讀梁任公墨經校釋。雖寥寥僅十數條。然有卓識明於條貫。其最大發明在能辨墨學與惠施一派名學之異同。最近則章行嚴士釗常爲討論墨經之短文。時有創獲。而伍非百著墨辯解故。從哲學科學上樹一新觀察點將全部墨經爲系統的組織。吾雖未細讀其書。然頗信其爲斯學一大創作也。蓋最近數年間墨經諸篇爲研究墨學之中心。附庸蔚成大國。不久恐此諸篇將發揮無餘蘊。墨學全部復活了。

3 管子

管子舊有尹知章注。譌題爲房玄齡。其注頗淺陋。明劉績頗有糾正。亦得失參半。嘉慶初王石臞伯申父子初校此書時與孫淵如商榷。淵如亦自有所校。而以稿屬洪筠軒頤煊。筠軒采孫王校删其重複。附以己說。成管子義證八卷。嘉慶十七年成其後石臞又續有所校。更采及洪書成讀管子雜志二十四卷。凡六百四十餘條。嘉慶二十四年成在全部讀書雜志中此種卷帙最浩博了。同光間則戴子高望的管子校正二十六卷。俞蔭甫的管子平議六卷。同時先後成書。這幾部校釋本部算狠有價值。有丁士涵者陳碩甫門人著管子案四卷碩甫手定義例且助其搜輯但其書不見傳本想未刻耶但管子古文古訓太多。錯字錯簡亦不少。又其中關於理財一部分之文尤多特別術語。索解爲難。今後若有好學之士能采集以上各本，更悉心研究，補其所未及，別成『管子集解』，庶幾本書漸漸可讀了。

弟子職為管子中一篇，清儒多提出專釋，莊葆琛述祖有集解，洪稚存亮吉有箋釋，王菉友有正音各一卷。

4 韓非子

韓非子未大經整理，現行最佳者為吳小尊鼒之仿宋乾道本，有顧澗蘋識誤三卷，此外則盧氏羣書拾補所考證僅一卷，王氏讀書雜志僅十四條，俞氏平議亦僅一卷，孫仲容札迻中若干條，此外則更無聞（？）近王先慎有韓非子集解二十卷，薈集眾說，較稱善本，但比諸乃兄之荀子集解差多了，因此書先輩遺說可憑藉者不如荀子之多，而先慎學識又凡庸也，所以這部書還希望有人重新整理纔好。（嘗見日本人宮內鹿川所著韓非子講義校勘謬錯者不少但未注明所據以校者為何本他說別有韓非子考異一書惜未得見）

5 老子　莊子　列子

這三部書清儒沒有大用過工夫，盧氏拾補老莊無，有列一卷，王氏雜志則老四條，莊三十五條，列無，有俞氏平議則老列各一卷，莊三卷，其他專釋者殆不見，其校本稍可觀者，則老子有畢秋帆之老子道德經考異二卷，用唐傅奕本校通行偽河上公注本，間下訓釋，列子有任幼植大椿汪蘇潭繼培校張湛注本，有秦敦夫恩復校盧重元注本，莊子除明世德堂本別無新校本。

莊子郭注剽自向秀，實兩晉玄談之淵藪，後此治此學者罕能加其上，清儒於此種空談名理之業，既非所嗜，益非所長，故新注無足述者，王益吾亦有莊子集解，比諸所解荀子相去霄壤了，郭孟純慶藩的莊子集釋，用注疏體，具錄郭注及陸氏經典釋文，而搜集晉唐人逸注及清儒盧王諸家之是正文字者，間附案語以為之疏，在現行莊子諸注釋書中算最好了。（馬通伯（其昶）的莊子故亦頗簡明）章太炎的齊物論釋是他生平極用心的著作。專引佛家法相宗學說比附莊旨。可謂石破天驚。至於是否即莊子原意。只好憑各人領會罷。

6 晏子春秋

此書依我看純屬僞書。沒有費力校釋的價值。但清儒多信爲眞。盧王俞各有校釋。（王二卷俞一卷）畢氏經訓堂本依明沈啓南本重校。又從太平御覽補輯末章所缺。秋帆自爲音義二卷。用力頗勤。就本書論也算善本了。

7 呂氏春秋

呂氏春秋有漢高誘注。先秦諸子中注家。此其最古。現行最善者爲畢氏經訓堂本。蓋據元大字本精校。盧抱經實董其事。此後梁曜北（玉繩）有呂子校補二卷。陳觀樓（昌齊）有呂氏春秋正誤二卷。俞蔭甫有呂氏春秋平議三卷。（王氏雜志有三十八條）皆出畢本後。此書還狠有整理餘地。我盼望有一部新的『呂氏春秋集解』出來。

以上幾部子書——都是漢書藝文志諸子略所著錄的——就清儒整理成績之高下（我所認的）爲次第。其他沒有經過什麼校釋工夫者——如平津館本之商君書守山閣本之愼子尹文子公孫龍子等。雖間附有校勘記或輯佚文。但其細已甚。故不論列。又久佚重輯之本——如尸子等。歸入輯佚條。又確知其爲僞書——如鬼谷子關尹子等。雖有校釋。亦從屛棄。

諸子略以外之先秦古書曾經整理者如下。

8 逸周書

逸周書七十一篇見漢志．或以爲孔子刪書所餘者．信否且勿論．要之總算先秦一部古書．殆不容疑．舊注爲晉孔晁著．亦算得一部古注．清乾嘉間校理此書者有惠定宇．沈果堂（彤）趙敬夫（曦明）張芑田（坦）段茂堂沈朗仲（景熊）梁曜北．梁處素（履繩）陳省衷（雷）等．（俱見盧本校目）而盧抱經集諸家說寫定重刻．即抱經堂本是．其後王石臞洪筠軒各有所釋．（讀逸周書雜志四卷居王書之首）道光間．則陳逢衡著逸周書補注二十四卷．（道光五年刻成）朱亮甫（右曾）著周書集訓校釋十卷．（道光二十六年成）陳著翔實明暢．可爲此書最善讀本．朱著稍晚出．蓋未見陳著．但亦有所發明．（又有丁宗洛逸周書管箋十六卷未見丁與朱同治此書見朱自序）

9 國語

國語韋昭注爲漢注古書之一．現行者以士禮居仿宋刻本爲最善．由黃蕘圃顧澗蘋合校．附校勘記．其專門校注之書．則注小米（遠孫）有國語三君注輯存四卷．國語考異四卷．國語發正二十一卷．己疏證無遺義．昔人稱國語爲『春秋外傳』．而清儒整理之勤．實視左傳（所謂內傳）有過之無不及也．若有人薈萃諸家作一新的『國語集解』便更好了．

10 戰國策

戰國策高誘注．價値等於韋注國語．士禮居仿宋本．亦黃顧合校．有校勘記．與國語可稱『姊妹書』．校而兼釋者．則有王石臞讀戰國策雜誌三卷．

戰國爲我國文化史極重要時代．而史料最缺乏．所存惟國策一書．又半屬『縱橫家言』．難據爲信史．學者所最苦痛也．於是有將此書爲局部分析的研究者．則程春海（恩澤）國策地名考二十卷．極博洽翔實．張翰風（琦）的戰國策釋地二卷目的亦同程書但遠不逮其博贍而林鑑塘春溥之戰國紀年六卷，考證詳慎，校正通鑑之誤不少。林氏竹柏山房十一種中此書最有價值

11 竹書紀年及穆天子傳（互見辨僞輯佚兩章）

竹書紀年乃晉太康間在汲郡今河南汲縣魏安釐王冢中所得。當時學者荀勗、束皙、王接、和嶠、衛恆、王庭堅、摯虞、謝衡相與討論辨難，學者起一極有趣味之波瀾。其始末具見晉書束皙王接衛恆諸傳及杜預左傳後序和嶠穆天子傳序。但其書已佚於兩宋之際。今本紀年二卷，乃元明人蒐輯復雜采史記通鑑外紀路史諸書而成。清儒嗜古，研究此書者極盛。大約可以分四派。一，並汲冢原書亦指爲晉人僞撰者。錢大昕王鳴盛等 二，並今本亦信爲眞者。洪頤煊陳逢衡徐文靖等 三，以古本爲眞，今本爲僞者。郝懿行章學誠朱右曾王國維等 四，雖不認今本爲眞，然認爲全部皆從古本輯出者。林春溥等 我個人的意見則完全主張第三派。

關於此書的著述，據我所知者有徐位山文靖之竹書紀年統箋，有孫晴川之騄之考定竹書紀年，有董豐垣之竹書紀年辨證，有雷瞻叔學淇之考訂竹書紀年、竹書紀年義證，有洪筠軒之校正竹書紀年，有武授堂億之竹書紀年補注，有郝蘭皋之竹書紀年校正，有陳逢衡之竹書紀年箋證，集證凡例中稱張宗泰有校補紀年陳詩有紀年集注趙紹祖有紀年校補韓怡有紀年辨正鄭環有竹書考證皆未見有朱亮甫之汲冢紀年存眞，有林鑑塘竹書紀年補證，有董覺軒沛之竹書紀年拾遺，有王靜安國維之古本竹書紀年輯校、今本竹書紀年疏證。我所曾讀者，徐洪陳林王五家。徐氏統箋爲治斯學之嚆矢，然書成於康熙間，考證學未興，故所箋駁雜無義法，徒爲僞書助燄。洪氏校正、林氏補證，皆頗絜淨，而識斷尚欠精擇。陳氏集證積十年之功乃成，浩博詳贍，書凡五十卷卷首集說一篇，敘原來歷及前人批評，搜羅至博，足爲治此學之最好資料。惟調停古今本，時復進退失據。王氏輯校疏證二書最晚出，最謹嚴，但未及疏注，學者據王

著以求汲冢眞面目。據陳著以解釋此書內容。則這書可以全部弄明白了。

穆天子傳與紀年同出汲冢。其眞僞有連帶關係。信古本紀年者則亦信之。其書出郭璞注。洪筠軒嘗據諸本精校。自是此書始可讀。而丁益甫謙作穆天子傳地理考證。篤信歐洲少數學者所倡中國人種西來之說。而援本傳爲證。其所比附往往新奇可喜。是否眞相。則更俟論定耳。

12 山海經

山海經有漢郡縣名。其書或出漢人手。最少亦經漢人竄附。蓋無可疑。然其中大部分含神話性質。蓋自先秦傳來。應認爲我族最古之半小說體的地理書。書有郭璞注。與所注爾雅同爲後世所重。淸儒初治此者有吳志伊任臣山海經廣注。然濫引路史及六朝唐宋人詩文以至晚明惡劣類書。殊無義法。乾隆末畢秋帆始爲山海經所校注。一考正篇目。二考正文字。三考正山名水道。自言歷五年乃成。蓋其生平得意之作。有孫淵如後序自言曾爲山海經音義見畢書乃自毀其稿其後郝蘭皋爲山海經箋疏。與其爾雅義疏同爲郭注功臣。

13 孫子　吳子　司馬法

右三書爲最古之兵家言。漢志以冠兵書略。今傳本惟孫子尙可信。餘二書恐出漢人依託。但亦一古籍矣。孫淵如有精校本刻於平津館。其自序言屬顧澗蘋作音義。未知成否。

14 周髀算經

此書爲最古之算學書。是否必出先秦。則不敢斷言。戴東原有精校本。爲戴校算經十書之首。

15 黃帝內經素問

此書爲最古之醫學書。殆出漢人手。而清儒皆以爲先秦舊籍。錢錫之熙祚有精校本。胡荄甫澍又有內經校義。

以下敍述清儒對於漢以後要籍之校釋事業。

16 淮南子

淮南鴻烈爲西漢道家言之淵府。其書博大而有條貫。漢人著述中第一流也。有東漢高誘注。亦注家最善者。許愼亦嘗注之。今劖入高注本。清儒首治此書者爲莊伯鴻逵吉當乾隆末用道藏本校俗本。而以案語申己見。雖名校實兼注也。浙刻二十二子所采即此本自莊書出而誦習本書者認爲唯一之善本蓋百餘年。然同時盧抱經別有拾校。嘉慶間則王石臞伯申父子之讀淮南內篇雜志二十二卷出。亦以道藏本爲主。參以羣書所引。訂正俗本九百餘條。書既成而顧澗蘋以所得宋本新校各條示之。伯申得輯爲補遺一卷。同時陳觀樓昌齊著淮南子正誤十二卷。石臞亟稱之。見石臞集中賜書樓集序此書在賜書樓叢書中吾未見又胡澍有淮南子校義亦未見又劉端臨台拱王南陔紹蘭亦有斷片的發明。在晚清則有俞蔭甫淮南內篇平議四卷。有陶子珍方琦淮南許注異同詁若干卷。而孫仲容亦間有札記。經諸家校理之後。書中微文闕義蓋已什得八九。最近則劉叔雅文典著淮南鴻烈集解二十一卷。民國十年刻成博採先輩之說。劉端臨陳觀樓胡荄甫之書皆未見徵引參以己所心得。又從御覽選注等書采輯佚文佚注甚備。價值足與王氏荀子集解相埒。淮南單篇之訓釋。則有錢溉亭塘之淮南天文訓補注。以高誘不通天文學。所注多疏舛。故補正之。

17 尙書大傳（五見輯佚章）

尙書大傳爲漢初第一位經師伏生所著。而漢末第一位經師鄭玄爲之注。固宜爲治經者所重。然其書自宋時已殘缺。至明遂亡。清儒先後蒐輯。則有仁和孫氏之騄本。德州盧氏見曾本曲阜孔氏廣森本孔本較善。然譌漏猶不免。嘉道間陳左海（壽祺）更輯校爲二卷，附辨譌一卷，又加案語甚多，此書始漸可讀。光緒間皮鹿門（錫瑞）尙書大傳疏證七卷，所輯又增於陳氏，而其疏釋專采西漢今文經說，家法謹嚴。

18 韓詩外傳

韓氏爲西漢今文三家詩之一，其詩內傳四卷，詩故三十六卷，詩說四十一卷，久亡，存者惟外傳六卷。乾隆前通行本以毛刻最善，然譌脫亦不少。盧抱經曾有校本，未泐專書，其門人趙億孫（懷玉）於乾隆五十二年成新校本。明年周霽原（廷采）復有校注本。吳棠彙合趙周二本刻行，此書遂易讀了。

19 春秋繁露

董子春秋繁露爲西漢儒家言第一要籍，不獨公羊學之寶典而已。其書宋時已有四刻，多寡不同，樓鑰校正，始爲定本。然明代所翻樓本，又訛脫百出。乾隆開四庫館，乃取永樂大典中樓本詳校，（補一千一百餘字，刪一百十餘字，改字一千八百二十餘字）提要所謂『海內不見完本三四百年。……神明煥然，頓還舊觀，雖曰習見之書，實則絕無僅有之本也』（三十八年校定進）越十二年，盧抱經依聚珍板所刻四庫本重校，間下案釋，是爲抱經堂本，（浙刻二十二子采此本）繁露正文，此爲最善本了。原書向無專注，嘉慶間（二十年）凌曉樓（曙）創爲春秋繁露注十七卷。曉樓傳莊劉之學，諳熟公羊家法，故所注獨出冠時，與段氏說文同功矣。（畿輔叢書所刻凌注本，每卷有張駒賢校正，所校將二百條，亦凌氏功臣也）其後魏默深（源）有董子春秋發微七卷，（原書未見，古微堂集有序及目錄）吾師康長素先生有春秋董氏學八卷，皆析擘原書，分類以釋微言大義，非箋注體。最近則蘇厚庵（輿）著春秋繁露義證十七卷，精審又析凌注之上了。

20 列女傳 附 新序 說苑

劉向列女傳爲現存最古之傳記書。清代爲之注者有王照圓（郝懿行妻）梁端（汪遠孫妻）兩家。而王石臞伯申父子及王南陔亦各有條校。

劉向新序說苑今所行皆舊本。陳左海各有新校本未刊。

21 法言　太玄

楊雄這兩部書本沒有什麼價值。但因屬西漢人書。所以「過而存之」。法言李軌注有徐新田（養原）校本。而俞氏諸子平議兩書亦各占一卷。

22 潛夫論　鹽鐵論　附論衡

王符潛夫論俗本譌奪至不可讀。汪蘇潭（繼培）據元刻及他書所引校正甚多。又依採經書疏證事辭。爲潛夫論箋十卷。此書自是始可讀。

桓寬鹽鐵論專記漢代民獻議政一場公案。（昭帝始元六年詔丞相御史大夫與所舉賢良文學語問民間所疾苦。賢良文學請罷鹽鐵酒榷。昭帝從之。此書即記當時代表政府之丞相等與代表民意之賢良等兩造辨論語。）實歷史上最有關係最有趣味的一部書。今通行者明張氏本。篇第字句。割裂增易不少。盧抱經嘗以永樂大典本及他本是正若干條。其後陽城張氏有重刻本。顧澗薲爲作考證三卷。（今本題張敦仁著。實顧代作。見思適齋集九。）汪蘇潭箋潛夫後擬續治此書。未成而卒。（見潛夫論箋王紹蘭序。）王益吾覆刻張本。將盧顧所校散入正文。又以所自校別爲小識一卷。而俞蔭甫孫仲容亦各有所校。自是此書漸可讀。最近門人楊遇夫（樹達）創爲鹽鐵論校注。若干卷。算是本書空前作品了。

王充論衡實漢代批評哲學第一奇書。盧王皆未校。及俞蔭甫孫仲容所校約數十條。蔣生沐（光煦）從元刻本校補今本脫文三百餘字。但全書應加董治之處尙不少。我很盼好學之士能做這件工作。

23 白虎通義　五經異義　附風俗通

東漢章帝建初四年。詔諸儒會白虎觀講議五經同異。帝親稱制臨決。實學術上一種公開討論。白虎通義即記其討論結果也。此書舊惟漢魏叢書本最通行。乾隆間莊葆琛始有校本。且釐定目錄蒐輯闕文。盧抱經續校定爲今抱經堂本。（卷首列舊校名氏除葆琛外尙有趙曦明秦黌梁同書孫志祖周廣業吳騫朱型梁履繩汪繼祖等）道光間陳卓人著白虎通證疏十二卷。卓人本受公羊學及禮學於凌曉樓。此書實足與凌注繁露並美。

五經異義爲許愼撰鄭玄駁。東漢兩大經師精力所集也。隋志著錄十卷。宋時已佚。清四庫館始有輯本。次則莊葆琛。錢晦之（大昭）孔叢伯（廣森）續輯。最後則陳左海續輯。詳爲箋注。成五經異義疏證三卷。此書遂復活。

應劭風俗通義亦漢人一名著。清儒整理尙少。惟盧氏羣書拾補中有條校及補遺。其後張介侯（澍）則有補風俗通姓氏篇一卷。我盼望有人對於此書再做一番工作。

24 越絕書　華陽國志

漢袁康越絕書。有價值的記載頗不少。（例如分古代所用兵器爲用石用銅用鐵三時代）惜刻本譌舛極多。盧抱經有校本。未刻。其略僅見孫仲容籀膏述林中。

晉常璩華陽國志爲方志之祖。其書有義法有條貫。卓然著作之林。惟通行明刻本缺兩卷。他刻雖補足。而訛譌殆不可讀。嘉慶間廖氏刻本。乃顧澗蘋據宋元豐呂氏嘉泰李氏兩本精校。自此始有善本。

25 抱朴子

以漢以後方士家言附會先秦道家。始於晉葛洪抱朴子。實學術嬗變一關鍵也。此書乾隆前無善本。自孫淵如據道藏本精校。盧抱經顧澗蘋復參合諸本助之。重刻平津館本。自是此書可讀。

26 水經注

漢桑欽水經北魏酈道元注。爲現存最古之地理書。乾隆以前惟明朱謀瑋箋稱最善。顧亭林所謂「有明一部書」也。然而譌舛已不一而足。後項䌹覆刻。掩爲己有。又多刪削。書愈不可讀。(趙戴等皆校朱書。然楊星吾謂其皆未見朱氏原本。)入清考古學勃興。此書大爲世所重。據趙東潛所述。則有錢遵王曾。黃梨州。孫潛夫潛。顧亭林。顧景范。閻百詩。黃子鴻儀。劉繼莊。胡朏明。姜西溟宸英。何義門焯。沈繹旃炳巽。杭大宗。齊次風召南。諸本內中二顧閻胡皆於自著書中徵引詮解。並非專校原書。梨洲則刪去注文中無豫水經者。欲復唐李氏刪水經十卷之舊。又自爲今水經。蓋有所不慊於酈氏。子鴻則依酈注每卷各寫一圖。是爲作圖之始。繼莊則欲作水經注疏而未就。發其義例於廣陽雜記中。自餘諸家皆依通行朱本各自簽校。此乾隆以前斯學大略形勢也。

乾隆中葉趙東潛一清。戴東原震。全謝山祖望。同時治此書。其著作先後發表。東原在四庫館。實手校此書。校成首由聚珍板印行。自是酈氏本來面目。釐然大明。學者稱快。然而三家精詣。同符者十而七八。於是發生蹈襲問題——即著述家道德問題。三家子弟及鄉里後學各有所袒。成爲近百年來學界一樁公案。至今未決。今略述其眞相如下。

謝山自其先代三世治此書。有雙韭山房舊校本。謝山曾七度手校。集中有五校本題詞。自訂雙韭山房書目有七校水經注四十卷。(趙本卷首亦引全氏七校本)蓋全部於乾隆十七年在學寫定。然卒後遺著散佚。將越百年。其同里後學王朧軒始釐正其稿。又數十年至光緒十四年薛叔耘(福成)徇董覺軒(沛)之請始刻之。今寧波崇實書院本是也。故全書最先成而最晚出。

東潛爲趙谷林子。梨洲再傳。其學蓋有所受。又與謝山爲摯友。日夕商榷。其書成於乾隆十九年。(有自序)四庫館開。采以進。被著錄。然未有刻本行世。乾隆五十一年畢秋帆從東潛子載元索得原稿。刊之於開封。趙書始顯。

東原治此書始於乾隆三十年。至三十七年刊於浙東。未及四之一。而被召入四庫館。在館中據永樂大典本校此書。明年成。以聚珍板印行。復自理舊業。成書四十卷。以三十九年刊行。卽孔氏微波榭本是也。故戴書最晚成而最先出。

因此糾纏出許多問題。其一。爲趙戴問題。盧抱經謂梁曜北處素兄弟校刊趙書。參取東原書爲之。(梁氏兄弟仁和人爲東潛同里後輩畢刊趙書由彼校定)東原弟子段茂堂因移書曜北詰問。(看經韻樓集與梁曜北書)梁氏淸白士集中未有答書。不知是否慚伏。然張石舟魏默深則謂趙書未刊以前先收入四庫全書。今刊本與四庫本無二。明非梁氏勦戴。改作實爲戴在四庫館先覩預竊之明說。(看徐時棟烟嶼樓集記抗董沛篇又周壽昌思益堂日札卷四又薛刻全校本董沛著例言又楊守敬著水經注疏要删凡例)但據段茂堂說戴未入四庫館以前。曾以所著示紀曉嵐。錢竹汀。姚姬傳及茂堂。皆錄有副本。(看段著東原年譜)似此則戴非勦趙又甚明。

其二。趙全問題。全本至交相約共治此學。全爲趙書作序。趙書引全說不一而足。兩書同符什九。本無嫌疑。然張石舟則謂東潛子宦於鄂。畢秋帆(時爲鄂督)索觀舊稿時。以巨資購謝山本以應。(看全本例言)此說若信。則現行趙本實勦全。而林頤山則斥現行全本爲僞出。謂不惟襲趙。兼又襲戴。疑出王朧軒輩手。(看王先謙合校本序錄及楊氏注疏要删凡例)

吾今試平亭此獄。三君皆好學深思。治此書各數十年。所根據資料又大略相同。(東原謂從永樂大典本校正據後人所考證則戴本與大典不合者正多然則其精思獨得非盡有依據也謝山首與李穆堂鈔大典然所鈔僅及平韵水經注收入上聲水字是在萬一千卷以外故謝山不及見東潛未入翰林更無從見矣故大典本非三家所據則閉門造車出門合轍並非不可能之事東原覃精既久入館後覩趙著先得我心即便采用當屬事實其所校本屬官書不一一稱引趙名亦體例宜爾此不足爲戴病也趙氏子弟承制府垂盼欲益榮其親耀北兄弟以同里後學董其事亦欲令趙書盡美無復加趙全本世交則購采全稿潤益之時戴本既出則亦從而擷采凡此恐皆屬事實全氏本爲斯學開山之祖然趙戴本既盛行全本乃黤沒百餘年其同里後學王董輩深爲不平及得遺稿亦欲表章之使盡美其間不免采彼兩本以附益其所未備恐亦屬事實要而論之三家書皆不免互相勦而皆不足爲深病三家門下各尊其先輩務欲使天下之美盡歸於我所崇敬之人攘臂迭爭甚無謂也

右所記繁而不殺誠非本書篇幅所許但此事實清代學一大公案可以見一時風氣之小影亦治史者所宜知故論列如右

以下略評三家特點

開　家書

戴氏治學精銳無前最能發明原則以我馭書水經注舊本經注混淆不可讀戴氏發見經注分別三例一經文首云某水所出以下不更舉水名注則詳及所納羣川更端屢舉二各水所經州縣經但云某縣注則年代既更舊縣或湮或移故常稱某故城三經例云「過」注例云「逕」（看段氏東原年譜）此三例戴氏所獨創發蒙振落其他小節或襲趙氏不足爲輕重

全趙比肩共學所得原不以自私故從同者滋多趙本博引清初諸說辨證最詳晰非戴所及且凡引他說皆著所出體例亦嚴全氏分別注有大小——注中有注是其特識餘與趙氏同之

三家以前諸校本。吾皆未見。惟謝山最服沈繹旃。謂『其校定此書幾三十載。最能抉摘善長（酈道元）之疏略』（五校本題詞）當是最佳之作。

以後諸校本則畢秋帆孫淵如各有成書。然兩君皆非地學專家。似無足以增益三家者。道咸以後則有沈欽韓（文起）水經注疏證。汪梅村（士鐸）著水經注提綱水經注釋文。皆未刊。不審內容如何。汪復有水注經圖胡文忠爲刻之。則續黃子鴻之緒而補其逸也。

陳蘭甫先生（澧）以酈氏當時滇黔之地淪於爨謝。故注記東北諸水詳而確。西南則略而譌。乃爲水經注西南諸水考補而糾之。在本書諸家著作中最爲別裁。但先生於西南諸水亦未經實測。恐不能多優於酈氏也。

王益吾爲合校本。以聚珍板（卽戴本）及趙本爲主。參以諸家。雖無新發明而最便學者（王氏所著書大率如此）但進孫（淵如）絀全。不無遺議。

最後有楊星吾（守敬）爲水經注疏八十卷。以無力全刻。乃節爲要刪若干卷。其書頗爲朱謀瑋訟直。而不肯作趙戴輿臺。謂『此書爲酈氏原誤者十之一二。爲傳刻之誤者十之四五。爲趙戴改訂及誤者亦十之二三。』（凡例語）此亦乾嘉以來一反動也。

吾向未治此學。不敢以門外漢評各家得失。但述此學經過狀況如右。治之者多。故敍述不避詞費。惟此書值得如此用功與否。實一問題。以吾觀之。地理不經實測。總是紙上空談。清儒併力治水經注。適以表現清代地學內容之貧乏而已。

隋顏之推家訓。爲現存六朝人著述最有價值者。舊本譌脫不少。乾隆間趙敬夫曦明爲之注。而盧抱經校補之自是此書有善本。

28 經典釋文

唐陸德明經典釋文。爲治訓詁音韻者所宗。而除散在諸經注疏之外。單行本殆絕。盧抱經將通志堂經解本細校重雕。附考證三十卷。此是此書有善本。

29 大唐西域記　慈恩法師傳

唐僧元奘歸自印度。綜其行歷著大唐西域記十二卷。其弟子彥悰爲之箋。慧立亦奘弟子。爲奘作傳。曰大唐慈恩法師傳十卷。此二書實世界的著作。近今歐洲各國咸有譯注。而本國治之者闕如。最近有丁益甫謙著大唐西域記考證。引據各史外國傳。旁采西人地理家言。實此書之篳路藍縷也。慈恩傳則有最近支那內學院所刻精校本。除校字外。頗引他書紀載有異同者校出若干條。在現行本中總算精善。但此二書之整理。尚有待於將來。

30 困學紀聞

宋王應麟困學紀聞。爲清代考證學先導。故清儒甚重之。閻百詩何義門全謝山皆爲作注。而翁載青元圻集其大成。一宋人書而注之者四家。其尊尚幾等古子矣。

右所舉三十幾種書。專注重校勘的成績。而注釋則其副產也。書以屬於秦漢以前子部者爲多。而古史傳之類間附焉。不及羣經者。經書累代承習者衆。訛錯較少。其有異文校讎。率附見諸家注疏中。不爲專業也。諸史之刊誤糾謬補遺等屬於吾所謂第四種校勘別於史學章述其成績此不更贅。

其他古書曾經各家校勘而未有重刻本者不能具舉今將幾部最精善之校勘家著作列其所校書目供參考。

盧抱經羣書拾補

五經正義表。易經注疏。周易略例。尙書注疏。春秋左傳注疏。禮記注疏。儀禮注疏。呂氏讀詩記。史記惠景間侯者年表。讀漢書志注補。晉書。魏書。宋史孝宗紀。金史。資治通鑑序。文獻通考經籍。史通。新唐書糾謬。山海經圖讚。水經序。鹽鐵論。新序。說苑。申鑒。列子張湛注。韓非子。晏子春秋。風俗通義。劉晝新論。潛虛。春渚紀聞。嘯堂集古錄。鮑照集。韋蘇州集。元微之集。白長慶集。林和靖集。

王石臞讀書雜誌

逸周書。戰國策。史記。漢書。管子。晏子春秋。墨子。荀子。淮南內篇。漢隸拾遺。後漢書。老子。莊子。呂氏春秋。韓子。法言。楚辭。文選。

蔣生沐斠補隅錄

尙書全解。爾雅。續通鑑。東漢會要。吳越春秋。錢塘遺事。宣和奉使高麗圖經。管子。荀子。意林。酉陽雜俎。唐摭言。盧浦筆記。陳后山集。

俞蔭甫諸子平議讀書餘錄

管子。晏子春秋。老子。墨子。荀子。列子。莊子。商子。韓非子。呂氏春秋。董子春秋繁露。賈子。淮南內經。楊子太玄經。楊子法言。內經素問。鬼谷子。新語。說苑。

孫仲容札迻

易乾鑿度鄭康成注。易稽覽圖鄭注。易通卦驗鄭注。易是類謀宋氏注。易坤靈圖鄭注。易乾元序制記鄭注。韓詩外傳。春秋繁露。春秋釋例。急就篇顏師古注。方言郭璞注。釋名。戰國策高誘鮑彪注。越絕書。吳越春秋徐天祜注。漢舊儀。列女傳。山海經郭璞注。山海經圖讚。水經酈道元注。管子尹知章注。晏子春秋。老子河上公王弼注。文子徐靈府注。鄧析子。列子張湛盧重元注。商子。莊子郭象注。尹文子。鶡冠子陸佃注。公孫龍子謝希深注。鬼谷子陶宏景注。荀子楊倞注。呂氏春秋高誘注。韓非子。燕丹子。新語。賈子新書。淮南子許愼高誘注。鹽鐵論。新序。說苑。法言李軌注．太玄經范望注．潛夫論．白虎通德論．風俗通義．獨斷．申鑒．中論．抱朴子．金樓子．新論袁孝政注．六韜．孫子曹操注．吳子．司馬法．尉繚子．三略．傳問王冰注．周髀算經趙爽甄鸞李淳風注．孫子算經．術數記遺甄鸞注．夏侯陽算經．易林．周易參同契．穆天子傳郭璞注．漢武帝內傳．列仙素．西京雜記．南方草木狀．竹譜．楚辭王逸注．蔡中郎集．琴操．文心雕龍．

晚清『先秦諸子學』之復活．實爲思想解放一大關鍵．此種結果．原爲乾嘉派學者所不及料．然非經諸君下一番極乾燥極麻煩的校勘工夫．則如墨子管子一類書．並文句亦不能索解．遑論其中所含義理．所以清儒這部分工作．我們不能不竭誠感謝．現在這部分工作已經做得差不多了．以後進一步研究諸家學術內容．求出我國文化淵源流別之所出所演．發揮其精詣而批評其長短得失．便是我們後輩的責任．

四　辨僞書

無論做那門學問．總須以別僞求眞爲基本工作．因爲所憑藉的資料若屬虛僞．則研究出來的結果當然也隨而虛僞．研究的工作便算白費了．中國舊學．什有九是書本上學問．而中國僞書又極多．所以辨僞書爲整理舊學裏頭狠重要的一件事．

中國僞書何以如此其多呢．僞書種類和作僞動機到底有多少種呢．請先說說．

『好古』爲中國人特性之一．什麼事都覺得今人不及古人．因此出口動筆．都喜歡借古人以自重．此實爲僞書發達之總原因．歷代以來．零碎間作之僞書不少．而大批製造者則有六個時期．其一．戰國之末．百家各自立說．而託之於古．以爲重．孟子所謂『有爲神農之言者許行』．何獨許行．諸家皆然．其始不過稱引古人之說．其徒變本加厲．則或專造一書而題爲古人所著．以張其學．漢書藝文志所列古書．多有注『六國時人依託』者．

此類是也。其二。西漢之初。經秦火後。書頗散亡。漢廷『廣開獻書之路。』（史記儒林傳語）懸賞格以從事收集。希望得賞的人有時便作謠以獻。漢書所注『後人依託』者。此類是也。（隋唐以後此種事實亦常有）其三。西漢之末。其時經師勢力極大。朝政國故。皆引經義為程式。王莽謀篡。劉歆助之。他們做這種壞事。然而腦筋裏頭又常常印上『事必師古』這句話。所以利用劉歆校『中祕書』的地位。贋造或竄亂許多古書以為後援。所謂經學今古文之爭。便從此起。其四。魏晉之交。王肅注經。務與鄭康成立異爭名。爭之不勝。則偽造若干部古書為後盾。其五。兩晉至六朝。佛教輸入。道士輩起而與之角。把古來許多名人都拉入道家。更造些怪誕不經的書。嫁名古人。編入他的『道藏』。和『佛藏』對抗。其六。明中葉以後。學子漸厭空疏之習。有志復古而未得正路。徒以雜博相尚。於是楊慎豐坊之流。利用社會心理。造許多遠古之書以譁世取名。自餘各朝代都有偽書。然不如這六個時期之盛。大抵宋元間偽書較少。（自然不是絕無）因為他們喜歡自出見解。不甚借古人為重。（其中如太極圖之類性質雖像偽書但他們說是自己推究出來並不說從那部書上有傳下來伏羲寫定的圖）唐代偽佛典甚多。偽儒書較少。因為當時佛學占學界最重要位置。

古今偽書。其性質可分為下列各類。（一）古書中偶見此書名。其書曾否存在渺無可考。而後人依名偽造者。例如隋劉炫之偽三墳。元吾衍之偽晉乘。楚檮杌。此等作偽最笨。最容易發現。（二）本有其書。但已經久佚。而後人竊名偽造者。例如漢志『孔子家語二十七篇。』顏師古曰。『非今所有家語。』偽書中此類最多。最不易辨。（三）古並無其書而後人嫁名偽造者。例如隋張弧偽子夏易傳。明豐坊偽子貢詩傳之類。（四）偽中出偽者。例如列禦寇本莊子寓言中人物。漢志有列子八篇。已屬周末或漢初人偽撰。而今存之列子。又屬晉張湛偽撰。並非漢舊。偽書中此類亦不少。子部尤多。（五）真書中雜入偽文者。例如韓非子不偽。而初見秦篇決偽，史記不僞而武帝紀決僞論語不僞而『佛肸』「公山弗擾」等章決僞左傳不僞而『其處者爲劉氏』等句必僞古書中如此者極多極不易辨（六）書不僞而書名僞者例如左傳確爲先秦書然標題爲春秋左氏傳認爲解釋春秋之書則僞（七）書不僞而撰人姓名僞者例如管子商君書確爲先秦書但指爲管仲商鞅所作則僞（八）原書本無作者姓名年代而後人妄推定爲某時某人作品因以成僞或陷於時代錯誤者例如周髀本一部古書指爲周公作則僞素問本一部古書指爲黃帝作則僞此類書亦甚多不易辨別（九）書雖不全僞然確非原本者例如今本竹書紀年汲冢遺文多在其中然指爲即汲冢本則僞（十）僞書中含有眞書者例如孔叢子確爲晉人僞作然其中小爾雅一篇則爲漢志舊本

辨僞的工作由來已久漢書藝文志明注『依託』者七『似依託』者三『增加』者一隋僧法經著衆經目錄別立『疑僞』一門此皆有感於僞書之不可不辨可惜怎樣辨法未得他們說明宋人疑古最勇如司馬光之疑孟子歐陽修之疑易十翼疑周禮儀禮朱熹之疑周禮疑古文尚書鄭樵之疑詩序疑左傳皆爲後世辨僞學先河其他如郡齋讀書志直齋書錄解題等指斥僞書亦不少晚明胡應麟著四部正譌始專以辨僞爲業入清而此學益盛

清儒辨僞工作之可貴者不在其所辨出之成績而在其能發明辨僞方法而善於運用對於古書發生問題清儒不如宋儒之多而勇然而解決問題宋儒不如清儒之愼而密宋儒多輕蔑古書其辨僞動機往往由主觀的一時衝動清儒多尊重古書其辨僞程序常用客觀的細密檢查檢查的重要方法如下

（一）從著錄傳授上檢查古書流傳有緒其有名的著作在各史經籍志中都有著錄或從別書記載他的淵

源若突然發現一部書向來無人經見其中定有蹊蹺如先秦書不見漢書藝文志漢人書不見隋書經籍志唐以前不見崇文總目便十有九靠不住試舉其例

(例一)古三墳晉乘楚檮杌除左傳孟子一見其名外漢隋等志從未見過亦未有人徵引過隋和元時候忽然出現不問而知爲僞

(例二)東晉古文尚書和漢書藝文志所載的篇數及他書所載的篇名都不同故知非原本

(例三)如毛詩序史記漢書兩儒林傳漢書藝文志皆未言及故可決爲西漢前所無

(例四)隋書經籍志明言『魯詩亡』明末忽出現申培詩說當然是僞

(二)從本書所載事蹟制度或所引書上檢查書中與事實文句只有後人徵引前人不會前人徵引後人這是顯而易見的犯這類毛病的書當然靠不住試舉其例

(例一)管子記毛嬙西施商君書記長平之役是管仲商鞅萬看不見的事故知兩書決非管商作最少亦有一部分爲後人竄亂

(例二)史記載元帝成帝時事司馬遷無論如何長壽決不能見故知史記有一部分靠不住

(例三)左傳記智伯事可知作者決非與孔子同時

(例四)月令有『太尉』官名可見是秦人作決非出周公

(例五)山海經有漢郡縣名可見決非出伯益

(例六)易林引左傳左傳自東漢始傳布可知作者決非西漢的焦延壽

(三)從文體及文句上檢查．文體各時代不同．稍多讀古書的人．一望便知．這種檢查法雖不必有枝節證據．然而不會錯的．試舉其例．

(例一)黃帝素問長篇大段的講醫理．不獨三代以前．即春秋間亦無此文體．用論語老子等書便可作反證．故此書年代可定爲漢．最早亦不過戰國末．

(例二)尙書二十八篇佶屈聱牙．而古文尙書二十五篇文從字順．什九用偶句．全屬晉人文體．不獨三代前所有．並非漢以前所有．

(例三)現行關尹子．全屬唐人翻譯佛理文體．不獨非與老聃同時之關尹所能做．又不獨非劉歆校定七略以前的人所能做．乃至並不是六朝以前人所能做．

(四)從思想淵源上檢查．各時代有各時代的思想．治學術史的人自然會看出．作僞的瞞不過明眼人．試舉其例．

(例一)管子裏頭有駁「兼愛」「駁寢兵」之說．非墨翟宋鈃以後．不會發生這種問題．故知這書決非春秋初年管仲所作．

(例二)列子裏頭有『西方之聖人』等語．其中和佛教教理相同者甚多．故知決爲佛教輸入後作品．決非莊子以前的列禦寇所作．

(例三)大乘起信論舊題馬鳴菩薩造．其書全屬和會龍樹世親兩派學說．和藏中馬鳴別的著述思想不同．故知決非龍樹以前馬鳴所造．

(例四)楞嚴經雜入中國五行說及神仙家甚多。故知決非印度人著作。

(例五)近人輯黃梨洲遺著內有鄭成功傳一書。稱清兵爲大兵。指鄭氏爲畔逆。與梨洲思想根本不相容。故知爲後人影射梨洲的臺灣鄭氏始末而作。

(五)從作僞家所憑藉的原料上檢查。造僞書的人。勢不能一個一個字憑空創造。況且他既依託某人。必多采某人之說以求取信。然而割裂撏撦。狠難「滅盡針線迹」。不知不覺會露出馬脚來。善於辨僞的人自能看出。試舉其例。

(例一)古文尚書把荀子引道經的『人心之危道心之微』和論語的『允執其中』連湊起來。造成所謂「十六字心傳」。但意義毫不聯屬。

(例二)毛詩序鈔襲樂記和論語的話。斷續支離。完全不通。

(六)從原書佚文佚說的反證上檢查。已佚的書。後人僞造。若從別的書發現所引原書佚文爲今本所無。便知今本靠不住。試舉其例。

(例一)晉書束皙王接摯虞等傳言竹書紀年有『太甲殺伊尹文丁殺季歷』等事。當時成爲學界討論一問題。今本無之。可知今本決非汲冢之舊。

(例二)司馬遷從孔安國問故。史記釋尚書皆用孔義。東晉晚出古文尚書孔傳。文字和釋義都不同史記。故知決非安國作。

(例三)崔鴻十六國春秋。其體例略見魏書及史通。明代所出本與彼不符。便靠不住。

以上所述各種檢查眞僞的方法，雖未完備，重要的大率在此。（舉例皆隨注拈起雜亂不倫讀者諒之）清儒辨僞書，多半用這些方法，嚴密調查，方下斷語。（其中武斷的當然也不少）他們的態度比宋儒穩健多了，所以結果也較良好。

有一事應該特別注意，辨僞書的風氣，清初很盛，清末也很盛，獨乾嘉全盛時代做這種工作的人較少，乾嘉諸老好古甚篤，不肯輕易懷疑，他們專用綿密工夫在一部書之中，不甚提起眼光超覽一部書之外，他們長處在此，短處也在此。

清初最勇於疑古的人應推姚立方（際恆）。他著有尙書通論辨僞古文，有禮經通論辨周禮和禮記的一部分，有詩經通論辨毛序，其專爲辨僞而作的則有

古今僞書考。

這書從孔子的易繫辭傳開起刀來，把許多僞書殺得落花流水，其所列書目如下。

易傳（卽十翼） 子夏易傳 關朗周易 麻衣正易心法 焦氏易林 易乾鑿度 古文尙書 尙書漢孔氏傳 古三墳書 詩序 子貢詩傳 申培詩說 周禮 大戴記 孝經 忠經 孔子家語 小爾雅 家禮儀節（以上經部） 竹書紀年 汲冢周書 穆天子傳 晉乘書 楚檮杌 漢武故事 飛燕外傳 西京雜記 天祿閣外史 元經 十六國春秋 隆平集 致身錄（以上史部） 鬻子 關尹子 子華子 亢倉子 晏子春秋 鬼谷子 尹文子 公孫龍子 商子 鶡冠子 愼子 於陵子 孔叢子 文中子 六韜 司馬法 吳子 尉繚子 李衞公問對 素書 心書 風后握奇經 周髀算經 石申星經 續葬書 撥沙錄 黃帝素問 神異經 十洲記 列仙傳 洞冥記 靈樞經 神農本草 秦越人難經 脈訣 博物志 杜律虞注（以上子部）

以上認爲全部僞作者。

儀禮 禮記 三禮考注 文子 莊子 列子 管子 賈誼新書 傷寒論 金匱玉函經

以上認爲眞書雜以僞者。

爾雅　韵書　山海經　水經　陰符經　越絕書　吳越春秋

以上認爲非僞而撰人名氏僞者。

春秋繁露　東坡志林

以上認爲書不僞而書名僞者。

國語　孫子　劉子新論　化書

以上認爲未能定其著書之人者。

立方這部書。體例頗凌雜。（重要的書和不重要的書夾在一起）篇帙亦太簡單。未能盡其辭。所斷亦不必盡當。但他所認爲有問題的書。我們總有點不敢輕信罷了。此後專爲辨證一部或幾部僞書著爲專篇者。則有。

閻百詩的古文尚書疏證。惠定宇的古文尚書考。

萬充宗（斯大）的周官辨非。

孫頤谷（志祖）的家語疏證。

范家相的家語辨僞。

劉申受（逢祿）的左氏春秋疏證。

康長素先生的新學僞經考。

王靜安（國維）的今本竹書紀年疏證。

崔觶甫（適）的史記探原。

閻惠兩家書專辨東晉僞古文尚書及僞孔安國傳後來像這類書還很多有點近於「打死老虎」不多舉了萬書辨周禮非周公作多從制度與古書不合方面立論孫書辨家語爲王肅所僞撰他還有一部孔叢子疏證和這書是「姊妹書」但未著成劉書守西漢博士『左氏不傳春秋』之說謂左傳解經部分皆劉歆僞撰康先生書總結兩漢今古文公案對於劉歆所提倡的周官左傳毛詩逸禮古文尚書（非東晉晚出者）爾雅等書皆認爲僞王書專辨明人補撰之竹書紀年用閻惠孫之法一一指出其剽竊湊附之贓證崔書則宗康先生說謂史記有一部分爲劉歆所竄亂一一指明疑點清儒專爲辨僞而作的書我所記憶者只此數部餘容續訪

其非專辨僞而著書而書中多辨僞之辭者則有魏默深詩古微之辨毛詩邵位西（懿辰）禮經通論之辨逸禮方鴻濛（玉潤）詩經原始之辨詩序等而其尤嚴正簡絜者則有

崔東壁（述）的考信錄

此書雖非爲辨僞而作但他對於先秦的書除詩書易論語外幾乎都懷疑連論語也有一部分不相信他的勇氣眞可佩服此外諸家筆記文集中辨僞的著作不少不能盡錄

四庫著錄之書提要明斥其僞或疑其僞者則如下（次序依原書）

子夏易傳　全僞

古文尚書及孔安國傳　全僞

尚書大傳　疑非伏生著

詩序　疑撰人

古文孝經孔安國傳　全僞

方言　疑撰人

竹書紀年　今本僞古本未定

晏子春秋　疑撰人及年代

孔子家語　斷爲王肅依託

孔叢子　同上

陸賈新語　斷爲後人纂集

王通文中子說　疑其書並疑其人

風后握奇經　全僞

太公六韜　全僞

司馬穰苴司馬法　疑僞

黃石公三略及素書　全僞

管子　疑非管仲作

商子　疑非商鞅作

黃帝素問　斷爲周秦間人作

靈樞經　疑唐王冰依託

黃帝宅經　全僞

郭璞葬書　全僞

鬻子　全僞

墨子　疑非墨翟作

子華子　全僞
鬼谷子　全僞
劉歆西京雜記　斷爲梁吳均依託
山海經　斷爲非夏禹伯益所作
東方朔神異經及海內十洲記　全僞
班固漢武故事及武帝內傳　全僞
干寶搜神記陶潛搜神後記　全僞
張華博物志　全僞
任昉述異記　全僞
黃帝陰符經　全僞
關尹子　全僞
河上公老子注　全僞
列子　疑撰人
劉向列女傳　全僞

四庫提要爲官書間不免敷衍門面。且成書在乾隆中葉許多問題或未發生或未解決。總之提要所認爲眞的未必便眞。所指爲僞的一定是僞。我敢斷言。

今將重要之僞書已定案未定案全部僞部分僞人名僞書名僞等分別總括列表如下。（所錄限於漢以前書或託名漢以前書者其術數方伎等書雖託名漢以前者亦不錄）其未定案者間附鄙見。

（甲）全部僞絕對決定者

古文尚書及孔安國傳。（問題起自宋代到清初完全解決公認爲魏王肅僞撰）

古文孝經孔安國傳。（僞撰人未定）

孔子家語及孔叢子。（乾隆中葉問題完全解決公認爲魏王肅僞撰）

陰符經。六韜。（漢以後人僞撰）

鬻子。關尹子。子華子。文子。亢倉子。鶡冠子。鬼谷子。於陵子。

尉繚子。（各書著錄漢書藝文志者已不可盡信今本又非漢志之舊大率晉至唐所陸續依託）

老子的河上公注。（晉以後人僞撰）

陸賈新語。賈誼新書。（晉以後人僞撰）

（乙）全部僞大略決定者

周禮。（此書問題最大從初出現到今日二千年爭論不決據現在趨勢則不認爲周公制作者居多大概此趨勢愈往後愈明瞭應認爲漢劉歆雜采戰國政書附以己意僞撰）

孝經。（春秋時無「經」之名大約漢人所撰託諸孔子曾子）

晏子春秋。（大約西漢人僞撰）

列子。（此問題發生不久但多數學者已漸漸公認爲晉張湛所僞撰）

吳子。司馬法。（大約西漢人僞撰）

毛詩序。（此亦宋以來宿題撰人名氏擬議起今多數學者漸認爲後漢衞宏撰與孔子子夏毛公無涉）

(丙)全部僞否未決定者

尙書百篇序。是否伏生孔安國時已有何人所作完全未決

古本竹書紀年及穆天子傳。古本紀年之僞不待言但有人謂晉太康汲郡發冢事根本靠不住如此則此兩書純屬晉人撰僞但我頗信其眞

逸周書。有人指爲僞但淸儒信爲眞者居多我雖不認爲周初書但謂非漢以後人撰其中或有一部分附益則不可知

申子。尸子。愼子。尹文子。公孫龍子。此五書已佚今存者或不全或由近人輯出原書是否本人所作抑秦漢以後人依託問題未決

(丁)部分僞絕對決定者。

老子中『夫佳兵者不祥』一節。無舊注是知後人加入

墨子中親士修身所染三篇。後人采儒家言掩飾其書

莊子外篇雜篇之一部分。內篇爲莊生自作無問題外篇則後人僞續者甚多雜篇亦間有

韓非子中初見秦篇。由戰國策混入

史記中記昭宣元成以後之文句。褚少孫至劉歆等多人續入

楚辭中之屈原大招。漢人摹仿招魂而作

(戊)部分僞未決定者。

今文尙書二十八篇中之虞夏書。二十八篇爲孔子時所有蓋無疑但虞夏書是否爲虞夏時書則大有問題恐是周初或春秋時人所依託

左傳中釋經語。今文學家不承認左氏爲解釋春秋之書謂此部分皆漢人僞託

論語二十篇中後五篇。有人謂漢張禹所竄亂

史記中一部分.有人謂劉歆竄改

荀子韓非子之各一部分.有人謂後人誤編

禮記及大戴禮記之一部分.有人指爲漢人僞撰然兩書本題「七十子後學者所記」其範圍包及漢儒有漢人作不能謂爲作僞

(己)撰人名氏及時代錯誤者.

易彖傳.象傳.繫辭.文言.說卦.序卦.雜卦.相傳爲孔子作有人攻其非但原並未題爲孔子作不得遂爲後人依託孔子

儀禮.相傳爲周公作亦後人臆推大抵應爲西周末春秋初之作

爾雅小爾雅.後人指爲周公作純屬臆推大抵爲西漢人最集訓詁之書

管子.商君書.漢書藝文志題爲管仲商鞅作乃漢人誤推大抵屬戰國末年法家者流所編集

孫子十三篇.舊題孫武作不可信當是孫臏或戰國末年人書

尚書大傳.舊題伏生作是否未定總是西漢經生所著

山海經.或言大禹作伯益作當然不可信大約是漢代相傳一部古書

各種緯書.自易乾鑿度以下二十餘種漢儒或指爲孔子作當然不可信大約是戰國末年傳下來古代神話書

周髀算經.相傳周公或商高作當然不可信大約是周末或漢初相傳古算書

素問.難經.相傳黃帝秦越人作當然不可信大約是秦漢間的醫書

越絕書.舊題貢作據原書末篇敍詞用隱語自著其名已知作者爲會稽袁康後漢人

以上各書之眞僞及年代或屬前代留下來的宿題.或屬清儒發生的新題.清儒經三百年多少人研究討論的

結果已經解決的十之三四．尚未解決的十之六七．但解決問題．固然是學術上一種成績．提出問題．也算一種成績．清儒在這部分所做的工作也算可觀了．

「求眞」爲學者的責任．把古書眞僞及年代辨析清楚．尤爲歷史學之第一級根據．我盼望我們還繼續清儒未完的工作．

辨僞書的工作．還有一部分爲清儒所未嘗注意者．七千卷的佛藏．其中僞書不少．自僧祐三藏集記法經衆經目錄以來．已別立僞妄疑似兩部．嚴爲沙汰．而贋品流傳．有加無已．即如佛教徒人人共讀之大佛頂首楞嚴經及大乘起信論．據我們子細研究．完全是隋唐間中國人僞作．其他類此者尚不少．恨未有如閻百詩孫頤谷其人者一一爲之疏通證明也．

五　輯佚書

書籍遞嬗散亡．好學之士．每讀前代著錄．按索不獲．深致慨惜．於是乎有輯佚之業．最初從事於此者爲宋之王應麟．輯有三家詩考周易鄭氏注各一卷．附刻玉海中．傳於今．明中葉後．文士喜摭拾僻書奇字以炫博．至有造僞書以欺人者．時則有孫轂輯古微書．專搜羅緯書佚文．然而範圍既隘．體例亦復未善．入清而此學遂成專門之業．

輯佚之擧．本起於漢學家之治經．惠定宇不喜王韓易注而從事漢易．於是有易漢學八卷之作．從唐李鼎祚周易集集中刺取孟京干鄭荀虞諸家舊注．分家疏解．後又擴充爲九經古義十六卷．將諸經漢人佚注益加網羅．

惠氏弟子余仲林（蕭客）用其師法。輯古經解鉤沈三十卷。所收益富。此實輯佚之嚆矢。然未嘗別標所輯原書名，體例仍近自著。

永樂大典者。古今最拙劣之類書也。其書以洪武韻目按字分編。每一字下往往將古書中凡用該字作書名之頭一字者全部錄入。（例如一東韻下之「東」字門則將當時所存之東觀漢記全部錄入）而各書之一部分亦常分隸人名地名等各字之下。其體例固極蕪雜可笑。然稀見之古書賴以保存者頗不少。其書本貯內府。康熙間因編官書。移置翰林院供參考。此後蛛網塵封無人過問者數十年。（此書爲明成祖命胡廣王洪等所編計六萬二千八百七十七卷目錄六十卷裝一萬一千九十五册清乾嘉間存九千八百八十一册直至清末猶貯翰林院義和團之亂爲八國聯軍瓜分以盡除當時踐踏毀失外現存歐美日本各國圖書館中每館或百數十册或一兩册不等）雍乾之交。李穆堂全謝山同在翰林。發見此中祕籍甚多。相約鈔輯。兩君皆貧士。所鈔無幾。（時范氏天一閣馬氏小玲瓏山館亦託全氏代鈔）而此書廢物利用的價值。漸爲學界所認識。

乾隆三十八年朱筍河（筠）奏請開四庫館。即以輯大典佚書爲言。故四庫全書之編纂。其動機實自輯佚始也。館既開。卽首循此計畫以進行。先後從大典輯出之書著錄及存目合計凡三百七十五種四千九百二十六卷。其部屬如下

經部六十六種

史部四十一種

子部一百零三種

集部一百七十五種

觀右表所列則當時纂輯大典之成績實可驚。以卷帙論最浩博者如李燾續資治通鑑長編之五百二十卷。薛

居正五代史之百五十卷．郝經續後漢書之九十卷．王珪華陽集之七十卷．宋祁景文集之六十五卷……其餘二三十卷以上之書尙不下數十種其中於學術界有重要關係者頗不少例如東漢班固劉珍等之東漢觀漢記元代已佚其書爲范蔚宗所不采而足以補後漢書闕失者頗不少今輯得二十四卷可以存最古的官修史書之面目．又如五代史自歐書出後薛書寖微遂至全佚．然歐史摹仿春秋筆法．文務簡奧．重要事實多從刊落．今重裒薛史然後此一期之史蹟稍得完備．又如漢至元古數學書——九章算術．孫子算經．晉劉徽海島算經．五曹算經．夏侯陽算經．北周甄鸞五經算術．宋秦九韶數學九章．元李治益古演段等．皆久佚．四庫館從大典輯出用聚珍板刊布喚起學者研究算術之興味實非淺尠．亦有其書雖存而篇章殘缺據大典葺而補之例如春秋繁露．或其書雖全而譌脫不可讀．據大典讐而正之例如水經注．凡此之類．皆纂輯大典所生之良結果也．

纂輯大典所費工力有極簡易者．有極繁難者．極簡易者例如續通鑑長編五百餘卷．全在「宋」字條下．不過一鈔胥迻錄之勞．只能謂之鈔書．不能謂之輯書．極繁難者例如五代史散在各條．篇第淩亂．蒐集既備．佐以他書．苦心排比．乃克成編．（提要云『臣等謹就永樂大典各韻中所引薛史甄錄條繫排纂先後檢其篇第尙得十之八九又考宋人書之徵引薛史者每條採錄以補其闕遂得依原本卷數勒成一編』）非得邵二雲輩深通著述家法而赴以精心果力不能蕆事．（薛史編輯全出二雲手見阮元國史儒林傳稿）此種工作．遂爲後此輯佚家模範．

永樂大典所收者明初現存書而已．然古書多佚自宋元．非大典中所能搜得．且大典往往全書連載．迻鈔較易．舍此以外求如此便於撮纂者更無第二部．清儒好古成狂．不肯以此自甘．於是更爲向上一步之輯佚．

向上一步之輯佚．乃欲將漢書藝文志隋書經籍志中曾經著錄而今已佚者次第輯出．其所憑藉之重要資料則有如下諸類.

一. 以唐宋間類書爲總資料.——如北堂書鈔藝文類聚初學記白帖大平御覽冊府元龜山堂考索玉海等.

二. 以漢人子史書及漢人經注爲輯周秦古書之資料——例如史記.漢書春秋繁露.論衡等所引古子家說.鄭康成諸經注韋昭國語注所引緯書及古系譜等.

三. 以唐人義疏等書爲輯漢人經說之資料——例如從周易集解輯漢諸家易注.從孔賈諸疏輯尙書馬鄭注左氏賈服注等.

四. 以六朝唐人史注爲輯逸文之資料——例如裴松之三國志注.裴駰以下史記注顏師古漢書注.李賢後漢書注李善文選注等.

五. 以各史傳注及各古選本各金石刻爲輯遺文之資料.——古選本如文選.文苑英華等.

其在經部則現行十三經注疏中其注爲魏晉以後人作者清儒厭惡之務輯漢注以補其闕.易注.排斥王弼.宗鄭元虞翻等.自惠氏輯著易漢學之後.有孫淵如輯孫氏周易集解十卷.(續李鼎祚)有盧雅雨(見曾)輯鄭氏易注十卷.有丁升衢(杰)輯周易鄭注十二卷.有張皋文輯周易虞氏義九卷.鄭氏義二卷.荀氏九家義一卷.易義別錄十四卷.(孟喜姚信翟子元蜀才京房陸績干寶馬融宋衷劉表王肅董遇王廙劉瓛子夏)有孫步升(堂)輯漢魏二十一家易注三十三卷.(子夏鄭玄續孟喜京房馬融荀爽劉表宋衷虞翻王肅姚信王廙張璠向秀干寶蜀才翟元九家集注劉瓛)尙有馬竹吾(國翰)所輯家數太多.不具錄.

尙書注.排斥僞孔傳.推崇馬融鄭玄.漸及於西漢今文.汀艮庭之集注音疏.王西莊之後案.孫淵如之今古注疏.

前經學章有專論其大部分功臣皆在輯馬鄭注也。而淵如於全疏外復輯有尚書馬鄭注十卷。馬竹吾亦輯尚書馬氏傳四卷。今文學方面則有陳樸園喬樅今文尚書經說考三十二卷。歐陽夏侯遺說考二卷。馬竹吾則輯尚書歐陽大夏侯小夏侯章句各一卷。而尚書大傳輯者亦數家。看前校勘章

詩注。毛傳鄭箋皆完。待輯者少。惟今文之魯齊韓三家師說久佚。則有馬竹吾輯魯詩故三卷。齊詩傳二卷。有邵二雲輯韓詩內傳一卷。宋緜初輯韓詩內傳徵四卷。有嚴鐵橋可均輯韓詩二十卷。有馬竹吾輯韓詩故韓詩薛君章句各二卷。韓詩內傳韓詩說各一卷。有馮雲伯登府三家詩異文疏證六卷。有陳左海輯三家詩遺說考十五卷。其子樸園輯四家詩異文考五卷。著齊詩翼氏學疏證二卷。

三禮皆鄭注。精博無遺憾。故可補者希。然周禮之鄭興鄭衆杜子春賈逵馬融王肅諸注。儀禮之馬融王肅諸注。禮記之馬融盧植王肅諸注。馬竹吾亦各輯為一卷。又有丁儉卿晏之佚禮扶微。則輯西漢末所出儀禮逸篇之文。

春秋三傳注。公羊宗何氏。別無問題。穀梁范甯注。頗為清儒所不滿。故邵二雲輯穀梁古注。未刊左傳則排斥杜預上宗賈逵服虔。故馬宗槤有賈服注輯。未見李貽德有春秋左傳賈服注輯述十二卷。臧壽恭有春秋左氏古義六卷。

論語孝經爾雅今注疏本所用皆魏晉人注。故宋于庭翔鳳輯論語鄭注十卷。劉申受逢祿輯論語述何二卷。鄭子尹珍輯論語三十七家注四卷。臧在東庸嚴鐵橋各輯孝經鄭氏注一卷。在東又輯爾雅漢注三卷。黃右原奭輯爾雅古義十二卷。

輯書自明人古微書所輯已不少。清儒更增輯之。最備者爲趙在翰所輯七緯三十八卷。（玉函山房漢學堂兩叢書皆有專輯）

清儒最尊鄭康成。競輯其遺著。黃右原輯高密遺書十四種。（六藝論易注尙書注尙書左傳注毛詩譜箴膏肓起廢疾發墨守喪服變除駁五經異義答臨孝存周禮難三禮目錄魯禘祫義論語注鄭志鄭記）孔叢伯廣森輯通德遺書十七種。（箴膏肓起廢疾發墨守分爲三種增尙書中候注論語弟子篇二種無鄭志鄭記餘目同黃輯）袁鈞輯有鄭氏佚書二十一種。（增尙書五行傳注尙書略說注二種有鄭志鄭記餘目同孔輯）而陳仲魚鱣又別輯六藝論。錢東垣王復等又先後別輯鄭志。其尙書大傳注。駁五經異義有多數輯本已詳前。

以上經部。

史部書輯之目的物。一爲古史一爲兩晉六朝人所著史。

古史中以世本及竹書紀年爲主要品。

世本爲司馬遷所校以作史記者。漢書藝文志著錄十五卷。其書蓋佚於宋元之交。（因鄭樵王應麟尙及徵引）清儒先後輯者有錢大昭孫馮翼洪飴孫雷學淇秦嘉謨茆泮林張澍七家。秦本最豐。凡十卷。餘家皆二卷或一卷。然秦將史記世家。及左傳杜注。國語韋注。凡涉及世系之文皆歸於世本原書既無明文。似太涉汎濫。茆張兩家似最翔實。（秦嘉謨輯本乃盜竊洪孟慈（飴孫）者見洪用懃授經堂未刊書目）

汲冢竹書紀年亦出司馬遷前而爲遷未見。在史部中實爲鴻寶。明以來刻本既出僞撰。故清儒亟欲求其眞。先後輯出者有洪頤煊陳逢衡張宗泰林春溥朱右曾王國維諸家。王輯最後最善。

史家著作。以兩晉六朝爲最盛。而其書百不存一。學者憾焉。清儒乃發憤從事蒐輯。其用力最勤者爲章逢之宗源著有隋書經籍志考證。今所存者僅史部爲書十三卷。（餘三部不知已成否）書名雖似踵襲王應麟之漢書藝文志考證。

而內容不同。彼將隋志著錄各書每書詳考作者履歷及著述始末與夫後人對於此書之批評。除現存書外。其餘有佚文散見羣籍者皆備輯之。雖皆屬片鱗殘甲。亦可謂宏博也已。

其後則有姚氏之翽輯八家後漢書。東觀謝承薛瑩張璠華嶠謝沈袁山松司馬彪汪氏文臺輯七家後漢書。謝承薛瑩司馬彪華嶠謝沈袁山松張璠及失名氏一種湯氏球輯兩家漢晉春秋。習鑿齒杜延業兩家晉陽秋。孫盛檀道鸞五家晉紀。干寶陸機曹嘉之鄧粲劉謙之十家晉書。臧榮緒王隱虞預朱鳳謝靈運蕭子雲蕭子顯史約何法盛及晉諸公別傳十八家霸史。蕭方等三十國春秋式敏之三十國春秋常璩蜀李書和苞漢趙記田融趙書吳篤趙書王度二石傳范亨燕書車頻秦書王景暉南燕書裴景仁秦記姚和都後秦記張諮涼記喻歸西河記段龜龍涼記劉昞敦煌實錄張詮南燕書高閭燕志而張介侯澍以甘肅之特注意甘涼掌故。專輯鄉邦遺籍所輯有趙岐三輔決錄失名三輔故事辛氏三秦記楊孚涼州異物志張諮涼州記失名西河舊事喻歸西河記失名沙州記皆兩晉六朝史籍碎金也。

地理類書則有畢秋帆輯王隱晉書地道記。太康三年地志。有張介侯輯闞駰十三州志。政書類則有孫淵如輯漢官六卷。王隆漢官及漢官解詁衞宏漢舊儀及補遺應劭漢官儀蔡質漢官典職儀式選用丁孚漢儀譜錄則有錢東垣輯王堯臣崇文總目等。

以上史部。

子部書有唐馬總意林所鈔漢以前古子其書爲今已佚者。加以各種類書各種經注等所徵引。時可資采摭。然所輯不多。稍可觀者如嚴可均輯申子。章宗源任兆麟輯尸子。章宗源輯燕丹子。嚴可均輯補商子愼子。張澍輯補司馬法。茆泮林輯計然萬物錄。孫馮翼茆泮林輯淮南萬畢術等。馬氏國翰玉函山房叢書所輯漢志先秦佚子則儒家十五種。漆雕子宓子景子世子魏文侯書李克書公孫尼子內業讕言甯子王孫子董子(董無心)徐子魯連子虞氏春秋農家三種。神農書野老范子計然道家書七種。伊尹書辛甲書公孫牟子田子老萊子黔婁子鄭長者書法家一種。申子名家一種。惠子墨家五種。史佚書田俅子隨巢子胡非子纏子縱橫家二種。蘇子闕子黃氏奭子史鉤沈中之周秦部分亦有五種。六韜李悝法經范子計然神農本草經淮南萬畢術黃氏以周輯逸子未刊其序見儆季雜著之周秦部分亦有六

種。（太公金匱、魯連子、范子計然、隨巢子、王孫子、申子）

現存各子書輯其佚文者，則有孫仲容之於墨子，王石臞之於荀子，王先慎之於韓非子等。（孟子外書林春溥有注本，但此書趙岐已明辨爲僞託）

現存古子輯其佚注者，則有孫馮翼輯司馬彪莊子注，許慎淮南子注等。

以吾所見，輯子部書尚有一妙法，蓋先秦百家言，多散見同時人所著書，例如從孟子墨子書中輯告子學說，從孟子荀子莊子輯宋鈃學說，從莊子書中輯惠施公孫龍學說，從孟子荀子戰國策書中輯陳仲學說，從孟子書中輯許行白圭學說……諸如此類，可輯出者不少，惜清儒尚未有人從事如此也。

以上子部。

集部之名，起於六朝，故考古者無所用其書，然搜集遺文，其工作之繁重亦正相等。晚明張溥之漢魏百三家集，事實上什九皆由裒輯而成，亦可謂之輯佚，但其書不注明出處，又各家皆題爲「某人集」，而其人或本無集，其集名或並不見前代著錄，任意錫名，非著述之體也。清康熙間官修全唐文、全唐詩、全金詩，其性質實爲輯佚。（與唐文粹宋文鑑等書性質不同，彼乃選本，立一標準以爲去取，此乃輯本，見一篇收一篇，務取其備）集部輯佚實昉於此。張月霄（金吾）輯金文最百二十卷，凡費十二年始成。李雨村（調元）輯全五代詩一百卷。某氏輯全遼詩若干卷。（其書未見，其名偶忘）繆小山輯遼文存六卷，其工作頗艱辛。其最有價值者，有嚴鐵橋之全上古三代兩漢三國兩晉六朝文，七百四十六卷，凡經、史、子、傳記、專集、注釋書、類書、舊選本、釋道藏、金石文，六朝以前之文，凡三千四百九十七家，自完篇以至零章斷句，搜輯略備，每家各爲小傳，冠於其文之前，可謂藝林淵海也已。（吳山尊日記謂此書實孫淵如輯而鐵橋攘之，吾謂鐵橋決非攘書者。況淵如貴人，鐵橋寒士，鐵橋依淵如幕府，以所著贈名淵如，即有之耳。張紹南作淵如年譜，謂晚年與鐵橋回輯此書，或淵如發起，且以藏書貸鐵橋，斯可信也。（楊星吾晦明軒稿論此案與吾意略同）

劉孟瞻文淇揚州文徵、鄧湘皋顯鶴沅湘耆舊集……等，性質亦為輯佚，蓋對於一地方人之著作搜采求備也。此類書甚多，當於方志章別論之。

以上集部。

嘉道以後，輯佚家甚多，其專以此為業而所輯以多為貴者，莫如黃右原奭、馬竹吾國翰兩家。今舉其輯出種數。

黃氏漢學堂叢書

經解八十六種

通緯五十六種

子史鈎沈七十四種

馬氏玉函山房輯佚書

經部四百四十四種（內緯書四十種）

史部八種

子部一百七十八種

右兩家所輯雖富，但其細已甚，往往有兩三條數十字為一種者；且其中有一部分為前人所輯，轉錄而已，不甚足貴。馬氏書每種之首，冠以一簡短之提要，說明本書來歷及存佚沿革，頗可觀。

鑑定輯佚書優劣之標準有四——（一）佚文出自何書，必須注明；數書同引，則舉其最先者。能確遵此例者優，否者劣。(二)既輯一書。則必求備。所輯佚文多者優。少者劣。例如尚書大傳陳輯優於盧孔輯。(三)既須求備。又須求眞。若貪多而誤認他書爲本書佚文則劣。例如秦輯世本劣於茆張輯。(四)原書篇第有可整理者極力整理求還其書本來面目。雜亂排列者劣。例如邵二雲輯五代史功等新編。故最優。——此外更當視原書價值何如。若尋常一俚書或一僞書。蒐輯雖備。亦無益費精神也。

總而論之。清儒所做輯佚事業甚勤苦。其成績可供後此專家研究資料者亦不少。然畢竟一鈔書匠之能事耳。末流以此相矜尚。治經者現成的三禮鄭注不讀。而專講些什麼尚書論語鄭注。治史者現成之後漢書三國志不讀。而專講些什麼謝承華嶠臧榮緒何法盛。治諸子者現成幾部子書不讀。而專講些什麼佚文和什麼僞妄的鬻子燕丹子。若此之徒。眞未可本末倒置。大惑不解。善夫章實齋之言曰『……今之俗儒。逐於時趨。誤以擘績補苴謂足盡天地之能事。幸而生後世也。如生秦火未毀以前。典籍具存。無事補輯。彼將無所用其學矣。』(文史通義博約中篇)

十五 清代學者整理舊學之總成績(三)

——史學 方志學 傳記及譜牒學——

六 史學

清代史學開拓於黃梨洲萬季野而昌明於章實齋。吾別有專篇論之。(看第五講第八講第十二講)但梨洲季野在草創時代。

其方法不盡適用於後輩。實齋才識絕倫。大聲不入里耳。故不為時流宗尚。三君之學不盛行於清代。清代史學界之恥也。清代一般史學家思想及其用力所在。王西莊之十七史商榷序最足以代之。今節錄如下。

『……大抵史家所記典制有得有失。讀史者不必橫生意見。馳騁議論。以明法戒也。但當考其典制之實。俾數千百年建置沿革瞭如指掌。而或宜法或宜戒。待人之自擇焉可耳。其事蹟則有美有惡。讀史者亦不必强立文法。擅加與奪。以為褒貶也。但由考其事蹟之實。年經事緯。部居州次。紀載之異同。見聞之離合。一一條析無疑。而若者可褒。若者可貶。聽諸天下之公論焉可矣。……』

『讀史之法與讀經小異而大同。……治經斷不敢駁經。而史則雖子長孟堅。苟有所失。無妨箴而砭之。此其異也。……』

大抵自宋以後所謂史家。——除司馬光鄭樵袁樞有別裁特識外。率歸於三派。其一派則如胡安國歐陽修之徒。務為簡單奧隱之文詞。行其谿刻隘激之「褒貶」。其一派則蘇洵蘇軾父子之徒。效縱橫家言。任意雌黃史蹟。以為帖括之用。又其一派則如羅泌之徒之述古。李燾之徒之說今。惟侈浩博。不復審擇事實。此三派中分史學界七百餘年。入清乃起反動。

清初史學。第一派殆已絕跡。第二派則侯朝宗方域魏叔子禧等扇其餘燄。所謂「古文家」「理學家」從而和之。其間如王船山算是最切實的。然習氣尚在所不免。第三派則馬宛斯驌吳志伊任臣及毛西河朱竹垞輩。其著述專務內容之繁博。以眩流俗。而事實正確之審查。不甚厝意。雖然。自亭林梨洲諸先覺之倡導。風氣固趨健實矣。

乾嘉間學者力矯其弊。其方向及工作則略如王西莊所云云。大抵校勘前史文句之譌舛。其一也。訂正其所載事實之矛盾錯誤。其二也。補其遺闕。其三也。整齊其事實使有條理易省覽。其四也。其著述門類雖多。精神率皆歸於此四者。總而論之。清儒所高唱之「實事求是」主義。比較的尚能應用於史學界。雖其所謂「實事」者或毛擧細故。無足重輕。此則視乎各人才識何如。至於其一般用力方法。不可不謂比前代有進步也。

今就各家所業略分類以論其得失。

(甲)明史之述作附清史史料

清初史學之發展。實由少數學者之有志創修明史。而明史館之開設。亦間接助之。其志修明史者。首屈指亭林梨洲。然以畢生精力赴之者。則潘力田萬季野戴南山。

自唐以後。各史皆成於官局衆修之手。是以矛盾百出。蕪穢而不可理。劉子元鄭漁仲已痛論其失。而卒莫之能改。累代學者亦莫敢以此自任。逮清初而忽有潘萬戴三君先後發大心負荷斯業。雖其功皆不就。不可謂非豪傑之士也。（錢牧齋亦有志自撰明史。其人不足道。但亦略有史才。然書既無成。可不復論。）

三家之中。潘萬學風大略相同。專注重審查史實。蓋明代向無國史。（不如清代國史館之能擧其職。遞續修纂。）只有一部實錄。既爲外間所罕見。且有遺缺。（缺建文天啓崇禎三朝。）而士習甚囂。黨同伐異。野史如鯽。各從所好惡以顚倒事實。故明史號稱難理。潘力田發心作史。其下手工夫。卽在攻此盤錯。其弟次耕序其國史考異云。『亡兄博極羣書。長於考訂。謂著書之法。莫善於司馬溫公。其爲通鑑也。先成長編。別著考異。故少牴牾。……於是博訪有明一代之書。以實錄爲綱領。若志乘。若文集。若墓銘家傳。凡有關史事者。一切鈔撮薈萃。以類相從。稽其異同。核其虛實。……去取出入皆有明徵，不徇單辭，不逞臆見，信以傳信，疑以傳疑……』（遂初堂集卷六）又序其松陵文獻曰：『亡兄與吳先生（炎）草創明史，先作長編，聚一代之書而分劃之，或以事類，或以人類，條分件繫，彙羣言而駢列之，異同自出，參伍鉤稽，歸於至當，然後筆之於書。』（同上卷七）力田治史方法，其健實如此，故顧亭林極相推挹，盡以己所藏書所著稿畀之。其書垂成而遭「南潯史獄」之難，既失此書，復失此人，實清代史學界第一不幸事也。遺著幸存者僅國史考異之一部分（原書三十餘卷僅存六卷）及松陵文獻，讀之，可見其史才之一斑。

季野學術，已具第八講，此不多述。彼爲今本明史關係最深之人，學者類能知之；但吾以爲明史長處，季野實尸其功；明史短處，季野不任其咎。季野主要功作，在考證事實以求眞是。對於當時史館原稿，既隨時糾正，復自撰史稿五百卷，自言『吾所取者或有可損，而所不取者必非其事與言之眞而不可益。』故明史敍事翔實，不能不謂季野詒謀之善。雖然，史稿爲王鴻緒所攘，竄改不知凡幾（魏默深有書王橫雲明史稿後，辨證頗詳）。後此采王稿成書，已不能謂爲萬氏之舊。且季野最反對官局分條制度，而史館沿舊制卒不可革，季野雖負重望，豈能令分纂者悉如其意？況季野卒於康熙四十一年，明史成於乾隆四年，相距幾四十年，中間史館廢弛已久，張廷玉草草奏進時，館中幾無一知名之士，則其筆削失當之處，亦概可想。故季野雖視潘戴爲幸，然仍不幸也（最不幸者是明史稿不傳）。然明史能有相當價值，微季野之力固不及此也。

戴南山罹奇冤以死，與潘力田同，而著作之無傳於後，視力田尤甚。大抵南山考證史蹟之懇摯，或不如力田季野（此亦比校之辭耳。觀集中與余生書（即南山致禍之由者），其搜查史料之勤愼，倘可見。且彼亦與季野有交期，特其精力不甚費於考證耳），而史識史才，實一時無兩。其遺集中史論左氏辨等篇，持論往往與章實齋暗合。彼生當明史館久開之後，而不慊於史館諸公之所爲，常欲以獨力私撰明史。又常與季野及劉繼莊蔡瞻岷約偕隱舊京共泐一史。然而中年飢驅潦倒。晚獲一第。卒以史事罹大僇。可哀也。其史雖一字未成。然集中有遺文數篇。足覘史才之特絕。其孑遺錄一篇。以桐城一縣被賊始末為骨幹。而晚明流寇全部形勢乃至明之所以亡者具見焉。而又未嘗離桐而有枝溢之辭。其楊劉二士合傳以楊畏知劉廷傑王運開運宏四人為骨幹。寥寥二千餘言。而晚明四川雲南形勢若指諸掌。其左忠毅公傳以左光斗為骨幹。而明末黨禍來歷及其所生影響與夫全案重要關係人面目皆具見。蓋南山之於文章有天才。善於組織。最能駕馭資料而鎔冶之。有濃摯之情感而寄之於所記之事。不著議論 且蘊且洩。恰如其分。使讀者移情而不自知。以吾所見。其組織力不讓章實齋。而情感力或尚非實齋所逮。有清一代史家作者之林。吾所傾首。此兩人而已。

潘萬戴之外有應附記者一人。曰傅掌雷維麟。其人為順治初年翰林。當明史館未開以前。獨力私撰明書一百七十一卷。書雖平庸不足稱。顧不能不嘉其志。雖然。三君之書或不成或不傳。而惟傅書巋然存。適以重吾曹悲也。

明清鼎革之交一段歷史。在全部中國史上實有重大的意義。當時隨筆類之野史甚多。雖屢經清廷禁燬。現存者尚百數十種。其用著述體稍經組織而其書有永久的價值者。則有吳梅村偉業之鹿樵紀聞。專記流寇始末。其書為鄒漪所盜改更名綏寇紀略竄亂原文顛倒事實處不少 有王船山之永歷實錄。紀永歷帝十五年間事蹟。有紀有傳。有戴耘野笠之寇事編年。殉國彙編。實潘力田明史長編之一部。耘野與亭林力田為至友力田修明史耘野為擔任晚明部分此諸書即其稿見潘次耕寇事編年序 有黃梨洲之行朝錄。於浙閩事言之較詳。有萬季野之南疆逸史。有溫睿臨之南疆繹史。皆半編年體。有計用賓六奇之明季北略明季南略。用紀事本末體。組織頗善。有邵念魯廷采之東南紀事。西南紀事。蓋以所聞於黃梨洲者重加甄補。成爲有系統的著述。於當時此類著作品中稱甚善云。嘉道以降。文網漸寬。此類著述本可自由。然時代既隔。資料之搜集審查皆不易。惟徐亦才蒓之小腆紀年小腆紀傳最稱簡潔。戴子高望嘗欲作續明史成傳數篇。惜不永年未竟其業。錢映江錡著南明書三十六卷。據譚復堂云已成。不審有刻本否。亦不知內容何如。

官修明史自康熙十八年開館。至乾隆四年成書。凡經六十四年。其中大部分率皆康熙五十年以前所成。以後稍爲補綴而已。關於此書之編纂。最主要人物爲萬季野。盡人皆知。而大儒黃梨洲顧亭林。於義例皆有所商榷。而最初董其事者爲葉訒庵及徐健庵立齋兄弟。頗能網羅人才。故一時績學能文之士。如朱竹垞。毛西河。潘次耕。吳志伊。施愚山。汪堯峯。黃子鴻。王崑繩。湯荊峴。萬貞一……等咸在纂修之例。或間接參定。明史初稿某部分出某人手可考出者如太祖本紀高文昭章睿景純七朝后妃傳至江東李文進龍大有列傳四十七篇出湯荊峴成祖本紀出朱竹垞地理志出徐健庵食貨志出潘次耕歷志出吳志伊湯荊峴藝文志出尤西堂太祖十三公主至譬吉辟傳一百二十九篇出汪堯峯熊廷弼袁崇煥李自成張獻忠諸傳出萬季野流賊土司外國諸傳出毛西河……此類故實散見諸家文集筆記中者不少吾夙思搜集彙列之惜所得尙希耳一時流風所播。助長學者社會對於史學之興味亦非淺尠也。

史學以記述現代爲最重。故清人關於清史方面之著作爲吾儕所最樂聞。而不幸茲事乃大令吾儕失望。治明史者常厭野史之多。治清史者常感野史之少。除官修之國史實錄方略外。民間私著卷帙最富者爲蔣氏良驥王氏先謙之兩部東華錄。實不過鈔節實錄而成。欲求如明王世貞之弇州乙部稿……等稍帶研究性質者且不可得。進而求如宋王偁之東都事略……等斐然述作者更無論矣。其局部的紀事本末之部。最著者有魏默深源之聖武記。王壬秋闓運之湘軍志等。默深觀察力頗銳敏。組織力頗精能。其書記載雖間有失實處。固不失爲一傑作。壬秋文人。缺乏史德。往往以愛憎顚倒事實。（郭筠仙意城兄弟嘗逐條簽駁。其家子弟彙刻之名曰湘軍志平議。要之壬秋此書文采可觀。其內容則反不如王定安湘軍記之翔實也）其足備表志一部分資料者。如祁鶴皐韵士之皇朝藩部要略。對於蒙古部落封襲建置頗詳原委。如程善夫慶餘之皇朝經籍志。皇朝碑版錄。八卿表。督撫提鎮年表等。嘗屬佳構。存否未審。（見戴子高所作程墓表）此外可稱著作者。以吾固陋。乃未之有聞。其人物傳記之部。最著者有錢東生林之文獻徵存錄。李次青元度之國朝先正事略等。錢書限於學者及文學家。頗有條貫。李書涉全部。自具別裁。而儉陋在所不免。其部分的人物則如董兆熊之明遺民錄。張南山維屏之國朝詩人徵略等。頗可觀。至於碑傳集（錢儀吉編）續碑傳集（繆荃孫編）國朝耆獻類徵（李桓編）等書。鈔撮碑誌家傳。只算類書。不算著述。（李書尤蕪雜。但亦較豐富）至如筆記一類書。宋明人所著現存者。什之五六皆記當時事蹟。清人筆記有價值者。則什有九屬於考古方面。求其記述親見親聞之大事。稍具條理本末。如吳仲倫德旋聞見錄。薛叔耘福成庸庵筆記之類。蓋不一二覯。（昭槤嘯亭雜錄。姚元之竹葉亭筆記。陳康祺郎潛紀聞……之類。雖皆記當時事。然全屬官場瑣末掌故。足資史料者甚少）故清人不獨無清史專書。並其留詒吾曹之史料書亦極貧乏。以吾個人的經驗。治清史最感困難者。例如滿洲入關以前及入關初年之宮廷事蹟。與夫旗人殘暴狀況。實錄經屢次竄改。諱莫如深。（孟蒓生心史叢刊記累朝改實錄事頗詳）又如順治康熙間吏治腐敗。民生彫敝。吾儕雖於各書中偶見其斷片。但終無由知其全部眞相。而據官書紀載。則其時乃正黃金時代。又如咸同之亂。吾儕耳目所稔。皆曾胡輩之豐功偉烈。至洪楊方面人物制度之眞相。乃無一書紀述。又如自戊戌政變。義和團。以至辛亥革命。雖時代密邇。口碑間存。然而求一卷首末完備年月正確之載記亦杳不可得。……竊計自漢晉以來二千年。私家史料之缺乏。未有甚於清代者。蓋緣順康雍乾間文網太密。史獄屢起。「禁書」及「適礙書」什九屬史部。學者咸有戒心。乾嘉以後。上流人才。集精力於考古。以現代事蹟實爲不足研究。此種學風及其心理。遺傳及於後輩專喜捃摭殘編。不思創垂今錄。（他不要具論即如我自己便是遺傳中毒的一個人我於現代事實所知者不爲少何故總不肯記載以詒後人吾常以此自責而終不能奪其考古之興味故知學風之先天的支配甚可畏也）嗚呼。此則乾嘉學派之罪也。

（乙）上古史之研究

史記起唐虞三代而實蹟可詳記者實斷自春秋而取材於左氏。通鑑則託始戰國。而左傳下距戰國策既百三十三年。中間一無史籍。戰國策又皆斷片紀載。不著事實發生年代。於是治史學者常然發生兩問題。一。春秋以前或秦漢以前史蹟問題。一。春秋戰國間缺漏的史蹟及戰國史蹟年代問題。

第一問題之研究。前此則有蜀漢譙周古史考。晉皇甫謐帝王世紀。（皆佚）宋胡宏皇王大紀。呂祖謙大事記。羅泌路史。金履祥通鑑前編等。清初治此者則有馬宛斯（驌）李廌清（鍇）宛斯之書曰繹史百十六卷。仿袁樞紀事本末體。蓋畢生精力所萃。搜羅資料最宏博。顧亭林亟稱之。時人號曰「馬三代」。廌青之書曰尚史七十卷。仿正史紀傳體。（世系圖一卷本紀五卷世家十三卷列傳三十四卷繫四卷志十卷年表十卷序傳一卷）博贍稍遜馬書。（李爲鐵嶺人關東唯一學者）此兩書固不愧著作之林。但太史公固云。『百家言黃帝。其言不雅馴。搢紳先生難言之。』宛斯輩欲知孔子所不敢知。雜引漢代讖緯神話。泛濫及魏晉以後附會之說。益博則愈益其蕪穢耳。然馬書以事類編。便其學者。李映碧（清）爲作序。稱其特長有四。一。體製之別創。二。譜牒之咸具。三。紀述之靡舛。四。論次之最覈。後兩事吾未敢輕許。但其體製別創確有足多者。蓋彼稍具文化史的雛形。視魏晉以後史家專詳朝廷政令者蓋有間矣。宛斯復有左傳事緯。用紀事本末治左傳。而高江村（士奇）之左傳紀事本末。分國編次。則復左氏國語之舊矣。此外則顧復初春秋大事表。爲治春秋時代史最善之書。已詳經學章。不復述。

嘉慶間則有從別的方嚮——和馬宛斯正相反的方法以研究古史者曰崔東壁述其書曰考信錄考信錄提要二卷補上古考信錄二卷唐虞考信錄八卷洙泗考信錄四卷豐鎬別錄洙泗餘錄各三卷孟子實錄考信附錄考信續說各二卷大史公謂『載籍極博猶考信於六藝』東壁墨守斯義因取以名其書經書以外隻字不信論語左傳尚擇而後從史記以下更不必論彼用此種極嚴正態度以治古史於是自漢以來古史之雲霧撥開什之八九其書為好博的漢學家所不喜然考證方法之嚴密犀利實不讓戴錢段王可謂豪傑之士也

研究第二問題者嘉道間有林鑑塘春溥著戰國紀年六卷同光間有黃薇香式三著周季編略九卷兩書性質體裁略同黃書晚出較優

第二問題在現存資料範圍內所能做的工作不過如此不復論第一問題中春秋前史蹟之部分崔東壁所用方法自優勝於馬宛斯雖然猶有進蓋「考信六藝」固視輕信「不雅馴之百家」為較有根據然六藝亦强半春秋前後作品為仲尼之徒所誦法仲尼固自言「夏殷無徵」則自周以前之史蹟依然在茫昧中六藝果能予吾儕以確實保障否耶要之中國何時代有史有史以前文化狀況如何非待采掘金石之學大興不能得正當之解答此則不能責備清儒在我輩今後之努力耳

（丙）舊史之補作或改作

現存正史類之二十四史除史記兩漢及明史外自餘不滿人意者頗多編年類司馬通鑑止於五代有待賡續此外偏霸藩屬諸史亦時需補葺清儒頗有從事於此者

陳壽三國志精核謹嚴夙稱良史但其不滿人意者三點一行文太簡事實多遺二無志表三以魏為正統宋以

後學者對於第三點抨擊最力故謀改作者紛紛宋蕭常元郝經兩家之續後漢書卽斯志也淸則咸同間有湯承烈著季漢書若干卷吾未見其書據莫郘亭友芝稱其用力尤在表志凡七易稿乃成爭正統爲舊史家僻見誠不足道若得佳表志則其書足觀矣

晉書爲唐貞觀間官修官書出而十八家舊史盡廢劉子元嘗慨歎之其書喜採小說而大事往往闕遺繁簡實不得宜嘉慶間周保緒濟著晉略六十卷仿魚豢魏略爲編年體也丁儉卿晏謂其『一生精力畢萃於斯體例精深因而實創』魏默深謂其『以寓平生經世之學遐識渺慮非徒考訂筆力過人』據此則其書當甚有價值乾隆間有郭倫著晉紀六十八卷爲紀傳體

魏收魏書夙稱穢史蕪累不可悉指其於東西魏分裂之後以東爲正以西爲僞尤不愜人心故司馬通鑑不從之乾隆末謝蘊山啓昆著西魏書二十四卷糾正收書之一部分南北朝正統之爭本已無聊況於偏霸垂亡之元魏爲辨其孰正孰僭是亦不可以已耶然蘊山實頗具史才此書於西魏二十餘年間史料采摭殆無遺漏結構亦謹嚴有法固自可稱

今二十四史中宋書南齊書梁書陳書北魏書北齊書北周書之與南史北史舊唐書之與新唐書舊五代史之與新五代史皆同一時代而有兩家之著作文之重複者什而八九兩家各有短長故官書並存而不廢然爲讀者計非惟艱於省覽抑且苦於別擇矣於是校合刪定之本頗爲學界所渴需淸初有李映碧淸著南北史合鈔口卷刪宋齊梁陳魏齊周隋八書隸諸南北二史而夾注其下其書盛爲當時所推服與顧氏方輿紀要馬氏繹史稱爲海內三奇書實則功僅鈔撮非爲不足比顧並不足比馬也映碧復鈔馬令陸游兩家之南唐書爲一康雍之交有沈東甫炳

震著新舊唐書合鈔二百六十卷其名雖襲映璧而體例較進步彼於兩書異同經考訂審擇乃折衷於一其方鎮表及宰相世系表正譌補闕幾等於新撰全謝山謂『可援王氏漢書藝文志考證之例孤行於世』者也（鮚埼亭集沈東甫墓誌銘）要之此二書雖不能謂為舊史之改造然刪合剪裁用力甚勤於學者亦甚便

五代史自歐書行而薛書殆廢自四庫輯佚然後兩本乃並行歐仿春秋筆法簡而無當薛書稍詳而蕪累挂漏亦不少要之其時宇內分裂實不能以統一時代之史體為衡薛歐皆以汴京稱尊者為骨幹而諸鎮多從闕略此其通蔽也清初吳志伊（任臣）著十國春秋百十四卷（吳十四卷南唐二十卷前蜀十三卷後蜀十卷南漢九卷楚十卷吳越十三卷閩十卷荊南四卷北漢五卷十國紀元世系表合一卷地理志二卷藩鎮表百官表各一卷）以史家義法論彼時代之史實應以各方鎮醜夷平列為最宜（實則宜將梁唐晉漢周並夷之為十五國吳氏尚一間未達也）吳氏義例實有無薛歐所不及處然其書徒侈攟摭之富都無別擇其所載故事又不注出處蓋初期學者著述體例多缺謹嚴不獨吳氏矣（道咸間學人吳蘭修著漢紀梁廷枏著南漢書皆足補吳書所未備而考核更精審）

嘉慶間陳仲魚（鱣）著續唐書七十卷以代五代史其意蓋不欲帝朱溫而以後唐李克用直接唐昭宗後唐亡後則以南唐續之其自作此書則將以處於劉歐兩唐書與馬陸兩南唐書之間此與湯氏季漢書謝氏西魏書同一見解為古來大小民賊爭正統閏位已屬無聊況克用朱邪小夷又與朱溫何別徒浪費筆墨耳然亦猶薛歐妄宗汴京稱尊者而造為「五代」一名稱有以惹起反動也（有李且華（憲吉）著後唐書內容略同未刻）

元人所修三史（宋遼金）在諸史中稱為下乘內中金史因官修之舊較為潔淨（金人頗知注重文獻史官能舉其職元好問劉祁等私家著述亦豐故金史有所依據）宋遼二史蕪穢漏略特甚遼地偏祚短且勿論宋為華族文化嫡裔而無良史實士夫之恥也宋史中北宋部分本已冗蕪南宋部分尤甚（錢竹汀云『宋史述南渡七朝事叢冗無法不如九朝之完善寧宗以後四朝又不如高孝三朝之詳明）識者早認為有改造之必

要明末大詞曲家湯玉茗顯祖曾草定體例鈎乙原書略具端緒見王阮亭分甘餘話及梁曜北瞥記清初潘昭度得玉茗舊本因而擴之殆將成書見梁茝林退庵隨筆但今皆不傳乾隆末邵二雲發憤重編宋志錢竹汀章實齋實參與其義例以舊史南宋部分最蕪雜病乃先仿王偁東都事略著南都事略而宋志草創之稿亦不少見章實齋文集邵與桐別傳然二雲體弱多病僅得中壽年五十四兩書俱未成即遺稿鱗爪今亦不得見又章實齋治史別有通裁常欲仍『紀傳之體而參（紀事）本末之法增圖譜之例而删書志之名』以為載諸空言不如見諸實事故『思自以義例撰述一書以名所著之非虛語因擇諸史之所宜致功者莫如趙宋一代之書』文集與邵二雲論修宋史書是實齋固刻意創作斯業然其書亦無成以亟須改造之宋史曾經多人從事其中更有史學大家如二雲實齋其人者然而此書始終未得整理之結果並前輩工作之痕跡亦不留於後不得不為學術界痛惜也朱記榮國朝未刊遺書志略載有吳縣陳黃中宋史稿二百十九卷

元史之不堪更甚於元修之史蓋明洪武元年宋景濂之奉敕撰元史二月開局八月成書二次重修亦僅閱六月潦草一至於此雖鈔胥迻錄成文尚虞不給況元代國史本無完本而華夷異語扞格滋多者耶故或以開國元勛而無傳並名氏亦不見或一人而兩傳三傳其刑法食貨百官諸志皆直鈔案牘一無剪裁於諸史中最為荒穢清儒發憤勘治代有其人康熙間則邵戒三遠平著元史類編四十二卷然僅就原書重編一過新增資料甚少體例亦多貽笑大方乾隆間則錢竹汀銳意重修先為元史考異十五卷然新史正文僅成氏族表經籍志兩篇竹汀學術方面甚多不能專力於此無足怪也據鄭叔問國朝未刊遺書目言竹汀已成元史稿一百卷嘉慶間則汪龍莊輝祖著元史本證五十卷分證誤證遺證名三部分竹汀謂其『自攄新得實事求是有大醇而無小疵』原書卷首錢序推挹可謂至矣右三家者除竹汀所補表志外餘皆就原書拾遺匡謬其對於全部之改作則皆志焉而未之逮大抵元史之缺憾

其一固在史法之蕪穢。其一尤在初期事實之闕漏。蒙古人未入中國先定歐西。太祖太宗定宗憲宗四朝。西征中亞細亞全部以迄印度北征西伯利亞以迄中歐。及世祖奠鼎燕京。其勢已鄰弩末。前四朝事蹟。實含有世界性爲元史最主要之部分。而官修元史概付闕如。固由史官荒率。抑亦可憑藉之資料太闕乏也。乾隆間自永樂大典中發見元祕史及皇元聖武親征錄。所記皆開國及太祖時事。兩書出而「元史學」起一革命。錢竹汀得此兩書錄存副本。其所以能從事於考證元史者。蓋以此。其後張石洲穆將親征錄校正。李仲約文田爲元祕史作注。於是治元史者興味驟增。雖然。元時之修國史。其重心不在北京史館。而在西域宗藩。有波斯人拉施特者承親王合贊之命著蒙古全史。寫以波斯文。實爲元史第一瓌寶。而中國人夙未之見。至光緒間洪文卿鈞使俄。得其鈔本譯出一部分。而「元史學」又起第二次革命。蓋自道咸以降。此學漸成顯學矣。

近百年間。從事改造元史泐成書者凡四家。

一。魏默深源新元史九十卷。道光間著成光緒三十一年刻

二。洪文卿鈞元史譯文證補三十卷。光緒間著成光緒二十六年刻

三。屠敬山寄蒙兀兒史記卷數未定。光緒宣統間隨著隨刻

四。柯鳳蓀劭忞新元史二百五十七卷。民國十一年刻

吾於此學純屬門外漢。絕無批評諸書長短得失之資格。惟據耳食所得。則魏著訛舛武斷之處仍不少。蓋創始之難也。但舍事蹟內容而論著作體例。則吾於魏著不能不深服。彼一變舊史「一人一傳」之形式。而傳以類從。其傳名及篇目次第爲……太祖平服各國太宗憲宗兩朝平服各國中統以後屢朝平服叛藩勳戚開國四傑開國四先鋒二部長誓渾河功臣開國武臣開國相臣開國文臣平金功臣平蜀功臣平宋功臣世祖相臣

……治歷治水漕運諸臣平叛藩諸臣平東夷南夷諸臣中葉相臣……等 但觀其篇目。即可見其組織之獨具別裁。章石齋所謂『傳事與傳人相兼。』司馬遷以後未或行之也。故吾謂魏著無論內容罅漏多至何等。然固屬史家創作。在斯界永留不朽的價值矣。洪著據海外秘笈以補證舊史。其所勘定之部分又不多。以理度之固宜精絕。屠著自爲史文而自注之。其注純屬通鑑考異的性質而詳博特甚。凡駁正一說。必博徵羣籍。說明所以棄彼取此之由。以著作體例言。可謂極矜慎極磊落者也。柯著彪然大帙。然篇首無一字之序。無半行之凡例。令人不能得其著書宗旨及所以異於前人者在何處。篇中篇末又無一字之考異或案語。不知其改正舊史者爲某部分。何故改正。所根據者何書。著作家作此態度。吾未之前聞。吾嘗舉此書記載事實是否正確以問素治此學之陳援庵垣。則其所序批評似更下魏著一等也。吾無以判其然否。最近柯以此書得日本博士

右所舉皆不滿於舊史而改作者。其藩屬敵國外國之史。應補作者頗多。惜少從事者。以吾所知有洪北江西夏國志十六卷未刻。而黃公度遵憲之日本國志四十卷。在舊體史中實爲創作。

溫公通鑑絕筆五代。賡而續之者。在宋則有李燾迄於北宋。在明則陳桱王宗沐薛應旂皆迄元末。然明人三家。於遼金正史束而不觀。僅據宋人紀事之事略及遼金繼世年月。荒陋殊甚。清初徐健庵著資治通鑑後編百八十四卷。襄其事者爲萬季野閻百詩胡東樵等。四庫著錄許其善述。然關於北宋事跡。則李燾長編足本之在永樂大典者未出。關於南宋事蹟則李心傳繫年要錄亦未出。元代則文集說部散於大典中者。亦多逸而未見。徐著在此種資料貧乏狀態之下。勢難完善。且於遼金事太不屑意。亦與明人等。而宋嘉定後元至順前。亦太荒略。故全部改作。實爲學界極迫切之要求。至乾隆末然後。

畢秋帆（沅）續資治通鑑二百二十卷。出現。此書由秋帆屬幕中僚友編訂。凡閱二十年。最後經邵二雲校定。（章實齋邵與桐別傳云『畢公以二十年功屬賓客續宋元通鑑大率就徐本損益無大殊異……君出緒餘爲之覆審其書卽大改觀……畢公大悅謂迥出諸家續鑑上』可見書實成於邵手）而章實齋實參與其義例。（實齋有代秋帆致錢竹汀論續鑑書見本集函中指摘陳王薛徐諸家缺失及本書所據資料所用方法甚詳可見章氏與此書關係極深）其書『宋事。據二李（燾心傳）而推廣之遼金二史所載大事無一遺落。又據旁籍以補其逸。元事。多引文集而說部則愼擇其可徵信者。仍用司馬氏例。折衷諸說異同。明其去取之故。以爲考異。……』（章代畢致錢書中語）蓋自此書出而諸家續鑑可廢矣。

自宋袁樞作通鑑紀事本末。爲史世創一新體。明陳邦瞻依其例以治宋史元史。清初則有谷賡虞（應谷）著明史紀事本末八十卷。其書成于官修明史以前。采輯及組織皆頗費苦心。（姚立方謂此書爲海昌談孺木（遷）所作其各篇附論則陸麗京（圻）作鄭芷畦述朱竹垞言謂此書爲徐倬作雖皆屬疑案然其書出谷氏者甚少蓋可斷言葉廷琯鷗波漁話辨證此事最平允）而馬宛斯有左傳事緯高江村（士奇）有左傳紀事本末。皆屬此類書。

（丁）補各史表志

表志爲之史筋幹。而諸史多缺。或雖有而其目不備。如藝文僅漢隋唐宋明五史有之。餘皆闕如。三國六朝海宇分裂。疆域離合。最難董理。而諸史無一注意及此者。甚可怪也。宋陳子文有補漢兵志一卷。熊方有補後漢書年表若干卷。實爲補表志之祖。清儒有事於此者頗多。其書皆極有價値據吾所知見者列目如下。

歷代史表五十九卷。鄞縣萬斯同季野著

此書從漢迄至五代止獨無西漢及唐以漢書新唐書原有表也所表皆以人爲主方鎭年表各篇最好惟東漢於表人外別有大事年表一篇是其例外

又季野尚有紀元彙考四卷。曆代宰輔彙考八卷。性質亦略同補表。

二十一史四譜五十四卷。歸安沈炳震東甫著

四譜者一紀元二封爵三宰執四諡法所譜自漢迄元

歷代藝文志　卷仁和杭世駿大宗著(未見)

以上總補。

歷代地理沿革表四十七卷。常熟陳芳績亮工著

此書自漢至明分十二格表示州郡縣沿革。

史目表二卷陽湖洪飴孫孟慈著

此書乃表各史篇目甚便比觀雖非補表附錄於此又歸安錢念劬(恂)亦有史目表一卷但采洪著稍有加減非創作也

以上總補。

史記天官書補目一卷。陽湖孫星衍淵如著

楚漢諸侯疆域志三卷。儀徵劉文淇孟瞻著

以上補史記漢書。

後漢書補表八卷。嘉定錢大昭晦之著

此書因熊方舊著而補其闕正其譌爲諸侯王王子侯功臣侯外戚恩澤侯宦者侯公卿凡六表

補續漢書藝文志一卷。嘉定錢大昭晦之著

補後漢書藝文志四卷。番禺侯康君謨著

後漢書三公年表一卷。金匱華湛恩孟超著

以上補後漢書。

三國志補表六卷。常熟吳卓信項儒著

三國志補表十卷同上

右二書未刻見朱記榮國朝未刻遺書志略。

補三國疆域志二卷。陽湖洪亮吉稚存著

補三國藝文志四卷。番禺侯康君謨著

三國職官表三卷。陽湖洪飴孫孟慈著

三國紀年表一卷。錢唐周嘉猷兩塍著

三國郡縣表補正八卷。宜都楊守敬星吾著（未見）

以上補三國志。

補晉兵志一卷。嘉興錢儀吉衎石著

補晉書藝文志四卷。常熟丁國鈞著

補晉書藝文志　卷。番禺侯康君謨著（未見）

補晉書經籍志四卷。錢塘吳士鑑著

補晉書藝文志五卷。萍鄉文廷式著

東晉疆域志四卷。陽湖洪亮吉稚存著

十六國疆域志十六卷。同上

以上補晉書。

南北史表七卷。錢唐周嘉猷兩塍著

年表一卷世系表五卷帝王世系表一卷。

南北史補志十四卷。江甯汪士鐸梅村著

原書三十卷今存十四卷內天文志四卷地理志四卷五行志二卷禮儀志三卷其輿服樂律刑法職官食貨氏族釋老藝文八志佚於洪楊之亂

東晉南北朝輿地表二十八卷。嘉定徐文范仲圃著

年表十二卷州郡表 卷郡縣沿革表六卷世系圖表附各國疆域二卷。

十六國春秋世系表二卷。嘉興李旦華厚齋著

補宋書刑法志食貨志各一卷。棲霞郝懿行蘭皋著

補宋齊梁陳魏北齊周各書藝文志各一卷。番禺侯康君謨著（未見）

補梁書陳書藝文志各一卷。武進湯洽著（未見）

補梁疆域志四卷。陽湖洪齮孫子齡著

以上補南北朝諸史。

唐書史臣表一卷。嘉定錢大昕竹汀著

唐五代學士表一卷。同上

唐折衝府考四卷。仁和勞經原笙士著其子格季言補輯

唐折衝府考補一卷。上虞羅振玉叔蘊著

此二書雖非純粹的補表志而性質略同。附見於此。

唐藩鎮表。金匱華湛恩孟超著(未見)(卷數未詳)

以上補唐書。

五代紀年表一卷。錢唐周嘉猷兩塍著

補五代史藝文志一卷。江寧顧懷三著

以上補五代史。

宋史藝文志補一卷。上元倪燦著

元史藝文志四卷。嘉定錢大昕竹汀著

元史氏族表三卷。同上

宋學士年表一卷。同上

補遼金元三史藝文志一卷。上元倪燦著

又一卷。江都金門詔著以上二書似不佳

宋遼金元四史朔閏表二卷。嘉定錢大昕竹汀著

以上補宋遼金元史。

此類書吾所知見者得以上若干種。（當有未知者容更蒐補）清儒此項工作。在史學界極有價值。蓋讀史以表志爲最要。作史亦以表志爲最難。舊史所無之表志而後人摭拾叢殘以補作則尤難。右諸書中如錢衎石之補晉兵志。以極謹嚴肅括之筆法寥寥二三千言（另有自注）而一代兵制具見。如錢晦之之補續漢書藝文志侯君謨之補三國藝文志……等從本書各傳所記及他書所徵引辛勤搜剔。比隋經籍志所著錄增加數倍。而各書著作來歷及書中內容亦時復考證敍述。視隋志體例尤密。如洪北江劉孟瞻之數種補疆域志所述者爲羣雄割據疆場屢遷的時代。能苦心鉤稽按年月以考其疆界正其異名。如周兩塍之南北史世系表。仿唐書宰相世系表之意而擴大之將六朝矜崇門第之階級的社會能表現其眞相。如錢竹汀之元史藝文志及氏族表。可據之資料極貧乏。而能鉤索補綴蔚爲大觀……凡此皆清儒絕詣而成績永不可沒者也。

此外有與補志性質相類者。則如錢衎石之三國志會要五卷（已成未刻）晉會要南北朝會要各若干卷（未成）楊晨之三國會要（有刻本）徐星伯（松）之宋會要　百卷。宋中興禮書二百三十一卷。續通書六十四卷。（俱未刻）

以上所舉各史應補之表志亦已十得四五。吾儕所最不滿意者則食貨刑法兩志補者甚寡。（僅有一家）兩志皆最要而頗難作。食貨尤甚。豈清儒亦畏難耶。抑不甚注意及此耶。

舊史所無之表吾認爲有創作之必要者略舉如下。

一　外族交涉年表。諸外族侵入於吾族舊史關係至鉅。非用表分別表之。不能得其興衰之眞相。例如匈奴

年表從冒頓起至劉淵赫連之滅亡表之鮮卑年表從樹機能始至北齊北周之滅亡表之突厥年表從初成部落至西突厥滅亡表之契丹年表從初成部落至西遼滅亡表之女眞年表從金初立國至清入關表之蒙古年表自成吉思以後歷元亡以後明清兩代之叛服乃至今日役屬蘇維埃俄國之蹟皆表之自餘各小種族之興仆則或以總表表之凡此皆斷代史所不能容故舊史未有行之者然實爲全史極重要脈絡得此則助興味與省精力皆甚多而爲之亦並不難今後之學者宜致意也羅叔蘊著高昌麴氏年表等即此意惜題目太小範圍太狹耳

二　文化年表舊史皆詳於政事而略於文化故此方面之表絕無今宜補者例如學者生卒年表文學家生卒年表美術家生卒年表佛教年表重要書籍著作及存佚年表重要建築物成立及破壞年表……等此類表若成爲治國史之助實不細創作雖不甚易然以清儒補表志之精神及方法赴之資料尚非甚缺乏也

三　大事月表史記之表以遠近爲疏密三代則以世表十二諸侯六國及漢之侯王將相則以年表秦楚之際則以月表蓋當歷史起大變化之事蹟所涉方面極多非分月表不能見其眞相漢書以下二十三史無復表月者矣今對於舊史欲補此類表資料甚難得且太遠亦不必求詳至如近代大事例如明清之際月表咸豐軍興月表中日戰役月表義和團事件月表辛亥革命月表……等皆因情形極複雜方面極多非分月且分各部分表之不能明晰吾儕在今日尚易集資料失此不爲徒受後人責備而已

吾因論述清儒補表志之功感想所及附記如右類此者尚多未遑偏舉也要之清儒之補表志實費極大之勞

力。裨益吾儕者眞不少。惜其眼光尙局於舊史所固有未能盡其用耳。

(戊)舊史之注釋及辨證

疏注前史之書。可分四大類。其一解釋原書文句音義者。如裴駰之史記集解顏師古李賢之兩漢書注等是也。其二補助原書遺佚或兼存異說者。如裴松之之三國志注等是也。其三校勘原書文字上之錯舛者。如劉攽吳仁傑之兩漢刊誤等是也。其四糾正原書事實上之譌謬者。如吳縝之新唐書糾謬等是也。淸儒此類著述中四體皆有。有一書專主一體者。有一書兼用兩體或三體者。其書頗多不能悉舉。舉其要者錯綜論列之。

淸儒通釋諸史最著名者三書。曰

二十一史考異一百卷附三史拾遺五卷諸史拾遺五卷。嘉定錢大昕竹汀著

十七史商榷一百卷。嘉定王鳴盛西莊著

二十二史劄記三十六卷。陽湖趙翼甌北著

三書形式絕相類。內容卻不盡從同。(同者一部分)。錢書最詳於校勘文字解釋訓詁名物。糾正原書事實譌謬處亦時有。凡所校考。令人渙然冰釋。比諸經部書。蓋王氏經義述聞之流也。王書亦間校釋文句。然所重在典章故實。自序謂『學者每苦正史繁塞難讀。或遇典制茫昧事蹟樛葛地理職官眼眯心瞀。試以予書置旁參閱。疏通而證明之。不覺如關開節解筋轉脈搖……』誠哉然也。書末綴言二卷。論史家義例。亦殊簡當。趙書每史先敍其著述沿革。評其得失。時亦校勘其牴牾。而大半論『古今風會之遞變政事之屢更有關於治亂興衰之故者』。(自序語)但彼與三蘇派之「帖括式史論」截然不同。彼不喜專論一人之賢否一事之是非。惟捉住一時代之特別

重要問題。羅列其資料而比論之。古人所謂『屬辭比事』也。清代學者之一般評判。大抵最推重錢。王次之。趙為下。以余所見。錢書固清學之正宗。其校訂精覈處最有功於原著者。若為現代治史者得常識助興味計。則不如王。趙。王書對於頭緒紛繁之事蹟及制度為吾儕絕好的顧問。趙書能教吾儕以抽象的觀察史蹟之法。陋儒或以少談考據輕趙書。殊不知竹汀為趙書作序。固極推許。謂為『儒者有體有用之學』也。（又有人謂趙書乃攘竊他人非自作者以趙本文士且與其舊著之陔餘叢考不類也然人之學固有進步此書為甌北晚作何以見其不能況明有竹汀之序耶並時人亦不見有誰能作此類書者或謂出章逢之（宗源）以吾觀之逢之善於輯佚耳其識力尚不足以語此）

武英殿板二十四史每篇後所附考證。性質與錢氏考異略同。尚有杭大宗（世駿）諸史然疑。洪稚存（亮吉）四史發伏……等。洪筠軒（頤煊）諸史考異。李次白（貽德）十七史考異疑。亦踵錢例。然其書未見。

其各史分別疏證者。（分隸於一總書之下——如錢竹汀之史記考異即二十一史考異之一部分史記拾遺即三史拾遺之一部分——不再舉）則史記有錢獻之（坫）史記補注一百三十六卷。梁曜北（玉繩）史記志疑三十六卷。王石臞（念孫）讀史記雜志六卷。崔觶甫（適）史記探原八卷……等。錢書當是鉅製。惜未刻。無從批評。王書體例略同錢氏考異。梁書自序言『百三十篇中愆違疏略。觸處滋疑。加以非才刪續。使金鍮罔別。鏡璞不完。良可悶歎……』書名「志疑」。實則刊誤糾謬什而八九也。崔書專辨後人續增竄亂之部分。欲廓清以還史公真相。故名曰「探原」。

史記為第一部史書。其價值無俟頌揚。然去古既遠。博採書記。班彪所謂『一人之精文重思煩。故其書刊落不盡。多不齊一。』此實無容為諱者。加以馮商褚少孫以後續者十餘家。孰為本文。孰為竄亂。實難辨別。又況傳習滋廣。傳寫訛舛。所在皆是。故各史中最難讀而亟須整理者莫如史記。清儒於此業去之尚遠也。然梁崔二書。固已略闢蠶叢。用此及二錢二王所校訂爲基礎。輔以諸家文集筆記中之所考辨。彙而分疏於正文之下別成一集校集注之書。庶爲後學省無數迷罔。是有望於今之君子。

漢書後漢書有吳枚庵翌鳳漢書考證十六卷。未見惠定宇後漢書補注二十四卷。侯君謨沈銘彝各續補惠書一卷錢晦之大昭漢書辨疑二十二卷。後漢書辨疑十一卷。續漢書辨疑九卷。王石臞讀漢書後漢書雜志共十七卷。陳少章景雲兩漢訂誤五卷。沈文起欽韓兩漢書疏證共七十四卷。周荇農壽昌漢書注校補五十六卷後漢書注校正八卷。王益吾先謙漢書補注一百卷。後漢書集解九十卷。續漢書志集解三十卷……等。諸書大率釋文考異訂誤彙用。而漢書則釋文方面更多。因其文近古較難讀也。後漢書則考異方面較多。以諸家逸書謝承華嶠司馬彪等遺文漸出也。王益吾補注集解最晚出。集全清考訂之成。極便學者矣。

三國志有杭大宗三國志補注六卷。錢竹汀三國志辨疑三卷。潘眉三國志考證八卷。梁茝林章鉅三國志旁證三十卷。陳少章三國志舉正四卷。沈文起三國志注補訓故釋地理各八卷。侯君謨三國志補注一卷。周荇農三國志注證遺四卷……等。此書裴注屬考異補逸性質。諸家多廣其所補。沈則於所其不注意之訓故地理方面而補 也。

馬班陳范四史最古而最善。有注釋之必要及價值。故從事者多。晉書以下則希矣。其間歐公之新五代補最有名。而文句最簡。事蹟遺漏者多。故彭掌仍元瑞仿裴注三國例爲五代史記注七十四卷。吳胥石蘭庭亦有五代史記纂誤補四卷。纂誤爲宋吳縝撰則糾歐之失也。而武授堂億唐春卿景崇亦先後以此例注歐之新唐書。武書似未成。唐成而未刻云。其餘如洪稚存之宋書音義。杭大宗之北齊書疏證。劉恭甫壽曾之南史校議。趙紹祖之新唐書互證等瑣末點綴而已。

遼金元三史最爲世詬病。清儒治遼史者莫勤於厲樊榭（鶚）之遼史拾遺二十四卷。治金史者莫勤於施北研（國祁）之金史詳校十卷。其元史部分已詳前節。不再論列。惟李仲約（文田）之元秘史注十五卷。蓋得蒙古文原本對譯勘正而爲之注。雖非正注史。附錄於此。

注校舊史用功最鉅而最有益者。厥惟表志等單篇之整理。蓋茲事屬專門之業。名爲校注。其難實等於自著也。最初業此者。則宋王應麟之漢書藝文志考證。清儒仿行者則如。

孫淵如史記天官書考證十卷。（未刻）

梁曜北漢書人表考九卷。（古今人表之注也從古籍中搜羅諸人典故殆備可稱爲三代前人名辭典又翟文泉（云叔）有校正古人表）

全謝山漢書地理志稽疑　卷。（又段茂堂有校本地理志未刻）

錢獻（坫）新斠注漢書地理志十六卷。卷書十表注十卷（表注未刻）

汪小米（遠孫）漢書地理志校本二卷。

吳項儒（卓信）漢書地理志補注百零三卷。（項儒尙有漢三輔考二十四卷亦地理志之附庸也）

楊星吾（守敬）漢地理志補校二卷。

陳蘭甫漢書地理志水道圖說七卷。

洪筠軒漢志水道疏證四卷。

徐星伯（松）漢書地理志集釋十六卷。漢書西域傳補注二卷。

李恢垣光廷漢西域圖考七卷。此書實注漢書西域傳也

李生甫賡芸漢書藝文志考誤二卷。未刻

朱亮甫右曾後漢書郡國志補校　卷。未刻錢晦之有後漢郡國合長考實釋郡國志之一部分

錢獻之續漢書律歷志補注二卷。未刻

畢秋帆晉書地理志新校正五卷。

方愷新校晉書地理志一卷。

張石洲穆延昌地形志　卷。此用延昌時爲標準補正魏書地形志也

章逢之宗源隋書經籍志考證十三卷。此書雖注重輯佚但各書出處多所考證亦不失爲注釋體

楊星吾隋地理志考證九卷。

張登封宗泰新唐書天文志疏正　卷。未刻

沈東甫炳震校正唐書方鎮表宰相世系表。此兩篇在新舊唐書合鈔中但全部校補重新組織全謝山謂當提出別行誠然

又唐書宰相世系表訂譌十二卷。此書單行

董覺軒沛唐書方鎮表考證二十卷。似未刻

以上各史表志專篇之校注。與補志表同一功用。彼則補其所無。此則就其有者或釋其義例或校其訛舛或補其遺闕也。顧最當注意者右表所列。關於地理者什而八九。次則經籍。次則天文律曆皆各有一二。而食貨刑法樂。輿服等乃絕無。即此一端。吾儕可以看出乾嘉學派的缺點。彼輩最喜研究殭定的學問。不喜研究活變的學

問此固由來已久不能專歸咎於一時代之人然而彼輩推波助瀾亦與有罪焉彼輩所用方法極精密所費工作極辛勤惜其所研究之對象不能副其價值嗚呼豈惟此一端而已矣

(己)學術史之編著及其他

專史之作有橫斷的有縱斷的橫斷的以時代為界域如二十四史之分朝代即其一也縱斷的以特種對象為界域如政治史宗教史教育史文學史美術史等類是也中國舊惟有橫斷的專史而無縱斷的專史實史界一大憾也（通典及資治通鑑可勉強作兩種方式之縱斷的政治史）內中惟學術史一部門至清代始發展

舊史中之儒林傳藝文志頗言各時代學術淵源流別實學術史之雛形然在正史中僅為極微弱之附庸而已唐宋以還佛教大昌於是有佛祖通載傳燈錄等書謂為宗教史也可謂為學術史也可其後儒家漸漸仿效於是有朱晦翁伊洛淵源錄一類書明代則如周汝登聖學宗傳……之類作者紛出然大率借以表揚自己一家之宗旨乃以史昌學非為學作史明以前形勢大略如此

清初孫夏峯著理學宗傳復指導其門人魏蓮陸（鼇）著北學編湯荊峴（斌）著洛學編學史規模漸具及黃梨洲明儒學案六十二卷出始有真正之學史蓋讀之而明學全部得一縮影焉然所敘限於理學一部分（例如王弇州楊升庵……輩之學術在明儒學案中即不得見）而又特詳於王學蓋「以史昌學」之成見仍未能盡脫梨洲本更為宋元學案已成十數卷而全謝山更續為百卷謝山本有「為史學而治史學」的精神此百卷本宋元學案有宋各派學術——例如洛派蜀派關派閩派永嘉派乃至王荊公李屏山等派——面目皆見焉洵初期學史之模範矣

敘清代學術者有江子屏（藩）之國朝漢學師承記八卷國朝宋學淵源記三卷有唐海鏡（鑑）之國朝學案小識十

五卷。子屏將漢學宋學門戶顯然區分。論者或病其隘執。然乾嘉以來學者事實上確各樹一幟賤彼而貴我。子屏不過將當時社會心理照樣寫出。不足爲病也。二書中漢學編較佳。宋學編則漏略殊甚。蓋非其所喜也。然强分兩門。則各人所歸屬亦殊難正確標準。如梨洲亭林編入漢學附錄。於義何取耶。子屏主觀的成見太深。其言漢學。大抵右元和惠氏一派。言宋學則喜雜禪宗。觀師承記所附經師經義目錄及淵源記之附記。可見出好持主觀之人實不宜於作學史。特其創始之功不可沒耳。唐鏡海搜羅較博。而主觀抑更重。其書分立『傳道』『翼道』『守道』三案。第其高下。又別設『經學』『心學』兩案。示排斥之意。蓋純屬講章家『爭道統』的見解。不足以語於史才明矣。聞道咸間有姚春木椿者。亦曾著國朝學案。其書未成。然其人乃第三四流古文家。非能治學者。想更不足觀也。吾發心著清儒學案有年。常自以時地所處竊比梨洲之故明。深覺責無旁貸。所業既多。荏苒歲月。未知何時始踐夙願也。

學史之中。亦可分析爲專門。或專敍一地學風。或專敍一學派傳授分布。前者如北學編洛學編等是。後者如邵念魯廷采之陽明王子及王門弟子傳蕺山劉子及劉門弟子傳。即其例。學派的專史清代有兩名著。其一爲李穆堂紱之陸子學譜。貌象山之眞。其二爲戴子高望之顏氏學記。表習齋之晦。可謂振裘挈領。心知其意者矣。文學美術等宜有專史久矣。至竟闕然無已。則姑舉其類似者數書。一阮芸臺之疇人傳四十六卷。羅茗香士琳之續疇人傳六卷。諸可寶之疇人傳三編七卷。詳述歷代天算學淵源流別。二張南山維屏之國朝詩人徵略六十卷。網羅有清一代詩家。各人先爲一極簡單之小傳。次以他人對於彼之論評。次乃標其名著之題目或摘其名句。道光前作者略具焉。三卞永譽之式古堂書畫彙考三十卷。其畫考之部。首爲畫論。卷一次爲收藏法。卷二次論前代記載名畫目錄及評論之書。(卷三至七)次乃徧論三國兩晉迄明畫家。(卷八至三十)頗有別裁。非等叢鈔。儼具畫史的組織。宜潘次耕亟賞之也。有魯東山(駿)宋元以來畫人姓氏錄三十六卷。以韵編姓。實一部極博贍之畫家人名辭典。此數書者。卽不遽稱爲文學史美術史。最少亦算曾經精製之史料。惜乎類此者且不可多得也。

最近則有王靜安(國維)著宋元戲曲史。實空前創作。雖體例尚有可議處。然爲史界增重既無量矣。

(庚)史學家法之研究及結論

千年以來研治史家義法能心知其意者。唐劉子元宋鄭漁仲與淸之章實齋(學誠)三人而已。茲事原非可以責望於多數人。故亦不必以少所發明爲諸儒詬病。顧吾曹所最痛惜者。以淸代唯一之史家章實齋生乾嘉極盛時代。而其學竟不能爲斯學界衣被以別闢生面。致有淸一代史學。僅以摭拾叢殘自足。誰之辠也。實齋學說別爲專篇。茲不復贅。

七 方志學

最古之史實爲方志。如孟子所稱「晉乘楚檮杌魯春秋」。墨子所稱「周之春秋宋之春秋燕之春秋」。莊子所稱「百二十國寶書」。比附今著。則一府州縣志而已。惟封建與郡縣組織既殊。故體例靡得而援焉。自漢以降。幅員日恢。而分地紀載之著作亦孳乳寖多。其見於隋書經籍志者。則有下列各類。

一、圖經之屬。如冀幽齊三州圖經及羅含湘中山水記劉澄之司州山川古今記……等。

二、政記之屬。如趙曄吳越春秋常璩華陽國志失名三輔故事……等。

三．人物傳之屬．如蘇林陳留耆舊傳．陳壽益都耆舊傳……等．

四．風土記之屬．如圈稱陳留風俗傳．萬震南州異物志．宗懍荊楚歲時記……等．

五．古蹟之屬．如失名三輔黃圖．楊衒之洛陽伽藍記……等．

六．譜牒之屬．如冀州姓族譜．洪州吉州江州袁州諸姓譜……等．

七．文徵之屬．如宋明帝江左文章志……等．

自宋以後．薈萃以上各體成為方志．方志之著述．最初者為府志．繼則分析下達為縣志．綜括上達為省志．明以前方志．今四庫著錄者尚二十七種．存目亦數十．（四庫例宋元舊志全收．明則選擇綦嚴．僅收五種．淸則惟收當時所有之省志而已．然道咸以後學者蒐羅遺佚．四庫未收之宋元志續出重印者不少．以吾所見尚二十餘種．）入淸則康熙十一年曾詔各郡縣分輯志書．而成者似不多．雍正七年因修大淸一統志．需省志作資料．因嚴諭促修．限期蕆事．今四庫著錄自李衛等監修之畿輔通志起．至鄂爾泰監修之貴州通志止．凡十六種．皆此次明詔之結果也．（成書最速者為廣東通志．在雍正八年．最遲為貴州通志．在乾隆六年．）旋復頒各省府州縣志六十年一修之令．雖奉行或力不力．然文化稍高之區．或長吏及士紳有賢而好事者．未嘗不以修志為務．舊志未湮．新志踵起．計今所存．恐不下二三千種也．

方志中什之八九．皆由地方官奉行故事．開局眾修．位置冗員．鈔撮陳案．殊不足以語於著作之林．雖然．以吾儕今日治史者之所需要言之．則此二三千種十餘萬卷之方志．其間可寶之資料乃無盡藏．良著固可寶．卽極惡俗者亦未宜厭棄．何則．以我國幅員之廣．各地方之社會組織禮俗習慣生民利病．樊然殽雜．各不相侔者甚夥．而疇昔史家所記述．專注重一姓興亡及所謂中央政府之囫圇畫一的施設．其不足以傳過去現在社會之眞相明矣又正以史文簡略之故。而吾儕所渴需之資料乃摧剝而無復遺。猶幸有蕪雜不整之方志。保存「所謂良史者」所吐棄之原料於糞穢中。供吾儕披沙揀金之憑藉。而各地方分化發展之迹及其比較。明眼人遂可以從此中窺見消息。斯則方志之所以可貴也。

方志雖大半成於俗吏之手。然其間經名儒精心結撰或參訂商榷者亦甚多。吾家方志至少。不能悉舉。顧以覩聞所及則可稱者略如下。

康熙鄒平縣志。馬宛斯獨撰顧亭林參與

康熙濟陽縣志。張稷若獨撰

康熙德州志。顧亭林參與

康熙靈壽縣志。陸稼書爲知縣時獨撰

乾隆歷城縣志。周書昌(永年)李南澗(文藻)合撰 乾隆諸城縣志。李南澗獨撰

乾隆寧波府志。萬九沙(經)全謝山參與

乾隆太倉州志。王述庵(昶)獨撰

乾隆鄞縣志。錢竹汀參與

乾隆汾州府志。汾陽縣志。俱戴東原參與

乾隆松江府志。汾州志。三水縣志。俱孫淵如主撰

乾隆偃師縣志。安陽縣志。嘉慶魯山縣志。寶豐縣志。郟縣志。俱武授堂(億)主撰

乾隆西甯府志．烏程縣志．昌化縣志．平陽縣志．俱杭大宗(世駿)主撰

乾隆廬州府志．江寧府志．六安州志．俱姚姬傳(鼐)主撰

乾隆甯國府志．懷慶府志，延安府志．涇縣志．登封縣志．固始縣志．澄城縣志．淳化縣志．長武縣志．俱洪稚存主撰

乾隆和州志．永清縣志．亳州志．俱章實齋獨撰 乾隆天門縣志．石首縣志．廣濟縣志．常德府志．荊州府志．俱章實齋參與

乾隆富順縣志段茂堂爲知縣時獨撰

乾隆朝邑縣志．錢獻之(坫)主撰

嘉慶廣西通志．謝蘊山(啓昆)爲巡撫時主撰

嘉慶湖北通志。乾隆末畢秋帆爲總督時主撰章實齋總其事但今本已全非其舊

嘉慶浙江通志．道光廣東通志．皆阮芸臺主撰廣東志陳觀樓(昌齊)江子屏(藩)謝里甫(蘭生)等總纂

嘉慶安徽通志．陶雲汀(澍)主撰陸祁孫(繼輅)總纂

嘉慶揚州府志．伊墨卿(秉綬)倡修焦里堂姚秋農(文田)秦敦夫(思復)江子屏等協成

嘉慶徽州府志．夏朗齋(鑾)汪叔辰(龍)合撰龔自珍參與

嘉慶鳳臺縣志．李申耆(兆洛)爲知縣時獨撰

嘉慶懷遠縣志．李申耆主撰董晉卿(士錫)續成

嘉慶禹州志．鄢陵縣志．河內縣志．洪幼懷(符孫)主撰

嘉慶長安縣志．咸寧縣志．董方立(祐誠)主撰

嘉慶郯城縣志、陸郁孫主撰

道光湖廣通志。林少穆（則徐）總裁俞理初（正燮）總纂

道光陝西通志。蔣子瀟（湘南）參與

道光雷州府志海康縣志。陳觀樓獨撰

道光興文縣志屏山縣志大足縣志瀘谿縣志。張介侯（澍）爲知縣時獨撰

道光武岡府志寶慶縣志。鄧湘皐（顯鶴）獨撰

道光南海縣志。吳荷屋（榮光）主撰

道光河內縣志永定縣志武陟縣志。方彥聞（履籛）主撰

道光貴陽府志大定府志興義府志安順府志。鄒叔績（漢勛）主撰

道光新會縣志。黃香石（培芳）曾勉士（釗）合撰

道光濟甯州志。許印林（瀚）獨撰

道光涇原縣志。蔣子瀟主撰刻本多改竄

咸豐邳州志清河縣志。魯通甫（一同）主撰

咸豐遵義府志。黃子偲（友芝）鄭子尹（珍）合撰

同治江西通志。董覺軒（沛）總纂

同治蘇州通志。馬林一（桂芬）主撰

同治南海縣志．鄒特夫(伯奇)譚玉生(瑩)主撰

同治番禺縣志．陳蘭甫主撰

同治江甯府志．汪梅村(士鐸)主撰

同治湖州府志歸安縣志．陸存齋(心源)主撰

同治鄞縣志．慈谿縣志．董覺軒徐柳泉(時棟)合撰

光緒畿輔通志．黃子壽(彭年)總纂

光緒山西通志．曾沅甫(國荃)總裁王霞舉(軒)總纂

光緒湖南通志．郭筠仙(嵩燾)李次青(元度)總纂

光緒安徽通志．何子貞(紹基)總纂

光緒湘陰縣圖志．郭筠仙獨撰

光緒湘潭縣志．衡陽縣志．桂陽縣志．俱王壬秋(闓運)主撰

光緒杭州府志．黃巖縣志．青田縣志．永嘉縣志．仙居縣志．太平續志．俱王子莊(棻)主撰

光緒紹興府志．會稽新志．俱李蒓客(慈銘)主撰

光緒湖北通志．順天府志．荊州府志．昌平縣志俱繆小山(荃孫)主撰

宣統新疆圖志．王晉卿(樹枏)總纂

民國江陰縣志．繆小山主撰

民國合川縣志。孫親石(森楷)獨撰

以上諸志皆出學者之手。斐然可列著作之林者。吾不過隨學所知及所記憶。罣漏蓋甚多。然亦可見乾嘉以降。學者日益重視斯業矣。

方志之通患在蕪雜。明中葉以後有起而矯之者。則如康海之武功縣志僅三卷。二萬餘言韓邦靖之朝邑縣志僅二卷。五千七百餘言自詫為簡古而不學之文士如王漁洋宋牧仲輩震而異之比諸馬班耳食之徒相率奉為修志模楷卽四庫提要亦亟稱之。又如陸稼書之靈壽縣志借之以昌明理學而世人亦競譽為方志之最者。乾隆以前一般人士對於方志觀念之幼稚誤謬可以想見矣。注意方志之編纂方法實自乾隆中葉始。李南澗歷城諸城兩志全書皆纂集舊文不自著一字。以求絕對的徵信。後此志家多踵效之。謝蘊山之廣西通志首著敍例二十三則偏徵晉唐宋明諸舊志門類體製舍短取長。說明所以因革之由。認修志為著述大業。自蘊山始也。故其志為省志模楷雖以阮芸臺之博通恪遵不敢稍出入。繼此更無論餘如焦里堂李申耆集中皆有專論修志體例之文。然其間能認識方志之眞價值說明其眞意義者則莫如章實齋

實齋以清代唯一之史學大師而不能得所藉手以獨撰一史。除著成一精深博大之文史通義及造端太宏未能卒業之史籍考外其創作天才悉表現於和州亳州永清三志及湖北通志稿中。「方志學」之成立實自實齋始也。

實齋關於斯學之貢獻。首在改造方志之概念前此言方志者為「圖經」之概念所囿。以為僅一地理書而止。實齋則謂方志乃周官小史外史之遺其目的專以供國史取材非深通史法不能從事概念擴大內容自隨而

擴大。彼乃著方志書三謂『凡欲經紀一方之文獻，必立三家之學，仿正史傳紀之體而作志，仿律令典例之體而作掌故，仿文選文苑之體而作文徵，三書相輔而行，缺一不可』彼晚年應畢秋帆聘總鄂志局事，即實行其理想，分泐湖北通志湖北掌故湖北文徵三書。彼又以爲志須繼續增修，而資料非隨時保存整理，則過此將散失不可復理。於是倡議各州縣設立志科，使文獻得有所典守而不墜，而國史取材亦可以有成式而免參差蕪猥之患。又晰言省志與府志府志與縣志地位之差別。大旨謂府縣志爲省志資料，省志爲國史資料，各自有其任務與其組織，省志非拼合府縣志可成，府縣志非割裂省志可成。

實齋所改造之方志概念既與前不同，則其內容組織亦隨之而異。今試將舊志中號稱最佳之謝氏廣西通志與實齋所擬湖北三書稿比較如下。

嘉慶廣西通志目錄。

訓典

四表
- 郡縣沿革
- 職官
- 選舉
- 封建

- 輿地——疆域。圖。分野。氣候。戶口。風俗。物產。
- 山川——山川。水利。
- 關隘

- 九略
  - 建置——城池．廨署．學校．壇廟．梁津．
  - 經政——銓選．卹助．經費．錄餉．卹政．田賦．鹽法．榷稅．積貯．祀典．土貢．學制．兵制．馬政．郵政．承恭土司事件．口糧．鹽倉．刑具．鼓鑄．陡河．經費．船政．
  - 前事
  - 藝文——經．史．子．集．傳記．事記．地記．雜記．志乘．奏疏．詩文．
  - 金石
  - 勝蹟——城池．署宅．冢墓．寺觀．
- 二錄
  - 宦績
  - 謫宦
- 六列傳
  - 人物
  - 土司
  - 列女
  - 流寓
  - 仙釋
  - 諸蠻

湖北三書目錄．

- 二紀
  - 皇言
  - 皇朝編年（附前代）

湖北通志七十四篇

- 三圖
  - 方輿
  - 沿革
  - 水道
- 五表
  - 職官
  - 封建
  - 選舉
  - 族望
  - 人物
- 六考
  - 府縣
  - 輿地
  - 食貨
  - 水利
  - 藝文
  - 金石
- 四政
  - 經濟
  - 循績
  - 捍禦
  - 師儒
- 五十三傳（目多不載）

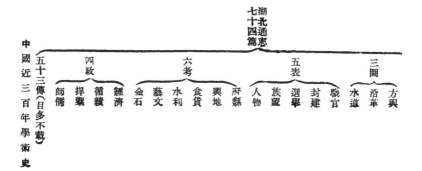

湖北掌故六十六篇
吏科——四目。官司員額。官司職掌。員缺繁簡。吏典事宜。
戶科——十九目。賦役。倉庾。漕運。雜稅。牙行等。
禮科——十三目。祀典。儀注。科塲。條例。等。
兵科——十二目。將弁員額。兵丁技藝額數。武弁例馬等。
刑科——六目。里甲。編甲圖。囚糧衣食。三流道里表等。
工科——十二目。城工。塘汛。江防。銅鐵礦廠。工科價值表等。

湖北文徵八集
甲集上下——裒錄正史列傳。
乙集上下——裒錄經濟策𥲅。
丙集上下——裒錄詞章詩賦。
丁集上下——裒錄集人詩詞。

約而言之向來作志者皆將「著述」與「著述資料」混爲一談。欲求簡潔斷制不失著述之體耶。則資料之割捨者必多。欲將重要資料悉予保存耶。則全書繁而不殺必蕪穢而見厭。故康之武功韓之朝邑與汗牛充棟之俗志交譏。蓋此之由。實齋「三書」之法其通志一部分純爲「詞尙體要」「成一家言」之著述。掌故文徵兩部分則專以保存著述所需之資料。既別有兩書以保存資料。故「純著述體」之通志。可以肅括閎深。文極簡而不虞遺闕。實齋所著方志辨體自述其湖北通志稿之著述義例內一段云『通志食貨考田賦一門余取賦役全書布政使司總彙之册登其款數而採用明人及本朝人所著財賦利病奏議詳揭及士大夫私門論撰聯絡爲篇爲文不過四五千言而讀者於十一府州數百年間財賦沿革弊利洞如觀火蓋有布政司以總大數又有議論以明得失故文簡而事理明也舊志盡取各府州縣賦役全書挨次排纂書盈五六百紙……閱者連篇累卷但見賦稅錢穀之數而數百年利病得失則茫然無可求……』

其保存資料之書。又非徒堆積檔案謬夸繁富而已。加以別裁組織而整理之。駁資料使適於用。（湖北掌故中有賦役表一篇方志辨體述其義例云「志文既櫝其總要貫以議論以存精華仍取十一府州六十餘州縣賦役全書鉅帙七十餘册總其款目以爲之經分其細數以爲之緯縱橫其格排約爲賦役表不過二卷之書包括數十巨册略無遺脫……」觀此可見掌故書體例班）實齋之意。欲將此種整理資料之方法由學者悉心訂定後。著爲格式。頒下各州縣之「志科」。隨時依式最錄。則不必高材之人亦可從事。而文獻散亡之患可以免。此誠保存史料之根本辦法。未經人道者也。（實齋所作州縣請立志科議云「天下大計始於州縣則史事責成亦當始於州縣之志州縣有荒陋無稽之令史案牘……故州縣之志不可取辦於一時平日當於諸吏中特立志科僉典吏之稍明於文法者以充其選而且立爲成法俾如法以紀載……積數十年之久則訪能文學而通史裁者筆削以爲成書……如是又積而又修之於是不勞而功效已爲文史之儒所不能及」）

實齋之於史。蓋有天才。而學識又足以副之。其一生工作全費於手撰各志。隨處表現其創造精神。以視劉子元鄭漁仲。成績則既過之矣。今和亳二志。傳本既甚希。吾儕僅在文史通義外篇見其敍例。湖北通志則畢秋帆去職後。全局皆翻。嘉慶官本。章著痕跡。渺不復存。幸而遺書中有檢存稿及未成稿數十篇。得以窺其崖略。然固已爲史界獨有千古之作品。不獨方志之聖而已。吾將別著章實齋之史學一書詳論之。此不能多及也。

吾於諸名志見者甚少。不敢細下批評。大約省志中。嘉道間之廣西謝志。浙江廣東阮志。其價值久爲學界所公認。同光間之畿輔李志。山西曾志。湖南李志……等。率皆踵謝阮之舊。而忠實於所事。抑其次也。而宣統新疆哀志。前無所承。體例亦多新創。卓然斯界後起之雄矣。各府州縣志。除章實齋諸作超羣絕倫外。則董方立之長安咸甯二志。論者推爲冠絕今古。鄭子尹莫子偲之遵義志。或謂爲府志中第一。而洪稚存之涇縣。淳化。長武。孫淵如之邠州。三水。武授堂之偃師。安陽。段茂堂之富順。錢獻之之朝邑。李申耆之鳳臺。陸祁孫之郯城。洪幼懷之鄢陵。鄒特夫譚玉生之南海。陳蘭甫之番禺。董覺軒之鄞縣。慈谿。郭筠仙之湘陰。王壬秋之湘潭。桂陽。繆小山之江

陰皆其最表表者．而比較其門目分合增減之得失．資料選擇排配之工拙．斯誠方志學中有趣且有益的事業．余有志焉而今病未能也

昔人極論官修國史之弊．蓋謂領其事者皆垂老之顯宦．不知學問爲何物．分纂人員猥濫．無所專責．雖有一二達識．不能盡其才．故以劉子元之身具三長．三入史館．而曾不得一藉手以表所學．徒發憤於史通．此其明效矣．方志地位雖亞於國史．然編纂之形式．率沿唐後官局分修之舊．故得良著甚難．而省志尤甚．必如謝蘊山阮芸臺之流．以學者而任封圻．又當承平之秋．史事稀簡．門生故吏通學者多．對於修志事自身有興味．手定義例．妙選人才分任．而自總其成．故成績斐然也．然以乾隆末之湖北志局．以畢秋帆爲總督．而舉國以聽於章實齋．亦可謂理想的人選矣．全書已成未刻．畢忽去位．而局中一校對員陳熷者構煽其間．遂至片跡不存．若非實齋自錄有副本之一部分．則數年間努力之結果．皆灰飛燼滅矣．（始末見章氏遺書中方志略例及各散篇）又如乾隆初年之浙江通志．其經籍一門出杭大宗手．而卒被局員排擠刪去．大宗雖別錄單行．然今竟不可得見矣．（看道古堂集浙經籍志序）兩州縣志規模較小．責任較專．故得良著亦較易．或績學之長官親總其事．如陸稼書之在靈壽．段茂堂之在富順．李申耆之在鳳臺．或本邑耆宿負重望居林下．發心整理鄉邦文獻．如王述庵之於太倉．武授堂之於偃師．安陽．陸存齋之於歸安．鄧湘皋之於寶慶．繆小山之於江陰．又或爲長官者既物色得人．則隆其禮貌．專其委任．拱手仰成．不予牽掣．如永清之得章實齋．長安咸寧之得董方立．三者有一於此．斯佳志可成．雖然．猶有難焉．以郭筠仙之通才博學．官至督撫．歸老於鄉．自任本縣湘陰圖志總纂．書已告成．而爲李桓所扼．卒歷若干年．僅得以私貲付刻．（始末見本書後序）蔣子瀟受聘修涇陽志．體例一仿實齋．及全書刻出．凡例仍其原文．而內容已竄改無完膚矣．（見七經樓文集中關

志乘條　夫方志之著述非如哲學家文學家之可以閉戶瞑目其理想而遂有創獲也其最主要之工作在調查事實搜集資料斯固非一手一足之烈而且非借助於有司或其他團體則往往不能如意故學者欲獨力任之其事甚難而一謀於衆則情實糾紛牽制百出此所以雖區區一隅之志乘而躊躇滿志者且不一二覯也雖然以乾嘉以後諸名志與康雍以前各志相較乃至與宋元明流傳之舊志相較其進步既不可以道里計則諸老之努力固未爲虛也

官修之外有私家著述性質略與方志同者此類作品體製較爲自由故良著往往間出其種別可略析如下

一、純屬方志體例而避其名者例如嘉慶初師荔扉範之滇繫實私撰之雲南通志因舊通志極蕪略且已七十年失修乃獨力創此又如劉端臨之揚州圖經劉楚楨之寶應圖經兩書吾未見疑實具體之州志縣志許石華之海州文獻錄亦未見劉伯山通義堂集有序亟稱之

二、專記一地方重要史蹟者其體或爲編年例如汪容甫之廣陵通典此書極佳實一部有斷制之揚州史董覺軒之明州繫年要錄此書未見當是一部好甯波史或爲紀事本末例如馮蒿庵甦之滇考此書甚佳能言雲南與中原離合之所由

三、專記人物者此即隋志中某某耆舊傳某某先賢傳之類實占方志中重要部分例如潘力田之松陵文獻此書爲極用心之作詳其弟次耕所作序劉伯山毓崧之彭城獻徵錄馬通伯其昶之桐城耆舊傳徐菊人世昌之大清畿輔先哲傳等

四、專記風俗軼聞者此即隋志中風土記異物志之類亦方志之一部例如屈翁山大均之廣東新語田綸霞雯之黔書等

五、不肯作全部志而摘取志中應有之一篇爲已所研究有得而特別泐成者例如全謝山之四明族望表

實鄞縣志中主要之創作。（前此各方志無表族望者謝山此篇出章實齋復大鼓吹之同光後之方志多有此門矣）孫仲容之溫州經籍志。實將來作溫州志者所不能復加。（此書佳極彷朱氏經義考搜羅殆備）劉孟瞻之揚州水道記。林月亭（伯桐）之兩粵水經注。即揚州或兩廣志中水道篇之良著。陳靜庵（逑）之補湖州府天文志。即府志之一部。

六、有參與志局事而不能行其志。因自出所見私寫定以別傳者。例如焦里堂之刊記（伊墨卿修揚州圖經里堂主其事墨卿去官而局廢里堂乃出所考證私撰此書）吳山夫（玉搢）之山陽志遺等。（淮安府志志山陽事頗多漏略山夫躬在志局心不慊焉別爲此書）

七、有於一州縣內復析其一局部之地作專志者。例如張炎貞之烏青文獻。（烏青爲蘇州一鎮炎貞爲潘力田學友此書倣松陵文獻三十年乃成）焦里堂之北湖小記。（北湖爲揚州鄉村里堂所居此書凡六卷四十七篇阮芸臺謂足覘史才）乃至如各名城志。（例如朱竹垞之日下舊聞專記京師事）各名山志。（例如徐霞客之雞谷山志體例精審獨絕）等。

凡此皆方志之支流與裔。作者甚多。吾不過就所記憶。各舉一二種以爲例。此類書自宋以來已極發達。有清作者。雖無以遠過於前代。然其間固多佳構。或竟出正式方志上也。

以文徵列方志三書之一。此議雖創自章實齋。然一地文徵之書。發源既甚早。（實齋文徵體例與諸家所輯不盡從同）歷代集部所著錄。若蘇州名賢詠。浙東酬唱集。河汾遺老詩。會稽掇英集。宛陵羣英集。其最著名而範圍較廣者如元遺山之中州集。皆是也。然多屬選本。或專爲一時少數人酬唱之薈萃。含史學的意味蓋尚少。清代學者殆好爲大規模的網羅遺佚。而先着手於鄉邦。若胡（文學）之甬上耆舊詩三十卷。李（鄴嗣）補之爲若干卷。全（祖望）續之爲七十卷。又國朝部分四十卷。沈（季友）之檇李詩繫四十二卷。若張（廷枚）之姚江詩存若干卷。若汪（森）之粵西詩載二十五卷。粵西文載七十五卷。若費（經虞）及其子（密）之劍閣芳華集二十五卷。（明代蜀人詩）此皆康雍以前所輯也。中葉以後。

踵作滋繁。若盧見曾之江左詩徵。王豫江蘇詩徵。吳顥及其孫振棫之杭郡詩輯。吳允嘉之武林耆舊集。阮元之淮海英靈集（輯揚州及南通州人作）兩浙輶軒錄（督浙學時所輯）劉寶楠寶應文徵溫汝适之粵東文海粵東詩海羅學鵬之廣東文獻鄭珍之播雅（輯貴州遵義府人詩）鄧顯鶴之資江耆舊集。沅湘耆舊集。夏退庵之海陵文徵詩徵。沈鱗翁之湖州詩摭朱祖謀之湖州詞錄……等。悉數之殆不下數十種。每種爲卷殆百數十。其宗旨皆在鈎沈蒐逸。以備爲貴。而於編中作者大率各繫以小傳。蓋徵文而徵獻之意亦寓焉。

亦有不用總集體而用筆記體於最錄遺文之外再加以風趣者。如戴璐之吳興詩話朱振采之江西詩話莫友芝之黔詩紀略……等。

亦有不限於鄉邦人所作。而凡文章有關鄉邦掌故皆最錄之。如焦里堂之揚州足徵錄等。

亦有簿錄鄉邦人之著述記其存佚爲之提要者。如孫詒讓之溫州經籍志朱振采之豫章經籍志廖平之井研藝文志……等

更有大學搜集鄉邦人著述彙而刻之者。如畿輔叢書。嶺南遺書。豫章叢書……等。別於論叢書章。臚舉其目。

凡此皆章實齋所謂方志三書之一也。語其形式。實等類書。除好古者偶一摩挲。更無他用。雖然。深探乎精神感召之微。則其效亦可得言。蓋以中國之大。一地方有一地方之特點。其受之於遺傳及環境者蓋深且遠。而愛鄉土之觀念。實亦人羣團結進展之一要素。利用其恭敬桑梓的心理。示之以鄉邦先輩之人格及其學藝。其鼓舞濬發。往往視逖遠者爲更有力。地方的學風之養成。實學界一堅實之基礎也。彼全謝山之極力提倡浙東學派。李穆堂之極力提倡江右學派。鄧湘皐之極力提倡沅湘學派。其直接影響於其鄉後輩者何若。間接影響於全

國者何若斯豈非明效大驗耶詩文之徵耆舊之錄則亦其一工具而已

八　地理學

中國地理學本為歷史附庸蓋自漢書創設地理志而此學始漸發展也其後衍為方志之學內容頗雜具如前章所述現存之古地理書如唐代之元和郡縣志宋代之太平寰宇記元豐九域志等其性質可謂為方志之集合體蓋皆以當時郡縣為骨幹而分列境界風俗戶口姓氏人物土產等後此明清一統志皆仿其例也其專言水道之書則有如水經注等專言域外地理之書則有如大唐西域記等

晚明有一大地理學者曰徐霞客宏祖所著霞客游記成於崇禎十三年一般人多以流連風景之書視之不知霞客之游志不在選勝而在探險也潘次耕序之云云『霞客之游在中州者無大過人其奇絕者閩粵楚蜀滇黔百蠻荒徼之區皆往返再四……先審山脈如何去來水勢如何分合既得大勢後一丘一壑支搜節討……沿泝瀾滄金沙窮南北盤江之源實中土人創闢之事……山川條理臚列目前土俗人情關梁阨塞時時著見向來山經地志之誤釐正無遺然未嘗有怪迂侈大之語欺人以所不知……』遂初堂集卷七蓋以科學精神研治地理一切皆以實測為基礎如霞客者真獨有千古矣

清康熙間復有一實測的地理學家曰南昌梁質人份著有西陲今略劉繼莊記其事云『梁質人留心邊事已久遼人王定山為河西靖逆侯張勇中軍與質人相與甚深質人因之徧歷河西地因得悉其山川險要部落游牧暨其強弱多寡離合之情皆洞如觀火著為一書凡數十卷曰西陲今略歷六年之久寒暑無間其書始成余

見其稿果有用之奇書也。』（廣陽雜記二）繼莊極心折此書。嘗於逆旅中費二十二日之工。晝夜不停手錄其稿。余考質人蓋習與李恕谷遊。好顏習齋之學者。（見恕谷年譜）徐霞客為西南探險家。質人亦西北探險家矣。惜其書久佚。並繼莊複寫本亦不可見。不獲與霞客游記同受吾曹激賞也。

航海探險家。則有同安陳資齋（倫炯）所著書曰海國聞見錄。資齋以閩人。幼為水手。其遊踪東極日本。西極波斯灣。中國沿海岸線。周歷不下數十次。後襲父廕。康熙末官至提督。其書雖僅兩卷。然於山川阨塞道里遠近砂礁島嶼之夷險風雲氣候之變化無不憑其實驗。纖悉備書。其論海防主要地點。曰旅順。曰膠澳。曰舟山。曰金廈二島。曰臺灣。曰虎門。曰欽州。至今淪沒殆盡。夫誰識二百年前固早有高掌遠蹠目營而心注之者耶。噫。（資齋之論渤海謂登州旅順南北對峙而以成山為標準是知膠威旅大失而北洋門戶撤矣其論南海謂金廈二島為閩海咽喉虎門香山實粵東門戶廉多沙欽多島據天然之保障海南孤露地味瘠薄不及臺灣澎湖沃野千里可以屏捍內地是知臺灣廣州灣之失而南屏壞矣其論東海謂定海為南海之堂奧乍浦濱於大海東達漁山北達洋山某處水淺可以椗船某處水深可以通航是知舟山為中部最良之軍港矣其遠見碩畫大率類此）

以上三家。吾名之曰探險的實測的地理學者。其有本此精神而更努力於地理學觀念之全部改造者。則手鈔西陲今略之劉繼莊其人也。

繼莊之言曰。『今之學者。率知古而不知今。縱使博極羣書。亦祇算半箇學者。』（廣陽雜記卷三葉十）其對於一切學術。皆以此為評判之鵠。故同時顧景范萬季野之地理學。彼雖表相當的推許。然終以『僅長於考古』少之。其自己理想的新地理學則略如下。

『方輿之書所記者。惟疆域建置沿革山川古跡城池形勢風俗職官名宦人物諸條耳。此皆人事。於人地之故。概乎未之有聞也。余意於疆域之前。別添數條。先以諸方之北極出地為主。定簡平儀之度。製為正切線表。

而節氣之後先．日食之分杪．五星之淩犯占驗．皆可推求．以簡平儀正切線表爲一則諸方之七十二候各各不同．如嶺南之梅．十月已開．湖南桃李．十二月已爛漫．無論梅矣．若吳下．梅則開於驚蟄．桃李放於清明．相去若此之殊也．……今於南北諸方．細攷其氣候．取其確者．一候中不妨多存幾句．傳之後世．則天地相應之變遷．可以求其微矣．余在衡久．見北風起．地卽潮溼．變而爲雨．百不失一．詢之土人．云自來如此．始悟風水相逆而成雨．燕京吳下．水皆東南流．故必東南風而後雨．衡湘水北流．故須北風也．然則諸方山川之背向．水之分合．支流何向．川流何向．皆當案志而求．彙爲一則．則風土之背正剛柔．暨陰陽燥溼之徵．又可次第而求矣．諸土產此方所有他方所無者．別爲一則．而土音譜合俚音譜．共爲一則．而其人情風俗之徵．皆可案律而求之矣．然此非余一人所能成．余發其凡．觀厥成者．望之後起之英耳．』廣陽雜記卷三葉四十九

繼莊書除廣陽雜記五卷外．片紙無存．其地理書恐亦未成一字．然觀以上所論．則其注意於現代所謂地文學與人生地理學．蓋可概見．彼蓋不以記述地面上人爲的建置沿革爲滿足．進而探求「人地之故」——卽人與地相互之關係．可謂絕識矣．繼莊好游．不讓霞客鮚埼亭集有記劉繼莊遺事一則云『……萬先生(季野)與繼莊共在徐尙書(健菴)邸中萬先生終朝危坐觀書而繼莊好遊每日必出或兼旬不返歸而以所歷告之萬先生萬先生亦以其所讀書證之語畢復出……』而所至皆用實地調查之功．雜記中所記氣候地形物產影響於人類生活之實例．得自親歷目驗者頗多．皆所謂「人地之故」也．要之繼莊之地理學雖未有成書．然其爲斯學樹立嶄新的觀念．視現代歐美學者蓋未遑多讓．惜乎清儒佞古成癖．風氣非一人能挽．而三百年來之大地理學家．竟僅以專長考古聞也．

清儒之地理學．嚴格的論之．可稱爲「歷史的地理學」．蓋以便於讀史爲最終目的．而研究地理不過其一種

工具地理學僅以歷史學附庸之資格而存在耳其間亦可略分三期第一期為順康間好言山川形勢阨塞含有經世致用的精神第二期為乾嘉間專考郡縣沿革水道變遷等純粹的歷史地理矣第三期為道咸間以考古的精神推及於邊徼寖假更推及於域外則初期致用之精神漸次復活

顧亭林著天下郡國利病書及肇域志實為大規模的研究地理之嚆矢其利病書自序云「感四國之多虞恥經生之寡術於是歷覽二十一史以及天下郡縣志書一代名公文集及章奏文冊之類有得即錄……」是其著述動機全在致用其方法則廣搜資料研求各地狀況實一種政治地理學也惜其書僅屬長編性質未成為有系統的著述且所集資料皆求諸書本上本已不甚正確時過境遷益為芻狗即使全部完整亦適成其為歷史的政治地理而已

清代第一部之考古的地理書端推顧景范祖禹之讀史方輿紀要百三十卷景范著此書二十九歲始屬稿五十歲成二十餘年間未嘗一日輟業其書前九卷為歷代州域形勢後七卷為山川源委及分野餘百十四卷則各省府州縣分敘每省首冠以總序一篇論其地在歷史上關係最重要之諸點次則敘其疆域沿革山川險要務使全省形勢瞭然每府亦仿此而所論更分析詳密每縣則紀轄境內主要之山川關隘橋驛及故城等全書如一長篇論文其頂格寫者為正文低格寫者為注夾行寫者為注中之注體裁組織之嚴整明晰古今著述中蓋罕其比

景范與徐霞客異其所親歷之地蓋甚少然其所紀載乃極翔實而正確觀魏禧熊開元兩序可見其概魏序云「北平韓子孺時從余案上見此書瞪目視余曰「吾不敢他論吾儕家雲南出入黔蜀間者二十餘年頗能知其山川道里顧先生閉戶宛溪足不出吳會而所論攻守奇正荒僻幽仄之地一一如目見而足履之者豈不異哉」……

……』熊序云『余楚人習聞三楚之要莫如荆襄又熟履其地考往事得失及令崇邑知海外一區爲三吳保障……罔非身履而知令宛溪坐籌一室出入二十一史凡形勢之險阨道里之近遙山水之源委稱名之舛錯正其訛核其實芟其蕪振其綱……』專憑書本上推勘考證。而能得爾許收穫。可謂異事。固由其用力精勤。抑亦有通識能別裁之效也。然此種研究法。終不能無缺憾。故劉繼莊評之曰『方輿紀要誠千古絕作。然詳於古而略於今。以之讀史。固大資識力。而求今日之情形。尚須歷練也。』廣陽雜記二景范自論其書。亦曰。『按之圖畫。索之典籍。亦舉一而廢百耳。』又言『了了於胸中。而身至其地。反憒憒焉。則見聞與傳聞異辭者之不可勝數也。』彼蓋深有感於地理之非實測不能徵信矣。嘉慶間濟寧許雲嶠（鴻磐）著有方輿紀要考證辨正顧氏之舛漏頗多淩次仲稱許之惜其書已佚

景范之書。實爲極有別裁之軍事地理學。而其價值在以歷史事實爲根據。其著述本意。蓋將以爲民族光復之用。自序所言。深有隱痛焉。序中首述顧氏得姓之由引商頌『韋顧既伐』文而申之曰『後有棄其宗祀獻符瑞於仇讎之庭者是則顧之罪人也』又述其父臨終遺命云『嘗怪我明一統志先達稱爲善本然於古今戰守攻取之要類皆不詳於山川條列又復割裂失倫源流不備……何怪今之學者語以封疆形勢惘惘莫知一旦出而從政舉關河天險委而去之……及余之身而四海陸沈九州騰沸……嗟乎園陵宮闕城郭山河儼然在望而十五國之幅員三百年之圖籍泯焉淪沒文獻莫徵能無悼歎乎余死汝其志之矣』右所述著作動機可知其非徒欲垂空文以自見云爾蓋其書經始於順治十二三年間。時永歷尚存。閩鄭未滅。仁人志士。密勿奔走謀匡復者所在多有。此書之作。則三年蓄艾之微意也。在今日海陸交通狀況。迥異三百年前。其書自强半不適於用。然國內戰爭一日未絕跡。則其書之價值。固一日未可抹煞也。

若離卻應用問題。而專就研究方法及著述體裁上評價。則在今日以前之地理書。吾終以此編爲巨擘。若仿其成規而推及軍事以外各方面。斯可爲躊躇滿志之作矣。本書凡例末條言『周官職方兼詳人民六畜土宜地利……余初撰次歷代鹽鐵馬政職貢……笥尋皆散帙病侵事擾未遑補綴其大略僅錯見篇中以俟他時之釐定要未敢自信爲已成之書也』據此知景范所欲撰著尚不止此彼卒年僅五十七晚歲多病未終其業也

景范嘗與萬季野閻百詩胡朏明黃子鴻等同參徐健庵在洞庭山所開之大淸一統志局事蓋景范子鴻屬草最多云其後乾隆八年統志始告成其中一部分實採自方輿紀要對勘可知也乾隆末洪稚存著乾隆府廳州縣圖志五十卷則一統志之節本稍便繙覽而已

部州郡縣之建置代有革易名稱棼亂讀史者深所患苦有兩書頗便檢閱者一爲康熙間常熟陳亮工芳績所著歷代地理沿革表四十七卷一爲道光間武陵楊愚齋丕復所著輿地沿革表四十卷陳書按古以察今楊書由今以溯古陳書以朝代爲經地名爲緯楊書以地名爲經朝代爲緯兩書互勘治史滋便陳楊兩氏皆無他種著述陳之祖父爲顧亭林友亭林集中有贈亮工詩 其書至道光間始刻出上距成書時百六十餘年楊書亦光緒間始刻出上距成書時三十餘年而李申耆之歷代地理志韻編今釋二十卷不用表體純依韻以編爲類書尤便檢查

鄭漁仲有言『州縣之設有時而更山川之形千古不易……後之史家主於州縣州縣移易其書遂廢……以水爲主……則天下可運諸掌』地理書如元和郡縣太平寰宇以至方輿紀要一統志等皆所謂主於州縣者也以水爲主者起於酈道元水經注然其書太騖文采泛濫於風景古蹟動多枝辭且詳於北而略於南加以距今千載陵谷改移即所述北方諸水亦多非其舊於是淸儒頗有欲賡續其業而匡救其失者最初則有黃梨洲之今水經惜太簡略而於塞外諸水亦多舛譌次則有戴東原之水地記造端甚大惜未能成洪蕊登謂已成七冊今孔溁谷所刻僅一卷自崐崘之虛至太行山而止次則有齊次風召南之水道提綱二十八卷號稱精審其書以巨川爲綱以所會衆流爲目其源流分合方隅曲折統以今日水道爲主不屑屑附會於古義而沿革同異亦即互見於其間以上四庫提要語 乾隆間修一統志次風實總其成總裁任蘭枝凡勘定諸纂修所分輯之稿咸委諸次風 此書即其在志局時所撰蓋康熙朝所繪內府輿圖經西

士實測最爲精審而外間得見者希次風既有著述之才而在志局中所覩資料又足以供其驅使故爲書特可觀也其專研究一水源委者如萬季野之崑崙河源考阮芸臺之浙江考……等名著尚多

河防水利自昔爲國之大政言地理學者夙措意焉然著作價值存乎其人顧景范方輿紀要凡例云『河防水利之書晚近記載尤多浮雜相仍無裨實用』其最有名者則歸安鄭芷畦元慶之行水金鑑一百七十五卷是書題傅澤洪撰蓋芷畦在傅幕府爲之纂輯而遂假以名如萬季野之讀禮通考假名徐氏矣四庫提要謂『有明以後此類著作漸繁大抵偏舉一隅專言一水其綜括古今臚陳利病統四瀆分合運道沿革之故彙輯以成一編者莫若此書之詳且善……』蓋芷畦與萬九沙李穆堂全謝山爲友其於學所得深也道光間黎世序有續行水金鑑百五十八卷董士錫亦有續行水金鑑詳今略古 戴東原亦有直隸河渠書百十一卷蓋趙東潛所草創而東原爲之增訂後爲無賴子所盜易名畿輔安瀾志刻於聚珍板云自餘類此之書尚多其在學術上有永久價值者頗少不具錄

清儒嗜古成癖一切學問皆傾向於考古地理學亦難逃例外自然之勢也故初期所謂地理學家胡朏明之得名則以禹貢錐指閻百詩之得名則以四書釋地自餘如亭林季野皆各有考古的地理書雍乾以降則水經注及漢書地理志實爲研究之焦點水經注自全趙戴三家用力最深外綜前清一代治此者尚不下二三十家其人與其書已略見校勘章漢地理志之校補注釋亦不下二十家略見史學章表志條今皆不具述若錢竹汀若洪稚存皆於研究郡國沿革用力最勤自餘諸名家集中關於考證古水道或古郡國者最少亦各有一二篇其目不能徧舉其成書最有價值者則如江慎修之春秋地理考實程春海之國策地名考……等

因研究漢書地理志牽連及於漢書西域傳是爲由古地理學進至邊徼及域外地理學之媒介邊徼地理學之

興蓋緣滿洲崛起東北入主中原康乾兩朝用兵西陲闢地萬里幅員式廓既感周知之必需交通頻繁復覺研求之有藉故東自關外三省北自內外蒙古西自青海新疆衛藏漸爲學者興味所集域外地理學之興自晚明西士東來始知「九州之外復有九州」而竺古者猶疑其誕海禁大開交涉多故漸感於知彼知己之不可以已於是談瀛之客頗出於士大夫間矣蓋道光中葉以後地理學之趨嚮一變其重心蓋由古而趨今由內而趨外

以邊徼或域外地理學名其家者壽陽祁鶴臯韻士大興徐星伯松平定張石洲穆邵陽魏默深源光澤何願船秋濤爲最著而仁和龔定庵自珍黟縣俞理初正燮烏程沈子敦垚固始蔚子瀟湘南等其疏附先後者也此數君者時代略銜接相爲師友而流風所被繼聲頗多茲學遂成道光間顯學

邊徼地理之研究大率由好學之謫宦或流寓發其端如楊大瓢賓之柳邊紀略爲記述黑龍江事情之創作蓋其父以罪編置此地大瓢省侍時記其聞見也洪北江亦以譴謫成伊犂日記天山客話等書實爲言新疆事之嚆矢此等雖皆非系統的著述然間接喚起研究興味固不少祁鶴臯徐星伯皆夙治邊徼地理皆因遣戍伊犂而其學大成鶴臯於乾隆季年在史館創撰蒙古王公表凡閱八年成書百二十卷中國學者對於蒙古事情爲系統的研究自此始也嘉慶十年鶴臯以公罪戍伊犂則於其間成西陲總統事略十二卷西域釋地二卷歸後又成藩部要略十六卷西陲要略一卷其云西陲者則新疆云藩部者則諸部蒙古也星伯以嘉慶十七年戍伊犂續補鶴臯之總統事略即其後進呈賜名新疆識略者是也其在戍也復成新疆賦二卷西域水道記五卷漢書西域傳補注二卷復有元史西北地理考西夏地理考未刻內西域水道記最爲精心結撰之作蓋自爲記而

自釋之，其記以擬水經，其釋則擬酈注也。而李恢垣（光廷）著漢西域圖考，雖未歷其地，而考證有得者頗多。張石洲著蒙古游牧記十六卷，北魏地形志十三卷，游牧記蓋與鶴皋之藩部要略相補，要略爲編年史，此則專門地志也，屬稿未竟而卒，何願船補成之。龔定庵著有蒙古圖志，爲圖二十有八，爲表十有八，爲志十有二，凡三十八篇，其像教志、水地志、臺卡志、字類表、聲類表、氏族表，及在京氏族表、册降表、寄爵表、烏梁海志、青海志等，皆有序文見本集中，蓋深通史裁之作品也。定庵復有北路安插議、西域置行省議等篇，言新疆事頗中竅要。同時魏默深亦治西北史地之學，而其精力萃於新元史一書，考證地理，蓋其副業云。

何願船稍晚出，壽亦最短，然其學精銳無前，所著北徼彙編八十六卷，咸豐間賜名朔方備乘，其書爲聖武述略六，（東海諸部內屬述略、索倫諸部內屬述略、喀爾喀內屬述略、準噶爾蕩平述略、烏梁海內屬述略、哈薩克內屬述略）爲考二十有四，（北徼星度考、北徼界碑考、北徼條例考、北徼喀倫考、北徼形勢考、俄羅斯館考、俄羅斯學考、雅克薩城考、尼布楚城考、波羅的等路疆域考、錫伯利等路疆域考、俄羅斯亞美里加屬地考、北徼城垣考、北徼邑居考、艮維窩集考、庫葉附近諸島考、北徼山脈考、艮維諸水考、色楞格河源流考、額爾齊斯河源流考、北徼水道考、北徼數門考、北徼方物考、烏孫部族考）爲傳六，（漢魏北徼諸國傳、周齊隋唐北徼諸國傳、遼金元北徼諸國傳、元代北徼諸王傳、歷代北徼用兵將帥傳、國朝北徼用兵將帥傳）爲紀事始末二，（俄羅斯互市始末、土爾扈特歸附始末）爲記二，（俄羅新進呈書籍記、俄羅斯叢記）爲考訂諸書十五，辨正諸書五，（目多不具舉）爲表七，（北徼事蹟表上下、北徼沿革表、北徼地名異同表、俄羅斯境內分部表、北徼世次表、北徼頭目表）而以圖說一卷終焉。其書言蒙古最詳，而尤注重中俄關係，有組織，有別裁，雖今日讀之，尚不失爲一名著也。

同光間治西北地理者，有順德李仲約（文田）著元祕史注、雙溪集注等，所注專詳地理。有吳縣洪文卿（鈞）著元史譯文證補，末附考數篇，皆言地理。大抵道咸以降，西北地理學與元史學相並發展，如驂之有靳，一時風會所趨，士大夫人人樂談。如乾嘉間之競言訓詁音韻焉。而名著亦往往間出。其大部分工作在研究蒙古。而新疆及東三省則其附庸也。

此類邊徼地理之著作。雖由考古引其端。而末流乃不專於考古。蓋緣古典中可憑藉之資料較少。而茲學首倡之人如祁鶴皋徐星伯輩。所記載又往往得自親歷也。其專以考古邊徼地理名家者。在清季則有丁益甫（謙）益甫以鄉僻窮儒。交遊不廣。蓄書不多。而所著蓬萊軒輿地叢書六十九卷。探賾析微。識解實有獨到處。除各史之蠻夷傳咸分別考證外。其餘凡關於邊徼及域外地理之古籍。上自穆天子傳。中逮法顯元奘諸行傳。下迄耶律楚材丘長春諸遊記。外而馬哥波羅遊記等。皆詳細箋釋。成書凡數十種。皆互相鉤稽發明。絕少牴牾。（其中不能無謬處。自是爲時代及資料所限。不能苛求。）可謂釋地之大成。籀古之淵海也已。其學風與益甫略相近。而學力亦相埒者。則有錢唐吳祁甫（承志）著有唐賈耽記邊州入四夷道里考實五卷。

言世界地理者。始於晚明利瑪竇之坤輿圖說。艾儒略之職方外紀。清初有南懷仁蔣友仁等之地球全圖。然乾嘉學者視同鄒衍談天。目笑存之而已。嘉慶中林少穆（則徐）督兩廣。命人譯四洲志。實爲新地志之嚆矢。鴉片戰役後。則有魏默深海國圖志百卷。徐松龕（繼畬）瀛環志略十卷。並時先後成書。（魏書道光二十二年成六十卷。二十七年刻於揚州。咸豐二年續成百卷。徐書作始於道光二十三年。刻成於二十八年。）魏書不純屬地理。卷首有籌海篇。卷末有籌夷章條。夷情備采。戰艦火器條議。器藝貨幣……等篇。中多自述其對外政策。所謂『以夷攻夷。以夷款夷。師夷長技以制夷』之三大主義。由今觀之。誠幼稚可笑。然其論實支配百年來之人心。直至今日猶未脫離淨盡。則其在歷史上關係。不得謂細也。徐書本自美人雅裨理。又隨時晤泰西人。輒探訪。閱五年。數十易稿而成。純敍地理。視魏書體裁較整。此兩書在今日誠爲芻狗。然中國士大夫之稍有世界地理智識。實自此始。故略述其著作始末如右。其晚近譯本。不復論列也。

製圖之學。唐代十道圖今已不存。而元朱伯思之圖。在前代號稱最善。蓋所用者阿拉伯法也。清聖祖委任耶穌會士分省實測。於康熙五十三年成內府輿圖。爲後此全國地圖所本。乾隆平定準回部及大小金川後。更用新法測量。成西域圖志。益精善矣。（詳官書章）然皆屬殿板。民國罕見。道光間李申耆創製皇朝一統輿圖一卷。歷代地理沿革圖二十二幅。其沿革圖用朱墨套印。尤爲創格。讀史者便焉。同治間胡文忠（林翼）撫鄂。著大清一統輿圖三十一卷。凡海岸山脈河流湖澤道里城邑台站關塞。無不詳細登錄。其開方之法。則準以緯度一寸五分爲一方。方爲百里。各行省及外藩皆作專圖。可分可合。實當時空前之作也。光緒間楊星吾（守敬）著歷代輿地沿革險要圖。因李氏之舊。稍加精密。鄒沅帆（代鈞）自製中國輿地尺。（一華尺等於百萬分米特之三十萬又八千六百四十二）以繪世界全圖。凡外圖用英法俄尺者。悉改歸一律。無論何國何地。按圖可得中國里數分率之準。此清代製圖學進步之大凡也。

九　譜牒學

方志。一方之史也。族譜家譜。一族一家之史也。年譜。一人之史也。（章實齋語）三者皆爲國史取材之資。而年譜之效用時極宏大。蓋歷史之大部分實以少數人之心力創造而成。而社會既產一偉大的天才。其言論行事。恆足以供千百年後輩之感發興奮。然非有詳密之傳記以寫其心影。則感興之力亦不大。此名人年譜之所以可貴也。年譜蓋興於宋。前此綜記一人行事之著作見於著錄者。以東方朔傳李固別傳等爲最古。具體殆類今之行狀。其有以年經月緯之體行之者。則薛執誼之六一居士年譜洪興祖之昌黎先生年譜魯訔之杜甫年譜吳斗南之陶潛年譜，其最先也，自明以來，作者繼踵，入清而極盛。

第一類自撰年譜，歐美名士，多爲自傳，蓋以政治家自語其所經歷，文學家自語其所感想，學者自語其治學方法。……令讀者如接其謦欬，而悉其甘苦，觀其變遷進步，尙友之樂，何以加諸。中國古代作者，如司馬遷，東方朔，司馬相如，揚雄，班固，王充，劉知幾等皆有之，而還充知幾之作附於所著書後者，尤能以眞性情活面目示吾儕，故永世寶爲。年譜體與自譜蓋鮮，明以前靡得而指焉。所見者僅有明張文麟自撰端巖年譜 清人自譜之可稱者如下。

孫夏峯先生年譜。夏峯十七歲時自撰大綱門人湯斌魏一鼇趙御衆耿極續次而爲以注並續成後五年

毋欺錄。朱伯廬(用純)著此書自記其言論行事感想皆繫以年實等於自撰年譜也光緒間金吳瀾彙刻歸顧朱三先生年譜即以此當朱譜

魏敏果公年譜。魏環溪(象樞)口授子學誠等手錄

蒙齋年譜。田山薑(雯)六十歲時自著子肇麗續成後十年

漁洋山人年譜。王貽上(士禎)自著小門生惠棟補注

漫堂年譜。宋牧仲(犖)自著

恕谷先生年譜。李恕谷(塨)自爲日譜五十二歲時命門人馮辰輯之爲年譜實等自撰也凡恕谷友已下世者皆附以小傳則全出辰手

尹元孚年譜。尹元孚(會一)自著

瞿木夫自訂年譜。木夫名中溶錢竹汀女婿

言舊錄。張月霄(金吾)自撰年譜

病榻夢痕錄夢痕餘錄。汪龍莊(輝祖)自撰年譜本錄記事餘錄記言

敝帚齋主人年譜。徐彝舟(鼒)自撰

退庵自訂年譜。梁茝林(章鉅)自撰

駱文忠公秉章年譜。自撰

葵園自定年譜。王益吾(先謙)自撰

此外自撰年譜有刻本者尚十數家。以其人無足稱。不復論列。（黃梨洲施愚山皆有自撰譜已佚）自撰譜譜中主人若果屬偉大人物則其價值誠不可量蓋實寫其所經歷所感想有非他人所能及者也惜以上諸家能饜吾望者尚少內中最可寶者厥惟恕谷年譜。其記述自己學問用力處。可謂「驚心動魄一字千金」彼又交遊甚廣一時學風藉以旁見者不少。其體裁最完整者莫如汪龍莊之夢痕錄。惜龍莊學識頗平凡。不足耐人尋味耳。（章實齋邵二雲皆龍莊摯友若彼二人有此詳細之自敍豈非快事）葵園譜下半述其刻書編書之經歷頗可觀月霄彝舟皆質樸有風趣木夫譜最可見乾嘉學風印象且錢竹汀學歷多藉以傳。夏峯譜原文雖簡。得注便詳。明淸之交「北學」「洛學」之形勢見焉其餘則「自鄶以下」矣。

此外亦有自撰墓志銘之類者。以吾記憶所及則屈翁山張稷若李恕谷彭南畇皆有之。又如汪容甫有自序。則文人發牢騷之言所裨史料僅矣。其仿馬班例為詳密的自述附所著書中者甚少吾憶想所得惟顧景范讀史方輿紀要序頗近是。

第二類。友生及子弟門人為其父兄師友所撰年譜。此類年譜價值僅下自撰一等。因時近地切見聞最真也。但有當分別觀之者。其一。先問譜主本人價值如何若尋常達官之譜。事等諛墓固宜覆瓿。其二。譜主人格雖可敬。

然豐於所昵。人之恆情。親故之口。慮多溢美。其三。即作譜者力求忠實。又當視其學識如何。「相知貴相知心。」雖父師亦未必遂能得之於子弟。以此諸因。此類譜雖極多。可稱者殊寥落。今略舉如下。

孫文正公(承宗)公年譜鹿江村先生(善繼)年譜。門人陳鋐著

劉蕺山先生(宗周)年譜。門人董瑒著子汋錄遺

漳浦黃先生(道周)年譜。門人莊起儔著尚有門人洪思鄭亦鄒兩本在前

申端愍公(允佳)年譜。子涵光著申鳧盟(涵光)年譜。弟涵盼著

顧亭林先生(炎武)年譜。子衍生著後人續者尚數家見第三類

李二曲先生(顒)年譜。門人王心敬著

魏石生先生(裔介)年譜。子荔彤著

顏習齋先生(元)年譜。門人李塨王源合著以習齋自撰日譜爲底本

湯文正公(斌)年譜。門人王廷燦著

查他山先生(愼行)年譜。外曾孫陳敬璋著

陸稼書先生(隴其)年譜。子宸徵子壻李鉉合著

施愚山先生(閏章)年譜。曾孫念曾著

全謝山先生(祖望)年譜。門人董秉純著

汪雙池先生(紱)年譜。門人余龍光著

戴東原先生（震）年譜。門人段玉裁著
阮尚書（元）年譜。子長生著
孫淵如先生（星衍）年譜。友人張紹南著
洪北江先生（亮吉）年譜。門人呂培著
弇山畢公（沅）年譜。門人史善長著
方植之（東樹）年譜。從弟宗誠著
吳山夫（玉搢）年譜。友人丁晏著
養一子（李兆洛）年譜。門人蔣彤著
陳碩甫先生（奐）年譜。門人管慶祺戴望著
阿文成公（桂）年譜。孫那彥成門人王昶同著
曾文正公（國藩）年譜。門人李瀚章黎庶昌等著
左文襄公（宗棠）年譜。湘潭羅正鈞著
羅忠節公（澤南）年譜。
王壯武公（鑫）年譜。湘潭羅正鈞著
丁文誠公（葆楨）年譜。門人唐炯著
劉武慎公（長祐）年譜。友人鄧輔綸王政慈同著

右所列除他山愚山兩譜時代稍後外．其餘皆作譜人直接奉手於譜主聞見最親切者．然價值亦有差等．最上乘者應推蕺山習齋東原三譜．次則雙池養一兩譜．蓋皆出於其最得意門生之手．能深知其學也．（蕺山譜記譜主學行外尤多晚明時局史料）自餘諸學者之譜．亦皆有相當價值．須改造者亦不少．若亭林譜卽其例也．諸大學者中．如胡朏明惠定宇．江愼修．李穆堂．錢竹汀．段茂堂．王石臞伯申父子．焦里堂．莊方耕．劉申受．魏默深．陳蘭甫．俞蔭甫……皆無當時人所撰年譜．亦未聞有謀補作者．甚可惜也．

學者之譜．可以觀一時代思想．事功家之譜．可以觀一代事變．其重要相等．阿文誠譜爲卷三十有四．可謂空前絕後之大譜．其中繁蕪處當不少（吾未見）但作史料讀固甚佳也．曾文正公譜十二卷．亦稱巨製．餘如陶文毅．林文忠．郭筠仙．李文忠等似尚未有譜（？）頗可惜．

篇幅極長之行狀事略等．往往詳記狀主事蹟之年月．雖不用譜體．其效力亦幾與譜等．如王白田之子（箴聽）所作先府君行述．洪初堂（榜）所作戴東原先生行狀焦里堂之子（廷琥）所作先府君事略王石臞爲其父文肅公（安國）所作先府君行狀……之類．名篇頗多．後此作譜者可取材焉．

第三類．後人補作或改作昔賢年譜．此乃當時未有譜而後人補作．或雖有譜而未完善．後人踵而改作者．此類作品．其一．必譜主爲有價值的人物．得作譜者之信仰．故無下駟濫等之病．其二．時代已隔．無愛憎成心．故溢美較少．此其所長也．雖然．亦以時代相隔之故．資料散失或錯誤．極難得絕對的眞相．此其所短也．爲極勤苦極忠實的考證．務求所研究之對象得徹底了解．此實清儒學風最長處．而此類補作或改作之年譜．最能充分表現此精神．故在著作界足占一位置焉．今將此類作品分兩項論列如下．

(甲)清人或今人補作或改作清人名人年譜。以卒於清代者爲限以譜主年代先後爲次

張蒼水(煌言)年譜。咸豐間趙之謙著舊有一譜題全謝山著趙氏辨其僞別撰此本

黃梨洲(宗羲)年譜。(一)同治間梨洲七世孫垕炳著(二)薛鳳昌著

顧亭林(炎武)年譜。(一)吳映奎著(二)車守謙著(三)胡虔著(四)徐松著(五)周中孚著(六)張穆著此譜最初本爲亭林子衍生作吳氏因之車氏又因吳氏徐氏未見諸本孤意創作已寫定未刻張氏乃綜合車徐兩本再加盩訂道光二十三年著成胡氏本見張本自序周氏本見其所著鄭堂札記想皆已佚

王船山(夫之)年譜。(一)劉毓崧著(二)王之春著劉本同治乙丑年成前無所承創作至難故名曰初稿而自序稱其未備者有七之春爲船山八世從孫據家譜及他書以正劉本之謬而補其闕書成於光緒十八年壬辰

朱舜水(之瑜)年譜。梁啓超著

吳梅村(偉業)年譜。道光間顧師軾著

傅青主(山)年譜。(一)張廷鑑著闕存(二)同治間曹樹穀著(三)宣統間丁寶銓著

徐俟齋(枋)年譜。萬年少(壽祺)年譜。俱今人羅振玉著

閻古古(爾梅)年譜。(一)道光間魯一同著(二)今人張蔚西著

冒巢民(襄)年譜。冒廣生著

陳乾初(確)年譜。嘉慶間吳騫著

張楊園(履祥)年譜。蘇惇元著

閻潛邱(若璩)年譜。道光間張穆著

戴南山(名世)年譜。道光間戴鈞衡著(?)此譜為戴作抑徐宗亮作待考

章實齋(學誠)年譜。今人胡適著日本人內藤虎次郎創作胡氏訂正擴大之

黃蕘圃(丕烈)年譜。光緒間江標著

龔定庵(自珍)年譜。(一)吳昌綬著(二)宣統間黃守恆著

徐星伯(松)年譜。光緒間繆荃孫著

(乙)清人或今人補作或改作漢至明名人年表或年譜。以譜主年代先後為次

賈生(誼)年表。汪中著

董子(仲舒)年表。蘇輿著

太史公(司馬遷)繫年要略。王國維著

劉更生(向)年譜。(一)梅毓著(二)柳興思著

許君(慎)年表。陶方琦著

鄭康成(玄)年譜。(一)沈可培著(二)洪頤煊著(三)陳鱣著(四)袁鈞著(五)丁晏著(六)鄭珍著王鳴盛蛾術編有高密遺事卷三中亦有年表

鄭司農(玄)蔡中郎(邕)年譜合表。林春溥著

孔北海(融)年譜。繆荃孫著

諸葛武侯(亮)年譜。(一)張澍著(二)楊希閔著

陳思王(曹植)年譜。丁晏著

王右軍（羲之）年譜．（一）吳溥著（二）魯一同著

陶靖節（潛）年譜．（一）丁晏著（二）陶澍著（三）梁啓超著陶譜舊有宋入吳斗南王質兩家丁作似自創陶作名曰年譜考異訂正舊說加詳梁作又加訂正

庾子山（信）年譜．倪璠著

魏文貞公（徵）年譜．王先恭著

慈恩法師（玄奘）年譜．梁啓超著僅成略本

王子安（勃）年譜．姚大榮著

張曲江（九齡）年譜．溫汝适著

李鄴侯（泌）年譜．楊希閔著

王摩詰（維）年譜．趙殿成著

陸宣公（贄）年譜．（一）丁晏著（二）楊希閔著

白香山（居易）年譜．江立名著白譜舊有宋陳振孫本汪氏改作

玉溪生（李商隱）年譜．（一）朱鶴齡著（二）馮浩著（三）張采田著名曰會箋

韓忠獻公（琦）年譜．楊希閔著

歐陽文忠公（修）年譜．華孳亨著

司馬溫公（光）年譜．（一）顧棟高著（二）陳宏謀著

王荊公（安石）年譜．（一）顧棟高著（二）蔡上翔著

東坡先生（蘇軾）年譜　（一）邵長蘅著（二）查愼行著蘇譜舊有南宋施元之宿父子王宗稷三家及傅藻編年錄邵作重訂王譜查作爲年表式

蘇文定公（轍）年譜　龔煦春著

黃文節公（庭堅）年譜　徐名世刪補黃譜舊有南宋末山谷諸孫㽦所撰徐氏刪補之

二程（顥頤）年譜　池生春著

米海岳（芾）年譜　翁方綱著

稷山段氏二妙（克己成己）年譜　孫德謙著

元遺山（好問）年譜　（一）翁方綱著（二）凌廷堪著（三）施國祁著（四）李光庭著

洪文惠（适）年譜洪文敏（邁）年譜　俱錢大昕著

岳忠武王（飛）年譜　梁玉繩著岳武孫珂金陀編有簡譜梁氏補之

李忠定公（綱）年譜　楊希閔著

朱子（熹）年譜附考異　王懋竑著朱譜舊有門人李公晦所著明嘉靖間李默改竄之全失其舊康熙初有洪璟刪補李默本亦不佳王氏作此訂正之

陸子（九淵）年譜　李紱著陸譜舊有其門人袁燮傅子雲所著其後附刻全集之末刪汰失眞李氏作此訂正之

陸放翁（游）年譜　（一）趙翼著（二）錢大昕著

深寧先生（王應麟）年譜　（一）錢大昕著（二）張大昌著（三）陳僅之著

謝皋羽（翺）年譜　徐沁著

王文成公（守仁）年譜　（一）毛奇齡著（二）楊希閔著王譜舊有其門人錢德洪所著後經李贄竄亂毛楊皆訂正之但亦未見佳

弇州山人（王世貞）年譜。錢大昕著

歸震川（有光）年譜。（一）汪琬著已佚（二）孫守中著

戚少保（繼光）年譜。戚祚國著

楊升庵（愼）年譜。簡紹芳著

左忠毅公（光斗）年譜。馬其昶著

徐霞客（宏祖）年譜。丁文江著

右兩項數十種。實清代年譜學之中堅。大抵甲項幾無種不佳。乙項之佳者亦十而六七。此類之譜。作之實難。蓋作者之去譜主。近則百數十年。遠乃動逾千歲。非如第二類之譜由門人子弟纂撰者得以親炙其言行熟悉其時日。資料少既苦其枯渴。苦其罣漏。資料多又苦其漫漶。苦其牴牾。加以知人論世。非灼有見其時代背景。則不能察其人在歷史上所占地位為何等。然由今視昔。影象本已朦朧。不眞。據今日之環境及思想以推論昔人。尤最易陷於時代錯誤。是故欲為一名人作一佳譜。必對於其人著作之全部。（專就學者或文學家言別方面則又有別當注意之資料）貫穴鉤稽。盡得其精神與其脈絡不脊惟是。凡與其人有關係之人之著作中直接語及其人者。悉當留意。不脊惟是。其時之朝政及社會狀況無一可以忽視。故作一二萬言之譜。往往須翻書至百數十種。其主要之書。往往須翻至數十徧。資料既集。又當視其裁斷之識與駕馭之技術何如。蓋茲事若斯之難也。（吾嘗試著一二譜故深知其甘苦然終未能得滿意之作吾嘗謂初入手治史學者最好擇歷史上自己所敬仰之人為作一譜可以磨鍊忍耐性可以學得蒐集資料運用資料之法）優為此者厥惟清儒。前代蓋莫能及。

上列諸譜中。其最佳者。如王白田之朱子年譜。彼終身僅著此一書。而此一書已足令彼不朽。朱子之人格及其

學術眞相皆具焉。李穆堂之陸譜。價值亦略相埒也。如顧震滄之溫公譜。其意欲使不讀溫公集之人讀此亦前了解溫公人物眞相之全部。在諸譜中實爲一創格。（震滄意謂有附集之譜有單行之譜附集者備讀集時參考故宜簡明單行者備不讀集人得有常識故宜詳盡）再以與彼所著荆公譜合讀。則當時全盤政局若指諸掌矣。如蔡元鳳之荆公譜。雖體裁極拙劣。而見識絕倫。如陶雲汀之淵明譜考異。張孟劬之玉溪譜會箋。最注意於譜主之身世。觀其孕育於此種環境中之文藝何如。如張石洲之顧閻兩譜。劉伯山之船山譜。羅叔蘊之徐萬兩譜……等。於譜主所履之地位所接之人等考核精密。細大不遺。如翁覃溪李恢垣之遺山譜。孫益庵之二妙譜。資料本極缺乏。而搜羅結果乃極豐富。如丁儉卿之陳思譜。魯通甫之右軍譜。姚儷桓之子安譜。於譜主之特性及其隱衷昭然若揭。如胡適之之實齋譜。不惟能擷譜主學術之綱要。（吾尙嫌其未盡）並及其時代思潮。凡此諸作。皆近代學術界一盛飾也。

第四類純考證的遠古哲人年表。此類性質與前三類皆不同。不重在知其人。（因其人爲人所共知）而重在知其確實之年代。故不作直行之詳贍年譜。而惟作旁行斜上之簡明年表。然而考證辨析。有時亦甚辭費焉。列其作品如下。

周公年表。牟庭著

孔子年表。（一）江永孔子年譜黃定宜爲之注（二）狄子奇孔子編年（三）胡培翬校注宋胡仔之孔子編年（四）崔述洙泗考信錄（五）魏源孔子編年（六）林春溥孔子師弟年表

卜子年譜。陳玉澍著

墨子年表。（一）孫詒讓墨子年表（二）梁啓超墨子年代考

孟子年表。（一）黃本驥孟子年譜（二）汪椿孟子編年（三）任啓運孟子考略（四）周廣業孟子四考（五）曹之升孟子年譜（六）任兆麟孟子時事略（七）狄子奇孟子編年（八）崔述孟子事實錄（九）魏源孟子編年（十）林春溥孟子時事年表

荀子年表。（一）汪中荀卿子通論附年表（二）胡元儀郇卿別傳

董生年表 蘇輿著在蘇著春秋繁露義證內

以上諸作皆考證甚勤。夫非有問題，則不必考證。問題取決於紙上資料，恐終於「以後息者爲勝」耳。雖然，經過若干人嚴密之考證，最少固可以解決問題之一部分也。至如墨孟荀等生卒年既無法確定，則欲編成具體的年表總屬徒勞。

族姓之譜。六朝唐極盛，宋後寖微，然此實重要史料之一。例如欲考族制組織法，欲考各時代各地方婚姻平均年齡平均壽數，欲考父母兩系遺傳，欲考男女產生比例，欲考出生率與死亡率比較……等等無數問題，恐除族譜家譜外，更無他途可以得資料。我國鄉鄉家家皆有譜，實可謂史界瓌寶。將來有國立大圖書館，能盡集天下之家譜，俾學者分科研究，實不朽之盛業也。

清代當承平時，諸姓之譜，恆聘學者爲之修訂，學者亦喜自訂其家之譜。觀各名家集中，殆無一不有「某氏族譜序」等文可見也。吾嘗欲悉薈萃此項文比而觀之，則某地某姓有佳譜，蓋可得崖略。惜今未能，故亦不克詳論也。

十六　清代學者整理舊學之總成績（四）

——曆算學及其他科學　樂曲學

十 曆算學及其他科學

曆算學在清學界占極重要位置。不容予不說明。然吾屬稿至此。乃極惶悚極忸怩。蓋吾於此學絕無所知。萬不敢強作解事。而本書體例又不許我自藏其拙。吾惟竭吾才以求盡吾介紹之責。吾深知其必無當也。吾望世之通此學者不以我爲不可教。切切實實指斥其漏闕謬誤之點。俾他日得以校改自贖云爾。

曆算學在中國發達蓋甚早。六朝唐以來學校以之課士。科舉以之取士。學者於其理與法。殆童而習焉。宋元兩朝名家輩出。斯學稱盛。明代心宗與文士交鬨。凡百實學。悉見鄙夷。及其末葉。始生反動。入淸則學尚專門。萬流駢進。曆算一科。舊學新知。迭相摩盪。其所樹立。乃斐然矣。計自明末迄淸末。斯學演進。略分五期。

第一期。明萬歷中葉迄淸順治初葉。約三十年間。耶穌會士齎歐洲新法東來。中國少數學者以極懇摯極虛心的態度歡迎之。極忠實以從事翻譯。同時舊派反抗頗烈。新派以不屈不撓之精神戰勝之。其代表人物則爲李涼庵之藻徐元扈光啓等。

第二期。淸順治中葉迄乾隆初葉。約八十年間。將所輸入之新法盡量消化。徹底理會。更進一步。融會貫通之以求本國斯學之獨立。其代表人物爲王寅旭錫闡梅定九文鼎等。

第三期。乾隆中葉以後迄嘉慶末。約三四十年間。因求學問獨立之結果。許多重要古算書皆復活。好古有識之學者。爲之悉心整理校注。其代表人物則戴東原震錢竹汀大昕焦里堂循等。

第四期。嘉慶道光咸豐三朝約四五十年間。因古算書整理就緒之結果。引起許多創造發明。完成學問獨立之業。其代表人物則汪孝嬰萊李四香銳董方立祐誠羅茗香士琳等。

第五期。同治初迄光緒中葉約三十年間。近代的新法再輸入。忠實翻譯之業不讓晚明。其代表人物爲李壬叔善蘭華若汀蘅芳等。

第六期。光緒末迄今日。以過去歷史推之。應爲第二次消化會通發展獨立之期。然而……

今吾將略述前五期之史蹟。惟有一語先須聲明者。曆與算本相倚也。而三百年來斯學之興。則假塗於曆而歸宿於算。故吾所論述。在前兩期曆算並重。後三期則詳算而略曆焉。

晚明因天官失職。多年沿用之大統曆屢發見測算上之舛誤。至萬歷末而朱世堉邢雲路先後抗言改曆之必要。我國向以觀象授時爲國之大政。故朱邢之論忽惹起朝野注意。曆議大喧閧。而間接博得西歐科學之輸入。初歐洲自『宗教革命』告成之後。羅馬舊教團中一部分人爲挽回頹勢起見發生自覺。於是有耶穌會之創設。會士皆當時科學智識最豐富之人。而其手段在發展勢力於歐洲以外。於是利瑪竇龐迪我熊三拔……等先後來華。實爲明萬曆天啓時。中國人從之游且崇信其學者頗多。而李涼庵徐元扈爲稱首。及改曆議起。有周子愚者方爲『五官正』欽天監屬官上書請召龐熊等譯西籍。萬曆四十年前後。涼庵與邢雲路同以修歷被徵至京師。雲路以己意損益古法。而涼庵專宗西術。新舊之爭自此。崇禎二年。涼庵與元扈同拜督修新法之命。越二年。涼庵卒。又二年元扈亦以病辭。薦李長德天經自代。天經一遵成規。矻矻事翻譯。十年如一日。有名之崇禎歷書百二十六卷。半由元扈手訂。半由長德續成也。涼庵元扈深知歷學當以算學爲基礎。當未總歷事以前。已先譯算書。元扈首譯歐几里得之幾何原本六卷。歐人名著之入中國。此其第一。幾何原本之成書在元扈任歷事前二十三年自序謂『由顯入微，從疑得信，不用爲用，衆用所基，眞可謂萬象之形囿，百家之學海。』蓋承認歐人學問之有價值，實自茲始也。元扈又自爲句股義一卷，涼庵亦以半著半譯的體裁爲同文算指十卷，圜容較義一卷。以上諸書，皆爲當時言西算者所宗。

元扈總歷事時，反對蠭起，最著者爲魏文魁冷守忠。元扈與李長德先後痛駁之，其燄始衰。崇禎新歷經十餘年製器實測之結果，泐爲定本，將次頒行，而遭甲申之變，遂閣置。入淸，以歐人湯若望掌欽天監，始因晚明已成之業而頒之。順康之交，尚有楊光先者，純挾排外的意氣，詆譏新法，著一書名曰不得已書。其後卒取湯若望之位而代之，旋以推步失實黜革，自是閧議始息矣。

元扈於崇禎四年上疏曰：『欲求超勝，必須會通。會通之前，先須翻譯。……翻譯既有端緒，然後令深知法意者參詳考定。……』（明史本傳）當時研究此學之步驟如此。元扈既逝，旋遭喪亂，未能依原定計畫進行。王寅旭引此疏而論曰：『……文定（元扈謚文定）之意，原欲因西法以求進也。文定既逝，繼其事者（案指李天經等）僅能終翻譯之緒，未遑及會通之法，甚至矜其師說，齮齕異己。……今西法盛行，向之異議者亦詘而不復爭矣。然以西法有驗於今，可也；如謂爲不易之法，無事求進，不可也。……』（歷說一）蓋李徐之業，得半而止，未逮其志。所謂『會通以求超勝』，蓋有俟於後起。而毅然以此自任者，則王寅旭梅定九其人也。

阮雲臺著疇人傳，淸儒之部以王梅爲冠首，且論之曰：『王氏精而核，梅氏博而大，各造其極，難可軒輊。』諒哉言矣。寅旭自幼嗜測天，晴霽之夜，輒登屋臥鴟吻間仰察星象，竟夕不寐，每遇日月蝕，輒以新舊諸法所推時日杪刻所蝕多寡實測之數，十年未嘗一次放過。結果乃自爲曉菴新法六卷。其自序既力斥魏文魁陳壤冷守忠諱之專己守殘.推奬利徐新法.然又謂西法有不知法意者五.當辨者十.其書則會通若干事.考正若干事.表明若干事.增葺若干事.其論治學方法.謂『……當順天以求合.不當爲合以驗天.法所以差.固必有致差之故.法所脗合.猶恐有偶合之嫌.』(歷測) 又云『其合其違.雖可預信.而分杪遠近之細.必屢經實測而後得.知合則審其偶合與確合.違則求其理違與數違.不敢苟焉以自欺而已.』(推步交朔序) 又云『……學之愈久而愈知其不及.入之愈深而愈知其難窮.……若僅能握觚而即以創法自命.順心任目.撰爲鹵莽之術.約略一合.傲然自足.胸無古人.其庸妄不學.未嘗艱苦可知矣.』(測日小記序) 讀此可知寅旭之學.其趨重客觀的考察爲何如.又可知此派曆算學其影響於清代學風者爲何如也.

定九年輩稍後寅旭.而其學最淵博.其傳亦最光大.所著勿菴曆算全書.分四大部.法原部八種.法數部一種.曆學部十五種.算學部六種.都凡三十種七十五卷.此外關於研究古曆法之書.尚有十三種八十七卷.其書內容價値非吾所敢妄評.顧吾以爲定九對於斯學之貢獻.最少亦有如下數點.

一.曆學脫離占驗迷信而超然獨立於眞正科學基礎之上.自利徐始啓其緒.至定九乃確定.

二.曆學之歷史的研究.——對於諸法爲純客觀的比較批評.自定九始.

三.知曆學非單純的技術.而必須以數學爲基礎.將明末學者學歷之興味移到學算方面.自定九始.

四.因治西算而印證以古籍.知吾國亦有固有之算學.因極力提倡以求學問之獨立.黃梨洲首倡此論.定九與彼不謀而合.

五.其所著述.除發表自己創見外.更取前人艱深之學理.演爲平易淺近之小冊.以力求斯學之普及.此事

爲大學者之所難能。而定九優爲之。

王梅流風所被。學者雲起。江蘇則有潘次耕耒陳泗源厚耀惠天牧士奇孫滋九蘭顧震滄棟高莊元仲亨陽顧君源長發屠蘇洲文漪丁維烈等。安徽則有方位伯中通浦選正珠父子江愼修永余晉齋熙及定九之弟和仲文鼐爾素文鼏定九之孫玉汝瑴成等。浙江則有徐圃臣發吳任臣志伊龔武仕士燕陳言揚訏王宋賢元啓等。江西則有揭子宣暄毛心易乾乾等。湖北則有劉允恭湘煃等。河南則有孔林宗興泰杜端甫知耕等。山東則有薛儀甫鳳祚等。福建則有李晉卿光地耜卿光坡兄弟等。其學風大率宗王梅。而清聖祖亦篤嗜此學。其御定歷象考成御製數理精蘊。哀然巨帙。爲斯學增重。則陳泗源李晉卿等參與最多云。

黃梨洲年輩略先於王梅。然既以曆學聞有著述數種。梨洲亦信服利徐新法之一人。然謂此法乃我國所固有。嘗曰。『周公商高之術。中原失傳而被纂於西人。試按其言以求之。汶陽之田可歸也。』其言雖不脫自大之習。然喚起國人之自覺心亦不少。王梅所企之『會通以求超勝。』其動機半亦由此。而清聖祖以西人借根方授梅玉汝。告以西人名此書爲『阿爾熱八達。』譯言東來法。命玉汝推其所自。玉汝因考定爲出於『天元一。』自是學者益知我國固有之算學。未可輕視矣。雖然。大算學書散佚殆盡。其存者亦傳刻譌漏不可卒讀。無以爲研究之資。其搜輯整理之。則在四庫館開館之役。而董其役者實爲戴東原。

東原受學於江愼修。而尤服膺其歷算。愼修篤信西法。往往並其短而護之。東原亦時所不免。看錢竹汀與東原論歲實書自其中年。卽已成原象。歷問。歷古考。策算。句股割圜記等書。爲斯學極有價値之作品。及入四庫館。則子部天文算學類之提要。殆全出其手。而用力最勤者。則在輯校下列各種算書。

一。周髀算經。漢趙爽注北周甄鸞重述唐李淳風釋此書舊有津逮祕書刻本然譌脫甚多東原據永樂大典詳校補脫字百四十七正誤字百十三刪衍字十八補圖二自是此書始可讀

二。九章算術。晉劉徽注唐李淳風釋宋李藉音義此書明時已佚東原從永樂大典輯成九卷此書後經李雲門(潢)作細草圖說九卷東原所謂舛錯不可通者一一疏解之

三。孫子算經。不著撰人名氏舊有甄鸞李淳風注皆亡東原從大典中輯出正文

四。海島算經。晉劉徽撰唐李淳風注久佚從大典輯出

五。五曹算經。不著撰人名氏刻本久佚汲古閣有影鈔宋本訛舛不能成讀舊有甄鸞韓延李淳風諸家注已不見惟經文散在大典各條下東原補綴鈎稽輯爲五卷極費苦心

六。五經算術。北周甄鸞撰唐李淳風注此書久無傳本惟散見大典中割裂失次東原循其義例以各經之敍推之輯成完書

七。夏侯陽算經 著者時代無考舊有甄鸞韓延注傳本久佚惟大典有之然割裂分附九章算術之下索其端緒幸原書目尙存東原悉心尋繹排比還有舊觀爲三卷十二門

八。張邱建算經。著者年代無考甄李注及劉孝孫細草此書舊有汲古閣影鈔宋槧然譌舛不少東原校正之及爲補五圖蓋原書所無而其理非圖不明也

九。緝古算經。唐王孝通撰並自注舊尙有李淳風注已佚此書亦毛氏藏本東原校定附加圖說此書後經李雲門作考注以九章釋之張古餘作細草以天元釋之皆多發明

十。數術記遺。舊題漢徐岳撰周甄鸞注東原亦校定之但辨爲唐以後僞書

以上所列不過校勘幾部舊書。其若與學術大勢無甚關係。雖然。此諸書者久已埋沒塵墟中。學者幾不復知吾國自有此學。即有志研究者。亦幾譯書外無所憑藉。自戴校諸書既成。官局以聚珍板印行。而曲阜孔氏復彙刻爲算經十書。其移易國人觀聽者甚大。善夫阮文達之言曰。『九數爲六藝之一古之小學也。……後世言數者或雜以太一三占候卦氣之說。由是儒林實學下與方技同科。可慨已。戴庶常……網羅算氏。綴輯遺經。以紹前哲。用遺來學。蓋自有戴氏。天下學者乃不敢輕言算數。而其道始尊。功豈在宣城(梅氏)下哉。』疇人傳四十二讀阮氏此論。可以知戴氏在斯學之位置矣

東原雖徧校古算經，然其自著歷算書，則仍宗西法，其專以提倡中法聞者則推錢竹汀，竹汀著元史朔閏表三統術衍算經答問等書，羅茗香推之甚至，謂『宣城猶遜彼一籌』，(續疇人傳四十九)其言或稍過，雖然，自戴錢二君以經學大師篤嗜歷算，乾嘉以降歷算遂成經生副業，而專門算家亦隨之而出，其影響豈不鉅哉。

前所列戴校算經十書，皆唐代用以課士者，然數學實至宋元而極盛，其最有價值之著述則為下列三家四種。

一、宋秦道古(九韶)數學九章十八卷。

二、元李仁卿(冶)測圓海鏡附細草十二卷，益古演段三卷。

三、元朱漢卿(世傑)四元玉鑑三卷。

秦李兩家所創為兩派之『立天元一術』，朱氏所創為『四元術』。『天元』『四元』兩術則嘉道以後學者所覃精積慮，階是以求超勝於西人者也。四書中惟測圓海鏡舊有傳本，而已逸其細草，餘三書則皆久佚，東原在四庫館，從永樂大典中輯錄九章演段及海鏡之細草，三書始稍具面目，然精心讐校，實所未遑，故研習猶不易焉。(東原校海鏡多肊刪誤解，尹菊圃(錫瓚)曾指斥之)數學九章自錢竹汀極力提倡，秦敦夫(恩復)刻之，而顧千里(廣圻)為之詳校，其後沈俠侯(欽裴)及其弟子宋冕之(景昌)復據顧本精校，訂正譌舛數十處，為之札記，自是道古之書始可讀。海鏡及演段鮑淥飲(廷博)刻之，而李四香(銳)為之詳校，自是仁卿之書始可讀。獨四元玉鑑，四庫既不著錄，阮文達作疇人傳時且未之見，(以傳中無朱世傑知之)文達晚乃得其鈔本，傳鈔寄四香，四香大喜，為作細草，未就而沒，文達惆之曰，『李君細草不成，遂無能讀是書者矣。』(揅經室集李銳傳)道光中羅茗香始為精校，並補作細草，自是漢卿之書亦人人可讀，與秦李書等。此四書校注之業，其影響於後，此算學之發展，視戴校諸書為尤鉅。大抵天元學(即秦李學)大顯於嘉慶中葉。而四元學學即朱復活於道光之初。二學明而中國算學獨立之利器具矣。

乾嘉以後治算之人約可分三類。

第一類臺官臺官者奉職於欽天監者也。歷代臺官率多下駟。然臺中資料多儀器備。苟得其人則發明亦較易爲力。乾隆中則有監正明靜菴安圖蒙古人創割圜密率捷法。舉世宗之詳下其弟子夏官正官名張良亭肱最能傳其學。同時監副博繪亭啓滿洲人能解句股形中所容方邊圓徑垂綫三事。擬法六十道。道光初監正方愼菴履亭亦續學有著述。同時博士欽天監博士陳靜菴杰最精比例。著算法大成二十卷。最便初學。

第二類經師經師者。初非欲以算學名家。因治經或治史有待於學算。因以算爲其副業者也。此派起於黃梨洲惠天牧而盛於錢竹汀戴東原。其稍後則焦里堂阮芸臺若顧震滄程易疇凌次仲孔巽軒錢溉亭許周生姚秋農程春海李申耆俞理初……輩皆其人也。其餘考證家殆無一人不有算學上常識。殆一時風尚然矣。此輩經生——除戴焦孔外——大率藉算以解經史。於算學本身無甚發明。雖然後此斯學大家多出諸經師之門。如李尙之之學於竹汀。羅茗香之學於芸臺。其最著者也。

第三類專門算學家專門算學家自王梅以後中絕者垂百年。至嘉慶間始復活。道咸間乃極盛。復活初期之主要人物則江都焦里堂元和李四香銳汪孝嬰萊也。時號爲談天三友。三人始終共學。有所得則相告語。有所疑則相詰難。而其公共得力之處則在讀秦李書而知「立天元一」爲算家至精之術。四香校釋測圓海鏡益古演段。爲仁卿之學撥開雲霧。又與里堂幾度討論。知秦道古之九章爲「大衍求一」中之又一派天元。秦書價値亦大明。里堂著天元一釋開方通釋等書。最能以淺顯之文闡天元奧旨。孝嬰則姿性英銳。最喜攻堅。必古人所未言者乃言之。三人中焦尙經師副業。而汪李則專家也。焦之評汪李曰『尙之四香善言古人所已言。而闡發得其眞。孝嬰善言古人所未言。而引申得其間。』兩家學風可見矣。學風異而能合作。故於斯學貢獻特多焉。而陽城張古餘敦仁上元談階平泰皆四香學友。於天元有所發明。四香弟子順德黎見山應南盡傳其師之學。且續成其成。里堂子虎玉廷琥亦治演段。能名家。嘉慶間專門家最著者略如此。

道光初葉。秀水李雲麓鴻陽湖董方立祐誠在京師以學算相友善。方立最絕特。所發明割圜連比例率。實斯界不刊之作。見下惜早夭。未能盡其才。而甘泉羅茗香士琳烏程徐君青有壬仁和項梅侶名達皆老壽。道咸間稱祭祖焉。茗香爲阮芸臺弟子。早歲已通天元。中歲得四元玉鑑。嗜之如性命。竭十二年之力爲之校。爲之注。爲之演細草二十四卷。復與同縣學友易蓉湖之潮爲之釋例。四元復見天日。自茗香始也。後此李壬叔譯代數之書。始知四元即我國之代數。而其祕實啓自茗香。君青縋幽鑿險。學風酷似汪孝嬰。董方立發明測圜密率。橢圓求周術。對數表簡法等。見下亦嘗爲四元步細草。聞茗香治此乃中輟。梅侶與黎見山游。因接李四香之緒。著述甚富。今傳者僅句股六術一編。嘗曰『守中西成法。搬衍較量。疇人子弟優爲之。所貴學數者謂能推見本原。竟古人未竟之緒。發古人未發之藏耳。』晚年每謂古法無所用。不甚涉獵。而專意於平弧三角云。後此算家力求向上一步。以從事發明。得梅侶暗示之力爲多。三君之外。則元和沈俠侯欽裴之校九章。烏程陳靜庵杰之爲緝古細草。皆能有所樹立者。

道光末迄咸同之交。則錢塘戴諤士煦錢塘夏紫笙鸞翔南海鄒特夫伯奇海寧李壬叔善蘭爲斯學重鎭。諤士學早成。年輩稍後於羅茗香項梅侶。羅項折節以爲忘年交。所著求表捷術。英人艾約瑟譯之刊英倫算學公會雜誌。彼都學者嘆爲絕業。我國近人著述之有歐譯自戴書始也。紫笙爲梅侶高弟。盡傳其學。特夫崛起嶺嶠。而精銳無前。又善製器。諸名家皆斂手相推焉。壬叔早慧而老壽。自其弱冠時。已窮天元四元之祕。斐然述作。中年以後。盡瘁譯事。世共推爲第二徐文定。遂以結有清一代算學之局。當是時。江浙間斯學極盛。金山顧尙之觀光長洲馬遠林釗嘉定時清甫曰淳興化劉融齋熙載烏程凌厚堂堃張南坪福禧南匯張嘯山文虎與徐項戴李諸君先後作桴鼓應焉。江西亦有南豐吳子登嘉善造詣不讓時賢。而異軍特起有聲色者。莫如湖南廣東兩省。湖南自新化鄭叔績漢勛首倡此學。長沙丁果臣取忠繼之。果臣弟子有湘陰左壬叟潛文襄從子也。湘鄉曾栗諴紀鴻文正子也。咸以貴介嗜學。能名其家。徐君青之爲廣東鹽運使也。語人曰『廣東無知算者』。或以告番禺黎南溟漢鵬。南溟爲難題難之。徐不能答。嘉應吳石華學算於南溟。遂盡傳其學。已而出。鄒特夫所造。或爲江左諸師所不及云。

清季承學之士。喜言西學爲中國所固有。其言多牽强傅會。徒長籠統囂張之習。識者病焉。然近世矯其弊者。又曾不許人稍言會通。必欲擠祖國於未開之蠻民。謂其一無學問然後爲快。噫。抑亦甚矣。人智不甚相遠。苟積學焉。理無不可相及。頑固老輩之蔑視外國。與輕薄少年之蔑視本國。其謬誤正相等。質而言之。蔽在不學而已。他勿具論。即如算術中之天元四元。苟稍涉斯學之樊者。寧能强詞斥之謂爲無學問上之價値。又寧能謂此學非我所自有。清聖祖述西士之言。謂借根爲東來法。英人偉烈亞力與李壬叔同事譯業者也。深通中國語言文字。能讀古書。其所著數學啓蒙第二卷有開諸乘方捷法一條。綴以按語云『無論若干乘方。且無論帶縱不帶縱。俱以一法通之。故曰捷法。此法在中土爲古法。在西土爲新法。上下數千年。東西數萬里。所造之法若合符節。信乎此心此理同也』夫偉力是否謾言但用天元一試布算焉立可決矣竺舊之儒必謂西法剽竊自我如梨洲所謂『汝陽之田可復歸』誠爲夸而無當然心同理同之說雖好自貶者亦豈能否認耶是故如魏文魁楊光先之流未嘗學問徒爭意氣吾輩固當引爲大戒乃若四香茗香壬叔諸賢眞所謂『舊學商量加邃密新知涵養轉深沈』蓋於舊學所入愈深乃益以促其自覺之心增其自壯之氣而完其獨立發明之業則溫故不足以妨知新抑甚明矣而最損人神智者實則在『隨人脚跟學人言語』不務力學專逐時談之習耳世之君子宜何擇焉

清代算學順康間僅消化西法乾隆初僅維釋經典其確能獨立有所發明者實自乾隆中葉後而嘉道咸同爲盛推厥所由則皆天元四元兩術之復活有以牖之徐文定所謂「會通以求超勝」蓋實現於百餘年後矣今剌舉其發明之可紀者如下

一、明靜庵安圖之割圜密率捷法。梅玉汝赤水遺珍載有西士杜德美用連比例演周徑密率及求正弦正矢之法惟所以立法之原則祕而不宣至汪孝嬰疑其數爲偶合靜庵積思三十年創爲此法與解用連比例術以半徑爲一率設弧共分爲二率二率自乘一率除之得三率以二率與三率相乘一率除之得四率由是推之三率自乘一率除之得五率……雖至億萬率胥如是羅茗香許之曰西法之妙莫捷於對數對數之用莫便於八綫……考對數之由來亦起於連比例又安知當日立八綫表時不暗用此法推算耶

二、孔巽軒之三乘方以上開方捷法及割圜四例。巽軒爲戴東原高弟子研究秦李之書櫎通天元梅定九著少廣拾遺云三乘方以上不能爲圖巽軒獨抒新意取冪積變爲方根使諸乘皆可作平方觀製諸乘方廉隅圖俾學者知方廣稠疊所由生又立割圜四例其說在明氏捷法未顯之先而間與暗合所著書名少廣正負術內外篇六卷

三、李四香之方程新術草。因梅氏未見古九章其所著方程論囿於西學致悖直除之旨乃尋究古義採索本根變通簡捷以成新術

辨天元與借根之異同。梅玉汝言借根即天元大致固不謬四香更辨析天元之相消有減無加與借根方之兩邊加減微異

發明開方正負定律。梅氏言開方專宗同文算指西鏡錄之西法初不知立方以上無不帶縱

之方故所著少廣拾遺立開一乘方以至開十二乘方法枝枝節節窒礙難通四香讀秦道古書闡明超步退商正負加減借一爲陽諸法爲開方說三卷

四. 黎見山應南之求句股率捷法 見山四香弟子此捷法乃推闡天元通分而成任設奇偶兩數各自乘相併爲弦相減爲句或爲股副以兩數相乘倍之爲股或爲句若任設大小兩奇數或偶數各自乘則相併半之爲句或爲股其兩數相乘即爲股或爲句所得句股弦皆無零數

四. 汪孝嬰之發明天元一正負開方之可知不可知。 四香發明正負開方定律少廣之學大明孝嬰讀秦李書知有不可知之數乃自二乘方以下推之得九十五條其說與四香似立異故當時有汪李齮齕之謠焦里堂既辨之矣四香後讀其書而爲之跋括爲三例以證明之謂偶實同名者不可知偶實異名而從廉正負不雜者可知偶實異名而從廉正負相雜其從翻而與隅同名者可知否則不可知又請已所言「一答與不止一答」與汪言之「可知不可知」義實相通云

六. 董方立之發明割圜連比例術。 此亦因杜德美之圜徑求周術語焉不詳欲更創通法使弦矢與弧可以徑求時明靜庵之密率捷法未傳於世方立覃思獨創與明氏同歸而殊塗蓋以圜容十八觚之術引仲類長求其累積實兼差分之列衰商功之堆垛而會通以盡句股之變自謂奇偶相生出於自然得此術而方圓之率通云

七. 徐君青之發明屢乘屢除的對數。 謝數表傳自西人云以屢次開方而得其數君青以除屢乘法御之得數巧合而省力百倍 研究測圜密率。 以屢乘屢除法遞求正負諸差而加減相併便得所求 發明開圜求周術。 楕圜求周無法可取借平圜周求之則有三術項梅侶戴謂士各立一術君青以楕周爲圜周求其徑以求周即爲楕圜之用最直捷李壬叔謂其駕過西人遠甚 發明造各表簡法。 君青以對數表等爲用最大惜創造之初取徑紆回布算繁賾不示人以簡易之方如八綫數表至今無人知其立表之根因讀四元玉鑑究心於垛積招差之法推諸割圜諸術無所不通蓋垛積者遞加數也招差者連比例也合二術以施之割圓六通四闢而簡易之法生焉乃集杜德美董方立項梅侶戴謂士李壬叔諸家之說而折衷之簡益求簡凡立五術

八. 戴謂士之發明對數簡法。 其術在捨開方而求假設數復有續編專明對數之根之理徐君青爲之序謂與李壬叔對數探原同爲不朽之業 發明外切密率。 此亦割圜率中之一種自杜董遞啓割圜之祕項梅侶李壬叔皆有所增益惜杜氏有弦矢術而無切割術李氏有其術而分母分子之源未經解釋謂士謂弦矢與切割本可互爲比例……以比例所得之率數乘除法乘除弧背其求得之數必仍爲比例所得之切割乃本此意以立術 發明假數測圓 專以負算闡對數發前人未發之蘊

九. 鄒特夫之發明乘方捷術。 此亦研究對數之書隱括董方立戴謂士之說立開方四術其於訥白爾表以連比例乘除法遞開一無量數乘方以求之又立求對數較四術以求之亦用

（速比例一以貫之，立術最為簡易，蓋以徐君青李壬叔之術操數各殊，惟夏紫笙略近而更為精密云）創造對數尺。（因對數表而變通之為算器，蓋數以兩尺相併而伸縮之，使原有兩數相對，而合有所求數）補古格術。（格術之名及其術之概略僅見於宋沈括夢溪筆談，後人讀之亦莫能解，特夫知其即光學之理，更為布算以明之，以算學釋物理自特夫始）

十、李壬叔之以尖錐馭對數。（壬叔以尖錐立術，既著方圓闡幽、弧矢啓祕二書，復為對數探源，亦以尖錐截積起算，先明其理，次詳其法，自序云「……有對數萬求其逐一相對之對數，則雖歐羅巴造表之人，僅能得其數，未能知其理也。間嘗深思得之，歎其精微玄妙，且用以造表，較西人簡易萬倍，然後知言數者不可不得其理，不可不先得夫理也」。壬叔著書在早年，其後與西士共譯各書，益自信，乃著對數尖錐變法釋，謂己所用為正法，西人所用乃變法，而其根則同云）推衍垛積術。（謂垛積為少廣一支，西人代數微分中所有級數大半皆是，近人惟汪孝嬰董方立頗知其理，而法數未備，因特闡明之）

十一、顧尚之之和較相求對數八術。（批評杜董項戴及西人數學啓蒙中之諸新術，以為皆未盡其理，乃別為變通，任意設數，立六術以御之，得數皆合，復立還原四術，卒乃推衍之為和較相求之八術）

十二、夏紫笙之創曲綫新術。（其書名致曲術，曰平圓，曰橢圓，曰拋物綫，曰雙曲綫，曰一綫，曰對數曲綫，曰螺綫，凡七類，皆於杜德美項梅侶戴諤士徐君青羅密士（英人，著代微積拾級者）諸術外自定新術，參互並列，法密理精，復有致曲圖解說明之）創垂方捷術。（以開各類乘方，通為一術，可並求平方根數十位，不論益積翻積，俱為坦途，其書名少廣縋鑿）

上所舉不過在三部疇人傳中（阮元著初編，羅士琳續，諸可寶再續）臨時撏撦，我之學力本不配討論此學，其中漏略錯誤，是定當不少。但即循此以觀大略，已可見此學在清代發展進步之程度為何如。以李（四香）汪明董等推算之業，視王梅；以李（四香）羅張（古餘）等校書補草之功，視錢戴；以徐戴（諤士）鄒李（壬叔）等會通發明之績，視王梅李（四香）汪，眞有「積薪後來居上」之感。其後承以第二期西學之輸入——即所謂十九世紀新科學者，而當時國中學者所造與彼相校，亦未遑多讓。中國人對於科學之嗜好性及理解能力，亦何遽出歐人下耶。

吾敘述至此，惟忽有別的小感觸，請附帶一言。清代算學家多不壽，實吾學界一大不幸也。內中梅定九壽八十九，李壬叔壽七十二，老壽然綰一代終始，差足慰情。其餘若焦里堂僅五十八，戴諤士僅五十六，王寅旭戴東原

皆僅　十五。鄒特夫僅五十一。鄒叔績僅四十九。馬遠林僅四十八。汪孝嬰僅四十六李四香夏紫笙皆僅四十五。尤促者。熊韜之僅三十九。孔巽軒僅三十五。董方立僅三十三。左壬叟曾栗誠卒年未詳。大抵皆不逾四十。嗚呼。豈茲事耗精太甚易損天年耶。何見奪之速且多也。夫使巽軒方立輩有定九壽。則所以嘉惠學界者宜何如哉。（吾又感覺算學頗恃天才故有早歲便能成家者）又洪楊之亂。學者多殉。而算家尤衆。徐君青以封疆（江蘇巡撫）死綏固宜矣。乃若羅茗香馬遠林。鄒叔績。戴諤士。顧尚之。凌厚堂（堃）。張南坪（福禧）。皆先後及難。其餘諸家遺著投灰燼者且不少嗚呼喪亂之爲文化厄有如是也。

道光末葉英人艾約瑟偉烈亞力先後東來。約瑟與張南坪張嘯山（文虎）顧尚之最善。約爲算友。偉烈則納交於李壬叔相與續利徐之緒。首譯幾何原本後九卷。次譯美之羅密士之代微積拾級。次譯英人侯失勒約翰之談天其後壬叔又因南坪等識艾約瑟。與之共譯英人胡威立之重學。又與韋廉臣共譯某氏之植物學。十九世紀歐洲科學之輸入自壬叔始也。亂事既定。曾文正設製造局於上海。中附屬譯書之科。以官力提倡之。時壬叔已老在總理衙門爲章京。不能親譯事。則華若汀（蘅芳）繼之。與英人傅蘭雅共譯爲多。所譯有英人華里司之代數術微積溯原海麻士之三角數理等。此外則徐虎臣（建寅）趙仲涵（元益）等皆有所譯述。然精審不逮李華云晚清李華譯述之業。其忠實與辛勤不讓晚明之徐李。而所發生之影響則似遠遜。李徐譯業。直接產生王梅能全部消化其所譯受更進而求本國學問之獨立。因以引起三百年間斯學之發達。李華譯書時。老輩專精斯學者已成家數。譯本不過供其參考品。不復能大有所進益。而後輩則浮騖者多。不復專精斯詣。故求如王梅其人者直至今日蓋無聞焉。豈惟今日恐更遲之若干年亦猶是也。夫吾並非望舉國人皆爲算學家也。算學爲最古之學新發明甚難。不如他種科學之饒有發展餘地。學者不甚嗜之。亦無足怪。雖然。算學爲一切自然科學之基礎。欲治科學。非於算有相當素養。不能爲功。昭昭然也。然環觀今之青年在學校中對於此科之興味何衰落一至此甚也。學之數年恐其所得素養比諸門外漢如我者所勝無幾也。反不如百餘年前專讀「綫裝書」之老經生猶知以此學爲重也。嗚呼此非一門學術興廢之小問題。實全部學風盛衰之大問題也。厭繁重而怠探索。功課爲機械的授受。不復刻入以求心得。惟喜摭拾時趨的游談以自欺欺世。如此則凡百學術皆不能喚起眞摯之興味。豈惟算學。結果非將學問向上之路全付榛蕪焉不止也。嗚呼今之青年有聞乾嘉道間諸先輩之學風而知奮者耶。

鄒特夫晚年有論算家新法一篇。其言曰。『自董方立以後。諸家極思生巧。出於前人之外。如莊嚴樓閣。彈指即現。實抉算理之奧窔。然恐後之學者。不復循途守轍。而遽趨捷法。則得之易。失之亦易。是可憂也。』吾涉讀及此而若有感於余心焉。昔人欲通曉一學也甚難。而所成就常實。無組織完善之著書。無簡易之教授法。欲學者須從亂石犖犖亂草蓬蓬中自覓新路而自闢之。故學焉者十人。其九人者恆一無所獲。廢然而返。即其一人有所獲者。亦已費無量精力於無用之地。此其所爲失也。雖然。不入之則已。既入則極深研究。其發明往往超拔凡近。此其所爲得也。今人欲通曉一學也甚易。而所成就常虛。教科書及教授法。凡所以助長理解者。惟恐不至。而取徑惟恐不捷。中智之士按部就班。畢業一課即了解一課。畢業一書即人解一書。人人可操券而獲也。然與其書與其師暌別不一二年。所學知夢矣。即不爾。而所得亦至膚淺末。罕復能以自立說者。謂今之教育只能攀全社會「平庸化」。而傑出天才乃汩沒摧抑而日澌滅。不其然耶。夫今日不能舉教育法而盡返之於曩昔。不待言也。然特夫所謂『遽趨捷法得之易而失之亦易』者。斯誠教育界不可忽視之問題。如何而能使青年於易知易從中仍閱歷甘苦而求所學實有諸己。不可不熟思而折衷之也。吾有感於諸先輩之刻苦堅忍以完成學問獨立之業。故附其說於此。

吾今當以敍述曆算學之餘。簡帶敍其他科學。各種科學不惟不能各占一專章。並不能合而成一專章。而惟以曆算學附庸之資格於此帶敍焉。吾學界之恥也。然吾儕史家之職。不能增飾歷史實狀之所本無。吾惟寫其實以待國人之自勘而已。

清儒頗能用科學精神以治學。此無論何人所不能否認也。雖然。其精力什九費於考證古典。勉譽之亦只能謂所研究者爲人文科學中之一小部分。其去全體之人文科學已甚遠。若自然科學之部。則欲勉舉一人一書。且覺困難。無已。姑舉下列一二以充數。

物理學及工藝學方面。有宋長庚應星天工開物十八卷。長庚。江西奉新人。卒於清初順康間。其書則成於明崇禎十二年。書之內容如下。

卷一　乃粒。　論農產品。農事。農器等。

卷二　乃服。　論蠶事。製絲紡織及織具。緞錦。棉花之種植紡織。麻布。製裘。製氈等。

卷三　彰施。　論染料之產出採用及製造等。

卷四　粹精。　論農產品製成糧食之法。

卷五　作鹹。　論各種鹽產及製鹽法。

卷六　甘嗜。　論種蔗製糖及蜂蜜。

卷七　陶埏。　論造瓦。造磚。造陶器。造瓷器諸法。

卷八　冶鑄。　論鑄造鐘鼎。斧。像。砲。鏡。錢諸法。

卷九　舟車。　論各式舟車及其造法。

卷十　錘鍛。　論冶鐵及各種鐵器造法。附冶銅。

卷十一　燔石。　燔石類之化煉內含石灰。蠣灰。煤灰。礬。硫黄砒石等。

觀此目錄。可以知本書所研究之對象爲何。長庚自序云『世有聰明博物者。稠人稚焉。乃棗梨之花未賞。而臆度楚萍。釜鬵之範鮮經。而侈談莒鼎。畫工好圖鬼魅而惡犬馬。卽鄭僑晉華。豈足爲烈哉』彼蓋深鄙乎空談考古之輩。而凡所言皆以目驗爲歸也。丁在君（文江）論之曰『三百年前言工業天產之書如此其詳且明者。世界之中無與比倫』有此書洵足爲學界增重矣。

方密之著通雅。其中已多言物理。復有餘稿。其子位伯（中通）分類編之。名曰物理小識。凡十二卷。內分天。曆。風雷雨暘。地。占候。人身。醫藥。飲食。衣服。金石。器用。草木。鳥獸。鬼神方術。異事。凡十五類。所言雖不免間雜臆測或迷信。不如長庚之摭實。然其中亦頗多妙悟。與今世科學言暗合。例如卷一之論「氣映差」。論「轉光」。論「隔聲」……等類皆是。要之此等書在三百年前。不得謂非一奇著也。

明淸之交。學者對於自然界之考索。本已有動機。雍乾以降。古典學大興。魁儒之聰明才力。盡爲所奪。甚可惜也。然皖南江戴一派。好言名物。與自然科學差相接近。程易疇（瑤田）著通藝錄。有考工創物小記。溝洫疆理小記。九穀，考釋草小記，釋蟲小記等，惜偏於考古，於實用稍遠矣。郝蘭皋（懿行）自言好窮物理，著有蜂衙小記，燕子春秋等，吾未見其書，不知內容如何。

明末曆算學輸入，各種器藝亦副之以來，如火器圖說，奇器圖說，儀象志，遠鏡說，……等或著或譯之書亦不下十餘種。後此治曆算者，率有感於『欲善其事先利其器』，故測候之儀，首所注意，亦因端而時及他器。梅定九所創製則有勿庵揆日器，勿庵測望儀，勿庵仰觀儀，勿庵渾蓋新儀，勿庵月道儀等。戴東原亦因西人龍尾車法作嬴族車，因西人引重法作自轉車，又親製璿璣玉衡——觀天器。李申耆自製測天繪圖之器亦有數種。凡此皆歷算學副產品也，而最爲傑出者，則莫如歙縣鄭浣香（復光）之鏡鏡詅癡一書。

浣香之書，蓋以所自創獲之光學智識，而說明製望遠顯微諸鏡之法也。據張石洲序，知其書成於道光十五年以前，其自序云『時逾十稔然後成稿』，則知屬稿在道光初年矣。時距鴉片戰役前且二十年，歐洲學士未有至中國者，譯書更無論。浣香所見西籍，僅有明末清初譯本之遠鏡說，儀象志，人身說概等三數種，然其書所言純屬科學精微之理，其體裁組織亦純爲科學的。今將原書四大部分各子目表列如下。

第一部　明原。（原注云：鏡以鏡物，不明物理，不可以得鏡理，物之理，鏡之原也，作明原。）

一原色　二原光　三原影　四原線　五原目　六原鏡

第二部　類鏡。（原注云：鏡之製各有其材，鏡之能各呈其用，以類別也，不詳厥類，不能究其歸，作類鏡。）

一鏡資　二鏡質　三鏡色　四鏡形

第三部　釋圓。（原云：鏡多變者惟凹與凸，察其形則凹在圓外，凸在圓內，天之大以圓成化，鏡之理以圓而神，姑作釋圓。）

一圓理二圓凸三圓四四圓壘五圓率

第四部　述作。原注云知者創物巧者述之儒者事也民可使由不可使知匠者事也有師承焉姑備所聞儒者之事有神會焉特詳其義作述作一作照景鏡二作眼鏡三作顯微鏡四作取火鏡五作地鐙鏡六作諸葛鐙鏡七作取影鏡八作放字鏡九作柱鏡十作萬花筩鏡十一作透光鏡十二作視日鏡十三作測日食鏡十四作測量高遠儀鏡十五作遠鏡

全書體例。每篇皆列舉公例若干條。理難明者則爲之解。有異說者則系以論。表象或布算則演以圖。全書爲圖一百二十八大抵采用西人舊說舊法者什之二三。自創者什之七八。書中凡采舊說必注明其原光公例十八條采舊說者三原目公例十二條采舊說者四餘類推吾不解科學。不能言其與現代西人之述作比較何如。顧吾所不憚昌明者。百年以前之光學書。如此書者。非獨中國所僅見。恐在全世界中亦占一位置。浣香所以能爲此者。良由其於算學造詣極深。見張序而又好爲深沈之思。見自序張石洲言。『浣香雅善製器。而測天之儀。脈水之車。尤切民用。』則其藝事之多能又可知矣。以前宋後鄭之學。而不見推於士林疇人傳中無鄒名嘻「藝成而下」之觀念毒人深矣。鄒特夫亦以明算通光學。所著格術補。因沈存中括夢溪筆談中一條。知宋代算家有此術。因窮思眇慮。布精算以闡其理。鄭沅香亦因讀夢溪筆談而有悟但鄒決非襲鄭可謂好學深思。心知其意。特夫又自製攝影器。觀其圖說。以較現代日出日精之新器。誠樸儽可笑。然在五十年前無所承而獨創。又豈可不謂豪傑之士耶。粵人復有梁南溟漢鵬者在特夫前。陳蘭甫稱其『好言物性。金木百工之事莫不窮究。尤善製火藥。以所製者發鳥鎗鉛丸較英吉利火藥所及加遠云。』

醫學方面。中國所傳舊學。本爲非科學的。清醫最負盛名者如徐洄溪大椿葉天士桂著述皆甚多。不具舉。惟有

一人不可不特筆重記者。曰王勳臣清任蓋道光間直隸玉田人。所著書曰醫林改錯。其自序曰。『……嘗閱古人臟腑論及所繪之圖。立言處處自相矛盾……本源一錯。萬慮皆失……著書不明臟腑。豈非癡人說夢治病不明臟腑。何異盲子夜行……』勳臣有惕於此。務欲實驗以正其失。然當時無解剖學。無從着手。彼當三十歲時。游灤州某鎮。值小兒瘟疹。死者甚多。率皆淺殯。彼乃不避汚穢。就露臟之屍細視之。經三十餘具。略得大概。其後遇有副刑之犯。輒往追視。前後訪驗四十二年。乃據所實覩者繪圖成臟腑全圖。而為之記。附以腦髓說。謂靈機記性不在心而在腦。氣血合脈說。斥三焦脈訣等之無稽。誠中國醫界極大膽之革命論。其人之求學。亦饒有科學的精神。惜乎舉世言醫者莫之宗也。

吾敍帶科學而供吾論列之資料僅此。吾閣筆且愧且悲焉。雖然。細思之。未足為愧。未足為悲。西方科學之勃興。亦不過近百年間事耳。吾乾嘉諸老未能有人焉於此間分一席。抑何足深病。惟自今以往。仍保持此現狀。斯乃眞可愧眞可悲耳。嗚呼此非前輩之責。而後者之責也。後起者若能率由前輩治古典學所用之科學精神。而移其方向於人文自然各界。又安見所收穫之不如歐美。雖然。非貴乎知之。實貴乎行之。若如今日之揭科學旗幟以嚇人者。加減乘除之未嫺。普通生理心理之未學。惟開口罵「線裝書」閉口笑「玄學鬼」猖猖於通衢以自鳴得意。顧亭林有言。『昔之清談談老莊。今之清談談孔孟。』吾得易其語曰。『今之清談談科學。』夫科學而至於為清談之具。則中國乃眞自絕於科學矣。此余之所以悁悁而悲也。

十一　樂曲學

昔之言學者多以律歷並舉。律蓋言樂之律呂也。其所以並舉之故。雖支離不足取。吾爲敍述便利起見。姑於述歷算後次論焉。可紀者少。等於附庸而已。

但吾仍有須鄭重聲明者。吾之無樂曲學常識。一如其於歷算。吾絕無批評諸家得失之能力。且所敍述亦恐不能得其要領。希海內明治斯學者有以教之。

中國音樂發達甚早。言「六藝」者兩說。（周官大司徒之禮樂射御書數。漢書藝文志之詩書禮樂易春秋。）樂皆與居一焉。儒家尤以之爲教育主要工具。以是招墨氏之非議。惜無樂譜專書。其傳易墜。漢魏以降。古樂寖亡。以至於盡。累代遞興之新樂。亦復閱時輒佚。而俗樂大抵出伶工之惰力的雜奏。漫以投里耳之好。故樂每況而愈下。樂之研究。漸惹起一部分學者之注意。固宜然矣。

清儒所治樂學分兩方面。一曰古樂之研究。二曰近代曲劇之研究。其關於古代者復分兩方面。一曰雅樂之研究。二曰燕樂之研究。關於近代者亦分兩方面。一曰曲調之研究。二曰劇本之研究。

清儒好古。尤好談經。諸經與樂事有連者極多。故研究古樂成爲經生副業。固其所也。清初自詡知樂者首爲毛西河。著有竟山樂錄——一名古樂復興錄。聖諭樂本解說。皇言定聲錄等書。而李恕谷從之游。著有學樂錄以申其說。此四書者可稱爲毛氏一家之學。西河自稱得明寧王權家所藏唐樂笛色譜。因據之以推得古代之七調九聲。謂「自春秋迄明千年長夜。一旦盡舉而振豁之。」其自負可謂至極。然所謂寧王之笛色譜。始終未嘗出以示人。其有無且不知。其是否唐樂更不可知。西河人格不足以見信於世。故全謝山攻其僞妄。蓋有以自取矣。然其對於荒誕支離的舊說掃蕩廓清之功。固不可泯滅。彼力斥前人之以五行附會樂理。（略云『樂之有五聲。亦言其聲有五

（種耳其名曰宮曰商亦就其聲之不同而强名之作表識耳自說者推原元本忘求緣歷……至有分配五行五時五土五色……而究與聲律絕不相關此何爲也……故凡爲樂書多畫一元兩儀五行十二辰六十四卦三百六十五度之圖斐然成文而又暢爲之說以引證諸黃鐘太簇陰陽生死上下順逆增減以及時氣卦位歷數之學鑿鑿配合者則其書必可廢……』）彼力斥前人之摹揣古樂器以圖復古。（略云『嘗牽合古尺考覆舊琯呼工師截竹裁設管器及裁竟而樂殊不然然後知遷固以後京房鄭元張華荀勗……及近代之韓尙書鄭恭王瑆凡言鑄鐘均絃造器算數皆欺人之學不足道也』）此皆一掃塵霾。獨闢畦逕。其所自立論之價値如何。吾不能妄評。（凌次仲謂西河全屬武斷陳蘭甫謂西河論樂最謬七聲十二律茫然不知）但其革命的精神則甚可師也。（淸初尙有胡彥昇著樂律表微凌次仲謂其只知唱崑山調及推崇朱子）

初期漢學家之樂學的著作。最有名者爲江愼修之律呂新論二卷。律呂闡微十一卷。愼修長於算。故以算理解樂律。多能匡正宋明人之失。然樂律應否以算理解釋。實爲先決問題。愼修雖用力甚勤。然其截斷衆流之識。恐反出西河下也。（書中附會河圖五行納音氣節諸陋習亦不免）惟新論卷末論聲音流變。論俗樂可求雅樂。論樂器不必泥古諸條。似有卓見。闡微言唐宋燕樂之當研究。實爲凌次仲示其塗徑。（戴東原亦有論樂律之篇大致不出愼修見解）

清儒最能明樂學條貫者。前有凌次仲。後有陳蘭甫。而介其間者有徐新田（養原）次仲之書曰燕樂考原六卷。燕樂者。唐代音樂最主要之部分也。唐天寶十三載。分樂爲三部。先王之樂爲雅樂。前世新聲爲清樂。合胡部者爲燕樂。（沈括夢溪筆談語）而燕樂最貴。奏技者皆坐堂上。（白香山立部伎詩自注云『太常選坐部伎無性識者退入立部伎又選立部伎絕無性識者退入雅樂部』立部伎即掌淸樂者也雅樂又在其下）清樂者。梁陳舊樂也。燕樂者。周隋舊樂也。（本書卷六語）唐承周隋之統。以其舊樂爲主。而以西域諸國樂損益之。故其燕樂集樂之大成。次仲以爲。『世儒有志古樂而不考之於燕樂。無異扣槃捫籥。』（自序語）故專爲此書研究之。卷一爲總論。考燕樂之來歷。說明其選聲製譜之概略。卷二至卷五分論燕樂二十八調。（宮商角羽各七調各自爲卷）卷六爲後論。凡十三章。（燕樂二十八調說上中下字譜卽五聲二變說上下述琴述笛宮調之辨不在起調畢曲說徵調說燕樂以夾鐘爲律本說明人九宮十三調說南北曲說聲不可配律說）附

以燕樂表終焉。其書之要點大略如下。（吾之學力實不配作提要所摘有誤略望讀者指正）

一、燕樂之原出於龜茲蘇祇婆之琵琶。琵琶四絃。為宮商角羽四聲。（無徵聲）每聲七調。故有二十八調。

二、燕樂之調。本以字譜（即上工尺等）為主。與漢書律歷志所言律呂之長短分寸。渺不相涉。鄭譯沈括輩將二者牽合為一。乃欺人之談。

三、今之字譜。即古之宮商。——上字為宮。尺字為商。工字為角。合字為徵。四字為羽。一字為變宮。凡字為變徵。（此明朱載堉說次仲略修改之）古樂用五聲二變而成音。猶今樂用七字譜而成調。即此可以沿而上溯。不必旁求。

四、樂志等向稱唐人八十四調。其實祇是二十八調。因琵琶四絃每絃七調故也。然宋乾興以來所用僅十一調。今則僅用七調而已。

五、今之南曲。即唐清樂之遺。今之北曲。即唐燕樂之遺。疑燕樂完全失傳者誤也。

其自序謂。『廷堪於斯事初亦未解。若涉大水者有年。然後稽之於典籍。證之以器數。一旦始有所悟入。』其與阮伯元書云。『推步學自西人之後。有實測可憑。譬之鳥道羊腸。繩行懸度。苟不憚辛苦。無不可至者。若樂律諸書。雖言之成理。乃深求其故。皆如海上三神山。但望見焉。風引之則又遠矣。何者。一實有其境。一虛構其理也。吾書成。庶東海揚塵。徒步可到矣。』總之昔之言樂者皆支離於樂外。次仲則剖析於樂中。其剖析所得成績如何。雖非吾儕門外漢所能妄談。若其研究方法。確為後人開一新路。則吾敢斷言也。（次仲之鄉先輩程易疇有聲律小記一卷琴音記續篇一卷似無甚發明惟其論中聲一條陳蘭甫極稱之）

次仲復有晉泰始笛律匡謬一卷。其自序云。『樂學之不明。由算數之說汩之也。黃鐘之數。史記漢書皆云十七萬一千一百四十七，不知此數於何而施用，將以爲黃鐘之長耶，恐九寸之管，非鍼芒刀刃不足以容之，將以爲黃鐘之實耶，恐徑九分之中，非野馬塵埃不足以受之……然則律度乘除之損益，果足以深信耶，畫鬼易，畫人難，言樂者每恃此爲藏身之固，……陳之以虛數則爛然，驗之以實事則茫然者，比比皆是矣……晉泰始末荀勗製笛律，乃以絲聲之律度爲竹聲之律度，悉毀前人舊作，而樂學益晦……今爲匡謬一卷，嗟乎，所匡者甯獨荀公哉，』荀律果謬與否，所匡果不謬與否，別一問題，然次仲對於舊樂學摧陷廓清之勇猛可見矣，

年輩稍後於次仲者有徐新田（養原）著有荀勗笛律圖注，管色考，律呂臆說等書，新田似未見次仲書，故無一字之徵引辨難，其笛律圖注，尊宗荀勗，與次仲正反，其管色考專論字譜，矯正元明人之誤，與次仲全同而加詳，其律呂臆說，亦一掃五行卦氣等等糾纏之說，專剖析於樂中與次仲孰優劣，非吾所能言也，其言五聲變爲七音，爲樂學一進步，七音乃律而非聲，其變乃全體改易，非於本音之外漫加二音，（舊說謂變宮變徵乃就舊有五聲加上）言雅樂非於俗樂之外別有一聲節，言雅樂之亡，由於圖譜失傳，不關律呂，言三代之樂不亡於秦而亡於魏晉，言當因俗樂管色以推求古樂，皆自有見地者，

陳蘭甫所著曰聲律通考十卷，蘭甫著書動機，蓋因讀次仲書而起，而駁正其說亦最多，蓋他書無駁之價值，而於凌書所未安則不容不駁也，（卷九之末自注云『此書於燕樂考原之說駁難最多，非掎摭前人也，余於凌次仲實資其先路之導，其精要之說固已采錄之，至其持論偏宕則不可不辯，其紛紜舛錯讀之而不可解者尤不能不爲訂正，九原可作，當以爲諍友焉』）今略摘凌陳異點如下，

一，凌氏掊擊荀勗笛律，陳氏極推重之，（陳似未見凌之笛律匡謬，亦未見徐氏之笛律圖注，然凌氏匡謬之說已有一部分散見燕樂考原中，陳所反駁甚當也，徐著極精密，使陳見之或更有助）說明荀氏十二笛三調之制及其作用，

二．凌氏不信有八十四調．謂鄭譯創此說以欺人．陳氏考證八十四個爲梁隋所有．不始鄭譯．（據隋書萬寶常傳及舊五代史音樂志等書）並說明其可能．

三．凌氏以工尺等字譜分隸宮商等．陳氏承認之．但陳謂此惟今樂爲然耳．宋人則以工尺配律呂．非以代宮商．

四．凌氏以蘇祗婆琵琶爲標準樂器．陳氏謂有研究古樂器之必要．（其言曰『聲隨器異．由今之器豈能寄古之聲．試取今日之二絃梆子以唱崑腔．聞者必爲掩耳．而況以今器寄古聲乎』）

蘭甫東塾集中有復曹葛民書一篇．最能說明其述作之旨．今節錄如下．（間引本書說或他人說注其難解者）

『……灃爲此書．所以復古也．復古者迂儒常談．灃豈效之．良以樂不可不復古也．……鼓吹也．戲劇也．小曲也．其號爲雅音者．琴師之琴也．此則今所謂樂也．何爲宮商而不知也．何爲律呂而更不知也．（啓超案徐新田雅樂論云『今之琴有聲無節．先不成其爲樂矣．何論雅俗』）嗚呼．樂者六藝之一．而可以輕褻淪亡若此哉．……近數十年．惟淩次仲奮然欲通此學．自謂以今樂通古樂．灃求其書讀之．信多善者．然以爲今之字譜．卽宋之字譜．宋之字譜出於隋鄭譯所演龜茲琵琶．如其言．則由今樂而上溯之．通於西域之樂耳．何由而通中國之古樂也．又況今之字譜非宋之字譜．宋之字譜又非出於鄭譯．古籍具存．明不可借假乎．灃因淩氏書考之經疏史志子書．凡言聲律者．排比句稽以成此編．……將使學者由今之字譜而識七聲之名．又由七聲有相隔有相連而識十二律之位．識十二律．而古之十二宮八十四調可識也．（啓超案蘭甫弟子殷康保校聲律通考竣．而撮其要點爲跋云『五音宮商角徵羽．卽今所謂上尺工六五也．加宮變變徵爲七音．卽今所謂一凡也．七音得七律．宮與商之間有一律．角與變徵之間有一律．徵與羽之間有一律．羽與變宮之間有一律．是爲十二律也．十二律者．高下一定者也．七音者．施轉無定者也．十二律各爲宮．則各有商角徵羽．是爲十二宮十二宮各爲一均每一均轉七調則八十四調也……』此段最能將全書提綱絜領故錄以爲注 又由十二律四清聲而識宋人十六字譜。識十六字譜。而唐宋二十八調可識也。然此猶紙上空言也。無其器何以定其聲。無其度何以制其器。屬有天幸。宋書晉書皆有荀勗笛。而阮文達公摹刻鐘鼎款式有荀勗尺。二者不期而並存於世。夫然後考之史籍。隋以前歷代律尺皆以荀勗尺爲比。金元明承用宋樂。宋樂修改王朴樂。而王朴律尺又以荀勗尺爲比。有荀勗尺。而自漢至明樂聲高下皆可識也。然而荀勗尺易製也。荀勗笛難知也。宋書晉書所載荀勗笛制。文義深晦。自來讀者不能解。澧竭日夜之力。苦思冥悟而後解之。而後仿製之。於是世間乃有古樂器。又讀朱子儀禮經傳通解有唐開元鹿鳴關雎十二詩譜。以今之字譜釋之。於是世間乃有古樂章。……偏考古書所載樂器。從未有細及分釐如荀勗笛制者。偏考古書所載樂章。從未有兼注意音律如十二詩譜者。古莫古於此。詳亦莫詳於此。授之工人。截竹可造。付之伶人。按譜可歌。而古樂復出於今之世矣。……象州鄭小谷見此書歎曰「有用之書也」又曰「君著此書辛苦。我讀此書亦辛苦」嗟乎辛苦著書。吾所樂也。有辛苦讀之者。吾願足矣。若其有用。則吾不及見矣。其在數十年後乎。其在數百年後乎。』

吾認此書之著作爲我學術界一大事。故不避繁重。詳錄此函。讀之。則書之內容大概可識矣。吾以爲今所當問者只有兩點。一。蘭甫所解荀勗笛制是否無誤。二。朱子所傳開元十二詩譜是否可信。蘭甫又言『即謂十二詩譜不出開元而爲宋人所依託然自宋至今亦不可謂不古較之毛大可所稱明代之唐譜不可同年而語矣 若誠無誤也。可信也。則所謂古樂復出於今世者。眞可拭目而待也。由蘭甫之書以復活漢晉以來不絕如縷之古樂。由次仲之書以復活唐代融會中西之燕樂。此點蘭甫絕對承認次仲書之價值蘭甫書亦有可以補其未備者 則二千年音樂流變。可以知其概。以求隅反。天下快事。甯有過此。夫今日音樂之必當改造。識者類能言之矣。然改造從何處下手耶。最熱心斯道者。亦不過取某國某名家之譜隨己之所嗜拉雜輸入一二云爾。改造音樂必須輸進歐樂以爲師資吾儕固絕對承認。雖然。尤當統籌全局先自立一基礎。然後對於外來品爲有計畫的選擇容納。而所謂基礎者不能不求諸在我。非挾有排外之成見也。音樂爲國民性之表現。而國民性各各不同。非可强此就彼。今試取某國音樂全部移植於我國。且勿論其宜不宜。而先當問其受不受。不受則雖有良計畫。費大苦心。終於失敗而已。譬之擷鄰圃之穠葩綴我園之老幹。縱極絢爛。越宿而萎矣。何也。無內發的生命。雖美非吾有也。今國中注意此問題者。蓋極寥寥。然以吾所知一二先覺。其所見與所憂。未嘗不與吾同。蓋亦嘗旁皇求索。欲根據本國國民性爲音樂樹一新生命。因而發育之。容納歐樂以自榮衞。然而現行俗樂墮落一至此。甚無可爲憑藉。欲覓歷史上遺影。而不識何途之從。哀哉耗矣。次仲蘭甫之書。以門外漢如我者。於其價値如何。誠不敢置一辭。然吾頗信其能示吾儕以前途一綫光明。若能得一國立音樂學校。資力稍充。設備稍完。聚若干有音樂學素養之人。分出一部分精力。循此兩書所示之塗徑以努力試驗。或從此遂可以知我國數千年之音樂爲何物。而於其間發見出國民音樂生命未斷之卵焉。未可知也。嗚呼。吾之願望何日償也。蘭甫先生蓋言『其在數十年後乎。其在數百年後乎。』

次仲燕樂考原之中四卷。詳列琵琶四絃每絃所衍生之各七調。臚舉其調名。上自郊祀樂章。下至院本雜劇。網羅無遺。因此引起後人研究劇曲之興味焉。

初。康熙末葉。王奕清撰曲譜十四卷。呂士雄撰南詞定律十三卷。清儒研究曲本之書。蓋莫先於此。乾隆七年。莊親王奉敕編律呂正義後編。既卒業。更命周祥鈺徐興華等分纂九宮大成南北詞譜八十一卷。十一年刊行之。

曲學於是大備。（江鄭堂漢學師承記稱凌次仲是年應某達官之招在揚州校勘詞曲譜得修脯自給次仲精於南北曲能分別宮調自此疑次仲曾參與九宮譜事也待續考）後此葉懷庭堂納書楹曲譜。稱極精審。度曲者宗之。有戴長庚著律話。吾未見其書。且未審爲何時人。蘭甫聲律通考屢引其說。蓋亦旁及曲律云。

以經生研究戲曲者。首推焦里堂。著有劇說六卷。雖屬未經組織之筆記。然所收資料極豐富。可助治此學者之趣味。吾鄉梁章冉（廷枏）著曲話五卷。不論音律。專論曲文。文學上有價值之書也。而陳蘭甫亦有唐宋歌詞新譜。則取唐宋詞曲原譜已佚。而調名與今本所用相符字句亦合者。注以曲譜之意。拍而歌之。其自序有言。『物之相變。必有所因。雖不盡同。必不盡異。……詩失既求諸詞。詞失亦求諸曲。其事一也。……』讀此可見此老雅人深致。惜其書已不傳。

最近則王靜安（國維）治曲學最有條貫。著有戲曲考原。曲錄。宋元戲史曲等書。曲學將來能成爲專門之學。則靜安當爲不祧祖矣。而楊時百（宗稷）專言琴學。著琴粹琴話琴譜琴學隨筆。琴餘漫錄琴鏡等書凡二十四卷琴學是否如徐新田所詆「不成其爲樂。」吾不敢言。若琴學有相當價值。時百之書。亦當不朽矣。

中國近三百年學術史

附錄

明清之交中國思想界及其代表人物

一

本講所敍述是以一六四四年清朝興起的時候爲中心上溯二十年下衍八十年約自一六二四至一七二四凡百年間中國思想界大概形勢及其重要人物

爲欲令諸君明瞭思想來源起見先將二千餘年來思想界歷史分六期簡單說說

第一期——紀前五五一至二二二　自孔子生年起至秦始皇統一天下止這箇期內中國內部民族統一完成各地方文化發展而以黃河流域爲中心其時思想極自由活潑孔子老子墨子莊子孟子荀子韓非

子等大思想家相繼出生。實爲古代思想界最有光輝的時代。

第二期——紀前二二一至紀後二一九。　這箇期包含秦漢兩朝。那時政治的統一完全告成。中央政府的勢力東至高麗。南至安南。西至新疆。政治上有許多新建設。思想界則經過怒湍壯瀾之後回復到平流的樣子。專對於從前學者的發明做整理工夫。又因政治的統一延到思想的統一。全學界殆爲儒家思想所獨占。

第三期——二二〇至五八九。　這箇期內名爲三國南北朝期。政治勢力分裂。民族移轉大混亂。西北方蠻族入到中原文化最高的地方。漸漸同化中原文化最高的人遷到南方去。把大江以南文化較低的地方加工開發。那時的思想界因爲政治擾攘的影響全部帶厭世色彩。初期道家言盛行。佛教則前期之末已經輸入。到本期發展極猛速而極溥偏。故思想界亦呈分裂混雜的狀態。

第四期——五九〇至九五九。　這箇期包含隋唐及五代。而以唐爲中心。那時第二次民族統一告成。政府勢力偉大。北至內外蒙古及西伯利亞之一部。西至西土耳其斯坦。南至北中印度。都以「半藩屬」的狀態受長安政府之支配或監督。思想界則一方面因南北統一政象安寧得迅速的進步。一方面因和西方交通頻繁。中亞細亞及印度之精神物質的文化次第輸入。所以文學美術音樂工藝都發達得極其燦爛。哲學界則佛學各宗派都在這時候完成。儒學亦繼續漢代的整理事業。到期末的百餘年間因文化爛熟的結果。發生毛病。延及社會之腐濁。政治之混亂。至五代時這一期的文明遂陷於破產狀態。

第五期——九六一至一六四三。　這箇期包含宋元明三朝。那時東北方新興的野蠻民族——契丹女眞蒙古滿洲接二連三侵入給我們的文化以很多的脅迫和蹂躪內中蒙古人尤與別的蠻族不同「拒同化」的力量頗不小他們統治中國九十多年我們的文化受不少的損失那時候的思想界全部分精力耗費在新哲學之建設上頭這一派的新哲學是努力將印度思想和中國固有思想相調和他們自己標一箇名叫做「理學「——專從「形而上」方面探求宇宙和人生的原理所以叫做理學理學發生的動機一方面因爲前期物質文明末流發生了毛病惹起反動所以走到收斂內觀那條路去一方面因爲佛教的潛勢力很大儒者都受他影響不知不覺便鎔化成一箇新派理學界重要人物前有程頤朱熹陸九淵後有王守仁因此又分程朱和陸王兩支派程朱派帶中國固有思想的成分還較多陸王派便更和印度思想接近了自理學與後唐以前許多文化事業都很受打擊再加以那種八股考試制度把學界的活氣越發腐蝕了

第六期——一六四四至今日　自清朝建號那年起這箇期內滿洲人僅治中國二百七十多年但滿洲人不久便完全同化了所以和蒙古時代有點不同文化不惟沒有受蹂躪而且因政治統一社會比較安寧的緣故各種事業都很有進步思想界方面因前期理學末流發生毛病惹起反動於是一反前期向內的學風專從事於客觀的研究考察把第一期到第四期許多學問都復活轉來又因爲和歐洲交通大開的緣故陸續受外來思想影響造成一種新學風和歐洲「文藝復興」時代有許多地方相像

二

本講所要講的是最後那一期——第六期。

這一期的思想界情形很複雜——方面很多。不能全講。專講他「黎明時代」的運動。

這一期若依政治的區劃。是應該從一六四四年起的。但文化史的年代。照例要比政治史先走一步。所以本講所講的黎明時代。提前二三十年。大約和歐洲的十七世紀相當。

想知道這箇黎明時代思想界變遷之動機。要注意那時候「時代背景」如下四點。

第一點。就是前段所講的「理學反動」。因為在前期末年。理學中之陸王學派。幾乎獨占了全學界。依我看這一派的好處本來很多。但是到了末流。講得太玄妙了。隨聲附和的人也太放縱了。當然要引起一般人的厭倦和攻擊。所以反動的結果。學風全趨向客觀的或實踐的。

第二點。那時候有外界的一樁重大事件。是耶蘇會敎士之東來。利瑪竇艾儒略湯若望南懷仁等輩。先後入中國。他們除傳敎之外。翻譯了許多數學幾何、天文地理、心理論理各科書籍。所以那時候思想界很受刺激。和佛學初進來時有點相像。

第三點。中國的學者向來什有九都和政治有關係。這種關係。每每妨礙思想之獨立。最少也分減了研究的歲月和精神。清初因為滿洲人初進來。統治者非我族類。第一流學者對於他們。或採積極的反抗態度。或採消極的「不合作」態度。這些學者。都對於當時的政治不肯插手。全部精力都注在改良學風。作將來預備。所以有許多新穎思想自由發揮。而且因積久研究的結果。有許多新發明。

第四點。那時候的康熙帝。眞算得不世出之英主。他在位六十一年（一六六二至一七二二）和法國的路易十四俄國的大彼得同時。性質和他們大略相類。所成就的事業還在他們之上。他即位初年雖國內有點兵亂。後頭四十多年。卻是歷史上少見的太平時代。因為社會安謐。學者得有從容為學之餘裕。康熙帝雖是滿洲人。但他同化於中國最早。人又極聰明。對於中國固有的文化和歐洲新輸入的文化都有相當的了解。而且極力提倡。有這樣一箇人做一國的主權者。自然能令思想界發生好影響。

三

在這種時代背景之下。自然會產生出有特色有價值的學問。今將這期內各派學術的代表人物列舉如下。

(一)黃道周和劉宗周。　道周福建人。宗周浙江人。兩位都是理學大師。都是一六四五年在南方舉兵反抗滿洲死的。他們雖然尊崇理學。卻都帶點修正色彩。道周提倡象數之學。用他自己的特別論理學推論事物。宗周對於實踐道德學。最為切實謹嚴。這兩位都是在前期的理學家中有他的新立場。人格的壯烈。尤令人敬仰。宗周門人最多。江浙閩學者大半出其門。影響到後來尤大。

(二)孫奇逢和李顒。　奇逢直隸人。(一五八四——一六七五卒)顒陝西人。(一六二七生——一七〇五卒)兩位都是陸王派的理學家。但他們都注重實踐。少談玄理。可以說是儒家的「清教徒」。奇逢是一位有俠氣能任事的人。明末滿洲兵進關。殘破了許多州縣。他以一書生糾合人守城。竟把滿洲兵打退。後來他避亂跑到山裏頭。許多人跟著他去。他便給這些人立了許多組織。成一箇小政府樣子。又用學問來教訓他們。成就許多人才。李顒的學風。最為「平民的」。他常說不識字也可以做聖賢。兩位都是北方講學大師。孫奇逢年壽最高。(九十二歲)影響尤大。

以上四箇人都是前期學派的結束。

（三）顧炎武和王夫之　炎武，江蘇人。一六一三生一六八二卒夫之，湖南人。一六一九生一六九二卒兩位當少年時候，都做過反抗滿洲的政治運動，到事無可爲，纔做一箇純粹的學者。炎武，公認爲清學開山第一大師，各門學問，都由他提倡出來。他說除卻經學沒有理學，他說做學問的目的全在經世致用。他對於經學史學地理學音韻學金石學都有極精審的著作。他的著作，都用客觀的歸納研究，給後人留下許多方法。

夫之學問之博，和炎武不相上下。但他對於哲學有獨創的見解。向來哲學家大抵都是專憑冥想高談宇宙原理。夫之所注重的問題是「我們爲什麼能知有宇宙」「知識的來源在那裏」「知識怎麼樣纔算正確」他以爲這些問題不解決，別的話都是空的。這種講哲學法，歐洲是康德以後纔有的。夫之生在康德前一百年，卻在東方已倡此論了。

（四）黃宗羲和朱之瑜。　兩位都是浙江人，和明朝大儒王守仁同縣。宗羲一六一〇生一六九五卒。之瑜一六〇〇生一六八二卒。兩位早年都是反抗滿洲最激烈的人。宗羲被政府畫起相片，指名捕拿，前後十一次。之瑜亡命到日本安南暹羅等處，仍常常祕密入內地，到處運動。前後經過十七八年，他們的政治活動纔停止。宗羲是劉宗周第一位門生，講陸王派理學。但他最長於歷史，著了一部宋元學案一部明儒學案。把七百年理學家的人物和學說，很詳愼的來敘述，很公正的來批評。兩書合共一百六十二卷。宋元學案有一部分是後人續的在全世界著作界中，關於哲學史的著述，恐怕沒有比他更早比他更詳贍的了。他還有一部怪書叫做明夷待訪錄。這部書是說他的政治理想。極力排斥君主專制政體。提倡民權。這部書一六六二年出

版比法國盧騷的民約論早一百年這種眼光在十七世紀時候眞是不容易得了

朱之瑜學風和黃宗羲不同他是排斥陸王派理學的他不喜談玄專求實踐他政治運動失敗之後亡命日本發誓非到滿洲推翻之後斷不回國他的偉大人格漸漸爲日本人所認識那時候日本宰相——事實上全國主權者德川光國十分敬禮他尊他爲國師他很熱心教導日本人日本近二百年的文化最少有一半由他造成這是日本史家人人公認的事實

(五)顏元和李塨　他們兩位是師弟都是直隸人顏元一六三五生一七〇四卒李塨一六五九生一七三三卒他們是思想界的大炸彈對於漢以後二千年所有學問一切否認他們排斥注釋古書排斥讀書排斥靜坐冥想排斥開堂講說他們以爲學問不是從書本能得的不是空想能得的不是聽人講演能得的比方你想認得北京的路憑你把北京指南念得爛熟也不中用日日聽人說路程方向也不中用除非你親自跑一躺街而且天天跑總而言之他們以爲凡有智識都從經驗得來所以除卻實地練習外沒有法兒得着學問他們對於學問的評價專以有無效率爲標準凡無益於國家社會或箇人身心修養的一概不認爲學問他們的教育專主張發展箇性說『斷沒有一箇藥方能醫好各種病斷沒有一箇教法能教好各種人』說『一箇人想兼備衆長是絕對不可能的要想把全社會的人在同一箇模型鑄出來這種教育政策是很有害的』總括起來他們的學說和現代詹姆士杜威等所倡之「唯用主義」十二分相像不過他們所說早二百多年罷了

(六)徐光啓和宋長庚　兩位都是三百年前科學大家光啓江蘇人一六三三年卒他是頭一位翻譯歐文

書籍的人。他譯的幾何原本在古今翻譯界中。總算第一流作品。他對於數學天文學論理學都有很深的修養。自己著書不少。上海徐家滙的天主堂和圖書館。是他把自己住宅及藏書捐出來創辦的。到今日還是繼續他的事業。越發鞏固光大。

長庚江西人。生卒年無考。大概一六五〇年還生存。他是一位工業科學家。著有天工開物一書。用科學方法研究食物、衣服、器用以及冶金、制械、丹青、珠玉之原料工作。繪圖貼說。詳確明備。三百年前講工業天產的著作如此詳明者。全世界中怕沒有第二部。

(七)王錫闡和梅文鼎　兩位都是初期數學家。錫闡江蘇人。一六八二年卒。文鼎江西人。一七二一年卒。他們都是把那時歐洲新輸入的天文學數學研究得十分透徹。自己更發明許多新法。補西法所不及。或訂正他的錯誤。錫闡年壽短。著述較少。但他的曉庵新法在天文學上。實有千古不磨的價值。文鼎壽八十九。著書八十餘種。中外著作家如此精勤博大者。實在少見。

(八)徐宏祖和顧祖禹　兩位是大地理家。都是江蘇人。宏祖一五八五年生。一六四〇年卒。祖禹一六八〇年卒。宏祖是一位探險大家。單身步行。把全箇中國都走徧了。雲南四川的邊界。向來是一箇「祕窩窟」沒有人走過。舊地理書所講。純是捕風捉影。宏祖每遊一地。先審視山脈如何去來。水道如何分合。既得大勢。然後支節搜討。瀾滄江金沙江南北盤江的發源。向來沒有人到過。經宏祖實地踏勘。然後南部各水的源流。始行清晰。他所著徐霞客遊記。實一部破天荒的地理書。

祖禹的地理學。是把地理和歷史合攏起來研究的。他一生也只著有一部書。曰讀史方輿紀要。這部書卻是從二十九歲起到五十歲沒有一天停工纔始做成這部書把全國山川形勢說得瞭如指掌．對於軍事地理方面尤爲詳盡．

(九)萬斯同和戴名世．兩位都是大史學家．斯同．浙江人．一七〇二年卒．名世．安徽人．一七一三年卒．斯同是黃宗羲的門生．著有明史稿五百卷．現在二十四史裏頭的明史．就是用他的底稿．其他關於史學的著作還很多．名世也是要獨力私著一部明史．因爲著作裏頭犯了滿洲朝廷忌諱．政府把他殺死．連許多史稿也燒了．但他所論作史方法的文章．還流傳下來．是永遠有價值的．

(十)方以智和劉獻廷．兩位都是創造新字母的人．以智．安徽人．大概一六七〇年還生存．他反抗滿洲．跟着明朝最末的一位皇帝在雲南地方十幾年．他是近代研究中國文字學的頭一箇人．專從發音上研究．把歷代話語的變遷．和各地方方音之變遷．都研究出許多原則來．他主張仿歐洲的拼音文字．造出一種新字母來替代漢字．獻廷．北京人．一六四八年生．一六九五年卒．他沒有看見以智的書．卻是和他一樣見解．也造有一副新字母．他的學問方面很多．歷史地理尤其專長．

(十一)德清和智旭．兩位都是浙江的和尚．德清一六二三年卒．智旭一六五五年卒．前一期的佛教徒．純屬「禪宗」一派．什麼經典都不研究．專講頓悟．有些假託的人．連一切戒律都破掉了．弄得佛教很腐敗．他兩位提倡「淨土宗」．算是佛門下的「清教徒」．又注重研究經典．把許多部重要佛書都注釋一番．替本期佛教開一新局面．

(十二)孔尚任和曹雪芹．兩位都是大文學家．尚任．山東人．孔子後裔．他著有一部歷史劇．名曰桃花扇．通共四十幕，專敍明末南京情事，極悲壯，極哀豔，雪芹，北京人，著有一部空前絕後的好小說，名曰紅樓夢，通共一百二十回，寫一對青年男女因爲婚姻不自由而犧牲性命的，帶着描寫滿洲闊人社會生活狀況曲折盡致，因爲他文章太好了，二百餘年，成了人人共讀的作品。

以上所講十二類二十四箇人，大概可以代表那時候思想界的全部了，其餘各方面人物尙多，不能全述，依我看這一百年是我們學術史最有價値時代，除卻第一期——孔孟生時，像是沒有別箇時代比得上他。

四

以上所講，是第六期三百年間第一箇一百年的思想界狀況，後二百年，都是從此演生出來。

第二箇一百年因爲滿洲政府壓制思想自由，把許多學派都壓住了，學者專向考證古典方面做工作，但都是應用先輩的研究方法，把中國舊文獻整理出來的不少，這種工作的價値是永遠存在的。

第三箇一百年的末期，——卽最近三十年間，把第一箇一百年的思想全部復活，頭一件，他們消極的和滿洲人不合作的態度，到這時候變爲積極的，卒至推翻淸朝建設民國，第二件他們的學問種類和做學問方法因爲歐洲文化輸入，重新發生光彩，越發向上進。

現在又是第七期的黎明時代了，我希望我們黎明運動的成績，比先輩更勝一籌。

飲冰室叢書

中國近三百年學術史

作　　者／梁啓超　著
主　　編／劉郁君
美術編輯／鍾　玟

出 版 者／中華書局
發 行 人／張敏君
副總經理／陳又齊
行銷經理／王新君
地　　址／11494 台北市內湖區舊宗路二段181巷8號5樓
客服專線／02-8797-8396　　傳　　真／02-8797-8909
網　　址／www.chunghwabook.com.tw
匯款帳號／華南商業銀行　西湖分行
179-10-002693-1　中華書局股份有限公司

法律顧問／安侯法律事務所
製版印刷／維中科技有限公司　海瑞印刷品有限公司
出版日期／2018年11月台三版
版本備註／據1958年6月台二版復刻重製
定　　價／NTD 400

國家圖書館出版品預行編目（CIP）資料

中國近三百年學術史 / 梁啟超著.--台三版.--
臺北市:中華書局, 2018.11
面 ;　公分. -- (飲冰室叢書)
ISBN 978-957-8595-02-6(平裝)

1.思想史 2.清代

112.7　　107016323

NO.L0004
ISBN 978-957-8595-02-6（平裝）